Karl Ernst Wenke · Horst Zilleßen

Neuer Lebensstil — verzichten ode

CW00709165

1978 Westdt. Verlag GmbH, Opladen

Inhalt

Dritter Teil

Dokumentation

„Heute stehen wir in der Welt nicht allein vor der Anomalie der Unterentwicklung. Ebensogut können wir von den durch Überkonsum geprägten Entwicklungen sprechen, welche die inneren Grenzen des Menschen und die äußeren Grenzen der Natur verletzen.

Dies anerkennen heißt, daß wir alle unsere Ziele neu bestimmen müssen, daß wir neue Entwicklungsstrategien brauchen und neue Lebensstile, die einfachere Konsummuster für die Reichen einschließen.

In erster Linie wird es zwar darum gehen müssen, Mindeststandards zu sichern. Wir werden aber auch nach Entwicklungsstrategien suchen, die den Überflußgesellschaften helfen können, in ihrem eigenen wohlverstandenen Interesse humanere Lebensmuster zu finden, die weniger ausbeuterisch sind — gegenüber der Natur, gegenüber anderen Menschen und gegenüber sich selbst."

Die Erklärung von Cocoyoc 1974

Vorwort

Die Anfang der siebziger Jahre angelaufene breite öffentliche Diskussion über die Probleme der Umweltzerstörung und die Forderungen nach Verbesserung der Lebensqualität haben nicht nur in der BRD, sondern in allen westlichen Industrieländern in der jüngsten Zeit einen neuen Schwerpunkt erhalten: Es wird die These vertreten, daß die heute zu lösenden Probleme so weitreichend sind, daß nur eine grundlegende Revision — ein Neuer Lebensstil — ausreichende Ansätze zur Lösung bietet.

Viele derjenigen, die sich in solchen Diskussionen engagiert haben, sind inzwischen zu der Überzeugung gelangt, daß es nicht allein darauf ankommen darf, zu diskutieren und zu argumentieren, sondern vor allem darauf, die eigene Lebenspraxis an den bisher nur verbal vertretenenen Zielvorstellungen auszurichten.

Die hier vorgestellten Überlegungen stellen den Versuch dar, einige wesentliche Argumente für einen Neuen Lebensstil zusammenzutragen, zu diskutieren und die Möglichkeit der Realisierung eines Neuen Lebensstils kritisch zu überdenken.

Der erste Teil des Bandes enthält eine allgemeine Übersicht über Anstöße und Motive zu einem Neuen Lebensstil und stellt Ziele und Inhalte den heute geltenden gesellschaftlichen Wertvorstellungen gegenüber. Dieser Teil macht eine Vielzahl von Problemen sichtbar. Einige, den Autoren besonders wichtig erscheinende Fragestellungen, werden im zweiten Teil aufgenommen und vertieft. Hintergrund der Einzelbeiträge bildet einerseits die Problematik der gesellschaftlichen und individuellen Wertorientierung, andererseits die der bestehenden gesellschaftlichen, politischen und wirtschaftlichen Strukturen. Im Rahmen dieser allgemeinen Problemstellung haben die Autoren der folgenden Beiträge diejenigen Einzelfragen aufgegriffen, die ihnen von ihrem individuellen und fachspezifischen Erkenntnisinteresse her als besonders relevant erschienen.

Der allgemeinste und zugleich grundsätzlichste Aspekt eines Neuen Lebensstils betrifft die in einer Gesellschaft vorherrschende Wertordnung. Der Beitrag von Michael Bartelt geht auf die Entstehungsgeschichte des heute geltenden Wertsystems ein und untersucht die Möglichkeiten eines Wandels gesellschaftlicher und individueller Wertstrukturen. Es werden Grundwerte eines ‚nachmodernen' gesellschaftlichen Wertsystems zur Diskussion gestellt.

Ein solcher Wertwandel berührt unmittelbar die bestehenden politischen und wirtschaftlichen Strukturen und setzt partiell deren Veränderung voraus. Horst Zilleßen vertritt in seinem Beitrag die These, daß solche Veränderungen für das politische System bedeuten, über bessere Beteiligungsverfahren mehr Selbstbestimmung für alle Bürger zu verwirklichen, um Solidarität und Selbstbegrenzung als gesellschaftlichen Werten allgemeine Anerkennung zu verschaffen. Es wird ein Modell für eine Partizipationsstruktur vorgestellt, mit deren Hilfe im kommunalen Bereich die verschiedenen Partizipationsbarrieren überwunden werden können.

Mit Voraussetzungen und Auswirkungen eines Neuen Lebensstils im wirtschaftlichen Bereich auf der Grundlage einer veränderten Wertorientierung befaßt sich der Beitrag von Karl Ernst Wenke. Im Mittelpunkt steht die Frage nach einer alternativen Ökonomie, weniger allerdings als Frage nach alternativen Formen der Produktion, als vielmehr — ausgehend von der Beobachtung, daß Lebensstilgruppen gegenwärtig in besonderem Maße im Bereich von Freizeit und Konsum aktiv sind — vor allem als Frage nach Möglichkeiten und sozio-ökonomischen Auswirkungen eines veränderten Konsumverhaltens.

Kurt Kaiser und Horst Westmüller befassen sich in ihrem Beitrag mit verschiedenen Vorschlägen zur Beseitigung der Arbeitslosigkeit unter dem Gesichtspunkt eines Neuen Lebensstils. Sie stellen den traditionellen beschäftigungspolitischen Instrumenten die Forderung nach einer Neuverteilung der Arbeit entgegen und prüfen, inwieweit weitere Maßnahmen (wie z. B. eine qualitative Beschäftigungspolitik) geeignet sind, sowohl die Vollbeschäftigung zu gewährleisten als auch eine Verbesserung der Lebensqualität herbeizuführen.

Im letzten Beitrag dieses Bandes stellt Helga Gripp die Frage nach dem gesellschaftlichen Standort sowie der gesellschaftspolitischen Funktion von Gruppen, die sich die Verwirklichung eines Neuen

Lebensstils zum Ziel gesetzt haben. Sie geht kritisch dem Problem nach, ob eine Bewegung wie die der Lebensstilgruppen tatsächlich in der Lage sein kann, gesamtgesellschaftliche Veränderungen einzuleiten.

Um einen Einblick in die gegenwärtige Diskussion über einen Neuen Lebensstil zu geben, wurden im Anhang Texte und Erklärungen zu diesem Thema sowie Selbstdarstellungen und Aktionsprogramme von Lebensstilgruppen zusammengestellt. Diese Dokumentation sowie die angefügte Literaturübersicht sollen dem Leser die Möglichkeit geben, einen Teil der heute stattfindenden Diskussionen nachzuvollziehen und sich mit ihnen kritisch auseinanderzusetzen.

Erster Teil: Grundsätzliche Überlegungen zu den Motiven, den Zielen und den Möglichkeiten eines Neuen Lebensstils

Von Michael Bartelt/Helga Gripp/Kurt Kaiser/Karl Ernst Wenke/Horst Westmüller/Horst Zilleßen

I Anstöße und Motive für die Diskussion über einen Neuen Lebensstil

1 Neuer Lebensstil — Schlagwort oder Kriterium einer neuen Entwicklung

a) Herausforderung zu einem neuen Bewußtsein

Seit geraumer Zeit wird in der gesellschaftspolitischen Diskussion eine neue ethische Vorstellung, die Idee eines Neuen Lebensstils, erörtert. Dieser Begriff tauchte zunächst in entwicklungspolitischen Debatten auf, und zwar nicht als bloße Randbemerkung, sondern als Ausdruck einer Forderung, die von einigen Experten als Bedingung für den als notwendig angesehenen weltwirtschaftlichen Veränderungsprozeß verstanden wird. Durch die Entschließungen und Erklärungen über die Errichtung einer neuen Weltwirtschaftsordnung wird dieser Prozeß seit etwa 1974 verstärkt beeinflußt[1]. Die neue Ordnung der weltwirtschaftlichen Beziehungen soll Ungleichheiten und Ungerechtigkeiten in den Beziehungen zwischen den Industrie- und Entwicklungsländern verringern und eine eigenständige und soziale Entwicklung der Gesellschaften der Dritten Welt fördern. Diese Forderung nach einer gerechteren Ordnung — das stellte der schwedische Wirtschaftswissenschaftler Gunnar Myrdal in den Mittelpunkt seiner Rede zur Verleihung des Nobelpreises — werde aber nur dann nicht zu einem bloßen Schlagwort weiterer entwicklungspolitischer Verhandlungen werden, wenn die Industrieländer auch bereit seien, einen ‚einfacheren Lebensstil‘ zu verwirklichen[2]:

„Die schlichte Wahrheit besteht darin, daß ohne mehr oder minder radikale Änderungen des Konsumverhaltens in den reichen Ländern all das wohlgemeinte Reden über eine neue Weltwirtschaftsordnung Humbug ist."[3]

Wird aber diese Vorstellung eines ‚einfacheren‘, eines ‚neuen Lebensstils‘ und die damit erhobene Forderung nach ‚alternativen‘, nach
‚anderen‘, nach ‚veränderten‘ Lebensformen die alten Diskussionen
um Entwicklungshilfe, Umweltschutz, Lebensqualität und Wachstumsgrenzen wirklich neu stimulieren? Oder wird der Neue Lebensstil sich doch nur als Schlagwort erweisen, das, bald abgenutzt, die
alten Argumente und Kontroversen nicht wird überwinden können?
Ist diese Idee vielleicht nur ein Irrtum bürgerlicher Idealisten, die
Symptome orten statt Ursachen − Strukturen, Machtverhältnisse −
aufzuheben; oder ist sie gar ein Einfall von Sektierern und religiösen
Moralisten, die, auf individuelle Innerlichkeit oder weltabgewandte
Gruppenexistenz orientiert, von gesellschaftskritischem Engagement
ablenken wollen?

In den Kirchen wird seit langem über einen Neuen Lebensstil gesprochen − vor allem in der Ökumene, wie die Veröffentlichungen
und Konsultationen des Ökumenischen Rates der Kirchen zeigen[4].
Diese Diskussionen führten von Anfang an bei vielen Beteiligten zu
der Überzeugung, daß ein Neuer Lebensstil darauf gerichtet sein
müsse, das Nebeneinander von Überfluß und Armut, von Macht
und Einflußlosigkeit, von Dominanz und Abhängigkeit aufzuheben,
aber auch die Störungen und Brechungen des unmittelbaren menschlichen Miteinander zu verringern. Um diese Ziele einer Verwirklichung näherzubringen, sei auch, das wurde deutlich gemacht, das
Engagement des einzelnen, der persönliche Einsatz notwendig:
Menschen sollten aktiv für andere eintreten, ihren Besitz mit anderen
teilen, ihre Zeit und ihr Geld in einer neuen Weise gebrauchen, um
so auf Lebensbedingungen hinzuwirken, in denen für alle Menschen
Gerechtigkeit, Freiheit und Würde gesichert sind[5].

Die Aufforderung zu einem Neuen Lebensstil hat den Raum der
kirchlichen Diskussion, zumindest als Frage, inzwischen verlassen.
Sie erobert sich nun − bedingt vor allem auch durch Umwelt- und
Rohstoffprobleme − ihren Platz in offiziellen Ansprachen und
Reden. In einem Vortrag zu Problemen einer ‚Weltsozialpolitik‘
forderte beispielsweise der Hamburger Bürgermeister die westlichen Demokratien zum Umdenken auf:

„Wir werden uns ... darüber Rechenschaft abzulegen haben, ob nicht die einfache Fortschreibung unserer Konsumgewohnheiten die Verknappung der

Güter dieser Erde in unverantwortlicher Weise verschärft. Und wir werden uns — nicht nur theoretisch, sondern ganz konkret — mit der Möglichkeit beziehungsweise Notwendigkeit eines ‚neuen Lebensstils' in unserer Gesellschaft beschäftigen müssen."[6]

Politiker wie Bundespräsident Walter Scheel haben schon häufig betont, daß Veränderungen notwendig seien, die ‚Opfer fordern':

„Wenn wir heute nicht bereit sind, unseren Wohlstand mit anderen zu teilen, so werden wir morgen Not und Mangel teilen müssen."[7]

Auch „Der RIO-Bericht an den Club of Rome" — entstanden unter der Leitung des Wirtschaftswissenschaftlers und Nobelpreisträgers Jan Tinbergen —, der die Forderung nach einer Änderung der ‚Lebensstile' in einen umfassenderen theoretisch-politischen Argumentationsrahmen gestellt hat, hebt an vielen Stellen hervor, daß die Neubewertung von Konsummustern und Lebensstilen Anstrengungen jedes einzelnen, vor allem der wohlhabenden Bürger der reichen Industrieländer verlange. Diese Herausforderung des einzelnen dürfe jedoch nicht als Aufgabe des einzelnen in seiner Privatheit mißverstanden werden. Hoffnung wird auf die Aktivität von Gruppen gesetzt, auf Gruppen von betroffenen Bürgern, Wissenschaftlern und Politikern, die neue Ansätze vorlegen, Ideen austauschen und die öffentliche Meinung prägen, indem sie den notwendigen Prozeß der Information und der Erziehung zur Erkenntnis der Lebensbedingungen auf unserem Planeten und zur Übernahme globaler Verantwortung mit in Gang setzen und beeinflussen[8].

b) Individuelles Bewußtsein und gesellschaftliche Strukturen

Ebenso wie die Autoren des RIO-Berichtes sehen andere Experten die Hauptaufgabe heute darin, im umfassenden Sinne entwicklungspolitische Sensibilisierung herbeizuführen — eine Sensibilisierung, die von der Erkenntnis der „Unteilbarkeit der Entwicklung der ganzen Welt" ausgeht und die

„nicht als Weckung von Bewußtsein bei sozialpolitisch Starken für die ‚ganz anderen' Probleme sozial Schwacher konzipiert werden darf, sondern als *Aktivierung und Mobilisierung für die kritische Lage der Menschheit.*"[9]

Es müsse die Einsicht verbreitet werden, so heißt es im RIO-Bericht,

„daß die Zukunft der Menschheit von der Entwicklung einer neuen, weltweiten Ethik auf der Grundlage von Zusammenarbeit, besserem gegenseitigen Verständnis, einem notwendigen Abbau von Mißbrauch und kurzsichtigen Eigeninteressen sowie von der Schaffung von Überlebensnormen ... abhängt".[10]

In diesem Bericht werden aber auch deutlich die riesigen Anstrengungen aufgezeigt, die erforderlich sind, um Bewußtsein und zugleich den alltäglichen Lebensvollzug und gesellschaftlich-wirtschaftliche Strukturen zu verändern.

Der Frage nach dem Zusammenwirken von ‚moralischem Bewußtsein‘, ‚persönlichem Lebensstil‘ und ‚gesellschaftspolitischen Aktionen‘ kommt dabei offensichtlich eine besondere Bedeutung zu. Denn: Was nützen ein verändertes Bewußtsein und ein ihm entsprechendes Verhalten einzelner, wenn es auf die Veränderung der Gesellschaft ankommt? Wie wirksam kann der Versuch sein, mit beispielhaften Aktionen und Verhaltensweisen gesellschaftliche und politische Strukturen zu verändern? So teilen denn auch nicht alle Wissenschaftler des RIO-Teams die Überzeugung, daß der kritischen Lage der Menschheit in dieser ‚einen Welt‘ auch mit einer Veränderung des ‚Lebensstils‘ begegnet werden könne und müsse. In ihrem persönlichen Statement nimmt vor allem Elisabeth Mann-Borgese eine deutliche Gegenposition zu diesem Teil des Berichts ein:

„Die Übel der ‚Konsumgesellschaft‘ sind meiner Meinung nach mehr ein Symptom als ein Grund für die schlechte Verteilung innerhalb einiger reicher Nationen. Eine freiwillige Änderung der Konsumgewohnheiten oder der ‚Lebensstile‘, gefördert in erster Linie durch Bildung, scheint mir nicht von höchster Priorität zu sein. Eine derartige Ansicht spiegelt noch immer den grundsätzlich apolitischen und deshalb ausweichenden Ansatz wieder, der durch das ‚Greening of America‘ exemplifiziert wird. Verschwendung, Wettrüsten, Technologiemißbrauch und Neo-Kolonialismus liegen in der internen und internationalen Politik, der ‚Machtstruktur‘ begründet: in dem industriell-militärisch-wissenschaftlichen Komplex, der ‚Unternehmensgesellschaft‘. Dieser Grund ist struktureller und stark politischer Natur. Meiner Ansicht nach sollte dieser schändliche Einfluß in erster Linie beseitigt werden. Der Rest wird sich dann ergeben."[11]

Die Frage liegt nahe, ob denn dieser Einfluß überhaupt zu beseitigen sein wird, ohne daß sich das Bewußtsein, die Einstellungen und die Verhaltensweisen von einzelnen und Gruppen — vorgängig, einleitend, partiell — ändern. Ohne Verankerung im Bewußtsein bleibt

auch jede strukturverändernde Politik letztlich wirkungslos, weil
eben politische Leitvorstellungen „aufs engste mit dem gesamten
politischen Prozeß verbunden (sind), weil es ohne Ideen keine
Politik geben kann".[12] Dauerhafte Veränderungen der gesellschaftlichen und politischen Strukturen sind in hohem Maße abhängig
von dem vorherrschenden politischen Bewußtsein, von den sozialen
und politischen Leit- und Wertvorstellungen. Diese bedürfen wohl
einer institutionellen Absicherung, denn mit der bloßen Änderung
des politischen Bewußtseins ist in der Tat nicht viel erreicht. Aber
andererseits stellt sich doch auch die Frage, wie in einer Demokratie
notwendige Strukturveränderungen möglich sind, wenn sie nicht mit
dem Willen der Wähler übereinstimmen, und wie sie — selbst wenn
sie einmal von einsichtigen Politikern gegen den Wählerwillen durchgesetzt worden sind — auf Dauer wirksam bleiben oder werden sollen,
wenn sie nicht im allgemeinen politischen Bewußtsein verankert
sind. Aber dieser Hinweis macht das vorstehende Zitat keineswegs
unwichtig; zeigt es doch auch, daß die Vorstellung eines Neuen
Lebensstils nicht nur auf die Forderung nach einer ‚Veränderung des
Konsumverhaltens' und schon gar nicht auf die Forderung nach
einem ‚Konsumverzicht' reduziert werden darf. Es geht grundsätzlicher um die übergreifenden Fragen danach,

„wie wir leben wollen, was für eine Gesellschaft wir wollen, wie wir Veränderungen zustande bringen können".[13]

Eine Vielzahl von Einzelproblemen und von ‚alternativen' Lösungs-
ansätzen wird diskutiert werden müssen : gesellschaftliche, wirtschaftliche und politische Probleme ebenso wie die der persönlichen Lebensführung, nämlich des Konsumverhaltens, der Partizipation sowie der Lebensordnung und ihrer geistigen Grundlagen[14].

2 Neuer Lebensstil, wirtschaftliches Wachstum und Entwicklung

a) Die Berichte an den Club of Rome

Es ist offensichtlich, daß die Frage und die Forderung nach einem
Neuen Lebensstil durch die Aktivitäten des Club of Rome wesentlich mitbestimmt wurde. 1972 erschien: „Die Grenzen des Wachs-

tums", der erste „Bericht des Club of Rome zur Lage der Menschheit". Mit der Prognose einer drohenden Weltkatastrophe wurde
er zu einem sensationellen Bucherfolg. Als einzige Lösung der
globalen Probleme — Bevölkerungsexplosion, unzureichende Nahrungsmittelproduktion, Erschöpfung von Rohstoffreserven und zunehmende Umweltzerstörung bei fortgesetztem Wirtschaftswachstum — empfahlen die Autoren das Konzept des ‚Null-Wachstums'.
Würde diese Empfehlung verwirklicht, käme es zweifellos zu radikalen Veränderungen der gesellschaftlichen und wirtschaftlichen
Strukturen. Ein neuer, einfacherer Lebensstil würde in vielen Bereichen erzwungen werden. Dem wissenschaftlichen, technischen
und moralischen Fortschritt oder der gesellschaftlichen und individuellen Entfaltung würden damit allerdings nicht notwendig
Grenzen gesetzt werden. Diesem möglichen Mißverständnis sind
schon die Autoren selbst entgegengetreten, indem sie hervorheben,
daß es ihnen mit dem ‚Null-Wachstum' um einen ‚Gleichgewichtszustand' gehe, in dem das Wachstum der ‚materiellen' Produktion
gestoppt werden müsse:

„Bevölkerung und Kapital sind die einzigen Größen, die im Stadium des
Gleichgewichts konstant bleiben müßten. Jede menschliche Tätigkeit, die
keine großen Mengen unersetzbarer Rohstoffe benötigt oder Schadstoff-
mengen freisetzt und den Lebensraum schädigt, könnte ohne Beschränkung
und praktisch unendlich zunehmen. Besonders jene Beschäftigungen, die viele
als besonders erstrebenswerte und befriedigende Tätigkeiten einstufen wie
Erziehung und Schulung, Ausübung von Musik, Religion, wissenschaftliche
Grundlagenforschung, Sport und soziale Kontaktpflege, könnten sich
schrankenlos entwickeln."[15]

Diese Andeutungen charakterisieren also einen Neuen Lebensstil,
der Kompensationen anbieten soll. Es besteht grundsätzlich die
Möglichkeit, begrenzte materielle Zuwächse oder sogar ein materielles
Weniger durch ein immaterielles Mehr, durch intellektuelle, geistig-
seelische und emotionale Entwicklung und Selbstverwirklichung zu
kompensieren.

Der „2. Bericht an den Club of Rome zur Weltlage" diskutiert ein
neues Konzept, das des ‚organischen' Wachstums. Es kann analog
zu natürlichen Entwicklungsprozessen verstanden werden, die
‚organisch' in einen stabilen ‚Reife'-Zustand einmünden. Dieses
Wachstum ist regionalen Bedingungen unterworfen; es schließt

regional oder sektoral begrenzte Produktionseinschränkungen oder auch -einstellungen ein.

Im Mittelpunkt des Berichts stehen die Wohlstandskluft zwischen Industrie- und Entwicklungsländern und die Probleme der Welternährung und der nichterneuerbaren Rohstoffe (Erdöl). Das Autorenteam fordert ausdrücklich eine umfassende Betrachtungsweise der Weltkrisen und möglicher Lösungsansätze. Individuelle Wertvorstellungen, gesellschaftliche Traditionen und Verhaltensweisen sollen in die Betrachtung einbezogen werden. Lebensstil und Ernährungsgewohnheiten in den industrialisierten Ländern werden beispielsweise für die verschlechterte Welternährungssituation mit verantwortlich gemacht[16]. Eine wesentliche Schlußfolgerung lautet:

„Eine neue ‚Konsum-Ethik' muß entwickelt werden, die zu einem Lebensstil führt, der mit der kommenden Zeit des Mangels an Rohstoffen verträglich ist. Sparen und Erhalten sollten wieder Eigenschaften werden, die in der Wertschätzung höher stehen als ‚Großzügigkeit', die sich in Verschwenden und Wegwerfen manifestiert."[17]

Der jetzt vorliegende „RIO-Bericht an den Club of Rome" stellt das Ziel einer ‚Neuen Welt', einer ‚gerechteren Gesellschaftsordnung' in den Mittelpunkt seiner Untersuchungen. Er bietet keine Untergangsvisionen, keine Prognosen künftiger Entwicklung, kein geschlossenes Konzept einer neuen Weltordnung. Es werden ‚notwendige Ziele' formuliert und es wird zur weiteren Diskussion von Zielen und Aktionsvorschlägen zu deren Realisierung angeregt:

„Das Grundziel der Völkergemeinschaft sollte darin bestehen, *für alle Bürger der Welt ein Leben in Würde und Wohlergehen zu erreichen.*"[18]

Daß ‚äußere Grenzen', d.h. Umwelt-Grenzen der materiellen Expansion existieren, davon wird ohne eine erneute breite Auseinandersetzung ausgegangen. Wichtiger erscheinen dem Autorenteam Überlegungen, daß es möglicherweise doch einen Ausweg aus dem Dilemma „Wachstum versus Umwelt" gibt:

„Das gilt um so mehr, wenn wir, statt den gegenwärtigen Wachstumspfaden zu folgen, die Möglichkeit eines anderen Wachstums ins Auge fassen, indem wir der Befriedigung der elementaren Bedürfnisse der gesamten Bevölkerung Priorität einräumen und mit der Beseitigung der Armut beginnen. Ein Wachstum der Gerechtigkeit würde es den Menschen leichter machen, das Prinzip der Selbstbeschränkung bei der Befriedigung materieller Bedürfnisse, dem ideologischen Eckstein des künftigen ‚beständigen Zustands' (‚steady state'), zu akzeptieren."[19]

Die Autoren des RIO-Berichts nehmen also das Problem der wirtschaftlichen Expansion mit der Frage nach einem ‚neuen' Wachstum und nach anderen Formen seiner Verteilung auf. Denn aus moralischen ebenso wie aus weltpolitischen Erwägungen sehen sie die Hauptaufgabe darin, die Unterschiede, die ungeheure Wohlstandskluft zwischen den Reichen und den Armen dieser Welt zu verringern und abzubauen. Sie wenden sich zugleich gegen Wachstumsideologie und -fetischismus in den reichen Ländern, gegen die Fixierung auf ein ständiges quantitatives Mehr. Diese Einstellungen, so sagen sie, hätten einen extravaganten und verschwenderischen Verbrauch zu einem wesentlichen Inhalt unseres alltäglichen Lebensstils werden lassen; und dieser Lebensstil sei nicht nur zu Lasten einer gerechten Verteilung des Wohlstands und der Lebensqualität gegangen[20], er habe auch die Gefahr irreversibler ökologischer Katastrophen und der Erschöpfung einiger wichtiger Rohstoffe heraufbeschworen. Zugleich gefährde der Konsumdruck, die Konsummanie grundlegende menschliche Werte und habe in unserer Konsumgesellschaft trotz steigenden materiellen Wohlstands Unzufriedenheit, Unsicherheit, Angst, Entfremdungs- und Frustrationsgefühle wachsen lassen. Die RIO-Autoren kommen zu dem Schluß, daß es weder möglich noch wünschenswert sei, einen Lebensstil des Überkonsums, der Verschwendung, der Abfallanhäufung und der Umweltgefährdung, der zudem nicht zu echter Befriedigung führt, zum Maßstab der Weltentwicklung zu machen[21]:

„Dies einsehen heißt die Notwendigkeit von Änderungen in den Konsum- und Entwicklungsstrukturen der Reichen anerkennen."[22]

Eine der vorgelegten Entwicklungsalternativen sieht vor, die bestehende Wohlstandskluft im Laufe der nächsten 40 bis 50 Jahre auf etwa ein Viertel ihrer Größe, d. h. von 13 : 1 auf 3 : 1, zu verringern. Voraussetzung wären u. a. ein schnelleres Wachstum des Pro-Kopf-Einkommens in den Entwicklungsländern und allmählich abnehmende Wachstumsraten — von gegenwärtig ungefähr 3,5 % auf 0 % — in allen Industrieländern, so daß hier nach etwa 40 Jahren ein Null-Wachstum erreicht wäre, d. h. im Durchschnitt dieser Jahre nur noch ein Wachstum von 1,7 % realisiert würde[23].

Mit dieser Modellrechnung, die als vorsichtig und pessimistisch bezeichnet wird, wollen die Autoren natürlich nicht eine zu erwartende Entwicklung prognostizieren. In erster Linie sollen diese Zahlen die ‚Größenordnung' der entwicklungspolitischen Aufgabe veranschaulichen, vor die die Welt sich gestellt sehen sollte. Diese Zahlen illustrieren also die Herausforderung, deren mögliche Konsequenz Wachstumsbremsung oder gar Wachstumsstopp in den Industrieländern heißt. Eines sollten solche Überlegungen aber ganz deutlich machen, dies nämlich:

„daß es in der neuen Weltwirtschaftsordnung nicht so sehr um die Umverteilung vergangener Einkommen und Vermögen geht als vielmehr um die Verteilung künftiger Wachstumschancen. Die Betonung muß auf der Chancen-, nicht auf der Einkommensgleichung liegen. Jedes Entwicklungsland muß sein eigenes Entwicklungsmuster und seinen eigenen Lebensstil planen."[24]

Von den — im Hinblick auf das Wachstum der materiellen Produktion — pessimistischen Thesen über die ‚Grenzen des Wachstums', wie sie im ersten Bericht des Club of Rome vorgelegt wurden, zeigten sich weite Kreise der Bevölkerung in den Industrieländern stark beeindruckt. Nie zuvor wohl sind Ergebnisse wissenschaftlicher Untersuchungen so intensiv diskutiert worden — beispielsweise auch innerhalb der kirchlichen Industrie- und Sozialarbeit und Erwachsenenbildung. Seither ist die wissenschaftliche Diskussion differenzierter geworden, wozu die sich von den ‚apokalyptischen Visionen' absetzenden weiteren Berichte an den Club of Rome beigetragen haben. In der öffentlichen Meinung ist vielfach wieder eine gemäßigtere Einschätzung der Situation und der Gefahren einer weiteren industriellen Expansion an die Stelle der tiefen Beunruhigung und des absoluten Pessimismus getreten. Ökologische Gefährdungen und einzelne Rohstoffverknappungen werden nicht bestritten, aber die technische, wirtschaftliche und politische Kapazität, die unsere moderne Industriegesellschaft zur Lösung der anstehenden Probleme anbietet, wird wieder höher eingeschätzt.

b) Das Zukunftsmodell des Hudson-Instituts und das Lateinamerikanische Weltmodell

Solche Meinungen werden von inzwischen vorliegenden positiven, wachstumsoptimistischen ‚Gegenprognosen' gestützt. Aus dem

Hudson-Institut kommt unter dem vielversprechenden Titel „Vor uns die guten Jahre" ein Szenarium für die nächsten 200 Jahre. Herman Kahn und seine Mitautoren nehmen zwar keine völlig naiv-wachstumsenthusiastische Haltung ein. Sie halten ernste und potentiell gefährliche Zukunftsentwicklungen für möglich, Übervölkerung, Hungersnöte, Rohstoffengpässe, Umweltverschmutzung und Armut nicht für ausgeschlossen. Aber diese Möglichkeiten und Ereignisse werden doch nur als „Übergangsphänomene' eingeschätzt, als Probleme, die im Prinzip lösbar sind oder bald lösbar sein werden:

„Es sind Übergangsfragen einer Übergangszeit zwischen einer Welt des Mangels und einer Welt des Überflusses."[25]

Wie diese ,Welt des Überflusses' herbeigeführt werden kann, darüber wird allerdings nichts Konkretes gesagt. Im wesentlichen vertrauen Kahn und seine Mitautoren auf ein noch über viele Generationen hin fortsetzbares Wirtschaftswachstum. Ihre Wachstumserwartungen quantifizieren sie für das Jahr 2176 mit einem durchschnittlichen Bruttosozialprodukt von 20 000 Dollar (48 000 DM) pro Kopf der Weltbevölkerung[26]. Das Pro-Kopf-Einkommen der Weltbevölkerung, das für 1970 — real, d. h. als Kaufkraft in den ärmsten Ländern — mit 415 US-Dollar ausgewiesen wird[27], würde also in 200 Jahren auf etwa das Fünfzigfache anwachsen.

„Eine der Konsequenzen dieser ,überraschungsfreien' Projektion ist, daß das gegenwärtige 100 : 1-Verhältnis des Pro-Kopf-Produkts zwischen den 10 Prozent der Reichsten und den 20 Prozent der Ärmsten der Erdbevölkerung nach 200 Jahren auf 5 : 1 absinken könnte ..."[28]

Allerdings — auch das Kahn-Team geht nicht davon aus, daß in den Grenzen unseres Planeten Wachstum unbegrenzt möglich ist. Es nimmt an, daß die Zuwachsraten des Wirtschaftswachstums bald ihren Höhepunkt erreichen werden und daß sich dann die wirtschaftliche Expansion nur noch mit allmählich abnehmenden Raten fortsetzen werde,

„bis sie in etwa 100 bis 200 Jahren auf mehr oder weniger natürliche und schmerzlose Weise in einem Null-Wachstum enden".[29]

Es sind jedoch nicht natürliche Bedingungen, also etwa Schwierigkeiten der Rohstoffversorgung oder die Beschränkung des Raumes, die dem Wachstum eine Grenze setzen werden. Die Autoren gehen beispielsweise davon aus,

„daß es in fast jedem Land der Erde für jedermann soviel Lebensraum gibt, daß er sich einen ‚Vorstadt-Lebensstil' bzw. ‚suburbanen Lebensstil' leisten kann".[30]

Nach Auffassung des Hudson-Teams sind es vielmehr die nachlassenden gesellschaftlich-ökonomischen Antriebskräfte – Stabilisierung der Weltbevölkerung, steigende Produktions- und Investitionskosten, vermindertes Arbeits- und Erfolgsethos, Übergang in die Dienstleistungsgesellschaft –, die das Wachstum verlangsamen werden[31].

Diese Überlegungen zu den ‚sozio-ökonomischen' Bedingungen des Wachstums, zu den in Gesellschaft und Wirtschaft selbst vorhandenen ‚Gegenkräften', die eine unbegrenzte Fortsetzung des Wachstums unwahrscheinlich machen, lassen sich vereinfacht in einer These zusammenfassen: Langfristig wird die gesamtwirtschaftliche Nachfrage nach materiellen Gütern zwangsläufig abnehmen, weil in wichtigen Konsumbereichen Sättigungsgrenzen erreicht werden.

In der traditionellen ökonomischen Betrachtungsweise sind menschliche Bedürfnisse als prinzipiell unbegrenzt angesehen worden – eine These, die sich erhärtet, blickt man auf die heute schon erhebbaren konkreten Wohlstands- und Konsumziele. Demgegenüber wird nun doch die Frage laut, ob denn die in den Wünschen und Zielen der Konsumgesellschaft angelegte weitere massenhafte Ausdehnung der einzelnen menschlichen Existenz mittels Geräten, Maschinen und Fahrzeugen, Gebäuden und Straßen überhaupt möglich, ob langfristig ein exponentielles Wachstum überhaupt denkbar sei, weil damit in relativ kurzer Zeit ein unvorstellbar großes Produktionsvolumen erreicht werden würde. Unterstellt man beispielsweise mit 1970 beginnend eine jährliche Wachstumsrate von durchschnittlich 4 %, so verdoppelt sich der Produktionswert in jeweils 18 Jahren. In 100 Jahren ergäbe sich also nach etwa fünfeinhalb Verdoppelungen eine Verfünfzigfachung des Ausgangswertes, eine Entwicklung, die einen Wissenschaftler zu dem Urteil veranlaßt, daß

„ein Anwachsen auf das 50fache in hundert Jahren in realen ökonomischen Größen gar nicht mehr vorstellbar sei".[32]

Nun besitzt dieser Satz im Blick auf die dann zu erwartende Ausweitung der materiellen Ausstattung der Industrieländer gewiß eine hohe Plausibilität. Für die Entwicklungsländer gilt er so einfach aber nicht. Denn eine Verfünfzigfachung des Pro-Kopf-Einkommens von 85 US-Dollar im Jahre 1970 in den ärmsten Teilen der Welt ist nicht nur denkbar. In realen Größen ist sie an den heutigen Lebensbedingungen in den hochentwickelten Industriestaaten konkret vorstellbar und darstellbar.

Wie notwendig ein höheres Wachstum als bisher in den Entwicklungsländern ist, wird auch in einer Untersuchung dargelegt, die im Auftrag der Vereinten Nationen unter der Leitung des Nobelpreisträgers Wassily Leontief erarbeitet wurde[33]. Es wird u.a. hervorgehoben, daß auch in den Entwicklungsländern selbst tiefgreifende Veränderungen eintreten müßten, weil ein hohes anhaltendes Wirtschaftswachstum nach intensiver und extensiver Industrialisierung und nach einem angepaßten Wandel traditioneller sozialer Strukturen verlange.

Damit wird für diese Länder die Frage unabweislich, ob die Qualität des angestrebten wirtschaftlichen Wachstums, ob die übergreifenden Ziele der Entwicklung, auf die hin es zu orientieren wäre, schon hinreichend konkretisiert worden sind. Ist zwischen positiven Fortschritten und ökologischen und sozialen Schäden und Störungen, die ein industrieller Wachstumsprozeß mit sich bringen würde, überhaupt ein ,Gleichgewicht' herzustellen? Dies fragt einer der RIO-Autoren im Blick auf den im RIO-Bericht den Entwicklungsländern vorgeschlagenen Expansionsschub. In einem kurzen eigenen Statement sagt dieser Autor:

„In diesem Zusammenhang denke ich beispielsweise daran, daß eine 5 %ige Wachstumsrate pro Kopf der Bevölkerung in Asien und Afrika für einen Zeitraum von 42 Jahren — wie in dem Bericht erwähnt — nicht nur unrealistisch, sondern auch vom humanistischen Standpunkt aus höchst unerwünscht ist."[34]

Es sind vor allem kritische Wissenschaftler aus den Entwicklungsländern selbst, die ein bloß quantitativ bestimmtes Wachstum in Frage stellen und die Forderung nach einem qualitativen, sozial gerechten Wachstum erheben. Anders als die eher ökonomisch orientierten Entwicklungsmodelle aus den Industrieländern, die das Problem der Wachstumsraten in den Mittelpunkt stellen, setzen sie nicht mehr auf die Überwindung von Armut allein durch hohes Wachstum, und sie halten eine Orientierung an den Wohlstandsbildern der reichen Länder für verfehlt:

„Es ist ... völlig sinnlos, sich auf Entwicklungsziele nach dem Muster westlichen Lebensstandards zu versteifen und etwaigen Fortschritt an der Schließung des (statistischen) Grabens zwischen reichen und armen Nationen messen zu wollen. Solche Maßstäbe taugen allenfalls dazu, den reichen Nationen gelegentlich ein schlechtes Gewissen einzuflößen. Den Entwicklungsländern selbst aber bleibt keine andere Wahl, als sich auf die eigenen Füße zu stellen, ganz so wie das kommunistische China es vor fünfundzwanzig Jahren tat, und einen anders gearteten Lebensstil aufzunehmen, dessen Merkmale ihrer Armut Rechnung tragen, ausgerichtet auf unentbehrliche Gebrauchsgegenstände wie Töpfe, Pfannen und schließlich Fahrräder, statt auf Statussymbole wie Kühlschrank, Waschmaschine und Auto.
Das erfordert eine Neufestlegung der wirtschaftlichen und sozialen Zielsetzungen weg von diesen schwindelerregenden Ansprüchen westlichen Konsums; die Ablösung der traditionellen Führungsschichten, ihrer Vorrechte und Interessen; die Umverteilung der politischen und wirtschaftlichen Macht in der Dritten Welt. Zugegeben, in einigen Gesellschaften mag das unmöglich sein, d. h. nicht durch evolutionären Wandel, sondern höchstens durch Revolution erreichbar."[35]

Soll das Ziel eines Entwicklungsprozesses also darin bestehen, der Mehrheit der Bevölkerung die Güter und Dienstleistungen zur Verfügung zu stellen, die für ihr Leben ‚unentbehrlich' sind, dann darf das Kriterium für Investition und Produktion weder darin bestehen, Gewinne, privatwirtschaftliche Rentabilität zu sichern, noch darin, das Sozialprodukt, das als solches keine Aussagen über die Art der produzierten Güter und deren Verteilung macht, zu maximieren. Notwendig wäre es stattdessen, die wichtigsten physischen und kulturellen Bedürfnisse, die befriedigt werden sollen, konkret zu bestimmen.
Einen Versuch dazu macht das Bariloche-Modell, das sogenannte ‚Lateinamerikanische Weltmodell'. Es fordert die Befriedigung der Grundbedürfnisse des Menschen; es postuliert sein grundlegendes Recht auf Ernährung, Wohnung, Bildung und Gesundheit. Gefordert wird eine bedürfnisorientierte Entwicklungspolitik, welche die Erhöhung und Maximierung der menschlichen Lebenserwartung zum entscheidenden Kriterium der Effizienz des Produktionssystems macht. Die Autoren dieser Untersuchung definieren deshalb Mindest-

bedürfnisse konkret und materiell hinsichtlich Kalorien- und Protein-
verbrauch, Ausbildungszeit und Wohnfläche.

Daß solche Forderungen nach Befriedigung eines sozialen Minimums
dem Politiker konkrete Alternativen der Entscheidung aufweisen,
daß die vorgelegten Vorschläge tatsächlich Möglichkeiten zur konkreten Anwendung in einzelnen politischen Programmen eröffnen,
ist dem Vorwort von Peter Menke-Glückert, leitender Beamter im
Bundesministerium des Innern, zu diesem Buch zu entnehmen, wo
er sagt:

„Diese Minima müssen in Zukunft das Herzstück aller integrierten politischen
Planungen jedes Staates bilden."[36]

Obwohl die entwickelten reichen Länder aufgefordert sind, exzessives
Wirtschaftswachstum und Überkonsum zu reduzieren − die Modell-
aussagen über die mögliche Zukunft dieser Länder sind keineswegs
erschreckend:

„Demnach können die entwickelten Länder einen hohen Lebensstandard erreichen, auch wenn sie in der Zukunft ihr Wirtschaftswachstum drastisch einschränken. Das heißt, sie können es sich leisten, das erforderliche Arbeits-
pensum der Gemeinschaft zu reduzieren und gleichzeitig die Freizeit auszudehnen, und sie behalten dennoch eine Wachstumsrate, bei der die Erhaltung und ständige Verbesserung der physischen und der menschlichen Umwelt möglich ist."[37]

Rein quantitativ ist es nach den Computerrechnungen möglich, die
Ziele dieses Weltmodells zu realisieren. Die entscheidenden Hemmnisse werden nicht in natürlichen, physischen Grenzen der Entwicklung, nicht in finanziellen oder technischen Beschränkungen gesehen. Nach Meinung der Autoren sind es in erster Linie die sozio-
ökonomischen und sozio-politischen Strukturen unserer Gesellschaften, die eine solche Entwicklung noch hemmen. Das vorgeschlagene Modell einer neuen Gesellschaft ist daher auch viel mehr
als nur eine „Nichtkonsumgesellschaft", die zunächst die Befriedigung materieller Grundbedürfnisse zu garantieren hat. Es wird das
Muster einer

„sozialistischen Gesellschaft vorgeschlagen, die auf Freiheit, Gleichheit und
voller Beteiligung aller Menschen an den gesellschaftlichen Entscheidungen
zu errichten ist".[38]

Dieses neue weltweite Gesellschaftsprojekt erklärt die fundamentale Gleichheit aller Menschen. Es will binnen 80 Jahren einen angemessenen Lebensstandard für die gesamte Menschheit durchsetzen. Es will die auf Entfremdung, Ausbeutung und Ausplünderung der Erde gerichteten destruktiven Werte der privatkapitalistischen und staatskapitalistischen Gesellschaftsorganisationen durch eine neue Kultur menschlicher Grundwerte und Grundbedürfnisse ersetzen. Die empfohlene Entwicklung wird nicht deterministisch erklärt: Sie kann und sie muß durch bewußte Aktionen herbeigeführt werden. Deshalb sei es unabdingbar, die Masse der Bevölkerung aufzuklären, deshalb müßten Bevölkerungsmehrheiten einen öffentlichen solidarischen Druck auf die politischen Entscheidungsträger ausüben.

Diese radikalen, an die Wurzeln von Fehlentwicklungen zu gehen versuchenden Überlegungen und Vorschläge zielen also nicht nur auf eine Neuordnung der Weltwirtschaft. Das, was in anderen Studien schon mitformuliert wurde, wird hier deutlich hervorgehoben: die Forderung nach einer grundlegenden gesellschaftlichen Erneuerung.

3 Entwicklungspolitische Motive — Beseitigung von Armut und Abhängigkeit

Die Frage nach der künftigen Gestalt unserer Gesellschaft und nach einer gerechten Weltordnung steht am Beginn der Diskussion über den Neuen Lebensstil. Sie erhält einen starken Impuls offensichtlich aus dem Unbehagen vieler Menschen über die in dieser Welt bestehenden und wachsenden Unterschiede der existenznotwendigen Lebensbedingungen, über die ungleichen Möglichkeiten zur Inanspruchnahme natürlicher und ökonomischer Ressourcen. Niemand kann ja heute mehr übersehen, daß die Reichen reicher werden, während die Zahl der Armen und ihre Not wächst:
1972 betrug das Bruttosozialprodukt pro Kopf in den Industrieländern 3 670 Dollar; in den Entwicklungsländern lag es bei nur 280 Dollar[39]. Wenngleich diese Zahlen nur unvollkommene Indikatoren der unausgewogenen Verteilung in der Welt sind, sie veranschaulichen deutlich genug die immer wieder angesprochene ,Wohlstandskluft'. Mit diesen Zahlen bestimmt sich das zwischen diesen

Ländergruppen bestehende ‚Wohlstandsgefälle' auf etwa 13 : 1, was konkret bedeutet:

„Die industrialisierten Länder (30 % der Weltbevölkerung) verbrauchen sieben Achtel aller Reichtümer und Grundstoffe der Erde ... Die zwei Drittel der Weltbevölkerung in den Entwicklungsländern ... verbrauchen nur ein Achtel der Reichtümer der Erde ..."[40]

Die Unterschiede im Verbrauch sind teilweise so gewaltig, daß es völlig unvorstellbar ist, Verbrauchsgewohnheiten der industrialisierten Gesellschaften auf die ganze Welt auszudehnen. Hinsichtlich des Erdöls hieße dies beispielsweise, daß die bekannten Ölreserven innerhalb von zwei Jahren verbraucht wären[41].

Eine der schwerwiegendsten Folgen dieser ungleichen Situation besteht darin, daß Millionen von Menschen unter dem Existenzminimum, in Armut, Hunger und Elend leben[42]. Zwar hat sich der Nahrungsmittelkonsum auch in den Entwicklungsländern erhöht. Dort stieg er jedoch von 1961 bis 1971 nur von 91 Prozent auf 95 Prozent des Bedarfs (!), während der Überkonsum in den Industrieländern gleichzeitig von 116 Prozent auf 123 Prozent des Bedarfs weiter anwuchs[43].

Diese Situation und die unvollkommenen politischen Versuche zu ihrer Verbesserung lösen bei vielen Menschen offene Empörung aus, bei der Mehrheit der Bevölkerung wird aber doch, so scheint es, ein vages Empfinden des Unbehagens nicht überschritten. Weil dies so ist oder weil überhaupt Eigeninteresse und Eigennutz als die Grundantriebskräfte menschlichen Verhaltens betrachtet werden, halten manche Entwicklungspädagogen es für richtiger und wirksamer, die Forderung nach gleichen Lebenschancen für alle Menschen dieser Welt aus egoistischen und nationalen Interessen zu begründen, statt sie unter ethische Kriterien der Uneigennützigkeit zu stellen.

Als wesentliches Motiv für eine Veränderung des Lebensstils in den Industrieländern wird die sicher richtige Ansicht vertreten, daß mit der wachsenden Kluft zwischen Arm und Reich ein gefährliches Konfliktpotential aufgebaut wird, daß es also tatsächlich im vernünftigen langfristigen Eigeninteresse der Menschen in den reichen Ländern liege, sich für eine Änderung der die Entwicklungsländer benachteiligenden wirtschaftlich-politischen Machtstrukturen einzusetzen, so daß das Prinzip der Chancengleichheit in den Beziehungen zwischen den Industrie- und Entwicklungsländern verankert wird. Den konkreten Hintergrund solcher Überlegungen bildet die Erkenntnis, daß der Nord-Süd-Konflikt in dem Maße spürbar werden wird, in dem die Entwicklungsländer einen Machtzuwachs erreichen − ökonomische Macht, z. B. durch Produzentenkartelle ähnlich der OPEC oder politische Macht, z. B. durch neue Koalitionen in den internationalen Gremien. Spürbarer kann der daraus abgeleitete Machtzuwachs beispielsweise durch steigende Rohstoffpreise und möglicherweise sogar über Mengenbegrenzungen werden.

Ein freiwilliger, moralisch fundierter Verzicht darauf, „die privaten Konsumgewohnheiten des Überflusses einfach fortzuschreiben" und ein Versuch, das „Besitzstandsdenken" zu überwinden und „Einstellungen und Verhaltensweisen einzuüben, die eines Tages, soll die Menschheit eine Zukunft haben, die herrschenden werden sein müssen"[44], werden gewiß nicht leicht fallen. Wenn es aber richtig ist, worauf Sozialpsychologen hinweisen, daß auch die unartikulierten Gewissensbedenken der Mehrheit der Bevölkerung zu einer tiefwirkenden Beunruhigung unseres kollektiven Gewissens und so zu Störungen und Aggressionen in unserer Gesellschaft beitragen[45], und wenn es mit der Forderung nach einem Neuen Lebensstil vor allem darum gehen muß, Menschen unmittelbar in ihrer realen Lebensumwelt anzusprechen und sie zu einer Veränderung alltäglicher Verhaltensweisen zu bewegen, so ist doch zu fragen, ob es ausreicht, egoistische und nationale Interessen anzusprechen. Kann und muß nicht auch, weil es gerechtfertigt und wirksam ist, die Verantwortung des einzelnen in unseren Gesellschaften für das Leben des ‚fernen Nächsten' betont, seine Bereitschaft zur Hilfe aus dem Motiv christlicher oder humanistischer Nächstenliebe und Solidarität aktiviert werden?

Aber zu einem Neuen Lebensstil gehört nicht bloß die Bereitschaft zur ‚Hilfe', zur verstärkten Hilfe aus den Zuwächsen einer forcierten wirtschaftlichen Expansion. Deshalb sind Zweifel anzumelden gegenüber dem Satz: „Wir sind zur Prosperität verurteilt aus internationaler Verantwortung."[46] Deshalb erscheint es auch fraglich, ob in der Konsequenz eines auf weltweite soziale Gerechtigkeit gerichteten Lebensstils die Forderung liegt, die marktwirtschaftliche, sozial abgesicherte Ordnung als Modell für die Welt vorzustellen, das es im internationalen Maßstab nachzubauen gilt[47].

Die mögliche Radikalität von Veränderungen in allen Lebensbedingungen der Industrieländer zeigt der norwegische Friedensforscher Johan Galtung auf. Seiner Analyse zufolge ist ein Neuer Lebensstil in den ‚Ländern den Zentrums‘, den Industrieländern, nicht deshalb erforderlich, um den ‚Ländern in der Peripherie‘, den Entwicklungsländern, mehr finanzielle und technische Hilfe geben zu können:

„Was not tut, ist nicht, daß das Zentrum etwas gibt, sondern daß es mit Rauben und Intervenieren aufhört.“[48]

Das bedeutet für Galtung vor allem, daß sich die Industrieländer, die im Übermaß Ressourcen aus den Entwicklungsländern aufbrauchen, auf die Unabhängigkeit und Eigenständigkeit der Entwicklungsländer vorbereiten, indem sie ihre Abhängigkeit von den Rohstoffen der Peripherie verringern und ihre Produktionskapazitäten umstrukturieren.

„Teils müssen Rohstoffe von anderswoher geholt und neue Energiequellen gefunden werden; teils sind neue, weniger aufwendige *Lebensstile* zu entwickeln, insbesondere im Blick auf die nichtregenerierbaren Rohstoffe.“[49]

Ein Neuer Lebensstil, dies zeigt konsequentes Nachdenken deutlich, ist kein apolitisches Programm. Die von ihm angestrebte Entwicklung wird deshalb daran zu messen sein, inwiefern sie Verhältnisse in dieser Welt zu beseitigen trachtet, in denen Menschen in Armut und Unfreiheit gehalten werden.

4 Umweltpolitische Motive

a) Erhaltung der Lebensgrundlagen

Die Bemühungen um einen Neuen Lebensstil haben in den Industriegesellschaften und insbesondere auch in der Bundesrepublik weitere entscheidende Impulse erhalten sowohl aus konkret erfahrbaren Umweltzerstörungen als auch aus der Diskussion über die grundlegende Gefährdung der menschlichen Umwelt durch die industrielle Zivilisation. Diese Diskussion ist durch den Bericht an den Club of Rome über die „Grenzen des Wachstums“[50] in einer Weise zugespitzt worden, die im Hinblick auf die augenblickliche Situation vielleicht als dramatisiert gelten kann, die aber gerade deshalb auf das allgemeine Bewußtsein außerordentlich fruchtbar gewirkt hat. Was bis dahin nur in relativ engen Zirkeln von Eingeweihten und umweltpolitisch Engagierten erörtert wurde, gelangte nun auf die Ebene der öffentlichen Auseinandersetzung und wurde Gegenstand allgemeiner Diskussionen.

Die Bevölkerungsexplosion, die Nahrungsmittelknappheit auf der südlichen Erdhälfte, die Begrenztheit der nichtregenerierfähigen Rohstoffe und nicht zuletzt die unmittelbar spürbare Umweltverschmutzung wurden als Herausforderung erkannt, denen sich eine verantwortliche Politik stellen mußte. Viele nahmen darin aber auch eine Anfrage an ihre persönliche Verantwortung wahr und sahen darin zugleich ein Signal zur Veränderung ihrer Lebensweise. Sie gingen dabei von der Überlegung aus, daß nicht erst der Zwang einer akuten Notsituation oder eine Katastrophe zum Umdenken und Umschwenken führen sollten, sondern schon jetzt von Einsichtigen neue Wege eingeschlagen werden müssen.

Das Konzept eines Neuen Lebensstils, das in diesen Zusammenhang gestellt werden muß, erhält vor allem deshalb aktuelle Bedeutung, weil gegenwärtig die Unsicherheit über die Belastbarkeit unserer Umwelt und über den Verlauf der Grenzen ständig zunehmen. Jede neue wissenschaftliche Erkenntnis oder Problemlösung wirft offenbar mehr neue Fragen auf als sie beantwortet, und so nimmt − wie der RIO-Bericht an den Club of Rome feststellt − die Liste der unbeantworteten Fragen weiter zu: ,,Wie zum Beispiel werden sich die halbe Million Präparate und Gifte, die wir sorglos verschwenden und denen wir ständig ausgesetzt sind, langfristig auf unser Wohlbefinden auswirken? Wieviel menschliche Eingriffe können die Sauerstoff- und Stickstoffkreisläufe vertragen, bevor sie zusammenbrechen? Welchen Einfluß üben Aerosole auf die Ozonschicht aus, und welche Auswirkungen wird der Überschallverkehr haben? Wird die fortgesetzte Verschmutzung der Luft, der Flüsse, der Seen und der Meere einer Ausdehnung menschlicher Aktivitäten schließlich eine Grenze setzen? Stellt die zunehmende thermische Belastung eine größere Bedrohung für das Überleben des Menschen dar als die fortgesetzte Erzeugung von Kohlendioxyd? Wie wird sich die durch den Bedarf an Feuerholz, durch die Überweidung, Verstädterung und kommerzielle Bauholzausbeutung verursachte Abforstung auf unsere irdische Umwelt und schließlich auf Atmosphäre und Klima unseres Planeten auswirken? Und vor allem: Wie hängen die vielen verschiedenen Umweltprobleme miteinander zusammen? Gibt es Synergismen[51], die unsere Fahrt zu den ‚äußeren Grenzen' beschleunigen werden?"[52]

Mit diesen Fragen wird letztlich in Zweifel gezogen, ob es eine erstrebenswerte Zukunft gibt, wenn der bisherige Weg fortgesetzt wird. Weiter genährt werden solche Zweifel durch konkrete Anzeichen der Gefahr, unter der wir leben. Daß sich die weltweite Umweltverschmutzung in den letzten 14 Jahren verdoppelt hat, mag dabei nur in seinem statistischen Aussagewert als interessant empfunden werden — ebenso wie der Nachweis, daß die Lebenserwartung der Männer in der Bundesrepublik seit etwa 10 Jahren sinkt. Als bedrohlich wird demgegenüber die Tatsache gewertet, daß heute schon jeder fünfte Bürger in der Bundesrepublik an Krebs stirbt und in absehbarer Zeit voraussichtlich jeder dritte, daß 1957 drei krebserregende Stoffe bekannt waren, 1976 aber schon mehr als vierzig, daß schließlich für das Ansteigen der Krebserkrankungen wohl nicht zuletzt schädliche Umwelteinflüsse maßgebend sind[53].

Die mit der industriellen Zivilisation einhergehenden Risiken werden von vielen Bürgern zunehmend als lebensbedrohend erkannt. Dies hat erstmals die heftige Auseinandersetzung um die Energiepolitik und insbesondere um die Kernenergie öffentlich nachgewiesen. Sie bezog sich nicht nur auf die gesundheitlichen Risiken der Radioaktivität, die mit dem Betrieb und der „Entsorgung" von Kernenergieanlagen verbunden sind, sondern auch auf die gefährlichen klimatischen Folgen der Energieproduktion und Energienutzung sowie auf die Frage, wann die Industrialisierung in einem dichtbesiedelten Land die Grenze erreicht hat, jenseits derer wirtschaftliches Wachstum in sozialen Rückschritt infolge von Umweltzerstörung und -vergiftung umschlägt.

Der sich hier aus der Einsicht in die Gefahren formierende Widerstand kann ein Signal dafür sein, daß die im RIO-Bericht erhobene Forderung nach „Neubewertung von Lebensstilen und Konsumverhalten"[54] nicht ohne Echo in der Bevölkerung bleiben wird. Die Frage, ob das, was faktisch möglich, vom Maßstab des Menschlichen her auch sinnvoll ist, wird angesichts der Umweltkrise zunehmend

als Wegweiser für eine verantwortliche Lebensgestaltung wahrge-
nommen.

b) Kritik an der Technik

Der technisch-industrielle Fortschrittsprozeß kommt also in steigendem Umfang mit der äußeren Umwelt des Menschen, darüber hinaus
aber auch mit seinen inneren Lebensbedingungen in Konflikt. Je
länger, je deutlicher erweist ein technokratischer Optimismus seine
Unhaltbarkeit, der darauf setzt, daß die Lösung der bestehenden
Probleme von jeweils neuen technologischen Durchbrüchen erwartet
werden kann. Im Gegenteil: Auf dem bisherigen unkontrollierten
und gigantomanischen Weg der technologischen Entwicklung fort-
zuschreiten, schafft immer größere und tiefgreifendere Probleme.
„Die Übel der Technik mit dem Allheilmittel des Mehr der gleichen
Technik abstellen wollen, hieße, einem ‚Rattenfänger der Technik'
in den Untergrund zu folgen."[55]
Aufgrund des hohen Stellenwerts, den die Technik für die Gestalt
und Entwicklung der Industriegesellschaft hat, bestimmt deren
Devise „mehr, schneller, effizienter, komplexer" auch die ganze
Gesellschaft. Doch die „Maximierung objektivierender Naturaus-
beutung und technischer Konstruktionen in der Lebenswelt von
heute droht zur Zerschlagung eben dieser Lebenswelt zu führen".[56]
Nicht nur im Bereich der Arbeit, sondern auch im privaten und
öffentlichen Leben bestimmen technische Systeme und Produkte das
Leben. So tiefgreifend hat sich die gegenwärtige Industriegesellschaft auf großtechnische Systeme eingelassen, daß − ohne sehr
weitgehende Umstrukturierung − nicht nur die Bequemlichkeiten
des Lebens, sondern auch das Überleben von ihrem Funktionieren
abhängig geworden ist.
Die innere Widersprüchlichkeit dieser Entwicklung führt deshalb notwendig in ein Dilemma. Das wird gegenwärtig besonders am Beispiel
der Energieversorgung und der Kernenergienutzung mit großer
öffentlicher Beteiligung diskutiert: Die Fortsetzung des gegenwärtigen Lebensstils macht ein progressives Wachstum des Energie-
einsatzes unvermeidbar; andererseits führt die Produktion dieser
Energie (abgesehen von der Frage der Rohstoffe) zunehmend zu

zerstörerischen Belastungen, Risiken und Freiheitseinschränkungen.
Die Auseinandersetzung mit der Technik ist deshalb ein wesentliches
Element aller Überlegungen zu einem Neuen Lebensstil. Aber die
Ergebnisse dieser Auseinandersetzung sind noch sehr unübersichtlich, vorläufig und auch widersprüchlich.
Zum Teil knüpft sie an die Tradition technikfeindlicher Kulturkritik an. Diese hat von Anfang an als historische Neben- und Gegenströmung die Entstehung der modernen Wissenschaft und Technik
begleitet, vor allem das Rationalitäts- und Fortschrittspathos als ihre
legitimierende Ideologie bekämpft. Aber wenn überhaupt, dann hat
die kulturkritische Tradition allenfalls im Bereich der Kulturphilosophie Bedeutung erlangt. Selbst die Aktionen der Maschinenstürmer des 19. Jahrhunderts sind − von ihrer sozialen Seite abgesehen − als romantischer und letztlich utopischer Protest spurlos
geblieben gegenüber der Entwicklung der Technik.
In Weiterführung dieser Traditionen werden etwa von Th. Roszak
radikale Thesen zur Kritik der Industriegesellschaft und ihrer technologischen Struktur vorgetragen[57]. Sein Entwurf einer „Gegenkultur"
knüpft an Rousseau'sche Gedanken an − natürliches Leben als
Gegenbild zum entarteten zivilisatorischen Zustand. Letztlich läuft
seine Position auf Rückzug und Verzicht auf den Einsatz von Technik
hinaus, ohne zu einer konstruktiven Bewältigung der Ambivalenz
technischen Fortschritts beizutragen. Doch ein solcher Weg des
bloßen Verzichts dürfte wohl kaum gangbar sein. Zwar können
ihn einzelne Gruppen gehen, indem sie sich auf ihren eigenen Lebensbereich zurückziehen und dabei die Probleme der technischen
Infrastruktur der Gesellschaft (von der sie letztlich doch irgendwo
Gebrauch machen) ausblenden. Aber für die ganze Gesellschaft ist
ein solcher genereller Verzicht nicht denkbar, will sie nicht die
Lebensgrundlagen der Mehrheit der Bevölkerung preisgeben. Gleichwohl haben Thesen wie die von Th. Roszak aber zu einer zunehmend
kritischen Haltung der Öffentlichkeit gegenüber der Technik und zu
einer Minderung der Wissenschaftsgläubigkeit beigetragen, wie sie
sich jedenfalls für die Situation in den USA bereits belegen läßt[58].
Besonders intensiv setzen sich in vielen Ländern Bürgerinitiativen
mit den Problemen der technischen Entwicklung auseinander. An-

lässe dazu sind Energiefragen, Industrieansiedlungen, Straßenbaupro-
jekte, Stadtplanungsprojekte, landwirtschaftliche Anwendung von
Pflanzen- und Insektengiften und ähnliches mehr. In all diesen
Fragen wird immer auch über Stand, Anwendung und Weg der
Technik entschieden.

Von Ausnahmen abgesehen ist der kritische Ansatz der Bürgerinitiativen nicht aus einer prinzipiellen Technikfeindschaft abgeleitet. Sie fordern nicht einfach Verzicht auf Technik oder auf
neuere Entwicklungen. In der Regel ist ihre Aktivität von dem Anliegen getragen, Kosten und Nutzen der technischen Entwicklung
neu zu bedenken, sie an humanen und umweltorientierten Bewer-
tungskriterien zu messen.

Ziel ihrer Kritik ist nicht Technik generell, sondern der gegenwärtig
herrschende ausbeuterische und repressive Typ von Technologie, das
System einer mit Wissenschaft und ökonomischer Verwertung ver-
schmolzenen Technik[58a]. Die Tendenz der Entwicklung dieser Form
der Technik läuft darauf hinaus, die ganze Gesellschaft zu einem
technologischen Großsystem umzugestalten. Um die der Technik
eigene potentielle ,Nützlichkeit und Rationalität' zu organisieren,
wird der Weg in Richtung auf ein „totales Weltsystem" unvermeidbar[59]. Aber selbst wenn die Gesellschaft diesen Preis des Verzichts
auf Freiheit und Pluralismus zu zahlen bereit wäre: wird die Natur
den Bedürfnissen der gesellschaftlichen Produktion bedingungslos
unterworfen, so wird sie zunehmend vergewaltigt und zerstört. Das
Industriesystem erweist sich, mit C. Amerys Formulierung, als
politisch-gesellschaftliche Konkretisierung eines „inkonsequenten
Materialismus"[60]. „Inkonsequent" nennt Amery diesen Materialismus, weil er auf seinem Weg widersprüchlicherweise seine eigene
materielle Basis zerstört.

Die Kritik am Weg dieser repressiven Technologie schlägt gegenwärtig bereits um in Protest und Kampf gegen besonders exponierte
Großsysteme, wie z. B. gegen die Kernkraftwerke oder gegen die
allgegenwärtigen Ausdehnungsansprüche der Infrastruktur des
Molochs Verkehr. Aktionen und Öffentlichkeitskampagnen weisen
auf die Risiken dieses „Scheinfortschritts" hin, dessen Folgepro-
bleme und -kosten — jedenfalls langfristig — in ein Mißverhältnis zu
seinem Nutzen geraten.

Als positives Ziel steht ihr eine neue Auslegung der technischen
Rationalität vor Augen, in der der Einsatz von Technik neu bewertet
und auf seinen Charakter als Werkzeug des Menschen (nach der
Forderung z. B. von I. Illich[61]) zurückgeführt wird. Angesichts der
Entwicklung genügt freilich eine „Ethik der Anwendung" in bezug
auf die vorhandenen technologischen Strukturen und Systeme nicht
mehr, um sie zu kontrollieren, zu begrenzen und unter die reflek-
tierende Zielsetzung des Menschen zu stellen[62]. Eine „neue Technik"
wird gefordert, eine „sanfte" Technik, die die gegenwärtige „harte"
Technik ersetzen soll. Nicht erst in ihrer Anwendung, sondern
schon in ihren Strukturen muß eine solche Technik an menschlichen
und gesellschaftlichen Bedürfnissen sowie gleichzeitig an den Er-
fordernissen ökologischer Stabilität „angepaßt"[63] sein.
Wohin eine solche Technik zielt, wird an einer Liste von Gegensatzpaaren deutlich, in der eine „Gesellschaft der harten Technik"
einer als erstrebenswert angesehenen „Gesellschaft mit sanfter
Technik" gegenübergestellt wird[64].

Harte technische Gesellschaft	Sanfte technische Gemeinschaft
ökologisch gefährlich	ökologisch eingepaßt
hoher Energiebedarf	niedriger Energiebedarf
hohe Verschmutzung	geringe oder keine Ver-schmutzung
Einweggebrauch von Material und Energie	Recycling von Material und Energie
enger Zeitrahmen	weitgespannter Zeitrahmen
Massenproduktion	handwerkliche Akzente indi-vidualistischer Produktion
hohe Spezialisierung	geringe Spezialisierung
Kleinfamilie	Großfamilie
überwiegend städtisch	überwiegend dörflich
Naturentfremdung	Naturverbundenheit
Politik der Akklamation	demokratische Formen

technische Grenzen ökonomischer Art	technische Grenzen, die Natur und Leben setzen
Welthandel	lokaler und regionaler Tauschhandel
Zerstörung lokaler Kultur	Erhaltung lokaler Kultur
Mißbrauch technischer Möglichkeiten	Mißbrauch der Technik gesetzlich kontrolliert
destruktiv gegenüber anderen Lebensformen	vom Gedeihen anderer Arten abhängig
Innovationsantrieb durch Profit und Krieg	Innovation, motiviert durch menschliche Bedürfnisse
Wachstumswirtschaft	Nullwachstum
kapitalintensiv	arbeitsintensiv
entfremdet jung von alt	führt Generationen zusammen
zentralisiert	dezentralisiert
Leistung steigt mit Größe	Leistung steigt durch Kleinheit
komplizierte Verfahrensweisen	allgemein verständliche Verfahrensweisen
technische Unfälle häufig und ernster Natur	technische Unfälle selten und unbedeutend
totalitäre Lösungen für technische und soziale Probleme	pluralistische Lösungen
landwirtschaftliche Monokultur	Verschiedenartigkeit
Akzent liegt auf Quantität	Akzent liegt auf Qualität
Nahrung durch Spezialberufe	Nahrungsmittelbeschaffung durch alle
Arbeit vor allem durch Einkommen motiviert	Befriedigung als Hauptmotiv
völlige Interdependenz der Produktionseinheiten	autonome, kleine Einheiten
Wissenschaft und Technik kulturentfremdet	Wissenschaft und Technik von allen betrieben
spezialisierte wissenschaftliche und technische Elite	Wissenschaft und Technik für alle und von allen betrieben

Kluft zwischen Arbeit und Freizeit	wenig Unterschied zwischen beiden
zentrale hohe Arbeitsleistung	„Arbeit als Begriff" inexistent
technische Ziele für einen Teil des Planeten und für begrenzte Zeit gültig	technische Ziele gültig für alle und zu jeder Zeit

Zweifellos wäre der Übergang zu einer so charakterisierten ,sanften technischen Gesellschaft' so tiefgreifend, daß er nur im folgenschweren Bruch mit unserer heutigen Wirklichkeit, nicht in deren allmählicher Veränderung vor sich gehen könnte. Es ist aber auch eine Mischform denkbar, in der einerseits Formen einer individualisierten, dekonzentrierten, arbeitsintensiven, umweltbezogenen, risikomindernden, mit dörflichen oder kleinstädtischen Siedlungsformen einhergehenden Technik dominieren, andererseits auf begrenzten Anwendungsgebieten und unter rigorosen ökologischen Auflagen aber auch die „große Technik" weitergeführt wird.

R. Jungk beschreibt ein solches System einer Alternative der gemischten Technik durch folgende Merkmale[65] :

— Benutzung von Energie aus Sonne, Wind, Wasser, geothermischen Quellen
— Verwendung aller organischen Abfälle zur Herstellung von Methangas
— Wärmepumpen
— Viele lokale E-Werke, die aber einem großen Verbundnetz angeschlossen sind
— Brennstoff-Zellen
— Fortgeschrittene ,autonome Häuser', die sich selbst mit Energie versorgen können (vor allem außerhalb der Städte)
— Gleichmäßigere Verteilung der Bevölkerung
— Förderung der Versorgung mit eigenen Lebensmitteln (zum beispiel Kleingärten)
— Moderne landwirtschaftliche Maschinen für kapitalintensive organische Landbebauung
— Strenge Kontrolle umweltschädigender Stoffe
— Verringerter Bergbau bei besseren Arbeitsbedingungen
— Rationierung von Rohstoffen

- Längerwährende, leicht reparierbare, zuverlässige Maschinen
- Verringerung der Auswahl an Konsumgütern
- Viele verschiedene Lebensstile, keine Normierung der persönlichen Lebensweisen

Andererseits als unentbehrlich beibehalten:

- Züge, Busse, (wenige) Flugzeuge
- Radio, Fernsehen, eine begrenzte Zahl von Computern
- Alle wichtigen industriellen Werkstoffe (aber nicht im Überfluß)
- Halbleiter und andere elektronische Bestandteile
- Automation langweiliger Routinejobs
- Beibehaltung der industriellen Forschungs- und Entwicklungsabteilungen (mit möglicherweise neuen humaneren Zielsetzungen).

Zu ergänzen ist diese Liste von Zielvorstellungen um landwirtschaftliche Komponenten:

- Biologische Pflanzenkulturen
- Biologische Tierhaltung
- Biologische Düngemittel

Gerade um diese Fragestellungen bemüht sich eine größere Zahl oft wirtschaftlich autonomer Alternativgruppen und bereits bestehender landwirtschaftlicher Betriebe[66]. Hier gelingt es Gruppen eines alternativen Lebensstils verhältnismäßig konsequent, ihre Ansätze zu verwirklichen, ohne damit ins gesellschaftliche Abseits zu geraten[67]. Schwieriger ist es dagegen in anderen Bereichen, experimentelle Ansätze zur Entwicklung einer alternativen Technologie zu finden und zu praktizieren. Dazu bedarf es besonderer Gruppenbildungen, wie etwa der „Stiftung Mittlere Technologie" oder der Arbeitsgruppe „Angepaßte Technologien" an der Gesamthochschule Kassel[68].

Immerhin zeigt aber die von Schweizer Gruppen aufgebaute Ausstellung „Umdenken – Umschwenken",[68a] wie sehr ein allgemeines Umdenken die Bedingung dafür ist, daß alternative Technologien entstehen und in der Gesellschaft platzgreifen können. Ein bewußteres, sparsameres Umgehen mit exemplarischen Produkten der Technik im alltäglichen privaten Leben – Auto, Waschmittel, Energie, Wärme – ist dazu unerläßlich und fügt sich in die allgemeinen

Zielvorstellungen eines Neuen Lebensstils, der den gegenwärtig
scheinbar unausweichlichen Zwängen Alternativen und neue Entscheidungsspielräume gegenüberstellen will.

5 Gesellschaftspolitische Motive

a) Kritik der Konsumgesellschaft

Solche Bemühungen um alternative Technologien erscheinen plausibel, wenn man die mit dem Wachstum des materiellen Wohlstands
in den Industrieländern einhergehenden negativen Entwicklungen
berücksichtigt:
- Zunahme der Zivilisationskrankheiten.
- Trotz verkürzter Arbeitszeit steigt die Anzahl der Frühinvaliden,
  die aus dem Arbeitsleben ausscheiden, weil sie nicht mehr das
  dort Nötige zu leisten vermögen.
- Die Anzahl der psychisch Kranken hat erheblich zugenommen.
  Sie ist aber nur ein Anzeichen für eine allgemeine Standortun-
  sicherheit der Menschen.
- Städte veröden und werden zu Wohn- und Konsummaschinen
  und wirken mit ihrer Kälte vielfältig auf die Menschen ein, die
  einen Verlust an ,,Heimat", an ,,Nähe", an ,,Ruhe" empfinden
  und oft beklagen.
- Zunehmender Leistungsdruck ergreift alle gesellschaftlichen Bereiche und überlagert deren wichtigste Ziele, z. B. die Erziehung
  in der Schule.
Solche Defizitkataloge lassen sich fortsetzen. Selbstverständlich sind
viele dieser Probleme schon lange bekannt, selbstverständlich gibt es
eine Vielzahl von Versuchen, ihnen politisch zu begegnen, Abhilfe
und Ausgleich zu schaffen.
Nicht diesen und ähnlichen Problemen ist hier nachzugehen. Die
grundsätzliche Frage aber ist wichtig: Wie ist es zu dieser in sich wi-
dersprüchlichen Entwicklung gekommen?
Seit der Zeit des wirtschaftlichen Aufschwungs bis in unser Jahrzehnt ist das maßgebliche Stichwort, mit dem eine positive Fortent-
wicklung der Lebensbedingungen in unserer Gesellschaft gemessen

und ausgedrückt werden soll, der Begriff ‚Lebensstandard'. Brutto-sozialprodukt, Pro-Kopf-Einkommen und ähnliche Größen mehr sind allgemeine Anwendungen oder spezielle Zuspitzungen dieses maßgeblichen Konzepts, mit dem man den Fortschritt zu messen versucht.

Es war ein entscheidender integrierender Faktor in der Entwicklung unserer Gesellschaft nach dem Weltkrieg, wieder einen ausreichenden Lebensstandard zu erreichen, und später, diesen privaten Wohlstand ständig zu mehren. Durch überwiegende gesellschaftliche Orientierung an diesem Ziel und seine Verankerung in den gesellschaftlichen Strukturen wurden freilich wesentliche Bereiche ausgeklammert. Mit zunehmender Modernisierung und Industrialisierung steigt der Bedarf an Gemeineinrichtungen, weil materielle Bedürfnisse nicht allein durch privaten Gütererwerb befriedigt werden können, wenn ihre soziale Verteilung akzeptabel bleiben soll. Mit dem privaten Reichtum steigt allerdings nicht automatisch der öffentliche Reichtum, die Leistungsfähigkeit der Kommunen und der sozialen Institutionen — obgleich sie bereits einen wesentlichen Teil des Volkseinkommens für den öffentlichen Bedarf aufbrauchen. Im übrigen läßt sich mit Angaben über die Quantität von Gütern und Dienstleistungen allein noch keine ausreichende Aussage über die Lebensbefindlichkeit einer Gesellschaft und ihrer Menschen machen.

Sind die menschlichen Lebensbedürfnisse tatsächlich so weitgehend und so zentral, wie dies die Orientierung der Gesellschaft am Wohlstandskonzept vorsieht, auf materielle Güter gerichtet und auf Wachstum der Güterfülle angewiesen? Sicher ist die Befriedigung der Grundbedürfnisse an Nahrung, Bekleidung, Behausung usw. die grundlegende Voraussetzung dafür, daß Menschen andere, weitergehende Bedürfnisse äußern und ihnen nachgehen. Für humanes Leben sind im Prinzip aber ebenso unerläßlich: Freiheit, Entfaltung, Kommunikation, kulturelle Bedürfnisse, menschliche Nähe und Gemeinschaft, Sinn.

Das gesellschaftliche Leitbild der Mehrung des privaten und öffentlichen Wohlstands hat sich zwar in seinem eigentlichen Ziel, Güter und allgemeinen Wohlstand durch eine wachsende Wirtschaft zu mehren, sicherlich als erfolgreich erwiesen. Aber die Einseitigkeit des Maßstabs ‚Lebensstandard' ist in den letzten Jahren zunehmend deutlich geworden. Es wurden daher Versuche unternommen, Systeme von Sozialindikatoren zu entwickeln, die als differenzierte Maßstäbe die gesellschaftliche Entwicklung in umfassender Weise darstellen können[69].

Mit Konzepten zur Messung der Lebensqualität sollen auch solche Güter und Lebensinhalte in die gesellschaftliche ‚Erfolgsrechnung‘ miteinbezogen werden, die dem einzelnen nicht über den Marktmechanismus zur Verfügung gestellt werden bzw. die überhaupt nicht materieller Art sind. Die Diskussion der Konzepte „Lebensstandard" und „Lebensqualität" hat deutlich werden lassen, wie schwierig es ist, die verschiedenartigen Dimensionen menschlichen Lebens und Erlebens, menschlicher Entfaltung und Erfüllung zu vergleichen und zu „messen". Der Maßstab bringt die zugrunde liegenden Wertungen zum Ausdruck und setzt Gewichte, Prioritäten für die Dringlichkeit der einzelnen Probleme. Ein solches „Messen" würde bedeuten, die ihm zugrunde liegenden Wertungen offenzulegen und einer kritischen Diskussion zu unterwerfen. Für die gegenwärtige Situation ergibt sich daraus die Forderung, die gesellschaftlichen Grundwerte neu zu diskutieren und dabei die ökonomischen Zielsetzungen mit den übergreifenden gesellschaftlichen Zielen in ein ausgewogenes Verhältnis zu bringen. Erst mit einem Maßstab, der auf dieser Grundlage aufbaut, kann die Entwicklung einer Gesellschaft angemessen beurteilt werden. Unter dem Aspekt des Neuen Lebensstils ist er zugleich das Instrument, mit dessen Hilfe einerseits die Defizite der Industriegesellschaft aufgedeckt und andererseits neue Ziele politisch und ökonomisch umgesetzt werden können.

b) Kritik der politischen Entscheidungsverfahren

Die Frage der Wertorientierung und Strukturen für die weitere gesellschaftliche Entwicklung wird noch weiter zugespitzt durch die immer deutlicher zutage tretenden Defizite im sozialen und politischen Bereich. Auch diese Defizite sind vor allem durch die vorherrschende Orientierung an einem wesentlich materiell verstandenen Wohlstand bedingt. Das zeigt noch einmal, wie sehr das Fehlen des hier geforderten inhaltlich neu bestimmten Wertmaßstabes dazu geführt hat, daß auch bei gesellschaftlichen und politischen Entscheidungen der wirtschaftliche Nutzen zum Maß aller Dinge gemacht wird.

So stand etwa in der Bundesrepublik die in den letzten Jahren betriebene kommunale Neugliederung eindeutig unter dem Vorzeichen wirtschaftlicher Effizienz und technokratischer Rationalität — auf Kosten demokratischer Selbstverwaltung und Mitverantwortung. Denn das ist der Preis für jede politische und ökonomische Konzentration, die ja auch mit der Neugliederung angestrebt worden ist, daß eine immer größere Entscheidungsbefugnis über immer mehr Menschen bei immer weniger Entscheidungsträgern konzentriert wird. So zeichnet sich denn heute schon eine Entwicklung ab, die man karikierend so beschreiben kann, daß man die Menschen in drei Klassen einteilt: die Klasse der wenigen, die dafür sorgen, daß etwas geschieht, die Klasse der vielen, die zuschauen, wie etwas geschieht, die Klasse der überwältigenden Mehrheit, die in der Regel keine Ahnung hat, was überhaupt geschehen ist.

Daß heute so viele Menschen „keine Ahnung" haben, liegt vor allem wohl daran, daß der ökonomisch begründete Hang zu Großlösungen die Zusammenhänge, die das Leben des Bürgers beeinflussen, immer undurchschaubarer macht. Diese Zusammenhänge konnte der einzelne in einem Dorf oder einer Kleinstadt noch überblicken; nach deren Eingemeindung in eine Großstadt verliert er meist die Orientierung, weil er weder die Zuständigkeiten noch gar die handelnden Personen kennt. Der einzelne erlebt hier seine eigene politische Ohnmacht und kann dabei zugleich erkennen, daß seine Einflußlosigkeit ein gesamtgesellschaftliches Phänomen aufgrund der Anwendung der modernen Technologie darstellt. Sie ist, wie die Entwicklung der Kernenergie beispielsweise zeigt, einerseits mit so hohen finanziellen Aufwendungen verbunden, daß sie sich auf den von finanziellen Mitteln abhängigen Bewegungsspielraum der Politik unmittelbar auswirkt. Andererseits sind die Probleme der Kerntechnik von so langfristiger Auswirkung (man denke an das Problem der Endlagerung von Atommüll), daß die Entscheidung offenbar nicht mehr rückgängig gemacht werden kann — ganz abgesehen von der Frage, welcher Politiker eine Fehlinvestition von rund 20 Milliarden Mark allein aus Steuermitteln verantworten will. Diese Auswirkungen der modernen Technologie können die politische Handlungsfähigkeit einer Gesellschaft entscheidend einschränken und beim einzelnen das Gefühl verstärken, daß „nichts mehr zu machen ist". Es entsteht der Eindruck der Zwangsläufigkeit einer Entwicklung, die nicht mehr steuerbar zu sein scheint und die gerade auch deshalb als bedrohlich empfunden wird.

Die hier angedeutete Entwicklung einer politischen Ordnung, die der Bürger zunehmend als anonyme Machtverwaltung erlebt, der er schlechthin ausgeliefert ist, kann sicher auch auf die wachsende Reichweite politischer Entscheidungen zurückgeführt werden. Diese umfassen heute auch in wachsendem Maße die Daseinsvorsorge für einzelne und Gruppen und greifen daher immer tiefer in den privaten und den sozialen Bereich hinein. Die Notwendigkeit solcher Eingriffe ist ebensowenig zu bezweifeln wie der Gewinn etwa an sozialer Sicherheit, die gleichzeitig auch Grundlage für privaten Freiheitsspielraum darstellt. Es sollte aber auch nicht übersehen werden, daß die Vorteile der staatlichen Daseinsvorsorge inzwischen als selbstverständlich angesehen, die Nachteile in Gestalt wachsender Bürokratisierung dagegen immer drückender empfunden werden. Mit den wachsenden Zuständigkeiten der staatlichen Verwaltung hat diese offenbar eine „Bevormundungsmentalität" mit entsprechender Praxis entwickelt, die insbesondere von sozial schwachen Gruppen oft als Symptom für Unfreiheit und Unterdrückung gewertet wird.

Diese Abhängigkeit von bürokratischen Entscheidungen, die sich in vielerlei Formularen und Vorschriften, Geboten und Verboten dokumentieren und an denen Einwände fast stets wirkungslos abprallen, ist aber nur die eine Seite der hier in Rede stehenden Entwicklung. Da die Ausdehnung der Staatstätigkeit vor allem zu einem Machtzuwachs der Verwaltung geführt hat, ist diese zum bevorzugten Adressaten eines gut organisierten Verbandseinflusses geworden. Die gleichen Bedingungen, die den einzelnen in der Regel zur Einflußlosigkeit verurteilen, begünstigen daher auf der anderen Seite eine wirksame Einflußnahme der Interessenverbände. Sie verfügen über die organisatorischen Voraussetzungen für einen reibungslosen Umgang mit Formularen und Vorschriften und sind darüber hinaus auch finanziell in der Lage, sich gegenüber Geboten und Verboten ihr Recht (oder das, was sie dafür halten) zu erstreiten.

Auf diese Weise ergibt sich schließlich ein enges Zusammenspiel von Verbänden und Verwaltung mit der weiteren Folge, daß das „Gemeinwohl" nur noch im Ausgleich der stärksten Interessen gesucht wird. Diese aber werden nach dem Maß der organisatorischen und finanziellen Möglichkeiten überwiegend von den wirtschaftlich orientierten Großgruppen vertreten. Bei der Durchsetzung von Interessen über die Bürokratie sind gegenwärtig also solche Gruppen benachteiligt, die ein allgemeines Interesse wie etwa das des Umweltschutzes oder der Bildung vertreten. Denn je allgemeiner ein Interesse ist, um so geringer sind bekanntlich sein Organisationsgrad und damit auch seine Durchsetzungskraft. Es bleibt zwar die Chance, daß sich die politischen Parteien der von der Bürokratie vernachlässigten Interessen annehmen. Aber die Entwicklung der Parteien zu Volksparteien zwingt die Parteiführung dazu, um der Geschlossenheit und der Aktionsfähigkeit willen bestimmte Interessen zurückzudrängen, solange sie nicht ein auf dem Markt der politischen Meinungen anerkanntes Thema betreffen. Anerkannt freilich wird dort offenbar nur das, was entweder den materiellen Wohlstand berührt oder in anderer Weise als unmittelbar lebenswichtig angesehen wird.

Das daraus abzuleitende Merkmal der Wählerwirksamkeit kann heute vielleicht das Thema „Bildung" beanspruchen, da die Situation in diesem Bereich inzwischen als durchaus problematisch erlebt wird. Langfristig sich verschärfende und also auch zu lösende Probleme, wie z. B. das des Umweltschutzes, drohen dagegen durch die Maschen dieses Systems der Problembewältigung zu fallen. Zu dem politischen Defizit in Gestalt der weitgehenden Einflußlosigkeit des einzelnen Bürgers auf wesentliche Bedingungen seiner privaten Existenz tritt daher ein soziales Defizit. Durch mangelnden Interessendruck und die Orientierung der Parteien an kurzfristig nachweisbaren Erfolgen bleiben bestimmte gesellschaftliche Bereiche unterversorgt, obwohl sie grundsätzlich staatlicher Regelung unterliegen. Diese Unterversorgung führt zu gesellschaftlichen Fehlentwicklungen und Notständen, und zwar um so eher, je größer bei sinkenden wirtschaftlichen Wachstumsraten die Einseitigkeiten in der politischen Problembewältigung werden, weil die großen Verbände die Bevorzugung ihrer Interessen erzwingen.

Wenn sich gegenwärtig zunehmend Widerstand regt gegen die bürokratische Bevormundung wie gegen die Vernachlässigung wichtiger gesellschaftlicher Problembereiche, dann ist dies nicht nur aus einem punktuellen politischen Versagen der Parteien zu erklären. Viele derjenigen, die durch die Fehlentwicklungen und Unerträglichkeiten aufgrund staatlicher und privatwirtschaftlicher Problembewältigung betroffen sind, verlangen nach neuen Verfahren für die Vermittlung von gesellschaftlichen Bedürfnissen und politischer Zuständigkeit. Sie wollen die Ohnmacht gegenüber technokratischen und bürokratischen Strukturen nicht länger hinnehmen, vielmehr im politischen wie im sozialen Bereich größere Eigenverantwortung und Mitbestimmung entwickeln. Über die Wahrnehmung gegebener und neu zu entwickelnder Partizipationsformen versuchen sie als Gruppen das Maß an Selbstbestimmung und Solidarität zu gewinnen, das als ein wesentlicher Inhalt eines Neuen Lebensstils gelten muß.

II Gesellschaftliche Wert- und Zielvorstellungen und die Praxis eines Neuen Lebensstils

1 Der Hintergrund der Diskussion über die Grundwerte

So unterschiedlich die gesellschaftlichen und individuellen Motive für die Suche nach einem Neuen Lebensstil auch sein mögen, mit Deutlichkeit heben sie die Problematik der geltenden Wertmaßstäbe und der bestehenden gesellschaftlichen und wirtschaftlichen Strukturen für die weitere nationale und internationale Entwicklung hervor.

Die in der Bundesrepublik seit einigen Jahren zwischen den Parteien in Gang gekommene Diskussion über Grundwerte dient zwar primär einer ideologischen Profilierung und Abgrenzung der jeweiligen politischen Gruppierung. Aber warum beginnen die Parteien nach Jahrzehnten des relativen ideologischen Waffenstillstandes und der Betonung des gemeinsamen Wertbestandes nun diese Debatte? Bei näherem Hinsehen kann kein Zweifel daran bestehen, daß die auf

der traditionellen Ebene von „Freiheit, Gleichheit, Solidarität"
und deren Interpretation geführte Diskussion nur die sichtbare
Seite eines tieferreichenden Vorgangs ist. Öffentlich sichtbar werden
die hehren Symbole einer demokratisch-bürgerlichen Tradition her-
vorgeholt, blankgeputzt und im neuen Glanz einer modernisierenden
Auslegung einhergetragen. Unter der Oberfläche jedoch werden viele
der wirklichen Grundwerte, der Werte, welche das Alltagsleben der
Menschen bisher getragen und ihren Lebensstil bestimmt haben,
unsicher und zumindest hinsichtlich ihrer Einseitigkeit fragwürdig.

Fragwürdig wird die zunehmende Rationalität des Lebens, die Tatsache, daß der Denk- und Verhaltensstil der Zweckrationalität,
welcher den politischen und vor allem den wirtschaftlichen Bereich
der westlichen Industriestaaten seit Generationen geprägt und groß
gemacht hat, sich nun unaufhaltsam auf allen Ebenen und Stationen
der Lebenswelt bis in die privatesten Zonen hinein ausbreitet. Besonders in seinen Spielarten der Bürokratie und der mehr und mehr
technologisch bestimmten Produktion droht zweckrationales Verhalten die Lebendigkeit, Spontaeität, Kreativität und Freiheit
unseres Lebens immer mehr einzuengen.

Problematisch wird der Grundwert des Wachstums, der Expansion
besonders im Bereich des Ökonomischen und auf dem Gebiet von
Wissenschaft und Technik. Hatten die westlichen Gesellschaften
einst unter der Fahne des Fortschritts Industrialisierung und Modernisierung begonnen, um die Geißeln der Menschheit — Hunger,
Krankheit und frühen Tod — zu überwinden, so droht die einmal
in Gang gesetzte Dynamik sich so zu verselbständigen, daß sie außer
Kontrolle gerät.

Skepsis breitet sich aus hinsichtlich unseres Verhältnisses zur Natur.
Nachdem die Menschen sie bekämpft und ‚entzaubert' hatten, nachdem man ihr durch die Wissenschaft ihre Geheimnisse und Funk-
tionsgesetze entlockt hatte, schien sie entmachtet zu sein und sich
dem Herrschaftsanspruch des Menschen zu fügen. Aber die Natur
zeigt aufs neue ihre Überlegenheit, wenn auch im Negativen. Sie
erweist die wissenschaftlichen und technologischen Siege immer
häufiger als Pyrrhussiege. Der Mensch, der die Natur nur beherrschen
und ausbeuten will, zerstört seine Lebensgrundlage.

Rationalität, Wachstum, Naturbeherrschung hätten sich als Grundwerte unserer Kultur nicht durchsetzen können, wären die Menschen nicht fasziniert gewesen von Dingen, von den Sachen, die man produzieren und konsumieren kann, von der Welt der Waren und der Güter samt den zugehörigen Dienstleistungen. Der Erwerb von Waren, die Ansammlung und der Besitz von Gütern, der Überfluß des Materiellen und sein verschwenderischer Konsum, das ist zu einem Grundwert geworden. Ganz gewiß hofft der Mensch der westlichen Gesellschaften, mit Hilfe der Fülle des Materiellen Erfüllung seines Lebens zu finden, sicher sucht er durch die Quantität des Materiellen Qualität für sein Dasein. Die Erfahrung jedoch lehrt auch das Gegenteil, sowohl für das Individuum als auch für die Gesellschaft als ganze: Überfluß kann Glück nicht garantieren, und die Lebensqualität sinkt in dem Maße, in dem der Mensch sich an die Produktion und den Konsum von Gütern verliert.

Die Gesellschaft als Wirtschaftsgesellschaft zu begreifen, ihre Entwicklung wesentlich als Entfaltung der materiellen Produktivkräfte zu konzipieren, das ist bis in die Neuzeit hinein niemandem eingefallen. Es kennzeichnet ‚Modernität‘ nach heutigem Verständnis, daß gesellschaftlicher Fortschritt im Sinne von ökonomischem Wachstum aufgefaßt wird. Auch der Aufstieg von Technik und Wissenschaft zu leitenden Produktivkräften hat dieses Fortschrittskonzept unterstützt. ‚Produktion‘ als gesellschaftlicher Zentralwert wird gesteuert von den Werten Rationalität, Wachstum und Naturbeherrschung und legitimiert durch den Wert der expansiven materiellen Bedürfnisbefriedigung.

Es käme also darauf an, diejenigen Werte zunächst zu formulieren und dann durchzusetzen, die einer ‚nachmodernen‘ Gesellschaft zugrunde gelegt werden können, einer Gesellschaft, die geprägt ist durch ein geschärftes Bewußtsein für die Grenzen ökonomischen Wachstums und für die Ausweitung der Verantwortung auf die ganze Menschheit und auf die kommenden Generationen.

Während somit Werte wie Wachstum, Naturbeherrschung, Rationalität, ethnozentrischer Egoismus, Materialismus zurückzutreten hätten, müßten neue, korrigierende Werte wie Naturgemäßheit, Spontaneität, Universalismus, Zukunftsorientierung, Verantwortlichkeit hervortreten und in der Hierarchie des gesellschaftlichen Wertsystems einen höheren Rang einnehmen.

Chancen für eine derartige Umorientierung und für einen entsprechenden Wandel des Lebensstils sind nur mittel- und langfristig einschätzbar. Sie werden entscheidend abhängen von dem Gelingen eines nicht durch psychischen oder gar physischen Zwang verfälschten Meinungs- und Willensbildungsprozesses von unten. Zwar werden auch Krisen die Einführung eines veränderten Lebensstils fördern. Aber ohne breiten Konsens und also ohne weitreichenden Bewußtseins- und Wertwandel wird sich auf Dauer — wenigstens in den westlichen Demokratien — kein Neuer Lebensstil verwirklichen lassen.

2 Praktische Kritik der geltenden Grundwerte durch die gesellschaftliche Subkultur

Versuche, eine solche Umorientierung in praktische Lebensvollzüge umzusetzen, gibt es seit Jahren. Keineswegs alle aber sind an politisch-strukturellen Fragestellungen orientiert. Der Ansatz vieler Gruppen ist vielmehr auf den eigenen Lebenskreis und die Gestaltung ihres individuellen Lebens bezogen.

Schon immer und fast in jeder Gesellschaft hat es Gruppen von Außenseitern gegeben: Formen von Subkulturen, Gruppen einer wie immer gearteten Gegenkultur, religiöse Sekten und weltanschaulich bestimmte Lebensgemeinschaften sind durchaus keine neue Erscheinung. Soweit wie sie sich durch praktisch wirksame alternative Verhaltensweisen auszeichnen, gehören sie in den Bereich alternativer Lebensstile. Das ist zunächst freilich bloß eine formale Abgrenzung, bei der die Frage noch offen bleibt, was die jeweiligen alternativen Ansätze dieser Gruppen inhaltlich kennzeichnet.

Als allgemeines Kennzeichen verbindet solche Gruppen die Distanz zur Gesellschaft. Wo sie nicht nur für sich in einem Sonderraum leben, sondern sich an Gestaltung und Zukunft der Gesellschaft engagieren wollen, wird diese Distanz freilich zum Problem:

Je stärker sie in ihrer Lebensgestaltung von den üblichen Verhaltensweisen und Einstellungen abweichen, um so geringer sind in der Regel auch die Wirkungen, die außerhalb ihrer eigenen Reihen von ihnen ausgehen. Je konsequenter sie ihre Alternative praktizieren, desto weniger ist sie in den Alltag ihrer Umwelt einzugliedern und zu übernehmen.

Vielfach aber gehen erhebliche indirekte Wirkungen von solchen Gruppen oder Bewegungen aus. Ein gutes historisches Beispiel dafür sind religiöse Orden. Ihr erheblicher Einfluß auf die gesamte europäische wie auf die jeweilige lokale Entwicklung im Mittelalter und darüber hinaus beruht nicht nur in der Anziehungskraft, die sie auf einzelne Menschen ausübten, indem sie sie zum Beitritt bewegten, sondern vor allem in den vielfältigen Anstößen, die sie ihrer Umwelt vermittelt haben: auf religiösem, kulturellem, sozialem, landwirtschaftlichem und manchem anderen Gebiet.

Seit den sechziger Jahren ziehen in Wellen Bewegungen über die industrialisierten, vor allem westlichen Länder, die bei aller Unterschiedlichkeit und Gegensätzlichkeit zwei Kennzeichen gemeinsam haben: Erstens sind sie nicht auf kleine, im großen und ganzen deutlich abgrenzbare Gruppen begrenzt. Sie haben zwar benennbare Kerngruppen und Symbolfiguren, aber ihre Wirkung ist viel breiter und reicht weit in die Gesellschaft hinein. Und zweitens zeichnen sich fast alle diese Gruppen dadurch aus, daß sie Antwortversuche auf typische Konflikte oder Probleme der modernen Industriegesellschaft darstellen oder aber Zwängen und Defiziten des Lebens in diesen Gesellschaften neue Inhalte entgegensetzen wollen.

Eine der ersten dieser „Wellen" war die Hippiebewegung mit ihren zentralen Themen „freies Leben", Rückzug aus den Zusammenhängen von Macht und Gewalt („Blumenkinder"), Abkehr vom bürgerlichen Erfolgsweg und dem damit unvermeidlich verbundenen Streß, Überdruß an der Konsumwelt und Verzicht auf Güter und Besitz. Wenn sich auch die eigentliche Welle des Hippietums nicht sehr lange gehalten hat, so haben sich doch bestimmte Themen und Ansätze dessen, was mit ihr Verbreitung gefunden hat, fortgesetzt und zugespitzt.

Sicher kann man zum Beispiel die ganze Drogenszene nur erklären, wenn man sieht, wie sehr in ihr der Protest gegen den immer intensiveren Streß, die Reglementiertheit und den Erfolgszwang des Lebens eine Rolle spielt, wie sehr hier der — freilich nicht taugliche — Versuch vorliegt, die Erfahrungs- und Erlebnisarmut, die ganz überwiegend güterbezogene Lebensweise unserer Welt zu durchbrechen.

Andere Gruppen haben ähnlichen Problemen andere Antwortversuche entgegengesetzt. Nachfolgebewegung des Hippietums ist
sicher auch der Versuch von immer mehr Menschen — vor allem in
den USA —, aus den Städten und den Zwängen der industriellen
Arbeitsprozesse in ländliche Lebensformen zu fliehen. In dieser Bewegung „Flucht aufs Land" schließen sich Gruppen meist junger
Menschen zu Kommunen zusammen und versuchen, in bäuerlich-
handwerklichen Arbeitsgemeinschaften möglichst autark zu leben,
einen in materieller Hinsicht anspruchsloseren Lebensstil zu verwirklichen und dabei neue intensivere Gemeinschaftsformen zu entwickeln.

Defizite des emotionalen Erlebens und verdrängte Fragen nach dem
Lebenssinn, Isolation, Anonymität und Konkurrenzdruck der Men-
schen bilden den Hintergrund einer weiteren „Welle", die seit
einigen Jahren auch bei uns um sich greift: Die sogenannte „religiöse
Welle". Zu ihr gehören nicht nur neue Jugendreligionen (Jesus
People) und Sekten, in letzter Zeit vor allem asiatisch bestimmte
religiöse Gruppen, die von dort stammende Meditationstechniken
auch bei uns fruchtbar machen möchten. Im weiteren Sinn ist dieser
Bewegung auch eine breite Welle des Interesses an psychologischen
Fragestellungen zuzurechnen: Sensibilität und neue Selbsterfahrung
heißen die Schlagworte dieser Bewegung. Dazu kommt das Interesse
an Angeboten und Literatur zur Bewältigung von Lebenskrisen und
Kontaktmangel.

Die meisten der bisher genannten Gruppen und Bewegungen sind
— obwohl sie bei allgemeinen Problemen ansetzen — vorwiegend
auf sich selbst und das Leben der Gruppen, nicht aber auf die Gesellschaft und ihre Veränderung bezogen. Das sagt freilich nicht,
daß nicht auch gerade von ihnen Impulse auf das allgemeine gesellschaftliche Bewußtsein und in der Folge davon auf eine politische
Aktivität ausgehen können.

3 Lebensstil-Gruppen in Europa und in der Bundesrepublik

a) Neuer Lebensstil als Forderung nach Überprüfung des ganzen
   Lebens

Was sind nun die Erkenntnisse, die Befürchtungen und die Hoffnungen der ‚Lebensstil-Gruppen‘, aus denen die Forderung nach
einem Neuen Lebensstil erwachsen ist? In welchem Verhältnis stehen
ihre grundlegenden Ziele zu den herrschenden gesellschaftlichen
Wertvorstellungen, und welche praktischen Aktionsziele und konkreten Handlungsvorschläge werden verfolgt?
Es ist nicht einfach, diese Fragen zu diskutieren, und es ist unmöglich, die Zielvorstellungen aller so unterschiedlich orientierten und
organisierten Alternativ-Gruppen, Arbeitskreise, Aktionsgemeinschaf-
ten, Kommunen, Initiativen etc. in einem kurzen Abriß hinreichend
darzustellen. Denn die ganze Breite der ‚Lebensstil-Bewegung‘ liegt,
so könnte man versuchsweise sagen, zwischen zwei extremen Ver-
haltensmodellen:
Einerseits gibt es Gruppen, die sich zum Beispiel als Wohnkommunen,
Landkommunen, alternative Produktionsgruppen aus dem ‚normalen‘
Lebensvollzug — wie partiell auch immer — deutlich zurückgezogen
haben, so daß das, was ‚Neuer‘ Lebensstil sein soll, überaus augenfällig wird. Häufig verstehen sie sich also nicht als bloße Wohngemeinschaften, sondern in einem umfassenderen Sinn als Lebens-,
Verdienst- und Vermögensgemeinschaft[70]. Durch einen bewußt
einfachen Lebensstil wollen sie sich finanzielle Möglichkeiten zu
alternativer, nicht ökonomisierter Tätigkeit im politischen und
sozialen Bereich und zur kreativen Selbstentfaltung schaffen. Über
Freundschaft, Solidarität und Engagement in der Gruppe hinaus
soll versucht werden, ein Stück alternativer Gesellschaft zu realisieren. Solche Gruppen sind möglicherweise auf dem Weg zu einer
familialen Weise der Gütergemeinschaft, wie sie der Liebes-Kom-
munismus der Jerusalemer Urgemeinde darstellt. Für den Theologen
Helmut Gollwitzer ist eine solche Gütergemeinschaft

„die nach Gottes Willen für die Menschheit gemäße Lebensweise ... die die
Gemeinde des Auferstandenen ... verwirklichen und vorleben soll“.[71]

Andererseits gibt es Gruppen oder einzelne, die — noch unentschieden und unsicher — in ihrem Alltag versuchen wollen, erst einmal einige bestimmte Einstellungen, Verhaltens- und Handlungsweisen zu verändern, um dabei zu lernen, welche Veränderungen notwendig, möglich und durchzuhalten sind. Von solchen noch sehr vorläufigen Versuchen, einen Neuen Lebensstil zu suchen und zu erproben, vor allem durch eine Umorientierung im Bereich des Konsums, soll im folgenden die Rede sein, wobei die Bestrebungen der in der Bundesrepublik aktiven Ökumenischen Initiative ‚Eine Welt‘ zur Hauptorientierung dienen sollen.

In der Beobachtung solcher ‚Experimente‘ glauben kritisch Fragende vor allem eine graugetönte Begrifflichkeit zu entdecken, die, wie sie meinen, „in etwa den Dunstkreis umschreibt, in dem der Neue Lebensstil gedeihen soll.

Konsumverzicht, Askese, Mäßigung, Fastenzeit, Selbstzucht, Opfer bringen, Selbstbeschränkung, Selbstbegrenzung, Null-Wachstum, Zügelung, Maßhalten, Einschränkung, Abbau eines ununterbrochenen Leistungsdenkens, eines Gewinnstrebens, Abstand zu sich selbst, Selbstüberwindung, Bescheidenheit, Eingliederung in das Ganze des Universums."[72]

Solche Begriffe kennzeichnen in der Tat Ziele, mit denen einzelne und Gruppen veränderte Lebensformen zu beschreiben suchen. Eine englische ‚Life Style Cell‘ stellt zum Beispiel ihrer Begründung eines Neuen Lebensstils den Satz voran:

„Als Christen können wir uns von der Überzeugung leiten lassen, daß wir dazu aufgerufen sind, sehr einfach zu leben, indem wir nur geringe Aufmerksamkeit auf das richten, was unsere Grundbedürfnisse übersteigt."

Und die gemeinte Grenze einer verantwortbaren Bedürfnisbefriedigung wird exemplarisch so konkretisiert:

„... drastische Beschneidung der Urlaubsausgaben ..., Begrenzung unseres Fleischkonsums ..., und zu solchem Luxus wie Farbfernseher sagen wir gewiß nein."[73]

Mit einem solchen Lebensstil der ‚Mäßigung‘ im Konsum müssen aber nicht notwendig weltverleugnende Askese und Rückzug beabsichtigt sein. Er kann durchaus auf mehr als nur persönliche, selbstgenügsame Bescheidung gerichtet werden. Andere Initiativen machen dies deutlicher. Sie wehren sich, als Verzichtsbewegung abgestempelt zu werden; denn sie fragen grundsätzlicher: Was lohnt? Wie können wir bessere, menschlichere Lebensmöglichkeiten finden? Wie können wir im beruflichen, nachbarlichen und familiären Zusammenhang solidarischer und glücklicher leben lernen[74]? Selbst dort, wo auch sie zunächst nur nach ,Veränderungen im Konsumverhalten' fragen, ist für den vorurteilslos kritisch Fragenden eine ,grüngetönte', hoffnungsbestimmte Begrifflichkeit zu diesem Aspekt eines Neuen Lebensstils unübersehbar:

Solidarität, Selbstverantwortlichkeit, Befreiung von ,Sachzwängen', Entlastung von Streß und Risiko, Loskommen von Konformitätsdruck und Status-Vorurteilen, Erfahrung neuer Handlungsmöglichkeiten, Höherschätzung dinglicher Gebrauchswerte, Berücksichtigung des ,Gemeinwohls', Entwicklung von Fähigkeiten zur Problemdarstellung und zur argumentativen Auseinandersetzung mit anderen[75].

Hier deutet sich bereits an, daß mit Einschränkung, Selbstbegrenzung usw. Veränderungen gemeint sind, die materiell und spirituell auf eine höhere Lebensqualität gerichtet sind.

Mit dem Begriff ,Neuer Lebensstil' geht es jedenfalls nicht einfach um Konsumverzicht; vielmehr geht es um eine Neuorientierung der Lebensformen und Lebensziele. Mißverstanden wird er also, wenn nicht gesehen wird, daß eine ,,Überprüfung des ganzen Lebens''[76] gefordert ist. Nicht nur in seiner Rolle als Konsument soll sich der einzelne angesprochen fühlen, sondern auch dort, wo er als Arbeitnehmer Produzent, wo er politisch engagierter oder engagementfähiger Bürger und nicht zuletzt, wo er ,einfach' Familienmitglied, Freund, Vereinskamerad usw. ist. Dieses Verständnis von einem Neuen Lebensstil ergibt sich nicht aus einer theoretischen Definition. Es wird vielmehr durch die Fülle und die Vielfalt der Kreise, Gruppen, Gemeinschaften usw. bestätigt, die sich in vielen Ländern Europas und Amerikas um ,Alternativen' zur gegenwärtigen Gesellschaft und Wirtschaft, um ,,Wegweiser aus den Zwängen der großtechnologischen Zivilisation'' bemühen[77].

Absichten, Forderungen und Ziele von ,Alternativ-', von ,Lebensstil-Gruppen' − solchen, die sich so nennen, und anderen, die sich so verhalten, wie z. B. Umweltschutz-Bürgerinitiativen, die nicht lediglich ,gegen' Kernkraftwerke sind, sondern auch konkret zu Verhaltensänderungen im Energieverbrauch auffordern[78] −, sind deshalb nur angemessen zu diskutieren, wenn verschiedene Ebenen der Zielformulierung unterschieden werden. Zu unterscheiden sind mindestens die beiden Ebenen der gesellschaftspolitischen Grundziele und der Aktionsziele.

b) Gesellschaftspolitische Grundziele von Lebensstil-Gruppen

Die gesellschaftspolitischen Grundziele sind ersichtlich auf die Hauptmotive bezogen, aus denen heraus Gruppen sich zusammengefunden haben und aktiv werden:

— Schutz von Umwelt und Natur sowie nachhaltige Nutzung nicht-erneuerbarer Rohstoffvorräte:

> „... die Zerstörung der Umwelt, die absehbare Erschöpfung von Rohstoffvorräten lassen die Welt nicht zum Frieden kommen und bedrohen das Überleben der Menschheit."[79]

Ziel ist: Erhaltung der Lebensgrundlagen auf unserem Planeten.

— Abbau der Ungerechtigkeiten zwischen Arm und Reich im eigenen Land und in den Entwicklungsländern:

> „Die Kluft zwischen armen und reichen Ländern wächst ... Die Leistungsgesellschaft schafft Gruppen von Ausgestoßenen, die den Anforderungen nicht mehr gerecht werden können ... In allen Industrienationen ... haben viele die Obergrenze ihres persönlichen Wohlstands erreicht oder schon überschritten."[80]

Ziel ist: Sicherung gleicher Lebenschancen für alle Menschen.

— Suche nach neuen Formen eines ,erfüllten' und ,befreiten' Lebens, das mitmenschlicher und glücklicher ist:

> „Den Bürgern unseres Landes hat der ständig steigende Lebensstandard nicht nur Glück gebracht ... Konkurrenz und Konsumwünsche haben einen hohen Preis gefordert[81] ... durch die Befreiung von angeblichen Sachzwängen (können wir) eine größere Selbstverantwortlichkeit gewinnen; ... können wir uns von Hektik, Streß und Risiko entlasten; können wir von Konsumdruck, Imagezwängen und Statusverhalten loskommen."[82]

Ziel ist: Humanität und Befriedigung ,gerechtfertigter' Bedürfnisse.

Die Suche nach einem Neuen Lebensstil steht demnach, so kann gefolgert werden, unter einem übergreifenden Hauptziel: Zukunftssicherung und Zukunftsgestaltung unter globaler Sicht. Denn es ist nicht nur die eigene Zukunft, sondern die aller Menschen, die als bedroht und gefährdet angesehen wird.

,,Keiner kann sich der Mitverantwortung für eine lebensfähige Weltgesellschaft entziehen. Die Zukunft unserer eigenen Kinder entscheidet sich an der Zukunft aller Menschen."[83]

Diese gesellschaftspolitischen Haupt- und Grundziele bestimmen Bewußtsein und Aktivität von Lebensstil-Gruppen zweifellos in sehr unterschiedlicher Weise. Aber selbst für die bereits zitierten englischen Lebensstil-Gruppen, die ihren ‚Lebensstil' unter dem Leitmotiv: ‚einfacher leben, damit alle überleben' praktizieren wollen, ist klar, daß persönliche Veränderungen zwangsläufig zu politischen Fragen führen:

,,... ‚Lebensstil' gibt nicht vor, soziale und politische Aktionen ersetzen zu können ... ‚Lebensstil' ist ohne die jeweils erforderlichen sozialen, politischen und auch ökonomischen Aktionen unzureichend."[84]

Den Zusammenhang zwischen einem Verzicht als ‚Problemeinstieg' und den gesellschafts- und wirtschaftspolitischen Konsequenzen hat eine 1974/75 in der Schweiz durchgeführte Konsumverzichtserklärung sehr deutlich gemacht.

,,Mit dem Verzicht setzen wir ein Zeichen; wir wissen gut genug, daß weniger Fleisch essen keine Probleme löst. Darum verbinden wir unsern Verzicht mit Forderungen an unsere Politik. Sie betreffen die Landwirtschaft, die Förderung unserer eigenen benachteiligten Regionen, die Entwicklungszusammenarbeit und die Handelspolitik."[85]

Die Ökumenische Initiative ‚Eine Welt' sagt unmißverständlich, daß es um einen allmählichen ,,Übergang zu einer neuen Ordnung" gehe, wenn gefordert wird, das persönliche Verhalten neu zu orientieren und politische und wirtschaftliche Strukturen zu verändern. Als bereits konkretisierte Konsequenz dieser Problemsicht verlangt sie eine neue Wachstums- und Verteilungspolitik:

,,Was an Wirtschaftswachstum überhaupt noch möglich ist, muß vor allem denen in unserem Land und in den Ländern Asiens, Afrikas und Lateinamerikas zukommen, die bis jetzt benachteiligt sind."[86]

Die grundlegende Zielorientierung eines Neuen Lebensstils wird, so kann hier zusammengefaßt werden, von der Erkenntnis der ‚Einheit der Welt' und von der Herausforderung, ‚universale Gemeinschaft leben' bestimmt. Für die eigene Gesellschaft und für die Weltgemeinschaft ergeben sich dann unabweisbare wirtschaftliche und gesellschaftliche Forderungen:

- Künftiges wirtschaftliches Wachstum umweltkonform und sozial-
  gerecht zu planen und zu kontrollieren;
- die Einkommens-, Verbrauchs- und Vermögensungleichheiten
  durch neue Institutionen und Methoden der Umverteilung auszu-
  gleichen;
- alle Hemmnisse auf dem Weg zu einem erfüllten und befreiten
  Leben in der Arbeit und in den nichtwirtschaftlichen Aktivitäten
  zu beseitigen.

Daß Veränderungen begonnen werden müssen, ist offensichtlich;
daß unsere durch Macht- und Interessendivergenzen geprägte Gesellschaft auf die Herausforderung durch diese Ziele nur ungenügend
reagieren wird, ist zu befürchten; und daß die Funktionsbedingungen der auf Kapitalrentabilität orientierten freien Privatwirtschaft
diesen Zielen zu einem großen Teil entgegenstehen, ist nicht zu
bestreiten. Dennoch, so scheint es, lassen die meisten Lebensstil-
Gruppen die Frage offen, ob die notwendigen Veränderungen durch
Globalsteuerung und Intervention im bestehenden System oder
durch Systemkorrekturen oder durch Systemüberwindung herbeigeführt werden können[87]. Zu den Diskussionsthemen der seit
einigen Jahren in Schweden regelmäßig stattfindenden ‚Entwick-
lungswochen‘, die zu einem neuen, einfacheren Lebensstil aufrufen,
gehört allerdings die Forderung nach einer „alternativen Wirtschaft",
die als Alternative zur Konsumgesellschaft eine Bewirtschaftung
knapper Rohstoffe und eine Begrenzung des Luxuskonsums ermöglichen soll[88].

Da die angestrebten Veränderungen in unserer Gesellschaft nur stattfinden, wenn Mehrheiten sie fordern oder sie zumindest zulassen,
ist Partizipation, aktive Mitarbeit in Gruppen und gesellschaftlichen
Organisationen, konstitutiv für die Strategie des Neuen Lebensstils[89].

„Gegenwärtig sind Initiativen von Gruppen, die ihren Einsichten selbst folgen
und sie ins öffentliche Gespräch bringen, am ehesten geeignet, notwendige
Lernprozesse bei einer Mehrheit in Gang zu bringen und die Träger staatlicher und wirtschaftlicher Macht zum Handeln zu veranlassen."[90]

Dieses Element der Partizipation bildet nun auch die notwendige
Klammer zwischen der Ebene der gesellschaftspolitischen Haupt-
und Grundziele und der Ebene der Aktionsziele. Für einen ‚Erfolg‘

des Neuen Lebensstils kann Partizipation sicherlich nicht garantieren. Er wird sich nur in dem Maße herstellen, in dem Partizipation in einem qualitativ neustrukturierten politischen Willensbildungs- und Entscheidungsprozeß wirksam wird.

c) Aktionsziele von Lebensstil-Gruppen

In welchen konkreten Zielen auf der Ebene der Aktionen, der Einzelhandlungen verkörpert sich ein Neuer Lebensstil? Wie kann begonnen werden, die Forderung, umweltgerecht, einfacher, solidarisch und gesprächsbereit zu leben[91], zu verwirklichen? Die ‚alten' Lebensstile, in unserer hochindustrialisierten, marktwirtschaftlich strukturierten Gesellschaft vor allem an Normen und Werten des Individualprinzips gebunden, sind offensichtlich zäh. Sie haben eine individualistische und eigennützige Konsumkultur hervorgebracht, welche Konkurrenz und Leistungsstatus überbewertet und einen verschwenderischen und naturzerstörerischen Verbrauch und Besitz von Gütern fördert.

Um für solche Zusammenhänge konkret Betroffenheit auszulösen, haben niederländische Lebensstil-Gruppen Diskussionen mit der Frage zu provozieren versucht: Wie gehen wir mit unserer Zeit um, mit unserem Geld, wie mit anderen Menschen[92]? Einige Überlegungen drängen sich zu solchen Fragen auf.

Freizeit hat mit wirtschaftlicher Expansion und Ausbreitung der Industriekultur immer mehr den Charakter notwendiger Konsumzeit angenommen. Das ursprüngliche Mittel-Ziel-Verhältnis — Produktion für einen vernünftigen Konsum — verkehrt sich in sein Gegenteil. Es muß konsumiert und überkonsumiert werden, um Produktion, Wachstum und Beschäftigung zu sichern. Wie die Arbeitswelt bedarf die Freizeit- und Konsumwelt der ‚Humanisierung': An die Stelle forcierten sinnleeren Warenkonsums könnte wieder eine bewußte Nutzung der Zeit treten — Gefühl für (noch) nicht vermarktete Natur; Wahrnehmen nichtmaterieller Lebenswerte; Nachdenken über Sinn und Kriterien technisch-wissenschaftlichen, politisch-gesellschaftlichen und allgemeinen sittlichen Fortschritts; Reflexion über Verzicht und Lebensqualität; statt passiven, entpersonalisierten Medienkonsums eine verstärkte direkte Zuwendung gegenüber den Menschen der unmittelbar eigenen Lebensumwelt.

Denn Formen ‚offener Menschlichkeit' sind in der Arbeit wie in der Freizeit weitgehend einem Konkurrenzdenken und statusbedachtem sowie prestigeorientiertem Verhalten zum Opfer gefallen. In bestimmten Verhaltensweisen haben wir ‚Unterschiede' und Strukturen der Über- und Unterordnung internalisiert, die bewußtgemacht und abgebaut werden können. Das kann zum Beispiel bedeuten, daß der Umgang mit einem Menschen nicht lediglich davon bestimmt sein sollte, was er sich ‚leisten' kann; daß die Beurteilung seiner ‚Leistung' nicht allein am materiellen Ergebnis erfolgt, das als Ware am Markt seinen Wert erhält, sondern auch an von ihm eingesetzten Kräften, Fähigkeiten und den ertragenen Belastungen. Bedürfnissen des Menschen nach Anerkennung und Gemeinschaft könnte durch unmittelbare zwischenmenschliche Zuwendung auch in neuen Formen nichtwirtschaftlich motivierter sozialer Tätigkeit stärker als bisher entsprochen werden.

Die Frage nach dem Umgang mit dem Geld enthält die Frage, wie wir die Dinge behandeln: denn Geld und Dinge sind weitgehend auswechselbar geworden. Im Geld als Äquivalent aller Waren hat der Wert fast aller Dinge eine relativ selbständige, entfremdete Existenz erhalten. Der vorherrschenden Wert-Schätzung aller Dinge nach ihrem Geld-Wert entspricht die ,,Eroslosigkeit des Dingverhältnisses'' (Paul Tillich), welche die Bedürfnisse ins Unendliche wachsen läßt. Ein neuer Umgang mit Dingen und Geld könnte bedeuten, daß wir uns vom Zuwachsdenken — höhere Bedürfnisbefriedigung durch Konsumsteigerung — abkehren und uns verstärkt auf die Erhaltung und bessere Nutzung der Bestände — höhere Bedürfnisbefriedigung durch höheren Nutzen aus (qualitativ besseren) Beständen — orientieren.

Die Hauptfrage, welche auch in praktischen Schritten zu untersuchen wäre, heißt also: Was brauchen wir wirklich — wieviel ist genug? Was brauchen andere — wie können wir solidarisch leben? Kann unter solchen Leitfragen der Versuch realistisch sein, unmittelbar im eigenen Leben durch konkrete Verhaltensänderungen eine Neuorientierung des Denkens und Tuns zu beginnen?

Für die meisten Menschen ist es offenbar erst einmal notwendig, sich solcher Zusammenhänge und der eigenen Situation in der unmittelbaren Umwelt bewußt zu werden, Erkenntnisse zu sammeln und schließlich auch praktische Erfahrungen zu machen. Notwendig ist es für die Mehrheit der Bevölkerung, die eigene Bereitschaft zu stärken, sich der „Herausforderung durch die Umweltkrise" ‚theoretisch' und ‚praktisch' zu stellen. Um ‚selbstlernenden Gruppen' den Anfang zu erleichtern, hat die Evangelische Erwachsenenbildung Niedersachsen unter diesem Titel ein Textbuch und einen pädagogischen Leitfaden erarbeitet, die Materialien dazu anbieten, ‚sich selber klug zu machen'[93].

Eine sehr viel engere Verbindung zwischen Lernen und praktischem Tun versuchen Schweizer Arbeitsgruppen mit einer Reihe von Alternativ-Katalogen herzustellen. Zu Problembereichen wie Landwirtschaft, Ernährung, Siedlung, Hausbau, Transport, Energie, Abfall, Wiederverwendung, Gemeinschaften, Kommunikation, Bewußtsein, Körper wird eine Vielzahl sehr unterschiedlicher Aktivitäten und damit möglicher Lösungsansätze für alternatives Verhalten und Handeln vorgestellt. Der Leser soll angereizt werden, weiterzusuchen und selbst aktiv zu werden[94].

Was alles mit dem Begriff ‚Neuer Lebensstil' oder ‚alternatives Leben' gemeint sein kann, wird hier sehr deutlich. Es wird sichtbar, daß tatsächlich alle Lebensbereiche unter die Frage nach umweltkonformen, sozialgerechten und sinngebenden Alternativen gestellt werden können. ‚Konsumverzicht' ist dabei nur ein Aspekt; er kann aber doch zu einem wesentlichen Teil eines Neuen Lebensstils werden. Das setzt allerdings voraus, daß er nicht zum Selbstzweck wird, sondern eine Bewußtseinsänderung bewirkt, d. h. die Bereitschaft zu politischen und wirtschaftlichen Veränderungen stärkt. Dann sind Veränderungen im Konsumverhalten Ansatzpunkte für Forderungen, die im Prinzip einfacher als viele andere Vorstellungen in das alltägliche, urbangeprägte Leben der meisten in Kleinfamilien lebenden Menschen übertragbar sind. Konsumverzicht, Element eines Neuen Lebensstils, das die Praxis durchaus fühlbar mitbestimmt, kann deshalb auch als Beispiel genommen werden, um einige Probleme auf der Ebene der Aktionsziele anzudiskutieren.

Eine Liste praktischer Vorschläge, die von englischen Lebensstil-Gruppen zusammengestellt wurde, macht deutlich, daß es diesen Gruppen zunächst einmal um eine Veränderung ganz alltäglicher

Verhaltensweisen geht — in der Auswahl der Kleidung, in der Zubereitung der Mahlzeiten, in den Eßgewohnheiten, in der Haushaltsführung, in der Freizeit, im Schenken, im Urlaub usw. Diese Vorschläge sind so konkret und ‚banal‘ wie „weniger Zucker in den Tee" oder „ein fleischloser Tag in der Woche". Sie sind so konkret und ‚schwierig‘ wie „private Fahrgemeinschaften bilden" oder „für den Urlaub einen Wohnungs- oder Haustausch" vornehmen. Und sie sind so konkret und vielleicht schon ‚überfordernd‘ wie „dem Geben und Nehmen nutzloser Geschenke ein Ende bereiten" oder „sich zwischen Farbfernseher, Segelboot oder Wohnwagen" entscheiden[95]. Diese Liste von Vorschlägen macht verstehbar, daß der Neue Lebensstil nicht endgültig definiert, nicht hinreichend beschrieben und nicht als vollständiges Lebensprogramm vorgestellt werden kann. Was ein Neuer Lebensstil ist, was banale, schwierige oder überfordernde Verhaltensänderungen sind, das ist zunächst von den je verschiedenen Lebensumständen des einzelnen abhängig. Was an konkreten Verhaltensänderungen möglich und sinnvoll ist, das kann der einzelne nur im praktischen Vollzug erfahren. In diesem Sinne antwortet die Ökumenische Initiative ‚Eine Welt‘, gefragt, was das *Spezifische* an ihr sei:

„Wir wollen für uns selbst unter den Bedingungen des Alltags anfangen zu *leben* gemäß dem, *was wir als notwendig erkannt haben*. ... Wir wollen eine *Lernbewegung* in Gang bringen. Wir haben das Ziel, daß Mehrheiten in unserem Volk anfangen, umzulernen. Wir wollen eine *unüberhörbare Unruhe* erzeugen, so daß (über-)lebensnotwendige Fragen nicht länger verdrängt werden."[96]

Auf der Ebene der Aktionsziele ist der Neue Lebensstil also ein interdependentes Geschehen von Handeln und Lernen: Nur im Handeln kann gelernt werden, was möglich ist; nur in diesem Lernen kann man weiter vorstoßen zu der Frage, was sinnvoll ist — sinnvoll angesichts der schwierigen Lage der Menschheit und angesichts der politischen und wirtschaftlichen Mechanismen und Mächte, die diese Lage aufrechterhalten. Das unmittelbare Tun soll also immer begleitet werden von verschiedenen Formen des sozialen Lernens. Die Aktion „Fleisch für uns, heißt Hunger für andere" in Großbritannien wurde deshalb von der World Development Movement in London mit einer Aufklärungsaktion über Getreideimport, -verwendung und alternative Produktionsmöglichkeiten begleitet[97].

Die Aktion „Fleischverzicht – Landwirtschaftspolitik" in der
Schweiz war eine ‚nonverbale Aktion gegen den Hunger' mit dem
Ziel, nicht zu reden, sondern etwas zu tun! Die ‚Konsumenten'
wurden zum Beispiel aufgefordert, sich einer Konsumentenarbeits-
gruppe anzuschließen, die eine tierfreundliche und umweltgerechte
Nutztierhaltung fordert. Es wurde vorgeschlagen, kleine Selbstver-
sorgungsgruppen zu bilden und auf Alternativmärkten, z. B. in
Dritte-Welt-Läden, Alternativen zur industriellen Landwirtschaft
vorzustellen. Von den traditionellen Konsumentenorganisationen
wurde verlangt, auch Fragen der Ökologie, des Tierschutzes, der
Massentierhaltung aufzunehmen. Lehrerarbeitsgemeinschaften wurden gebeten, Lektionsreihen zum Thema ‚Genügend Protein mit
wenig Fleisch' zu erarbeiten usw.[98].

Die Ziele auf der Aktionsebene sind also dadurch gekennzeichnet,
daß praktische und theoretische Lernziele formuliert werden, die
ein Lernen in kleinen Schritten ermöglichen und die niemanden
unter den lähmenden Druck rigoroser Forderungen stellen. Dieser
Ansatz geht von der richtigen Erkenntnis aus, daß unsere Konsumkultur, welche die menschlichen Bestrebungen und Wertungen vor
allem auf den Verbrauch von Gütern richtet, demonstrativen Konsum
verlangt und Status, Prestige und Anerkennung nach der Konsumfähigkeit bemißt, nicht nur unsere Wünsche prägt, sondern auch die
gesellschaftlichen Bedingungen schafft, die alternatives Verhalten
verwehren oder erschweren.

Am Beispiel des Autos hat André Gorz beispielsweise versucht
– wenngleich in teilweise überzogenen Formulierungen – deutlich
zu machen, daß der Arbeiter gar nichts anderes könne, als sich ein
Auto und immer wieder ein besseres Auto zu wünschen, und daß
dieser Wunsch vor seinen Interessen an einer besseren Wohnung,
besseren Schulen, kulturellen Einrichtungen u. a. rangieren müsse.
Denn der Arbeiter sei zwar in der Lage, sich die Vorteile des Autos
selbst zu schaffen, dagegen besitze er keine Möglichkeit, aus eigener
Kraft eine bessere Wohnung oder bessere Schulen usw. zu schaffen[99].
Wenn aber das private Auto für den Arbeiter wie für die übrige Bevölkerung von einer solchen enormen sozialpsychologischen Bedeutung ist, weil es fehlende Lebensmöglichkeiten kompensieren muß,
dann wäre es offensichtlich falsch, den Neuen Lebensstil beispiels-

weise mit dem Verzicht auf einen Pkw zu identifizieren. In einem Werkstattpapier für das Ökumenische Forum „Welche Schweiz morgen?", das eine Gesamtperspektive für einen veränderten Lebensstil in einer veränderten Gesellschaft zu geben versucht, wird allerdings so formuliert:

„Wir sind bereit zum Verzicht auf ein Auto, weil der Autoverkehr Millionen von Mitbürgern durch Lärm und Abgase das Leben erschwert, weil Autoproduktion und -betrieb die größtmögliche Verschleuderung von Ressourcen (Energie, Metalle) verursacht."[100]

Dieses ‚Bekenntnis' löst aber wahrscheinlich nicht einmal eine Lernbereitschaft aus — selbst bei denen nicht, die der Begründung schnell zuzustimmen vermögen. Denn alternative private Möglichkeiten des ‚Transports', wie z. B. gehen, wandern, Fahrradfahren usw. werden vielfach als Alternativen gar nicht mehr gesehen, und das häufig unzulängliche Angebot des öffentlichen Verkehrs läßt einen Verzicht auf den eigenen Pkw oft auch als völlig unzumutbar erscheinen. Dagegen scheint die Aufforderung:

„Fahren sie weniger! ... weniger weit! ... weniger schnell! ... weniger risikoreich! ..." usw.[101]

eher einen Anreiz zu bieten, in kleinen Schritten zu lernen, anders mit dem eigenen Auto umzugehen. Wird so die Beschäftigung mit möglichen Auswirkungen eines veränderten Verhaltens angeregt, dann werden zwangsläufig auch Fragen der Stadt- und Verkehrsplanung und der gesamtgesellschaftlichen Bedeutung der Automobilproduktion in die Diskussion gebracht.

Solche Probleme der eigenen Gesellschaft und Wirtschaft sollen aber nicht — darin besteht ein wichtiger Aspekt der Zielformulierung für die Aktionsebene — isoliert gesehen oder fraglos vorrangig behandelt werden. Die Frage nach dem Zusammenhang zwischen Verhaltensweisen in den Industrieländern und der Lebenssituation und den Entwicklungsmöglichkeiten in der Dritten Welt soll, wo notwendig, immer mitaufgeworfen werden. Es geht also nicht nur um Verkehrsgefahren, Umweltbelastungen und Energievergeudung, um Probleme, die uns unmittelbar betreffen, wenn „das Auto in unserem Leben" zur Diskussion steht:

„Gleichzeitig werden Rohstoffe verschwendet, die als weitgehend unersetzbar gelten müssen. Einerseits sind diese Rohstoffe heute schon knapp und teuer; andererseits bezahlen wir sie den exportierenden Entwicklungsländern aber noch nicht einmal entsprechend ihrem ‚tatsächlichen' Wert, . . .".[102]

Solche Bemühungen, Probleme im ‚weltgesellschaftlichen' Zusammenhang zu sehen und Lösungen zu finden, die nicht kurzfristig oder lokal begrenzt sind, die deshalb langfristig oder in anderen Teilen der Welt zu unerwünschten Neben- und Folgewirkungen führen können, sind zum Beispiel auch für eine neue Aktion der Erklärung von Bern kennzeichnend[103]. Mit dem Verkauf von Jutetaschen, die von Frauen-Kooperativen in Bangladesh hergestellt werden, sollen entwicklungspolitische, ökologische, lebensqualitätsbezogene und wachstumspolitische Ideen und Informationen vermittelt werden. Denn „Jute statt Plastik", so der Slogan der Aktion, das heißt:

— Arbeit für Bangladesh,
— Schonung von Umwelt und Energie,
— Umschwenken zu einem einfacheren Lebensstil,
— Umdenken zu einem anderen Wachstum.

Die Aktivitäten für einen Neuen Lebensstil wollen so zwei Gefahren vermeiden: einerseits die Gefahr individualistisch-vereinzelnden Handelns, das vorwiegend auf Innerlichkeit und Gesinnung basiert, andererseits die Gefahr systemkritisch-absoluten Forderns, das die Notwendigkeit von Strukturveränderungen richtigerweise betont, aber die Aufgabe oder ihre Schwierigkeit verkennt, die darin liegt, die private und öffentliche Bewußtseinsbildung entsprechend voranzutreiben. Sie wollen den einzelnen ansprechen, aber so innerhalb seiner realen Lebenswelt, daß er sich in seinem alltäglichen Verhalten und zugleich mit anderen angesprochen sieht[104].

Anmerkungen

1 Vgl. Jonas, Rainer und Tietzel, Manfred (Hrsg.), Die Neuordnung der Weltwirtschaft, Bonn-Bad Godesberg 1976, Anhang S. 207 ff.; vgl. auch: Heinrichs, Jürgen, „Neue Internationale Wirtschaftsordnung" — Schlagwort oder Fortschritt? In: Soziale Gerechtigkeit und internationale Wirtschaftsordnung (im Auftrag der Gemeinsamen Konferenz der Kirchen für Entwicklungsfragen hrsg. von Hermann Kunst und Heinrich Tenhumberg), München, Mainz 1976, S. 49 ff.; Senghaas, Dieter, Weltwirtschaftsordnung und Entwicklungspolitik. Plädoyer für Dissoziation, Frankfurt/M. 1977, S. 205 ff.

2 Myrdal, Gunnar, „New Economic Order? Humbug!". In: Sweden Now, No. 4, 1975, S. 26.

3 Myrdal, Gunnar, a.a.O., S. 27.

4 Vgl. Lindquist, Martti, Economic Growth and the Quality of Life. An Analysis of the Debate within the World Council of Churches 1966—1974, Helsinki 1975, S. 136 ff.

5 Vgl. Sektionsbericht VI ‚Auf der Suche nach neuen Lebensstilen' der 4. Vollversammlung des ÖRK. In: Bericht aus Uppsala 1968, hrsg. von Norman Godall, Genf 1968, S. 92 ff.

6 Vgl. Klose, Hans-Ulrich, Wir brauchen eine Weltsozialpolitik. In: Das Parlament, Nr. 7, 19.2.1977, S. 13.

7 Scheel, Walter, Solidarität der Gemeinschaft mit den Entwicklungsländern. In: Bulletin (Presse- und Informationsamt der Bundesregierung), Nr. 8, 1.2.1977, S. 75.

8 Der RIO-Bericht an den Club of Rome: Wir haben nur eine Zukunft. Reform der internationalen Ordnung (Leitung: Jan Tinbergen), Opladen 1977, S. 113, 123 ff.

9 Menne, Ferdinand W., Dritte Welt in der Ersten Welt, Bedingungen entwicklungspolitischer Sensibilisierung. In: Aus Politik und Zeitgeschichte. Beilage zur Wochenzeitung Das Parlament, B 37/76, 11.9.1976, S. 40.

10 Der RIO-Bericht, a.a.O., S. 205.

11 Der RIO-Bericht, a.a.O., S. 354.

12 Friedrich, Carl Joachim, Prolegomena der Politik. Politische Erfahrung und ihre Theorie, Berlin 1967, S. 97. Friedrich spricht hier von Ideologien und definiert diese als System von Ideen, das eine Partei oder sonstige Gruppe zum Zweck der wirksamen Teilnahme am politischen Leben vereint, a.a.O., S. 93 f.

13 Alternativkatalog 1 (Hrsg. Dezentrale, BIKU, Postfach 223, CH-3098 Köniz), 3. Aufl. Juli 1976, (S. I).

14 Vgl. auch Alternativkatalog 2, 1. Aufl. Mai 1976 und Katalog ‚Umdenken — Umschwenken' (Arbeitsgemeinschaft Umwelt, Postfach 2111, CH-8028 Zürich), Juni 1975.

15 Meadows, Dennis u. a., Die Grenzen des Wachstums. Bericht des Club of Rome zur Lage der Menschheit, Stuttgart 1972, S. 157. Wirtschaftliches Null-Wachstum würde die Möglichkeiten zu einer solchen Veränderung menschlicher Aktivitäten aber nicht völlig unbeeinflußt lassen. Denn:

„Die Befriedigung der steigenden nichtmateriellen Bedürfnisse erfordert eine steigende materielle Produktion — sei es von Lehr- oder anderen Kulturstätten, sei es von Musikinstrumenten oder Büchern ..." Kuczynski, Jürgen, Das Gleichgewicht der Null. Zu den Theorien des Null-Wachstums (Zur Kritik der bürgerlichen Ideologie 31), Frankfurt/M. 1973. S. 69.

16   Vgl. Mesarović, Mihailo und Pestel, Eduard, Menschheit am Wendepunkt. 2. Bericht an den Club of Rome zur Weltlage, Stuttgart 1974, S. 150 f.

17   Mesarović, Mihailo und Pestel, Eduard, a.a.O., S. 136.

18   Der RIO-Bericht, a.a.O., S. 73.

19   Der RIO-Bericht, a.a.O., S. 179.

20   Beispielsweise haben nach dem RIO-Bericht die Ernährungsgewohnheiten in den Industrieländern — vor allem hoher Fleischkonsum — dazu beigetragen, das gegenwärtige Welternährungsproblem zu schaffen; vgl. a.a.O., S. 40.

21   Vgl. Der RIO-Bericht, a.a.O., S. 33, 86 f., 178.

22   Der RIO-Bericht, a.a.O., S. 86.

23   Der RIO-Bericht, a.a.O., S. 106.

24   Haq, Mahbub ul, Neuregelung des internationalen Transfers von Ressourcen. In: Finanzierung und Entwicklung, 12. Jg., Heft 3, Sept. 1975, S. 8.

25   Kahn, Herman, Vor uns die guten Jahre. Ein realistisches Modell unserer Zukunft, Wien u. a. 1977, S. 45.

26   Vgl. Kahn, Herman, a.a.O., S. 19 f., S. 84 f.

27   Vgl. Der RIO-Bericht, a.a.O., S. 99 f., Tab. 8.

28   Kahn, Herman, a.a.O., S. 85. Entsprechend einem Unsicherheitsfaktor von 2 bis 3 kann obiges Verhältnis größer oder kleiner sein. (Zum Begriff der überraschungsfreien Projektion vgl. a.a.O., S. 49).

29   Kahn, Herman, a.a.O., S. 47. .

30   Kahn, Herman, a.a.O., S. 53. ,, ‚Suburban' ist ... für villenartige, ausgedehnte Vorstädte kennzeichnend, in denen heute die obere Mittelschicht in Einfamilienhäusern, in Bungalows oder ähnlichem, umgeben von Grün, lebt." Fußnote ebd.

31   Vgl. Kahn, Herman, a.a.O., S. 76 ff.

32   Niehaus, Heinrich, Wirtschaftswachstum — wieviel und wohin? Vortrag auf der Hochschultagung der Landwirtschaftlichen Fakultät Bonn, 2./3.10.1973, zitiert nach: Sonnemann, Theodor, Grenzen des Wachstums? Gegenstimmen zu den Untergangsprognosen. In: Aus Politik und Zeitgeschichte, Beilage zur Wochenzeitung Das Parlament, B 5/77, 5.2.1977, S. 34.

33   Vgl. Leontief, Wassily u.a.; Die Zukunft der Weltwirtschaft. Bericht der Vereinten Nationen, Stuttgart 1977.

34   Der RIO-Bericht, a.a.O., S. 351.

35   Haq, Mahbub, ul, Traurige Bilanz: Mehr Hilfe ohne Hilfe. In: epd-Entwicklungspolitik, Heft 7/1975, S. 11.

36   Herrera, Amilcar O., Scolnik, Hugo D. u. a., Grenzen des Elends. Das Bariloche-Modell: So kann die Menschheit überleben, Frankfurt/M. 1977, S. 13.

37   Herrera, Amilcar O., a.a.O., S. 203.

38   Herrera, Amilcar O., a.a.O., S. 20 und S. 51 ff.

39   Vgl. Statistiken zur Entwicklungspolitik. In: Entwicklungspolitik. Materialien Nr. 50 (Bundesministerium für wirtschaftliche Zusammenarbeit), 1975, Tab. 3. Unberücksichtigt sind: unterschiedliche Kaufkraft, Doppelzählungen, Nichtzählungen. Vgl. zu Realeinkommensberechnungen: Der RIO-Bericht, a.a.O., S. 98 ff., Tab. 8 und 9.

40   Strahm, Rudolf H., Überentwicklung — Unterentwicklung. Ein Werkbuch mit Schaubildern und Kommentaren zum Thema ‚Armut‘, Stein, Nürnberg 1975, S. 11.

41   Vgl. Mesarović, Mihailo, Scarcity. In: Symposium on new international economic order. Report. The Hague (Ministry of Foreign Affairs, the Netherlands), 1975, S. 15. Zum Wasserverbrauch und zur Wasserverschmutzung vgl. z. B. Mesarović, Mihailo und Pestel, Eduard, Menschheit am Wendepunkt. 2. Bericht an den Club of Rome zur Weltlage, Stuttgart 1974, S. 174 ff.

42   Holenstein, Anne-Marie und Power, Jonathan, Hunger. Die Welternährung zwischen Hoffnung und Skandal, Frankfurt/M. 1976, S. 57 f.

43   Vgl. Statistiken zur Entwicklungspolitik, a.a.O., Tab. 4.

44   Vgl. Soziale Gerechtigkeit und internationale Wirtschaftsordnung, a.a.O., S. 5, 7, 28.

45   Vgl. Scherf, Harald, Produktion und Konsum: Was wir ändern können. In: Radius, 21. Jg., Heft 3/1976, S. 28, vgl. auch Mesarović, Mihailo und Pestel, Eduard, a.a.O., S. 139 f.

46   Eick, Jürgen, Zur Prosperität verurteilt. In: Frankfurter Allgemeine Zeitung, 7.10.1976, S. 1.

47   Natorp, Klaus, Brauchen wir einen neuen Lebensstil? In: Frankfurter Allgemeine Zeitung, 10.8.1976, S. 1.

48   Galtung, Johan, Weniger nehmen ist mehr geben. Neue Entwicklungsstrategien (II): Änderungen innerhalb der Zentrum-Länder. In: Orientierung (Zürich), 40. Jg., Nr. 8, 30.4.1976, S. 91.

49   Ebd.

50   Meadows, Dennis u. a. (Hrsg.), Grenzen des Wachstums, Stuttgart 1972.

51   Zusammenwirken verschiedener Stoffe.

52   Der RIO-Bericht an den Club of Rome: Wir haben nur eine Zukunft. Reform der internationalen Ordnung, Leitung: Jan Tinbergen, Opladen 1977, S. 42 f.

53   Vgl. dazu den Bericht über den 25. Internationalen Fortbildungskongreß der Bundesärztekammer. In: Frankfurter Allgemeine Zeitung, 9.3.1977.

54   Der RIO-Bericht, a.a.O., S. 180.

55   Birch, Charles, Schöpfung, Technik und Überleben der Menschheit, epd-Dokumentation 1/1976, S. 39.

56   Altner, Günter, Bekehrung der Technokraten? Vom Auftrag der Intellektuellen im Fortschrittsprozeß. In: Evangelische Kommentare, 10. Jg., Heft 1/1977, S. 11 f.

57   Roszak, Th., Gegenkultur. Gedanken über die technokratische Gesellschaft und die Opposition der Jugend, 1971.

58   Vgl. Haaf, Günter, Frankenstein will nicht sterben. In: Die Zeit, Nr. 20, 7.5.1976, S. 16.

58a Habermas, Jürgen, Technik und Wissenschaft als „Ideologie", Frankfurt 1968.

59 Gilkey, Langdon, Technology, History and Liberation. In: anticipation, Nr. 16, S. 17.

60 Amery, Carl, Natur als Politik. Die ökologische Chance des Menschen, Hamburg 1976.

61 Illich, Ivan, Selbstbegrenzung. Eine politische Kritik der Technik, Hamburg 1975; vgl. Illich, Ivan, Was heißt „Kontraproduktiv"? In: Kleintechnologie kontra Wirtschaft? Magazin Brennpunkte 5, hrsg. vom Gottlieb Duttweiler-Institut, Zürich, Rüschlikon 1976, S. 93 ff.

62 Jonas, Hans, Die Natur auf der moralischen Bühne. Überlegungen zur Ethik im technologischen Zeitalter, Evangelische Kommentare, 6. Jg., Heft 2/1973, S. 74.

63 Schumacher, E. F., Es geht auch anders — jenseits des Wachstums. Technik und Wirtschaft nach Menschenmaß, München 1974.

64 Jungk, Robert, Anfänge eines anderen Wachstums. In: Umweltpolitik in Europa. Referate und Seminarergebnisse des 2. Symposiums für wirtschaftliche und rechtliche Fragen des Umweltschutzes an der Hochschule St. Gallen vom 31. Oktober bis 2. November 1972, hrsg. von Ch. Horn, M. P. von Walterskirchen und J. Wolff, München 1973, S. 41 f. Jungk übernimmt diese Liste von R. Clarke.

65 Jungk, Robert, Der Jahrtausendmensch, Hamburg 1976. Die Zusammenstellung der Merkmale ist übernommen von A. Nagel u. a., Alternativen technischer Entwicklung für die Bundesrepublik. In: analysen und prognosen, März 1977, S. 21.

66 Vgl. die Tätigkeit der „Stiftung Ökologischer Landbau" Eisenbahnstraße 28—30, 6750 Kaiserslautern.

67 Im Bereich der agrarwissenschaftlichen Forschung ist es mittlerweile gelungen, zu einer Diversifikation der Methoden und Ziele zu kommen, die ein echtes Gegengewicht zu den Vereinheitlichungstendenzen der sogenannten „Grünen Revolution" darstellt. Das bedeutet freilich nicht, daß in dem — nicht weniger als andere Bereiche — von Industrieinteressen besetzten Gebiet der landwirtschaftlichen Produktionsmethoden auch praktisch ein Durchbruch zu weniger destruktiven Methoden schon zum Zuge gekommen wäre.

68 Die „Stiftung Mittlere Technologie" hat die gleiche Anschrift wie die ebengenannte „Stiftung Ökologischer Landbau". Vgl. dazu die Darstellung ihrer Zielsetzung bei K. W. Kieffer, Was ist ‚mittlere Technologie'. In: Das unbewältigte Wachstum, Umweltpolitische Tagung 1976, Evangelische Akademie Bad Boll, Protokolldienst 9/76, S. 109 ff.; Arbeitsgruppe „Angepaßte Technologien" an der Gesamthochschule Kassel, Postfach, 3500 Kassel. Vgl. auch die Tätigkeit der „Deutschen Gesellschaft für Sonnenenergie", München.

68a Dazu ist ein Katalog ‚Umdenken — Umschwenken' erschienen. „Alternativen, Wegweiser aus den Zwängen der großtechnologischen Zivilisation. Energie und Gesellschaft, Landwirtschaft, Sonnenhäuser usw.". (Hrsg. von der Arbeitsgemeinschaft Umwelt — AGU, Postfach, CH 8028 Zürich) Vgl. auch z. B. die vom Bundesverband Bürgerinitiativen Umweltschutz herausgegebenen „Energie-Alternativen".

69 Z. B. Zapf, Wolfgang (Hrsg.), Soziale Indikatoren. Konzepte und Forschungsansätze I—III, Frankfurt, New York 1974, 1975.

70 Vgl. Kelm, Wolfgang, Laurentiuskonvent: Bericht und Zwischenbilanz nach 17 Jahren. In: Radius, 21. Jg., Heft 3/1976, S. 53 ff.; vgl. Nachrichten aus Wethen, Nr. 1, Okt. 1975 und ff. (Hausgemeinschaft Wethen im Laurentiuskonvent e.V., Laurentiushof, 3549 Diemelstadt-Wethen).

71 Gollwitzer, Helmut, (Nicht-authorisierte Tonbandabschrift eines Referats ...). In: Amos, 9. Jg., Heft 5, Dez. 1976, S. 20.

72 Denecke, Axel, Chancen und Grenzen der Predigt über den neuen Lebensstil. In: Werkstatt Predigt. Eine homiletische Korrespondenz, 4. Jg., Nr. 21, Sep. 1976, S. 12.

73 The Practice of Life Style (F. A. Smith, Correspondent of the Winterbourne Life Style Cell), vervielfältigter Brief, Juni 1976.

74 Vgl. info 1, Ökumenische Initiative Eine Welt, (Postfach 1227, 3008 Garbsen 1), S. 3.

75 Vgl. info 2, Ökumenische Initiative, S. 2.

76 Linz, Manfred, Ein neuer Lebensstil. Einsichten aus einer holländischen Aktion. In: Evangelische Kommentare, Heft 12/1975, S. 744.

77 Katalog ,Umdenken — Umschwenken', a.a.O.; vgl. auch: Alternativ-Katalog 1 und Alternativ-Katalog 2, a.a.O.; vgl. auch: Halvorson, Loren E., Peace on Earth Handbook, Minneapolis, Minnesota 1976, S. 113 ff. und Taylor, John V., Enough is Enough, London 1976.

78 Vgl. ,Energie und Haushalt' und ,Warum nicht lieber Energie einsparen ...?' In: Energie-Alternativen Nr. 1 bzw. Nr. 2 des Bundesverbandes Bürgerinitiativen Umweltschutz (BBU-Info-Versand, Horstackerstr. 24, 6700 Ludwigshafen).

79 ,Basispapier' der Ökumenischen Initiative, S. 1.

80 Ebd.

81 Ebd.

82 info 2 der Ökumenischen Initiative, S. 2.

83 ,Basispapier' der Ökumenischen Initiative, S. 1.

84 Rundbrief des Dean of Bristol, Central Correspondent. Life Style, (The Cathedral, Bristol BS 1 5 TJ), June 1976.

85 Aktion Konsumverzicht. Weniger Fleisch für uns — Mehr Getreide für die Dritte Welt (Hrsg. Erklärung von Bern), Zürich, S. 3.

86 ,Basispapier' der Ökumenischen Initiative, S. 1.

87 Vgl. Naar een nieuwe economische Orde. In: injectie 2, Nov. 1975, S. 24 ff. und Solidariteit en economie. In: injectie 3, März 1976 (Hrsg. Werkgroep nieuwe levensstijl van de raad van kerken in nederland).

88 Vgl. Swedish Development Week 1975, Notes on the theme for Development Week 1976; Theme and sub-themes for the Development Week 1977 in Sweden (Manuskripte über Ekumeniska u-veckan, Älvsjö Gårdsväg 3, S. 12530 Älvsjö).

89 Vgl. Strahm, Rudolf, H., Globale Fehlentwicklung. Für einen veränderten Lebensstil in einer veränderten Welt. In: unctad info Nr. 8, 16. Juli 1976, S. 25.

90 ,Basispapier' der Ökumenischen Initiative, S. 2.

91 Ebd., S. 1.

92   Vgl. Suggesties voor denken en doen. In: Nieuw is anders. Verandering van stijl doet leven. (Werkgroep nieuwe levenstijl van de raad van kerken in nederland).

93   Vgl. Projekt: ,,Herausforderung durch die Umweltkrise" — Auf der Suche nach einem neuen Lebensstil — (Evangelische Erwachsenenbildung, Hannover), 1976.

94   Vgl. Katalog ,Umdenken — Umschwenken', a.a.O., und Alternativ-Katalog 1 und 2, a.a.O.

95   Vgl. Some Guidelines for the Practise of Lifestyle. A list of practical suggestions collected and prepared by the Winterbourne Lifestyle Cell, Febr. 1977 (vervielfältigt).

96   info 1 der Ökumenischen Initiative, S. 1.

97   Vgl. ,One Mans Meat is Another Mans Hunger' (Flugblatt); vgl. The Party's Over. Grain — for the rich world's animals or the poor world's people? (Hrsg. World Development Movement), Birmingham 1975.

98   Vgl. Rundbrief 2/1975 der Erklärung von Bern, Zürich, S. 3.

99   Vgl. Gorz, André, Der schwierige Sozialismus, Stuttgart 1969, S. 35 ff.; vgl. ders., Die Gesellschaftsideologie des Autos. In: Ökologie und Politik. Beiträge zur Wachstumskrise, Reinbek bei Hamburg 1977, S. 88 ff.

100 Vgl. Strahm, Rudolf, Globale Fehlentwicklung, a.a.O., S. 23.

101 info 2 der Ökumenischen Initiative, S. 2.

102 Ebd., S. 1.

103 Vgl. Aktion Jute statt Plastik. In: Beilage zum Rundbrief 3/1976 der Erklärung von Bern, Zürich.

104 Vgl. Soziale Gerechtigkeit und internationale Wirtschaftsordnung, a.a.O., S. 27.

Zweiter Teil: Beiträge zu den gesellschaftlichen, politischen und wirtschaftlichen Bedingungen und Auswirkungen eines Neuen Lebensstils

1. Der Wandel des gesellschaftlichen Wertsystems als Orientierung für einen Neuen Lebensstil

Von Michael Bartelt

I Gesellschaftliche Werte als Grundlage eines Neuen Lebensstils

1 Neuer Lebensstil: Soziales Handeln im sozialen Wandel

Die Frage nach einem Neuen Lebensstil bewegt gegenwärtig eine wachsende Zahl von Gruppen und Einzelnen in der westlichen Welt. Dabei handelt es sich einerseits um Kleingruppen im Bereich von Umweltschutz, Naturschutz, Kernenergiebekämpfung, die man gern und allzuleicht als naiv, unrealistisch oder sektiererisch abtut. Andererseits ist unverkennbar, daß in steigendem Maß Menschen in Politik, Wissenschaft und Wirtschaft, die in ihrem Bereich Verantwortung tragen, die Lebensstilfrage aufwerfen und innerhalb ihrer Institutionen und Organisationen zur Diskussion stellen[1]. Daß es um mehr als um eine neue Variante modischer Gesellschaftskritik oder realitätsferner Weltverbesserung geht, zeigen beispielsweise die fortlaufend erstatteten Berichte an den Club of Rome[2]. In ihnen wird mit von Mal zu Mal verfeinerten wissenschaftlichen Methoden immer wieder das gleiche Dilemma aufgezeigt: Die Fortsetzung des gegenwärtigen Lebensstils in den Industrieländern führt uns früher oder später an die Grenzen der Rohstoffvorräte und der Belastbarkeit des Planeten und läßt die Kluft zwischen armen und reichen Ländern immer weiter aufreißen. Damit wächst auch die Gefahr eines Konflikts zwischen ihnen.

Unüberhörbar und unabweisbar wird uns die Frage nach unserem Lebensstil gestellt, nicht nur von der Bevölkerung und den Verantwortlichen der ‚armen' Länder, sondern ebenso von Politikern und Wissenschaftlern der westlichen Welt. Es wird erwartet, ja gefordert, daß der Lebensstil der Bevölkerung in den Industrieländern sich wandeln soll, daß also der Güterverbrauch gedrosselt, daß der Lebensstandard eingefroren oder gesenkt, daß die materiellen Lebenschancen gemindert werden sollen.

Was ist unter dem Begriff Neuer Lebensstil zu verstehen? Die Tatsache, daß die Frage nach einem neuen Lebensstil bisher eher von Einzelnen und kleinen Gruppen aufgenommen wurde, kann leicht zu der irrigen Annahme führen, als handele es sich um die bloße punktuelle Reaktion einzelner Menschen auf ethische Apelle, als sei ein neuer Lebensstil schon verwirklicht, wenn sich besonders aktive Gruppen gleichsam privat und eher zufällig für eine veränderte Lebensweise entscheiden.

Wo immer jedoch der Begriff Lebensstil auftaucht, sei es in den Forderungen der Entwicklungsländer nach einer gerechteren Weltwirtschaftsordnung, sei es in den Vorschlägen westlicher Politiker für sparsameren Rohstoffverbrauch, da zielt er unmißverständlich auf das Ganze der Gesellschaft und auf ein nicht nur vorübergehendes Handeln, auf ein Handeln, das sich nach festen Orientierungen richtet. Im folgenden soll deshalb Lebensstil als ein dauerhaftes, kontinuierliches Verhalten verstanden werden, das gesamtgesellschaftlich verbreitet ist und sich an sozial verankerten Werten orientiert.

Ist in diesem Sinne von einem ‚Stil' die Rede, so leuchtet es auch ein, daß sich der Lebensstil einer Gesellschaft nicht rasch und plötzlich verändert, von administrativ erzwungenem Wandel einmal abgesehen. Von einem *Neuen* Lebensstil kann deshalb auch nur in einem bestimmt umrissenen Sinne gesprochen werden. Ein Lebensstil kann nicht ‚neu' sein in der Weise, wie ein auf den Markt kommendes Erzeugnis neu ist. Er kann nicht zweckgerecht 'produziert' und im geeignet erscheinenden Moment neu eingeführt werden. Vielmehr handelt es sich um einen geschichtlichen Vorgang der Ablösung eines ‚alten' durch einen ‚neuen' Lebensstil. Es ist ein Vorgang einschneidenden sozialen Wandels, der ein schwer abschätzbares Maß an Zeit in Anspruch nimmt, weil in ihm nicht Materie verändert wird, sondern menschliches Bewußtsein und ihm folgend menschliches Handeln. Soll der Wandel des Lebensstils freiwillig vollzogen werden, so muß eine Mehrheit der Bevölkerung zu der Erkenntnis kommen, daß wir in einer ‚Krise', d. h. an einem historischen Wendepunkt stehen, der den Übergang zu einem *Neuen* Lebensstil erfordert. In der Tat beginnt sich bei vielen Zeitgenossen ein ‚Krisenbewußtsein' zu entwickeln, die Erkenntnis, daß eine „Zäsur", ein Einschnitt von epochaler Dimension eingetreten ist[3], durch den bisherige Grundwerte und der herrschende Lebensstil in Frage gestellt werden.

Auf dem Hintergrund des so umrissenen Begriffs Neuer Lebensstil möchte ich im folgenden erörtern, wie der Lebensstil der Zukunft inhaltlich auszusehen hätte, wie er zu begründen ist und wie die Chancen für seine Durchsetzung zu beurteilen sind. Damit stellen sich einige Fragen, deren Beantwortung im Zusammenhang der Problemstellung mir notwendig erscheint:

Aus welchen herkunftsgeschichtlichen Wurzeln ist der gegenwärtige Lebensstil in den westlichen Gesellschaften erklärbar? Welche Entwicklung hat der moderne Lebensstil durchlaufen? An welcher Stelle liegen die Widerstände gegen einen Wandel des Lebensstils? Wo liegen die Kosten und Defizite des heutigen Lebensstils für den Einzelnen und für die Gesamtheit?

2 Soziale Werte als Indikatoren und Handlungsorientierung für einen Neuen Lebensstil

Diese Fragen auch nur annäherungsweise zu beantworten, ist deshalb nicht leicht, weil es sich sowohl bei ‚Lebensstil' wie bei ‚Wandel' um außerordentlich vielschichtige und verwickelte soziale Phänomene handelt. Um den Lebensstil einer Epoche zu charakterisieren, ist ein Konzept erforderlich, mit dem sehr verschiedenartige Handlungs- und Verhaltensweisen in unterschiedlichen Institutionen und Lebensbereichen erfaßt und analysiert werden können, ein Konzept also, das einen hinreichenden Abstraktionsgrad aufweist. Ein solches Konzept muß in der Lage sein, Lebensstil sowohl als individuelles Verhalten wie als gesellschaftliches Strukturelement zu begreifen. Es soll den Wandel des Lebensstils als sozialen Wandel sichtbar machen und erklären können, d. h. es soll die Frage: ‚Wie ist es zu dem heutigen Lebensstil gekommen und welches sollte der künftige Lebensstil sein?' beantwortbar machen.

Das Konzept der gesellschaftlichen Werte bzw. des gesellschaftlichen Wertsystems, das ich im folgenden zur Analyse der Lebensstilproblematik verwende, scheint mir zur Lösung der gestellten Aufgabe geeignet zu sein[4]. Werte sind Auffassungen dessen, was wünschenswert, was wertvoll, was gut ist. Träger dieser Auffassungen können Einzelne, Gruppen oder ganze Gesellschaften sein. Im letzteren Fall handelt es sich um soziale oder gesellschaftliche Werte. Zu ihnen zählen z. B. die gegenwärtig diskutierten ‚Grundwerte' Freiheit, Gerechtigkeit, Solidarität, die für das Selbstverständnis unserer Gesellschaft zentrale Bedeutung haben. Diese und viele andere Werte können als soziale Werte bezeichnet werden, wenn sie gesamtgesellschaftlich in Geltung sind. Das muß jedoch nicht bedeuten, daß sie jedermann zu jeder Zeit bewußt sind.

Die Gesamtheit der gesellschaftlich geltenden Werte läßt sich als Wertsystem verstehen, innerhalb dessen eine Rangordnung der Bedeutsamkeit besteht, die sich unter anderem nach dem Grad der Zustimmung zu den einzelnen Werten und nach dem Beziehungsverhältnis der Werte untereinander richtet. So können Werte im Lauf der historischen Entwicklung innerhalb eines gesellschaftlichen Wertsystems in der Rangordnung auf- oder absteigen. Derartige Veränderungen sind mit den Methoden der heutigen empirischen Sozialforschung meßbar. Erhebliche Wandlungen im gesellschaftlichen Wertsystem, wie etwa die Rangminderung einzelner Werte, lösen in der Regel eine intensive Diskussion aus, durch die sich die Gesellschaftsmitglieder über den Grad ihrer Zustimmung zu einem bestimmten Wert klar werden können. Erst dann erlangt der betreffende Wert allgemeine Aufmerksamkeit, wobei auch deutlich wird, daß nicht nur Freiheit und Gerechtigkeit, sondern z. B. auch Arbeit bzw. Leistung, materieller Konsum und wirtschaftliches Wachstum zu dem, was nach allgemeinem Einverständnis als gut und wünschenswert gilt, also zum gesellschaftlichen Wertsystem, gehören. Auf der Ebene der Gesamtgesellschaft erfüllt das Wertsystem vielfältige Aufgaben. Es motiviert und legitimiert Handlungen und Entscheidungen, die auf allen gesellschaftlichen Ebenen getroffen werden. Es dient dem Zusammenhalt der Gesellschaft als ganzer. Dabei spielt es insgesamt die Rolle eines Instrumentariums zur generellen Orientierung der Gesellschaft und ihrer Teilbereiche.

Eine wichtige Aufgabe der Werte wird auf der Ebene des individuellen Handelns und Verhaltens erfüllt. Hier treten sie als diejenigen gesellschaftlich verbreiteten und verankerten Orientierungen auf, die individuelles Verhalten steuern und regulieren. In der individuellen Persönlichkeitsstruktur spielen Werte eine zentrale Rolle als emotional gestützte kognitive Orientierungen und Standards, welche das Handeln motivieren und die Auswahl von Mitteln und Zielen beeinflussen. Insbesondere in Entscheidungssituationen steuern Werte die Wahrnehmung und Auswahl der Alternativen und regeln das resultierende Verhalten. Als Bestandteile des Persönlichkeitskerns tragen Werte in erheblichem Maße zur Identität des Einzelnen, zur Wahrnehmung und Einschätzung seiner selbst und zur Stabilität der Eigenauffassung bei[5].

Werte sind unspezifischer und in der Persönlichkeit ungleich tiefer verankert als Meinungen, Urteile oder Einstellungen. Sie sind daher weniger leicht veränderbar als diese[6]. Da Werte in der Persönlichkeitsstruktur eine zentrale Position einnehmen, ist ein enger Zusammenhang zwischen ihnen und dem individuellen Verhalten anzunehmen: Werte zeigen Verhalten an. Da Lebensstil als gesellschaftlich verbreitetes dauerhaftes Verhalten definiert wurde, können soziale Werte als Indikatoren, als Ausdruck eines Lebensstils dienen. Wegen ihres relativ hohen Allgemeinheits- und Abstraktionsgrades und wegen ihrer Fähigkeit zur Komplexitätsreduktion sind Werte somit als Analyseinstrumente geeignet, insbesondere auch für sozialen Wandel. Der Wandel des gesellschaftlichen Wertsystems, wie er sich in der Bedeutungserhöhung oder Rangminderung einzelner Werte ausdrückt, kann eine Veränderung des Lebensstils anzeigen und sichtbar machen.

3 Moderne und nachmoderne Gesellschaft

Aber Werte sind nicht nur Abbild des Handelns, sie lenken es auch. Nicht nur zeigen Werte einen Lebensstil an, sie beeinflussen ihn auch, sie fördern ihn, sie verändern ihn. Dieser Auffassung liegt die Annahme zugrunde, daß zwischen ‚Bewußtsein‘ und ‚Sein‘, zwischen Ideen, Überzeugungen, Werten einerseits und gesellschaftlichen Strukturen wie wirtschaftlichen und politischen Institutionen andererseits kein einseitiges kausales Abhängigkeitsverhältnis besteht. Vielmehr scheint es mir plausibler, von einem wechselseitigen Abhängigkeits- und Beeinflussungsverhältnis auszugehen, insbesondere hinsichtlich des sozialen Wandels. Demgemäß wirken auf die Veränderung des Lebensstils nicht nur ökonomische und politische Kräfte ein, sondern ebenso ein Wandel des gesellschaftlichen Wertsystems, und zwar sowohl unmittelbar durch seinen Einfluß auf das individuelle Handeln wie über den Umweg der Wirkung auf die institutionelle ‚Basis‘. Will man daher für das Entstehen eines Neuen Lebensstils eintreten und einen Beitrag leisten, so muß man sagen, welche Werte ihn repräsentieren, welche Werte das ihm entsprechende Verhalten leiten sollen.

Diese Frage läßt sich dann eher beantworten, wenn gesagt werden kann, welches der ‚alte‘, der bisherige Lebensstil ist, den der Neue Lebensstil ablösen soll. Es bedarf also neben dem Ansatz bei sozialen Werten eines Konzepts, das es ermöglicht, die Forderung nach einem grundlegenden Lebensstilwandel so zu interpretieren, daß sie nicht als zufällig erscheint, sondern in einen sinnhaften Rahmen historischen Ablaufs und geschichtlicher Entwicklung gestellt werden kann. Das Bewußtsein, an einem Wendepunkt zu stehen, welches nach einem Neuen Lebensstil und nach neuen Werten verlangt, bezieht sich nicht allein auf die krisenhaften Zuspitzungen der jüngsten Zeit, wie sie sich etwa in der Umwelt- und Energiedebatte oder in den Hungerkatastrophen der Dritten Welt und in der Diskussion um die Weltwirtschaftsordnung niederschlagen. Was vielmehr in Frage steht, ist die moderne Gesellschaft überhaupt, ist ‚Modernität‘ als Lebensstil.

Das Konzept der Modernität, das ich im folgenden verwende, schließt ein epochales Geschichtsverständnis ein, nach dem zwischen ‚traditionaler', ,moderner' und ,nachmoderner' oder ,postmoderner' Gesellschaft unterschieden wird[7]. Ein solches Konzept entspricht einmal dem gegenwärtigen Krisenbewußtsein, aus dem heraus nach Herkunft und Ursachen einer Epoche gefragt wird und demzufolge vermutet wird, daß diese Epoche nunmehr zu Ende geht und von einer neuen geschichtlichen Phase abgelöst wird[8]. Zum anderen hat das Konzept der Modernität bzw. der Modernisierung seine Wurzeln in der entwicklungssoziologischen Diskussion der beiden Jahrzehnte nach dem zweiten Weltkrieg. Derjenige soziale Wandel, der den Übergang von einer traditionalen zu einer modernen Gesellschaftsform ausmacht, wird als Modernisierung bezeichnet[9].

Es wird gefragt, welches Verhalten die Entwicklung im Sinne von Modernisierung kennzeichnet, welches Handeln sie begünstigt und welches die sozialen Werte sind, die einen modernen Lebensstil fördern, stabilisieren und weiterentwickeln[10]. Zur Beantwortung dieser Frage werden Erkenntnisse über die Modernisierung der europäischen Gesellschaften herangezogen. Auch die moderne Gesellschaft des europäisch-amerikanischen Kulturkreises hat einen langen Weg der Entwicklung, der Modernisierung, hinter sich. Diese Auffassung liegt den folgenden Überlegungen zugrunde.

Um den Neuen Lebensstil der ,postmodernen' Gesellschaft genauer zu bestimmen, frage ich zunächst, welche Werte bzw. welches Wertsystem den Lebensstil beim Übergang zur modernen Gesellschaft in Westeuropa geprägt haben (II). Dann soll untersucht werden, welchen Veränderungen dieses Wertsystem der Modernisierung bzw. seine für den Lebensstil zentralen Werte in der weiteren Entwicklung der Moderne bis zur Gegenwart unterworfen waren (III). In einem weiteren Schritt wird geprüft, in welcher Form zentrale Werte des Wertsystems der Modernität in der gegenwärtigen Gesellschaft institutionell verankert sind und an welchen Stellen Widerstand gegen neue Werte zu erwarten ist (IV). Sodann werden anhand zweier repräsentativer Werte die problematischen Folgen, die Kosten des gegenwärtigen Wertsystems analysiert (V). Abschließend versuche ich, wiederum am Beispiel einiger zentraler Werte und ihrer Korrektur durch Alternativwerte, einen Beitrag zu der Frage zu leisten, wie das Wertsystem der postmodernen Gesellschaft aussehen sollte (VI).

II Das Wertsystem der Modernisierung

1 Modernisierung und Wandel des Lebensstils

Fragen wir zunächst, was Modernisierung inhaltlich charakterisiert. Sowohl Entwicklung wie Modernisierung werden in erster Linie als Bezeichnung für wirtschaftliches und technologisches Wachstum, danach auch für die begleitenden politischen und kulturellen Prozesse verwendet[11]. Die Entfaltung der Technik und der Wissenschaft, die Industrialisierung, die Entwicklung ökonomischer und politischer Institutionen dienen einem auf lange Sicht stetigen ökonomischen Wachstum, das als der menschheitsgeschichtlich erstmalige und einmalige Versuch interpretiert werden kann, die Überwindung des physischen Mangels und seiner von Malthus düster beschworenen Folgen des Massenelends, des Hungers, der Krankheit und des frühen Todes in Angriff zu nehmen[12].

Modernisierung bedeutete in Westeuropa am Übergang vom Mittelalter zur Neuzeit die Entwicklung einer Gesellschaft, in der die Ökonomie dominierte und durch ein System von Werten und sie tragenden Institutionen zu dauerndem Wachstum angetrieben wurde. Modernisierung bedeutete zu einem guten Teil die Entfaltung des Kapitalismus. Den Wandel des Lebensstils und den entsprechenden Wertwandel als Erscheinung des Übergangs von der traditionalen mittelalterlichen in die moderne kapitalistische Epoche hat Max Weber klassisch untersucht in seinen Studien zur „Protestantischen Ethik". Im folgenden werden die wesentlichen Züge dieses von Weber als typisch verstandenen Ensembles von Modernisierungswerten hervorgehoben.

Webers Argumentation ist rückwärtsgerichtet. Er geht aus von der sozialstatistischen Beobachtung, daß im Deutschland der Wende zum 20. Jahrhundert die Protestanten der Modernität, dem ‚Fortschritt' zugewandter sind als die Katholiken. Eine erste Erklärung lautet — Weber zitiert hier einen seiner Schüler —, daß „der Protestant gern gut ißt, während der Katholik ruhig schlafen will"[13]. Dem Protestantismus wird zu Webers Zeit „materialistische Weltfreude", dem Katholizismus „asketische Weltfremdheit" zugeschrieben[14].

Derartige Zuordnungen weist Weber als zu allgemein und zu simpel zurück. Er bemüht sich, die Koppelung von Modernität und Weltzuwendung, von „Geist des Fortschritts", „kapitalistischem Geist"[15] einerseits und „materialistischer oder doch anti-asketischer ‚Weltfreude'"[16] andererseits zu lösen, wenigstens für die Frühzeit des Kapitalismus und die zeitgenössische Religiosität des Altprotestantismus. Webers zentrale These ist, daß Geschäftssinn, Handelsgeist und Arbeitsamkeit in dem Boden einer Religiosität wurzeln, die nicht weltzugewandt, sondern zutiefst asketisch war. Wenn also der Protestantismus für die Entstehung des Kapitalismus von Bedeutung war, materialistische und hedonistische Werte in dieser Religion aber keinen Platz hatten, wie sieht dann das Wertsystem aus, das die kapitalistische Modernisierung ausgelöst, gefördert, vorangetrieben und ökonomisches Wachstum in so ungeheurem Ausmaß ermöglicht hat?

2 Das Wertsystem der Protestantischen Ethik

Was Weber als ‚Geist' des Kapitalismus entfaltet, der in seinen Anfängen als religiös begründete und motivierte ‚Protestantische Ethik' auftrat, das entspricht ziemlich genau dem, was ich als Wertsystem der Modernisierung bezeichne. Der kapitalistische Geist wird ein „bestimmter, im Gewand einer ‚Ethik' auftretender, normgebundener Lebensstil" genannt, der sich freilich im Laufe seiner Entwicklung von seiner religiösen Basis löst und sich dadurch in charakteristischer Weise verändert. Weber versteht den „modernen kapitalistischen Geist" als einen wertgeleiteten Lebensstil, der sich im Entwicklungsprozeß der modernen Gesellschaft Schritt für Schritt gegen „Traditionalismus" durchsetzen muß[17]. Wie sieht das Wertsystem der Modernisierung, das Weber als protestantische Ethik darstellt, aus?

Erwerb

War es mittelalterlicher Grundsatz, der in das kanonische Recht eingegangen ist, daß die Kaufmannstätigkeit „Gott kaum gefallen kann"[18], so wird nun der Umgang mit dem Materiellen, die Ansammlung von ‚Geld und Gütern' für gut erklärt. Dies geschah anfänglich mit ganz und gar religiöser, transzendenter Zielsetzung: um sich des ewigen Heils, der jenseitigen Gnade und Erwählung zu versichern. Der revolutionäre Charakter dieser Wertinnovation wird daran deutlich, daß in der mittelalterlichen Gesellschaft, obwohl Handel und Unternehmertum unentbehrlich waren, das Tun derer, die sich nur der Mehrung ihres Gewinns widmeten, zwar toleriert wurde, daß es aber, schon wegen der Gefahr, gegen das kirchliche Wucherverbot zu verstoßen, ethisch nicht positiv gewertet wurde und daher nicht legitimiert war. Nun wird die Kapital- und Güterakkumulation des Unternehmers, nicht als Mittel für die Befriedigung materieller Bedürfnisse, sondern als Zweck des religiös bestimmten Lebens verstanden, zu etwas Gutem, zu einem Wert, zu etwas Gottgewolltem.

Arbeit

Auf der Seite des Arbeiters entspricht dem die neue Einschätzung der Arbeit. Es war die zentrale Erkenntnis der Reformatoren, daß der Mensch sich die Gnade Gottes und sein Heil nicht verdienen könne durch ‚Werke' oder, wie in der mittelalterlichen Stufenethik, durch die besondere, höhere Sittlichkeit, die durch den Rückzug ins Kloster verwirklicht wurde. Der ohne Verdienst von Gott gewährte Gnadenstand soll vielmehr im Alltag, in dem ‚Stand', in den der Mensch von Gott gestellt wurde, also in seinem ‚Beruf', gelebt und verwirklicht werden, als Ausdruck der Nächstenliebe und als Bewährung des Glaubens. Die berufliche Arbeit wird so wiederum zu einem Wert in sich. Nicht weil Arbeit Mittel zum Lebensunterhalt und zur Bedürfnisbefriedigung ist, wird sie als wertvoll angesehen, sondern als Feld der religiösen Bestätigung und Bewährung erhält sie sittliche Qualität und wird zu einem Zweck in sich selbst, demgegenüber sich der Mensch verpflichtet und verantwortlich fühlt.

Beruf

Sowohl die Arbeit des Arbeiters wie die Tätigkeit des Unternehmers, die sich auf Gewinn und Anhäufung materiellen Reichtums richtet, können unter dem religiösen Vorzeichen nun als Beruf im Sinne des dazu von Gott Berufenseins verstanden werden und sind dadurch ethisch legitimiert. Die Befreiung der Werte Erwerb und Arbeit aus der Knechtschaft der ethischen Minderwertigkeit läßt jenes eigentümliche Gefühl der Verpflichtung dem Beruf gegenüber entstehen. Ob der Beruf in der Verwertung der Arbeitskraft oder des Kapitals besteht, man ist ihm als seiner Berufung zutiefst verpflichtet.

Rationalität

Die Auffassung des Lebens als Berufserfüllung und die Hingabe an Arbeit und Beruf ist nun, wie Weber zeigt, speziell im Calvinismus und Puritanismus, verbunden mit einer hohen Wertschätzung der Rationalität, angewendet auf die Berufsarbeit und den persönlichen Lebensstil. Das Leben der frühen protestantischen Christen, auf das transzendente Ziel der Seligkeit ausgerichtet, wurde in seinem diesseitigen Verlauf methodisch durchrationalisiert zur Kontrolle des Gnadenstandes. Weder wurde die emotionale Seite der Religiosität betont, noch wurden die Lebensaspekte des unbefangenen Genießens, der Triebhaftigkeit, des Gemüthaften, der Ästhetik und überhaupt der Kultur in nennenswertem Maß zugelassen. Die nüchterne rationale Kontrolle des religiösen Erfolgs, die methodische Beaufsichtigung des Lebens als Fortschritt zum Jenseits, war ein Grundzug dieses Wertsystems.

Expansion

Rationales Messen und Berechnen, verbunden mit höchster Verantwortung gegenüber dem Beruf, zog den weiteren Grundwert der Expansion nach sich. Fühlt sich der Mensch in dem beschriebenen Maße dem Erwerben und dem Erworbenen verpflichtet, so muß das Erwerben rational derart durchgestaltet werden, daß sich das Erworbene stetig mehrt. Es ist also „der Erwerb von Geld und immer mehr Geld"[19], die Expansion des Erwerbs, die Güterhäufung, die einen Eigenwert darstellt. Ebenso bewirkt die Rationalität und Pflichtgebundenheit der Berufsarbeit deren Expansion zu größerer Intensität und gesteigerter Leistung, zur Ausweitung der Arbeitsproduktivität[20], zumal wenn die vom kapitalvermehrenden Unternehmer bereitgestellte rationale Arbeitsorganisation der Fabrik die Bereitschaft zur Leistungssteigerung erfordert. Diese stellt sich freilich nicht von selbst ein. Es muß zu der Wertschätzung der Arbeit an sich noch der andere Grundwert des Erwerbs bzw. Mehrerwerbs hinzukommen.

Askese

Die Askese stellt die Besonderheit des protestantischen Lebensstils dar, dessen übrige Werte durch sie ihre charakteristische Qualität erhalten. Sie ist der eigentliche religiöse Faktor der protestantischen Ethik, entstanden durch die Generalisierung wesentlicher Elemente der Mönchsethik. Wer nach dem mittelalterlichen Kanon im religiösen Sinne methodisch leben wollte, mußte sich aus dem Alltag in die religiöse Sonderexistenz des Klosters zurückziehen, die als Überhöhung und Höherwertigkeit der christlichen Existenz verstanden wurde. Nun aber wird die qualifiziert religiöse Existenz in den Alltag verlegt. Berufsleben, Familie, Ehe, Politik gelten jetzt als Feld der Bewährung von Gnade und Glauben.

Grundzug schon der mönchischen, dann der protestantischen Askese ist ihr rationaler Charakter, der Versuch, durch methodisches Vorgehen zunächst die Lebensführung zu organisieren und auf Ziele hin zu konzentrieren. Diese Ziele waren zuerst und vor allem religiöser Art: Die Erreichung des immer mehr individuell verstandenen Heils, der persönlichen Seligkeit, des Gnadenstandes und die Bewährung in ihm; ferner das Reich Gottes und der Ruhm Gottes im Unterschied und in Abkehr von menschlich-kreatürlichem Sichrühmen. Insbesondere im Bereich der Arbeit und des Konsums hat die Askese ihren Ort. Hart und stetig muß gearbeitet werden, Geselligkeit, Schwatzen, zu viel Schlaf sind der Disziplin abträglich. Nüchternheit, rationales Kalkulieren mit dem Verdienst, Selbstbeherrschung und Mäßigkeit steigern die Leistungsfähigkeit und die Arbeitsbereitschaft[21].

Ziel der Askese war also die aktive Selbstbeherrschung, die Bändigung irrationaler, emotionaler Antriebe und ihre Unterwerfung unter zielgerichtetes Wollen. Unbefangener Genuß wird deshalb verworfen.

Als *Mittel* zu weiterem Erwerb und zur Erfüllung der Berufspflicht ist Reichtum erlaubt, als Mittel zur Erhaltung der körperlichen Leistungsfähigkeit sind sportliche Betätigungen statthaft. Aber als Gegenstand des freien, unreglementierten, spontanen Genusses, als Objekt der Lust, ist beides nicht zugelassen. Dem erworbenen Besitz gegenüber ist der Mensch nur Verwalter, zur Mehrung verpflichtet. Nicht der Erwerb ist verwerflich, sondern die Verwendung des Reichtums in irrationaler Form, etwa zum Ausruhen, zur Muße oder zur Steigerung des materiellen Konsums.

Andererseits: die protestantische Askese forderte keine Kasteiung. Wie sie den Luxus wegen seines demonstrativen Wesens als Kreaturvergötterung ablehnte, so verwarf sie ebenso das Armseinwollen als Werkheiligkeit und als Gottes Ruhm abträglich[22]. Für die notwendigen und praktisch nützlichen Dinge sollte der Besitz durchaus verwendet werden. Saubere und solide Bequemlichkeit und nüchterne Einfachheit, mit dem Begriff ,comfort' bezeichnet, charakterisierten den Lebensstil jener Menschen.

III Der Wandel des protestantischen Wertsystems

1 Die Zurückdrängung der Askese als Folge der Säkularisierung

In dem Wertsystem, das am Beginn der modernen Gesellschaft den Lebensstil bestimmte, dominierte der Zentralwert der Askese. Zieht man einen Vergleich mit dem gegenwärtigen Lebensstil, dessen Wertsystem so offensichtlich von materialistischen, egoistischen und hedonistischen Werten bestimmt wird, so stellt sich die Frage, wie es zu dieser ,Umwertung der Werte' kommen konnte. Darüber erschöpfend Auskunft zu geben, verbietet selbstverständlich die Komplexität des Problems. Ich beschränke mich auf die Erörterung weniger, nach meiner Einschätzung entscheidender Faktoren für die Entwicklung zum heutigen konsumbestimmten Lebensstil.

Die einseitige asketische Grundhaltung, mit ihrer Leistungsbetonung und Genußfeindlichkeit, mit ihrer Verneinung der Lust und Akzentuierung des Triebaufschubs, war in der dem frühprotestantischen

Lebensstil eigenen Strenge nur durchzuhalten, solange die spezifische religiöse Begründung, die Calvinismus und Puritanismus ihr mit dem strikten Prädestinations- und Erwählungsglauben gaben, in Geltung war. Solange die religiöse Fundierung lebendig ist, kann sich der Zentralwert Askese im Konflikt mit anderen die Modernisierung vorantreibenden Werten behaupten. In dem Maße, wie die transzendente Begründung und Zielsetzung aus dem Blick gerät, wird der Grundwert Askese allmählich abgebaut, ein Prozeß, der bis ins 20. Jahrhundert hineinreicht.

Durch den asketischen Lebensstil wird in der Frühzeit der modernen Gesellschaft die Ausweitung der materiellen Bedürfnisse verhindert. Die Expansion des Konsums ist jedoch bereits im Zentrum des protestantischen Wertsystems angelegt. Sie liegt in der Logik der Modernisierung, die dieses Wertsystem in Gang gesetzt hat. Zunächst entsteht jenes schon aus der Geschichte des Mönchtums bekannte Dilemma, das aus dem Konflikt zwischen den Werten Erwerb und Askese folgt. Wird der Erwerb von Geld und Gütern zu einem Grundwert, verstärkt durch die methodische Leistungssteigerung, welche die Askese bewirkt, und wird das erworbene Kapital nicht oder kaum durch Konsum vermindert, so sammelt sich unvermeidlich Reichtum an[23]. Tritt die religiöse Fundierung der Askese zurück, so wird die Versuchung für den Erfolgreichen größer, sich selbst darzustellen und den statischen Lebensstil allmählich durch expansiven dynamischen Konsum abzulösen.

Zu dieser Entwicklung trägt ein zweiter, ebenfalls auf einem Wertkonflikt beruhender Zusammenhang bei. Modernisierung hat auf Dauer die Expansion auch der materiellen Bedürfnisse zur Folge. Zum Lebensstil traditionaler Gesellschaften gehört die Festschreibung des Konsums aufgrund statischer Bedürfnisse durch die geltenden Werte und ein Maß von Arbeit, das eben diese traditionellen Bedürfnisse deckt. Der Mensch der traditionalen Gesellschaft fragt also: Wieviel muß ich arbeiten, um so viel zu verdienen, wie ich immer verdient habe und zur Deckung meiner Bedürfnisse brauche? Der Mehrverdienst reizt ihn nicht, da sein Bedarf im wesentlichen unverändert festliegt[24].

Durch das Modernisierungswertsystem der Protestantischen Ethik wird nun Arbeit, und zwar die zu ‚Leistung‘ expandierende und dynamisierte ‚Mehrarbeit‘, zu einem religiös begründeten Grundwert. Da die Arbeit letztlich um des Gottesreiches und der Bewährung von Glauben und Erwählung willen geschieht, kann der dominierende Wert Askese eine Dynamisierung der Bedürfnisse und ihrer Befriedigung im Konsum verhindern. Sobald aber die religiöse Motivation für rastlose, gesteigerte Arbeit rückläufig ist, tritt die Askese als Wert zurück und die materiellen Bedürfnisse geraten in Bewegung. Sie werden expansiv und mit ihnen der Konsum. Der Mensch der modernen Gesellschaft fragt: Wieviel kann ich verdienen, wenn ich soviel leiste, wie mir möglich ist, damit ich mir mehr leisten kann als bisher. Arbeit und Leistung werden nun durch Konsumsteigerung motiviert und legitimiert.

2 Der Aufstieg der Werte ‚Materialismus‘, ‚Egoismus‘ und ‚Hedonismus‘

Mit dem Blasserwerden und Erlahmen der reformatorischen Glaubensintensität steigen Wertorientierungen wie Rationalismus und Egoismus in der Rangordnung des Wertsystems höher. Die ethische Inthronisierung des individuellen Egoismus, wie wir sie von Hobbes bis Hume in dem Wert des ‚self interest‘ sich entwickeln sehen, war vorbereitet durch das egoistische Heilsinteresse des mit sich selbst beschäftigten puritanischen Gläubigen[25]. Die Spielarten des Utilitarismus wenden den individuellen Egoismus ins Soziale und machen ihn so scheinbar erträglicher. Der in der Protestantischen Ethik schon dominierende Rationalismus trägt nun dazu bei, daß aus dem religiös begründeten, jenseitig orientierten Lebensstil des Altprotestantismus, in dem die Transzendenzdimension die Mitte des Lebens war, auf die hin alles sich konzentrierte, jenes aufgeklärte Selbstinteresse wird, das sich als zentraler Inhalt des bürgerlichen Wertsystems etabliert. Was bleibt, sind, wie man an Benjamin Franklins berühmtem „Advice to a young tradesman“[26] sehen kann, Werte, die jetzt freilich zu ‚Tugenden‘ geworden sind, die utilitaristisch mit ihrem materiellen Nutzen begründet werden: neben Pünktlichkeit, Gerechtigkeit und Ehrlichkeit in den Geschäften vor allem Fleiß und Mäßigkeit, die zusammen mit der rechnerischen

Genauigkeit sich bereits als Geiz darstellt. Das ist immer noch Askese, freilich im säkularen, aufgeklärten Gewand und nur noch in gemäßigter Form, was den Konsum angeht.

Als die logische Weiterentwicklung von ethischem Egoismus und Utilitarismus ist der Hedonismus als ethische Grundorientierung zu verstehen. Der ethische Egoismus hält für die einzige begründbare moralische Maxime die Verpflichtung des Einzelnen, *für sich selbst* beim Handeln das größtmögliche Maß von guten gegenüber schlechten Folgen herbeizuführen[27]. Er beruft sich auf anthropologische Grundannahmen wie es etwa Hobbes tut, der den Menschen als in höchstem Maße besitz- und genußgierig versteht, weshalb er im politischen Bereich durch einen Herrscher gebändigt werden müsse; in der ökonomischen Sphäre sollte seinen Begierden aber freier Lauf gelassen werden[28]. Der Utilitarismus erweitert den Kreis der Begünstigten für die Herbeiführung von positiven Folgen auf „die Welt insgesamt"[29]. Voraussetzung ist in beiden Fällen, daß das Gute, die positiven Folgen, gemessen und gegen das Negative abgewogen werden können. Modell ist hier offensichtlich die Rationalität kapitalistischer Gewinn- und Erfolgsrechnung, das Abwägen von Einsatz und Ergebnis, von Gewinn und Verlust. Damit hängt zusammen, daß die Bestimmung des Inhalts der Folgen, dessen, was gut oder positiv sein soll, eine Tendenz zum Sinnlichen, Materiellen hat. Als Hedonismus wird nun die ethische Auffassung bezeichnet, die das Gute, das es herbeizuführen gilt, im ‚Vergnügen', im ‚Glück', in der ‚Lust' sieht. Die nationalökonomische Bedürfnistheorie, wie sie etwa Bentham entwickelt hat, vertritt in diesem Sinne einen utilitaristischen, materiellen Hedonismus. Glück liegt danach in der Befriedigung von in erster Linie mit materiellen Gütern zu erfüllenden Bedürfnissen[30].

Die Herausbildung der Wertetrias Materialismus, Egoismus und Hedonismus ist für den Aufstieg des Konsums in der Rangordnung des Wertsystems der Modernität von entscheidender Bedeutung gewesen. Ich werde deshalb diese Trias bei den Überlegungen zu den neuen Werten einer nachmodernen Epoche, die einen Neuen Lebensstil leiten könnten, wieder aufnehmen (Kap. VI).

3 Der Durchbruch des Massenkonsums

Max Weber konstatierte für die Zeit des beginnenden zwanzigsten Jahrhunderts, daß aus dem mächtigen Kosmos der modernen kapitalistischen Wirtschaftsordnung jener ‚Geist' entwichen ist, der sich einst in der christlichen Askese manifestierte. Das Verschwinden jenes Geistes hat aus dem Kapitalismus ein „stahlhartes Gehäuse" gemacht, das „den Lebensstil aller Einzelnen, die in dieses Triebwerk hineingeboren werden, mit überwältigendem Zwange bestimmt"[31]. Die Arbeit ist zur spezialisierten Facharbeit geworden, sie ist unpersönlich und von freudenarmer Sinnlosigkeit. Heute kann der Kapitalismus die Arbeitswilligkeit der Arbeiter ohne jenseitige Prämien erzwingen. Die äußeren Güter dieser Welt haben zunehmende und schließlich unentrinnbare Macht über den Menschen gewonnen, stellt Weber fest und faßt in einem Zitat die Richtung „dieser Kulturentwicklung" zusammen: „Fachmenschen ohne Geist, Genußmenschen ohne Herz"[32].

Weber äußert seinen resignierenden Pessimismus noch vor derjenigen Entwicklungsphase des Kapitalismus, ja der modernen Gesellschaft überhaupt, in welcher der Grundwert expansiver Konsum endgültig zum Durchbruch gelangt. Ist im Verlauf der kapitalistischen Modernisierung zuerst die Arbeit durch *asketische* Disziplinierung zur Leistung und zum Produktivitätsfaktor dynamisiert worden, so war die gleiche Askese sowohl auf der Arbeiter- wie auf der Unternehmerseite im Konsumbereich ungemein ‚nützlich' für die Akkumulation von Kapital und somit für das ökonomische Wachstum. Erst als das Wirtschaftswachstum institutionalisiert war und zu seiner Selbstregelung den expansiven Konsum als *Massen*phänomen benötigte, konnte dieser auch als Wert durchgesetzt werden, das heißt, er konnte als handlungssteuernde Orientierung sozial verbreitet werden und für ethisch gut, für moralisch legitimiert gelten.

In den Vereinigten Staaten ging dem Durchbruch des Massenkonsums der erste große intellektuelle Angriff auf den Puritanismus und die Protestantische Ethik voraus. Zwischen 1910 und 1915 forderte die Gruppe der ‚jungen Intellektuellen' Amerikas Mündigwerden und predigte eine neue Ethik des Hedonismus, nämlich der Lust, des Genusses und des Spiels[33]. In den zwanziger Jahren setzte der Massenkonsum ein, die Verbreitung von Gütern, die für die mittleren und unteren Schichten zuvor als Luxuswaren gegolten hatten. In der Bundesrepublik hat sich der expansive Massenkonsum in großem Stil nach dem zweiten Weltkrieg zu Beginn der fünfziger Jahre durchgesetzt. Er wurde unterstützt durch den großen Nachholbedarf an Gebrauchsgütern, der anfangs wellenartig („Freßwelle", „Bekleidungswelle", „Haushaltswelle", „Edelfreßwelle") befriedigt wurde. Soziale Innovationen trugen dazu bei, die traditionellen, asketisch orientierten Werte der Sparsamkeit, der Einfachheit, der Genügsamkeit, der Mäßigkeit und der Achtsamkeit im Umgang mit materiellen Gütern zu unterlaufen. Die Einführung des Teilzahlungssystems machte das vorgängige Sparen, den vorhergehenden Befriedigungsaufschub überflüssig. Es konnte sofort konsumiert werden, wodurch der Konsum gesteigert wurde. Zudem wurde die traditionelle Angst vor Schulden beseitigt, indem stattdessen das Wort Kredit betont wurde[34]. In den sechziger Jahren wurde die Verführung des Konsumenten durch das Bankgewerbe einen Schritt weiter perfektioniert durch die Einführung des Scheckkartensystems und der Kontoüberziehungsgarantie.

Die kurzfristige Ersetzung alter durch neue Konsumgüter wurde zur Strategie des Marketings erhoben. Daher traten Mode und geplanter Verschleiß in den Vordergrund. Vor allem war es die Werbung, welche den expansiven Massenkonsum als Grundelement des Lebensstils durchzusetzen half. Sie lernte es bald, direkt am Wertsystem anzusetzen, um den Lebensstil zu verändern. Ihr Ziel ist es, Wünsche zu wecken, das heißt sie will mit allen Mitteln ein System statischer Bedürfnisse, in ein System dynamischer, expandierender Bedürfnisse verwandeln. Ferner will sie hemmende Faktoren wie entgegenstehende, z. B. asketisch getönte Werte und daraus folgende Schuld-, Scham- und Unlustgefühle abschwächen. Dabei bedient sie sich neben den Produkten selbst eines allgegenwärtigen Netzes von modernen technologisch hochentwickelten Medien. Die explosionsartige Entwicklung der Kommunikationsmittel, allen voran des Autos, hat durch die damit verbundene Minderung der sozialen Kontrolle infolge zunehmender Verstädterung einen wichtigen konsumhemmenden Faktor reduziert und so der Werbung in die Hände gearbeitet. Werbung und Konsumobjekt verstärken sich solchermaßen gegenseitig in ihrer Wirkung auf den Wandel von Lebensstil und Wertsystem.

Was auf diese Weise zum Durchbruch kam, war mehr denn die Herrschaft des Lebensstandards als Basiswert des ökonomischen und des politischen Systems. Es war in vieler Hinsicht eine revolutionsartige Form sozialen Wandels. Es war die endgültige Beseitigung einer wichtigen Bastion des protestantisch-bürgerlichen Wertsystems, nämlich der Askese im Konsumbereich, und die Inthronisation des Hedonismus in diesem Bereich als grundlegender Wertorientierung.

IV Expansiver Konsum als Grundwert der gegenwärtigen Gesellschaft

1 Das Interesse von Ökonomie und Politik an steigendem Konsum

Das Wertsystem der Modernität, dessen Entstehungsprozeß wir an einigen Stellen verfolgt haben, ist gerade mit seinem Zentralwert Bedürfnis- und Konsumexpansion gegenwärtig im Sozialsystem der Bundesrepublik fest verankert. Das gilt zunächst für das ökonomische System. In vielen Bereichen des öffentlichen und privaten Konsums zieht ein einmal erreichtes Ausstattungsniveau fast automatisch neue Konsumformen nach sich. Zieht man beispielsweise in das lang ersehnte Eigenheim im Grünen, weil man mehr Geld verdient oder muß man danach mehr Geld verdienen? Das letztere scheint unausweichlich, denn nun entstehen neue Bedürfnisse in bezug auf das Haus und den Garten, Verkehr und Transport, Kommunikation und Selbstdarstellung. Viele Bedürfnisse, die vorher in direkter sozialer Interaktion erfüllt wurden, müssen nun, da man sich von dem Menschen stärker entfernt und isoliert, durch den Konsum von Gütern befriedigt werden. Aus nachbarlichen Gesprächen und Besuchen kann als neue Form der „Kommunikation" die nachbarliche Aufwandskonkurrenz werden.

Das ökonomische System, das auf Wachstum programmiert ist, ermöglicht einen steigenden ‚Lebensstandard', der sich in steigen-

dem Konsum manifestieren muß. Das erfordern nicht nur die Kapitalverwertungsinteressen, die Gewinne erstreben, sondern auch die
Interessen der Arbeitnehmer, welche die Sicherung und Steigerung
der Einkommen zum Inhalt haben. In den Wirtschaftswissenschaften
löste Keynes in den dreißiger Jahren dieses Jahrhunderts die
klassische Theorie ab, nach der die Akkumulationsrate des Kapitals
durch die Bereitwilligkeit bestimmt ist, auf Konsum zu verzichten.
Sparen, Konsumaufschub, Verzicht, waren nach ihr die Quellen des
wachsenden nationalen Reichtums, wie für den Einzelnen, so für die
gesamte Wirtschaft. Seit Keynes, dessen Theorie bis heute Geltung
hat, wurde diese Argumentation nahezu umgekehrt. Im derzeitigen
Stadium der ökonomischen Entwicklung ist die Kapitalbildung nicht
mehr die vordringliche Aufgabe. Investitionen können finanziert
werden, die Produktivität kann fast beliebig gesteigert werden. Das
wesentliche Problem ist die Vermehrung der Nachfrage. Die heutige
ökonomische Theorie ist zu einem guten Teil mit der Frage beschäftigt, wie die Bedürfnisse zu erweitern und wie der Konsum zu
steigern ist[35].

Das Interesse des politischen Systems, die Loyalität der Bürger herzustellen und zu erhalten, wirkt in der gleichen Richtung der Konsumexpansion. Die Erhaltung und Steigerung des Lebensstandards
wird als Voraussetzung politischer Stabilität angesehen, und materieller Wohlstand wird geradezu zur Grundlage der Freiheit erklärt[36]. Wie Wirtschaftswachstum gehört Vollbeschäftigung zu den
Basiszielen der politischen Ökonomie, und wie zu Keynes Zeiten
wird auch heute Konsumwachstum als ein wichtiges Mittel zur
Minderung der Arbeitslosigkeit gepriesen und gefordert.

2 Motivation und Legitimation des Konsums durch Leistung

Während der Grundwert Konsum durch das ökonomische und
politische System ständig bestätigt wird, erwächst ihm zusätzliche
Legitimation aus seinem Zusammenhang mit dem Grundwert Arbeit
bzw. Leistung. Nachdem die religiös-transzendente Ausrichtung und
Begründung der Arbeit im Verlauf der Säkularisierung verblaßt war,
blieb zwar ihr asketischer Charakter bestehen, aber ihre Selbstzweck-
lichkeit, die ethische Verpflichtung ihr gegenüber war nun nicht

mehr legitimiert. Hinzugekommen ist die spezifische „Entfremdung", der die Arbeit in den technologischen und bürokratischen Großorganisationen unterliegt und wie sie seit Marx immer wieder analysiert worden ist[37]. Nicht nur ist der modernen Arbeit die Chance zu ästhetischer und emotioneller Befriedigung durchgehend verlorengegangen; auch das Erlebnis des kreativen Schaffens, Schöpfens und Verfertigens, das produktive Leistungserlebnis, ist infolge der hohen Arbeitsteilung und Spezialisierung weitgehend unmöglich geworden. Die Trennung des Arbeitenden von den Produktionsmitteln und vom fertigen Produkt verstärkte das Gefühl der Entfremdung und der Ohnmacht, welches den Arbeitsvorgang begleitet. Die fortschreitende Rationalisierung der Arbeitsprozesse bewirkte eine zunehmende Intensivierung der physischen und psychischen Arbeitsleistung. Das hat, zusammen mit dem Erlebnis der Entfremdung und dem Bewußtsein, sich in der Arbeit nicht mit seinen „Wesenskräften"[38] verwirklichen zu können, zur dauerhaften ‚Streßbelastung' des modernen Arbeitsprozesses geführt, die sich in einer Fülle von sozialpathologischen Phänomenen auswirkt. Aber diese spezifische ‚Askese', das spezifische Leiden des modernen abhängig Arbeitenden, führt auch zu einem stummen Dauerprotest, der darin besteht, daß das Lebensinteresse sich immer mehr von der Arbeit fortbewegt und sich der ‚Freizeit' zuwendet, einer Sphäre, deren Begriff schon den Bereich der Arbeit als unfrei und damit als inhuman definiert. Die Sphäre der Freizeit aber ist die des expansiven Konsums.

Wenn der Mensch nicht mehr arbeitet, um materielle Not zu beseitigen, um den Grundbedarf zu decken, so bedarf er eines zusätzlichen Anreizes, um das von ihm erwartete Maß an Mehrarbeit und Leistung, das ihm soviel Selbstverleugnung und Leiden abverlangt, zu erbringen. Die Konsumchancen für steigende Bedürfnisse erfüllen eben diese Funktion. Sie sollen die Leistungsmotivation dort beschaffen, wo das protestantische Arbeitsethos, das sich so willig ausbeuten ließ, geschwunden ist. An die Stelle der Arbeit um ihrer selbst willen, oder richtiger um Gottes willen, tritt die Arbeit für die Befriedigung materieller Bedürfnisse, und die Bedürfnisse sind, ihres expansiven Charakters, ihrer Unersättlichkeit wegen, ein harter Herr. An die Stelle Gottes ist ein tyrannischer

Götze getreten. Der „Befreiung der Bedürfnisse"[39] folgte die Selbst-
unterwerfung des Konsumenten unter seine Wünsche. Um zu intensiver Arbeit und Leistung motivieren zu können und diese zu legitimieren, müssen also die Bedürfnisse expansiv bleiben, und ihre Befriedigung durch expansiven Konsum muß sichergestellt sein. Würden
im Rahmen des geltenden Wertsystems die konsumtiven Belohnun-
gen und Entschädigungen verringert, ohne daß dies von einem allgemeinen Konsens getragen würde, so wäre eine Krise der Leistungsmotivation und damit der Legitimation des derzeitigen gesellschaftlichen Wertsystems zu erwarten[40].

Die Grundwerte Leistung und Konsum bedingen und verstärken einander also nicht nur durch die Klammer der Motivation, sondern
auch durch die Legitimationsfunktion, die sie füreinander ausüben.
Wer der Leistungserwartung nachkommt, erwirbt sich das Anrecht
auf Konsum. Aber auch die Forderung der Unterwerfung unter die
Leistungsnormen unserer Gesellschaft wird mit den vorhandenen
Konsumchancen legitimiert. Die erbitterte Diskussion über die an-
gebliche Arbeitsscheu bei Arbeitslosen[41] zeigt, in welchem Maße
beide Werte in Geltung sind und wie eng ihre legitimatorische Ver-
schränkung ist. Wie der Besitz und Verbrauch von Konsumgütern
stillschweigend als Belohnung für „spurlose Arbeit"[42] und expansive
Leistung angeboten und auch akzeptiert wird, in ähnlichem Maß erfüllt der Konsum auch im politischen Bereich weithin die Funktion
der Kompensation und Entschädigung für vorenthaltene und nicht
verwirklichte Partizipationschancen[43]. Alle derartigen Mechanismen
tragen zur Legitimation des Konsumwertes und des ihm entsprechenden Lebensstils bei.

Auf diese Weise wurde bisher das gesellschaftlich für erforderlich
gehaltene Maß an Arbeit und Leistung gesichert und gleichzeitig
das Verteilungsproblem umgangen. Der Wert Gerechtigkeit als sozialer Grundwert wird auf diesem Gebiet zurückgestellt. Leistung
wird als Leistungsfähigkeit und nicht als Leistungsbereitschaft
ausgelegt. Gleichheit wird als Gleichheit der Startchancen und nicht
der Lebenschancen interpretiert. So kann Ungleichheit in der Verteilung der Einkommen und der Lebenschancen legitimiert und
gleichzeitig ein Leistungsanreiz eingebaut werden. Hohe Leistung
muß durch wachsenden Konsum im Rahmen des Sozialprodukt-

zuwachses entschädigt werden, der wiederum nur durch Wirtschaftswachstum ermöglicht wird. Daß also die Grundwerte Gleichheit und
Gerechtigkeit nur sehr begrenzt auf Einkommen und Lebenschancen
angewendet werden, trägt über die Festigung des Wertes Leistung
ebenfalls zur Stabilisierung des Kosumwertes bei.

Für den Einzelnen erfüllen Konsumgüter die Funktion des symbolischen Ausweises von Leistungsfähigkeit und Leistungsbereitschaft,
also der Übereinstimmung mit zentralen sozialen Werten. Auch hier
stützen sich die Werte wiederum gegenseitig. Konsumgüter demon-
strieren beispielsweise gesellschaftlichen Aufstieg für Unterschichtan-
gehörige und sichern in dieser Funktion beim Individuum den er-
reichten Status innerlich ab. Es kommt vor allem darauf an, das
„Richtige" zu kaufen und zu besitzen, die dem Status entsprechenden Gegenstände und Geschmacksnoten zu treffen. Die Werbung
hilft dabei aufsteigenden Bevölkerungskreisen, den Lebensstil des
neu errungenen sozialen Status einzuüben und Statussicherheit
über das Konsumgut zu vermitteln[44]. Besonders bei diesen Perso-
nenkreisen ist vermutlich der Wert expansiver Konsum und ein
bestimmtes Mindestkonsumniveau tief in das individuelle Selbst-
bild und deshalb in das personale Wertsystem eingelassen. Ein Wandel könnte die personale Identität verunsichern und in Frage stellen[45].

V Kosten und Defizite des modernen Wertsystems

Es ist bisher deutlich geworden, daß das Wertsystem der Modernität sich in einem langen Entwicklungsprozeß herauskristallisiert
hat und mit seinen Zentralwerten Arbeit bzw. Leistung und Konsum im gegenwärtigen Sozialsystem tief verankert ist. Es hat ein
Sozialsystem geleitet, dem es gelungen ist, mit einem bisher unge-
kannten wirtschaftlichen Wachstum die physische Lebenssituation
des Menschen zu verbessern und materiellen Mangel zu beseitigen.
Je weiter aber das ökonomische wie das politische System den
eingeschlagenen Weg fortsetzen, um so deutlicher machen sich

auch die problematischen Auswirkungen, die sozialen und individuellen Kosten des Wertsystems der Modernität bemerkbar.

1 Die Unterwerfung der Natur

Für den neuen Überfluß im Gefolge dieses Wertsystems muß ein
Preis bezahlt werden. Die Überwindung des Mangels hat eine Kehr-
seite. Die Kosten von Wachstum und Überfluß werden nicht nur
der 'äußeren Natur' aufgebürdet, die über ihr Vermögen hinaus
aggressiv ausgebeutet und ruinös überlastet wird. Die Kosten des
Reichtums gehen auch zu Lasten der 'inneren Natur' des Menschen, die in gleichem Maße überanstrengt und deformiert wird.
Es war in erster Linie der Wert der Rationalität, welcher sich in
seiner spezifisch 'modernen' Ausprägung in doppelter Form zer-
störend auf die äußere Natur auswirkte. Die Wissenschaft unter-
nahm es, der in den Objektstatus versetzten Natur ihre Funktions-
gesetze abzufragen und, wenn sie nicht antworten wollte, verstärkt
durch Technik, abzulisten und abzupressen. Daß dabei immer nur
die 'Antworten' gegeben werden, die den 'Fragen' und den ihnen
zugrundeliegenden Werten entsprechen, wird an den vielerorts
schon irreversiblen Verwüstungen der Natur deutlich.
Um die Natur in dem heutigen Maße unterwerfen zu können, mußte
sie aber auch gleichzeitig 'entzaubert' werden[46]. Es mußte ihr Status
als Subjekt, als belebte, beseelte Größe beseitigt werden, in dem sie
vom Menschen durch seine Geschichte hindurch immer als bedrohen-
de und als bergende, als versagende und als spendende, jedenfalls als
eigenständige Macht, später, bei wachsendem Selbstbewußtsein, immer noch als Schöpfung und verwandtes Leben empfunden wurde.
Die endgültige Versetzung der Natur in den Status des toten Objekts
ist ein Werk der Rationalisierung, welche im Verlauf des Modernisie-
rungsprozesses Subjektivität immer mehr auf den Menschen mono-
polisierte und dann auch bestimmten Menschenklassen und -rassen
absprach. Außerhalb des Menschen, 'jenseits' seiner sollte es keine
Subjekte geben, denen etwa 'Leben' und somit Ansprüche an den
Menschen zugeschrieben werden könnten.
Die Objektivierung und Verdinglichung trifft schließlich nicht nur
die ehemals lebendige, als Subjekt begriffene Schöpfung, sondern

auch den Schöpfer selbst. Als 'jenseits' des Menschen stehendes, ihn transzendierendes, lebendiges Subjekt unterliegt er einer wachsenden Entwirklichung durch Rationalisierung. Der Rationalisierungsprozeß ist somit auch ein Prozeß der Verdrängung von Religion, zumindest aus dem öffentlichen Bereich, und diese Verdrängung findet auch dort statt, wo Rationalität, wie in dem asketischen Lebensstil, in die Religion hineingenommen wird.

Zur Verformung und Zerstörung der Natur haben die für den modernen Lebensstil zentralen Werte der Arbeit bzw. der zur Leistung rationalisierten Arbeit und des Konsums beigetragen. Historisch läßt sich die Vermutung mit einigen Tatsachen belegen, daß die ökonomische Aktivität um so intensiver ist, je mehr kriegerische Leidenschaften zurückgehen[47]. Psychologisch ausgedrückt könnte dies bedeuten, daß nicht nur lustbetonte, sondern auch aggressive und destruktive Triebdynamik, wenn sie nicht in andere Richtung gelenkt oder kontrolliert wird, in Form sozial akzeptierter Leistungen sich gegen die Natur richtet und in das ökonomische Wachstum und die Produktion der Warenfülle eingeht. Der Ursprung der Fabrikorganisation in militärischen und quasi-militärischen Organisationsformen, die streng hierarchische Befehls- und Gehorsamsstruktur, die Organisation des Warenverkaufs als offensiver Werbe- und Absatzstrategie, die deutlich aggressive Sprache etwa des Bergbaus (Kohle hauen, Stempel rauben etc.), derartige Phänomene legen den vermuteten Zusammenhang nahe.

In der volkswirtschaftlichen Theorie wurde bis in unsere Tage hinein der 'Faktor' Natur nicht in dem Maße berücksichtigt, wie es notwendig gewesen wäre. Reichtum entsteht aus Arbeit und dem von ihr geschaffenen Mehrwert. Boden spielt als Faktor eine stetig abnehmende Rolle. Für die kommende postmoderne Epoche wird Wissenschaft als eine der wichtigsten Produktivkräfte angesehen. Die Natur jedoch, und was sie bisher gratis schenkt, wird als kaum vorhanden betrachtet und deshalb gleichsam 'bewußtlos' ausgebeutet[48]. Der Fortschritt der Produktivität wurde als Fortschritt des technischen Wissens und des Kapitaleinsatzes angesehen, wobei die Ausbeutung der 'inneren Natur', der menschlichen Arbeitskraft, durch Intensivierung des Leistungsgrads ebenfalls gern vernachlässigt wurde. Aber daß Produktivitätszuwachs auch ein 'Fort-

schritt' des Einsatzes von Naturkräften war, wurde solange nicht ins
Kalkül einbezogen, wie die Vorräte der Natur unbegrenzt schienen
und scheinbar 'kostenlos' erhältlich waren. Arbeit und ihre Produktivität beruht in den Industrieländern auf Kapital, d.h. bereits
verwendeten Naturstoffen, und verbraucht zur Herstellung der
Produkte weiterhin Naturstoffe, wobei die Natur zur 'Entschädigung' mit ihr fremden, nicht abbaufähigen, vergiftenden Produkten
belastet wird. Deshalb ist es notwendig, viele Formen der Arbeit
unter den gegenwärtigen Bedingungen der modernen Industriegesellschaft unter dem Aspekt der Gewalttätigkeit gegen die Natur zu
betrachten[49]. Die zentralen Modernisierungswerte haben als Motor
gewirkt, mit dem menschliches Aggressionspotential gegen die einst
geachtete Natur gelenkt und in die Warenproduktion geleitet wurde.

2 Die Verdinglichung der Arbeit und ihres Produkts

Die Grundwerte Arbeit bzw. Leistung und materielle Bedürfnisbefriedigung sind, in der Form wie sie sich im heutigen Lebensstil verwirklichen, nicht nur für den Ruin der 'äußeren Natur',
sondern auch für die defizitären Aspekte der 'inneren Natur', der
Persönlichkeitsstruktur des 'modernen' Menschen in hohem Maße
mitverantwortlich.
Ausgebeutet werden durch die Anwendung zweckrationaler Strategien nicht nur die Schätze der Erde, sondern auch die physischen
und psychischen Kräfte des Menschen. Der Siegeszug des Tayloris-
mus, der rationalen Arbeitsanalyse und Arbeitsplanung und der
atomistischen Arbeitsteilung hat der Arbeit der meisten abhängig
Tätigen das entzogen, was sie einst in der Protestantischen Ethik
zu einem Eigenwert machte, die Befriedigung elementarer nichtmaterieller Bedürfnisse. Denn das rationale und das asketische
Moment, von jeher Bestandteil der Arbeit als eines Modernisierungs-
wertes, sind in der modernen Großorganisation auf die Spitze getrieben. Mit der Trennung des Arbeitenden von dem Eigentum an
den Produktionsmitteln und vom fertigen Produkt tritt das ein,
was seit Hegel und Marx als Entfremdung in der Arbeit und durch
sie diagnostiziert wird.

In dem modernen Produktionsprozeß wird, folgt man Marx und löst man seine Argumentation von der einlinigen Fixierung auf die Eigentumsproblematik, zunächst der Mensch selbst zum Objekt verdinglicht, zur 'Arbeitskraft' und zum Produktionsfaktor versachlicht und damit als Mensch entwertet. Der kritische anthropologische Grundgedanke der Verdinglichung, der etwas Ähnliches meint wie das, worauf bei Weber die Begriffe Rationalität und Rationalisierung hinweisen, wird von Marx dann ausgedehnt auf die Arbeit und deren Ausgangsstoff wie Endprodukt. Die Natur, als zunächst unbearbeitete Daseinsgrundlage des Menschen, wird unter den Bedingungen der Entfremdung unterworfen, verdinglicht, zur Ware und zum Kapital versachlicht. Dies geschieht im Prozeß des Arbeitens, der von Marx der Intention nach als Betätigung der Individualität des Menschen, als Hineingeben seines Eigensten, seines innersten Lebens in den Gegenstand gedeutet wird. Die Arbeit soll 'eigentlich' nicht ein bloßes Mittel zur Befriedigung außer ihr liegender Bedürfnisse, z.B. der physischen Existenzerhaltung, sein. Sondern mit der Arbeit verknüpfen sich nach Marx' Anthropologie tiefgreifende über das Physische und Materielle hinausgehende 'Meta'-Bedürfnisse: der Mensch will seinen Personkern, sein „Wesen", wie Marx sagt, in den Gegenstand hineingeben, sich selbst in ihm anschauen und sich so in der Arbeit verwirklichen und bejahen[50]. Arbeit ist auch hier ein Eigenwert, sie wird um ihrer selbst willen, bzw. wie wir jetzt ergänzen müssen, um der mit ihr innerlich verbundenen nichtmateriellen 'Metabedürfnisse' willen gewollt. Hat sie nur noch instrumentalen Charakter, so handelt es sich um eine depravierte Form von Arbeit, eben um entfremdete Arbeit.

Als 'Metabedürfnisse' sollen hier alle jene menschlichen Bedürfnisse bezeichnet werden, die sich nicht auf die unmittelbare Erhaltung der physischen Existenz richten, sondern über diese hinauszielen. Es gibt viele Versuche, eine Liste der Metabedürfnisse aufzustellen. Maslow nennt z.B. Geborgenheit, Zugehörigkeit und Liebe, Stärke und Erfolg, Status und Anerkennung, Selbstverwirklichung. Etzioni führt Zuneigung, Anerkennung, Orientierung und Gratifikation (geistig-seelische Befriedigung und Erfüllung) an[51]. Zu den Metabedürfnissen kann man jedoch nach meiner Auffassung nicht nur soziale Bedürfnisse wie Anerkennung und geistig-seelische Bedürfnisse wie Selbstverwirklichung rechnen. Es gehören auch religiöse Bedürfnisse wie das nach Sinn, nach Heil oder nach Transzendenzbezug hinzu.

Die entfremdende Verdinglichung ergreift nun nicht nur die unbearbeitete Natur und die Arbeit, sondern auch das Produkt der Arbeit, die bearbeitete Natur, den 'Gegenstand'. Er wird aus einem lebendigen Gegenstand, in dem der Mensch seine Individualität verwirklichen und anschauen möchte, zum Teil- und Halbprodukt verflüchtigt, dessen Fertigstellung der Arbeitende nicht erlebt. Er wird zum Tauschgegenstand versachlicht und zur Ware verdinglicht, er wird als Kapital akkumuliert[52].

Der so entstandene 'Gegenstand', die mit menschlicher Wesenskraft durch Arbeit begabte 'Natur', sollte der Marxschen Auffassung nach als Natur nicht unterworfenes Objekt, nicht bloß verwertete 'Sache' sein. Um das entfremdete Verhältnis des Menschen zum 'Gegenstand' der Natur zu charakterisieren, bedient sich Marx des überaus eindrucksvollen Gleichnisses der Geschlechterbeziehung. In der modernen Welt der „Verwertung" wird die Natur in der Form von Kapital und Ware, ebenso wie der Mensch als Arbeitender, beherrscht, besessen, benutzt, also, im Gleichnis gesprochen, „prostituiert"[53]. Prostitution ist das Verhältnis des besitzenden Menschen zum arbeitenden Mitmenschen ebenso wie zur Sachenwelt, zur „Welt des Reichtums", weil in diesem Verhältnis das Prostituierte unterworfen, beliebig nutzbar gemacht und von dem, der die Herrschaft ausübt, objektiviert wird. Berücksichtigt wird dabei weder die Persönlichkeit des Arbeitenden, seine Eigentümlichkeit, sein spezifisch Menschliches, noch die spezifische Eigentümlichkeit des 'Gegenstandes', der Natur. Der Subjektstatus beider wird mißachtet und unterschlagen.

Wie der Mensch sich zum Mitmenschen verhält, so verhält er sich auch zur Natur und umgekehrt. In beiden Verhältnissen kann er sich gleichsam unterhalb des Niveaus des Menschlichen bewegen. Wenn er die Natur, wie der Mann das Weib, zur „Magd der Wollust" degradiert[54], sie also verdinglicht und instrumentalisiert, so kann er sie auch nicht wirklich genießen, so kann er nicht Befriedigung aus seinem Verhalten zu den Gegenständen gewinnen. Denn Genuß und Befriedigung setzen den Subjektstatus und die Entfaltung aller Bedürfnisse des Menschen voraus, nicht nur der auf die physische Existenz und auf materielle Gegenstände gerichteten. Statt alle seine Sinne und Bedürfnisse zu entwickeln, hat der Mensch unter den Bedingungen der Entfremdung aber vor allem das Bedürfnis des „Habens", des Besitzens, in bis dahin nicht gekannter Einseitigkeit wuchern lassen.[55]

3 Konsum als Sucht

Mit seiner Analyse trifft Marx sehr genau die Defizite des modernen Wertsystems. Am Beginn der Industrialisierung sieht er die Folgen der Entfremdung für den Umgang mit dem Reichtum voraus. Weil dem Arbeitenden der 'Gegenstand', in dem er sich verwirklichen will, entfremdet und enteignet wird und weil der Gegenstand dann zur Ware degradiert und prostituiert wird, eben deshalb 'verliert' der Mensch sich an den Gegenstand[56].

Im Besitzen und Verbrauchen sucht der Mensch im Zeitalter des Massenkonsums den Genuß, die Befriedigung, die ihm in der nach wie vor entfremdeten Arbeit nicht zuteil werden. Aber es kommt zu keinem 'menschlichen'[57] Verhältnis zu der Warenwelt. Die Güter und Leistungen des Konsums kommen dem Habenwollen, der Hab-Sucht entgegen. Sie nehmen keine Bedürfnisse entgegen, die über das Physische und Materielle hinausgehen. Alle emotionale 'Besetzung' läuft an ihrer glatten Oberfläche ab. Sie sind beliebig austauschbar, glatte Münze, Wechselgeld. Alle jene Metabedürfnisse, die sich auf sie richten, nach Bestätigung, Verwirklichung, Verewigung, gehen wie in der Arbeitswelt auch hier ins Leere. Die prostituierte Natur verweigert sich. Sie schenkt keine Erfüllung, sie gewährt kein Glück.

Mehr noch: die prostituierte und unterdrückte Natur rächt sich auf die ihr eigene Weise. Wer in der Arbeit keine Befriedigung findet, weil seine menschliche, 'innere' Natur, seine sinnlichen und seelischen Bedürfnisse nicht zu ihrem Recht kommen, der intensiviert seine Arbeit und steigert seine Leistung, um vielleicht doch zu jener Art von Erfüllung zu gelangen, derer er bedarf. Und wer in der Arbeit nicht die Befriedigung erfährt, die er sucht, der steigert, wenn er kann, den Konsum. Die gefesselte 'innere Natur' erstrebt die Befreiung durch das Ausweichen auf das Haben der verdinglichten 'äußeren Natur'. Da dies nicht gelingt, da Befriedigung nicht erreicht wird, muß die Menge an Arbeit, an Konsum, erhöht werden. Der Zusammenhang wirkt dann auch umgekehrt: Es wird nicht mehr nur gearbeitet und konsumiert, um Bedürfnisse zu befriedigen, sondern um die Leere zu vermeiden, die sich bei weniger oder keiner Arbeit und bei vermindertem Konsum einstellen würde.

Die genannten Momente, Unbefriedigtsein, Tendenz zur Steigerung der Dosen, Gewöhnung, Abhängigwerden und Entzugsprobleme bei Unterbrechung, sind die Symptome und Kriterien für Sucht[58]. Die sozialpsychologische Verankerung des Wertes Konsum im Sinne des *expansiven* Güterverbrauchs wird erkennbar. Ebenso deutlich wird aber auch die Entzugsproblematik. Welche Häufung sozialen Zündstoffes ein plötzlicher Rückgang des Lebensstandards darstellen würde, läßt sich daran ermessen, vor welche Schwierigkeiten Arbeitslosigkeit und altersbedingtes Ausscheiden aus dem Arbeitsprozeß den Einzelnen und die Gesellschaft stellen. Der Entzug oder die Verringerung der Drogen Arbeit bzw. Leistung und Konsum offenbart jene Leere, jenes Defizit an Befriedigung, an Erfüllung, an Sinn, das von vielen gefürchtet wird. Dieser horror vacui wird mit Arbeit und Konsum, sofern sie zu Suchtmitteln geworden sind, nur mühsam und illusionär überdeckt. Denn die Droge heilt nicht die zugrundeliegende Krankheit, den Mangel an plausibler Sinngebung, die Abwesenheit von Zufriedenheit und Glück, das Bedürfnis nach 'Heil'. Die Droge führt vielmehr in die Abhängigkeit, auch wenn der Organismus zeitweilig das Gift integriert und auf einer neuen Ebene, derjenigen der Suchtkrankheit, einen vorübergehenden und labilen Gleichgewichtszustand herzustellen vermag[59].

Die Analogie zur Sucht ist nicht weit hergeholt. Ein anderer Weg der Flucht vor der einseitig strengen rationalen Arbeitsdisziplin und Dingbeherrschung ist der stetig wachsende Konsum von Rauschmitteln. Die Bedürfnisse nach Hingabe an die Dingwelt statt ihrer Beherrschung, nach Ausschaltung starrer Rationalität, nach Zurücklassen von Nüchternheit, Disziplin und eingrenzender Individualität wird hier in extremer Form befriedigt durch Ekstase, durch vorübergehendes Aussteigen aus der definierten Rollenidentität und aus dem geltenden Wertsystem und durch Hinüberwechseln in einen anderen Wirklichkeitsbereich.

4 Die materielle Fixierung der Bedürfnisse

Wenn wir den Begriff Sucht auf den Konsum anwenden, so wird damit der Zusammenhang von mangelnder Bedürfnisbefriedigung, Bedürfnisexpansion und Bedürfnisfixierung illustriert. Fixiert werden die Bedürfnisse, die über die elementaren physiologischen Funktionsanforderungen hinausgehen, auf materielle Objekte als Mittel ihrer Befriedigung. Die Befriedigung der Metabedürfnisse unauflöslich an materielle Gegenstände zu binden, bedeutet, die Dauerfrustration und die Dauerexpansion der Bedürfnisse festzumachen. Die Frustration wird ausgebeutet, indem dem enttäuschten Bedürfnis von Werbung und Mode ein stets neues Suchtmittel angedient wird. Die Sucht bleibt bestehen, solange soziale, geistige, ja religiöse Bedürfnisse mit materiellen Konsumgegenständen abgespeist werden. Marx spricht deshalb vom Fetischcharakter der Ware und bringt damit wie so oft ein religiöses Deutungselement ins Spiel. Wenn nämlich Weber als tragenden religiösen Grund der altprotestantischen Askese die Ablehnung der „Kreaturvergötterung" aufweist[60], so zeigt Marx mit seinem Interpretament der Fetischisierung, wie die „Kreatur" in der Ware nun überbewertet und zum Götzen gemacht wird[61].

Die Überbetonung des Habens und die Fixierung auf materielle Objekte kann sozialpsychologisch als ein Stehenbleiben oder Zurückfallen auf Verhaltensweisen früher Entwicklungsstufen der Persönlichkeit verstanden werden. Werden etwa die Konflikte der „oralen Phase", d.h. der Phase des körperlichen Einverleibens mit dem Munde, in der frühen Kindheit nicht voll bewältigt, und wird diese Phase nicht in das weitere Leben befriedigend integriert, so kann es nicht zu einer gelingenden Reifung der Persönlichkeit kommen. In der oralen Phase steht die bedürfnisbefriedigende Materie in Gestalt der Nahrung gleichsam in paradiesischer Fülle problemlos zur Verfügung. Es müssen keine Anstrengungen gemacht werden, um dieser Fülle teilhaftig zu werden, es sei denn die der Aufnahme und Einverleibung. Wird das menschliche „Urvertrauen" in dieser Phase nicht gelernt, so besteht nach Eriksons Auffassung im Erwachsenenalter die Möglichkeit des Rückfalls in Suchtverhalten[62]. Und massenhafte Entfremdungsprozesse können Massensüchte fördern, die in sozialpsychologischer Argumentation als Ersatzbefriedigung deutbar sind. Hinsichtlich der Wertorientierung handelt es sich um die praktische Verwirklichung der hedonistischen Bedürfnistheorie[63]. Hedonistisch orientiertes Verhalten, das Vergnügen und Lust zu maximieren trachtet, ist der Tendenz nach infantil bzw. regressiv. Es versucht, das Kindheitsparadies festzuhalten oder wiederzugewinnen.

Bedürfnisse differenzierter Art, wie die genannten Metabedürfnisse, benötigen zu ihrer Befriedigung ein komplexes Verhalten und das Gelingen vieler schwieriger Stufen der Persönlichkeitsreifung, insbesondere das Gelingen der Empathie, der Fähigkeit, von sich selbst abzusehen und sich in andere Menschen einzudenken und einzufühlen. Daher besteht, besonders bei Enttäuschungen und Frustrationen, die Neigung, auf die leichter zugänglichen „oralen" Ersatz-Befriedigungen der materiellen Konsumgüter zurückzugreifen und bei ihnen stehen zu bleiben[64]. Die Objekte der „oralen Regression" müssen natürlich nicht eßbar sein. Die konsumierten Gegenstände und Dienstleistungen werden symbolisch einverleibt[65]. Was durch die konsumorientierte Verhaltensweise verhindert wird, ist die Ablösung von den schnell erreichbaren materiellen Objekten, der Verzicht auf rasche, leichte Bedürfnisbefriedigung um der höheren Befriedigung durch differenziertere und den Metabedürfnissen angemessenere Gratifikationen willen. Diese sind freilich nur durch Befriedigungsaufschub und durch größere Anstrengung erreichbar.

Der Sucht- und Fluchtcharakter des Konsums schließt einen weiteren defizitären Aspekt ein, den dieser Wert im Lebensstil der Überflußgesellschaft angenommen hat: Sucht macht einsam und ist eben deshalb letztlich ein Mißverständnis. Denn jene Bedürfnisse, deren Befriedigung erstrebt wird, können ihrer Art nach nicht in der egoistischen Isolierung des Individuums befriedigt werden. Einsamer Genuß stillt das Bedürfnis nicht, ungeteilte Freude ist ein Widerspruch in sich. Eine Anthropologie wie die des ethischen Egoismus, die den Menschen auf die Maximierung seines individuellen Nutzens festlegt, zwingt ihn geradezu in den Konsum. Sie fixiert ihn auf das Materielle und hält ihn in infantiler Unreife fest. Gefördert werden in diesem negativen Zirkel am ehesten die sozialen Un-Tugenden des Neides, der Aufwandskonkurrenz und der demonstrativen Verschwendung. Denn solange die Wünsche sich primär auf das materielle Objekt richten und die Befriedigung am individuellen, privaten Fürsichhaben festgemacht ist, kommt der Mitmensch am ehesten als konkurrierender Habender in den Blick, der beneidet oder übertrumpft werden muß. Das individuelle Sozialverhältnis orientiert sich an dem bloßen Mehr oder Besser. Die Befriedigung über mein Fernsehgerät, Auto, Haus ist, wenn nicht andere Enttäuschungsursachen vorliegen, nur hinreichend, solange die entsprechenden Gegenstände des Nachbarn nicht größer sind. Die Befriedigung sinkt in dem Maß, wie der Unterschied wächst, und macht neuen Bedürfnissen Platz, die mich wiederum auf egoistische Befriedigung festlegen und mich dem Anderen entfremden.

VI Grundwerte der nachmodernen Gesellschaft als Korrektur des geltenden Wertsystems

Auf der Suche nach dem Neuen Lebensstil, dem Lebensstil der nachmodernen Gesellschaft, muß nun der Versuch gemacht werden, einen Beitrag zu der Frage zu leisten, wie das Wertsystem der kommenden Epoche aussehen *sollte*. Dabei orientiere ich mich an den Ergebnissen der bisherigen Überlegungen. Lebensstil und Wertsystem der modernen Gesellschaft sind entscheidend geprägt von dem Grundzug der Expansion, sei es in der Form generellen ökonomischen Wachstums, sei es in der Form expansiver Leistung und expansiven Konsums. Der expansive, wachstumsorientierte Charakter des modernen Lebensstils hat unbestreitbare Erfolge hervorgebracht. Die Überwindung physischen Mangels und materieller Not, wenigstens in unserem Teil der Welt, ist sein größtes Verdienst.

Den Errungenschaften der modernen Gesellschaft stehen freilich Kosten und Defizite gegenüber, welche die Modernität immer mehr als Sackgasse erscheinen lassen. Die Zerstörung der Natur durch Ressourcenverbrauch und Umweltbelastung und die Überlastung und Entstellung der Persönlichkeit des Menschen nehmen ein kritisches Ausmaß an. In der Analyse der Kosten und Defizite des modernen Wertsystems hat sich bestätigt, was sich bereits bei der Untersuchung der Veränderungen der protestantischen Ethik durch die Weiterentwicklung der modernen Gesellschaft zeigte: Im Wertsystem der Modernität treten die drei Werte Materialismus, Egoismus und Hedonismus immer mehr in den Vordergrund. Ich nehme diese drei Werte auf und beschränke mich für die Diskussion des nachmodernen Wertsystems auf sie.

Für die Überlegungen zu einem 'neuen' Wertsystem spielen die drei Werte nach meiner Auffassung eine zentrale Rolle. Eine Gesellschaft, in der Wachstum der verschiedenen Arten verlangsamt und qualitativ verändert werden soll[66], muß vor allem die Grundwerte zur Diskussion stellen, die Wachstum zur Folge haben. Die drei genannten Werte sind durch ihren Einfluß auf die Art und Weise des Konsums und auf die Intensität und die Ziele von Arbeit bzw. Leistung in hohem Maße wachstumswirksam. In gleichem Maße tragen sie auch bei zu den Entstellungen und Deformierungen, welche der Lebensstil der modernen Gesellschaft in der Persönlichkeitsstruktur der Menschen anrichtet.

Keinesfalls ist mit einem plötzlichen, schlagartigen Wandel des Lebensstils zu rechnen. Wie es sich bei dem Neuen Lebensstil um einen Aspekt sozialen Wandels handelt, der ein kaum vorhersehbares Zeitmaß beansprucht, so muß auch der Wandel sozialer Werte als ein Entwicklungsprozeß des gesamtgesellschaftlichen Wertsystems angesehen werden. In diesem Prozeß erfahren bestimmte Werte eine allmähliche Rangminderung in der sozialen Wertehierarchie, während andere in der Rangordnung aufsteigen. Dominierende Werte der modernen Gesellschaft können wegen ihrer einseitigen Geltung ein so kritisches Maß an problematischen Auswirkungen und 'Kosten' bewirken, daß sie der Korrektur durch alternative, kompensierende

Werte bedürfen, damit es nicht zur fundamentalen Gefährdung des Lebens kommt. Für die gegenwärtig beherrschenden modernen Grundwerte Materialismus, Egoismus und Hedonismus erörtere ich solche korrigierenden Werte.

1 Materialismus und symbolische Gratifikation

Der 'Materialismus' der modernen, und wahrhaftig nicht nur kapitalistischen, Gesellschaften beruht auf ihrem angespannten und verzerrten Naturverhältnis. Im Vorangegangenen wurde deutlich, daß die unterdrückte Sinnlichkeit der 'inneren Natur' des Menschen als zwanghafter, süchtiger Konsum wiederkehrt, als Besessensein und Beherrschtwerden von infantilen Einverleibungsbedürfnissen. Die im Produktionsprozeß unterworfene, prostituierte Natur schlägt zurück und fixiert den Menschen auf die Welt materieller Dinge, ohne ihn zum Frieden der Befriedigung kommen zu lassen. Unterwerfung und Beherrschtwerden, Unterdrückung und Fetischisierung entsprechen und bedingen einander in dieser fehlgeleiteten Beziehung.

Ein anderer Entwurf der menschlichen Naturbeziehung, der bis an die Schwelle der Modernisierung in Geltung war, liegt in dem jüdisch-christlichen Konzept der Natur als Schöpfung vor, das eben jene Verzerrungen vermeidet[67]. Nach diesem Entwurf ist das Verhältnis des Menschen zur Natur von der Einsicht bestimmt, daß die Natur Schöpfung *Gottes* ist wie der Mensch, und daß der Mensch als Mandatsträger des Schöpfers für sie verantwortlich ist. Beide sind in bezug auf den Schöpfer und hinsichtlich des eigenen Geschöpfseins gleichgestellt. Jedoch ist der Mensch 'verantwortlich', das heißt dem Schöpfer näher, aber auch gefährdeter, da freier, als die übrige Natur. Das „Untertansein" der Natur (nach Genesis 1,29) ist also von der Verantwortung für die Natur bestimmt. Es ist die Verantwortung für eine Natur, die ihrerseits als eine lebendige Schöpfung den Menschen aus dieser Verantwortung nicht entläßt und Ansprüche an ihn stellt, die beschwerlich sein können. Von Partnerschaft zwischen Mensch und Natur kann deshalb zutreffend gesprochen werden. Näher könnte vielleicht das

Beiwort 'liebevoll' diese Beziehung charakterisieren, die in erster Linie von hegender Pflege, von Hilfe zur Entwicklung und von Entsagung geprägt ist.

Handelt man einer solchen Auffassung gemäß, dann wird die Natur nicht zum Objekt der Beherrschung und Ausbeutung erniedrigt, allerdings auch nicht zum Gegenstand von Glücks- und Heilserwartungen überhöht. Wenn der frühe Protestantismus im Zusammenhang von Konsum und Luxus von „Kreaturvergötterung" sprach, dann war damit gemeint, daß man vom Geschöpf nicht erwarten kann, was, der Sache nach, nur der Schöpfer geben kann, nämlich die Befriedigung *aller* Bedürfnisse einschließlich der 'religiösen' Bedürfnisse nach Sinnerfüllung, Glück, Heilsein. Eine noch so große Fülle materieller Güter kann dies nicht gewähren. Wer vielmehr, in Verkehrung der wirklichen Beziehungen, vor einem Geschöpf Gottes oder vor einem Werk menschlicher Hände das Knie beugt und Glücks- und Heilserwartungen an es knüpft, der begibt sich wissentlich in Abhängigkeit und Entfremdung[68]. Religionsgeschichtlich handelt es sich dabei wiederum um eine Form der Regression.

Die jüdisch-christliche Auffassung von der Natur als Schöpfung läßt also weder die Abwertung noch die Überbewertung des Kreatürlichen zu. Das Marxsche Gleichnis von der Mann-Frau-Beziehung wäre in seinem positiven Gehalt im christlichen Sinne als Partnerschaft und Solidarität, als liebevoll entwickelnder Umgang mit der Natur zu deuten. In einem solchen Verhältnis braucht die Natur weder 'materialistisch' überbewertet, noch 'idealistisch' abgewertet zu werden. Gegen die 'idealistische' Mißachtung der inneren Natur des Menschen, gegen die puritanische Verkümmerung der Sinne und die Repression der materiellen Bedürfnisse hat Marx zurecht Front gemacht. Daß gerade der calvinistische Zweig des Protestantismus der Gefahr erlag, die menschliche Natur mit ihren materiellen, emotionalen und ästhetischen Bedürfnissen geringzuschätzen, ist offenkundig[69]. Aber die puritanische Askese beruht in dieser Hinsicht auf einer Fehlinterpretation des biblischen Schöpfungsberichts. Sie ist religionsgeschichtlich eine einseitige Extrementwicklung und widerspricht den dominanten Traditionen der Christentumsgeschichte, die sich immer wieder gegen Versuche der Minderbewertung der menschlichen natürlichen Existenz und der Geringschätzung des Materiellen durchgesetzt hat.

Wenn Marx daher in materialistischem Protest auf die Notwendig-keit verweist, die Sinne und die Bedürfnisse des Menschen nach allen Seiten hin zu entfalten, so ist dies angesichts einer vorherr-schenden Tendenz zur Triebunterdrückung ein erster notwendi-ger Schritt zu einem entspannten Naturverhältnis. Daß die mensch-lichen Bedürfnisse prinzipiell *zugelassen* werden, daß die mensch-liche Natur angenommen wird, ist die Voraussetzung für ihre pro-duktive Entwicklung. Wenn dann auch die Bedürfnisse der äußeren Natur akzeptiert und ernst genommen würden, wenn sie gleichsam eine Stimme erhielten in den Entscheidungen, die in Wissenschaft und technologischer Produktion gefällt werden, dann könnte sich das menschliche Naturverhältnis auf einer neuen Ebene der partner-schaftlichen, 'liebevollen' Verantwortung einregulieren.

Im Arbeitsprozeß würde das Ernstnehmen sowohl der sinnlichen Be-dürfnisse des arbeitenden Menschen wie der Ansprüche des bearbei-teten Gegenstandes ein 'Verweilen' ermöglichen, ein 'tiefer'gehendes Verhältnis, eine offenere, intensivere und sensiblere Beziehung zu den Dingen[70], wie sie schöpferische Arbeit kennzeichnet. Diese Beziehung würde sich in gleicher Weise auf den Konsum übertragen. Ein Verweilen bei den Gütern könnte ihren 'Genuß' möglich machen und somit das oberflächlich mißachtende, verschleißende, ver-schwendende Verhältnis zu den Dingen in eine Beziehung der 'liebevollen' Achtung und des genießenden Bewahrens verwandeln, ohne der Vergötzung des Gegenstandes zu verfallen.

Freilich muß man Marx die Frage stellen, ob er mit seiner Auf-fassung von der Natur letztlich nicht doch gerade ihrer Überschät-zung vorgearbeitet hat. Wenn für ihn die Vermenschlichung der Natur und „der durchgeführte Naturalismus des Menschen" das höchste Ziel der Gesellschaftsentwicklung darstellen[71], so konnte mit dieser Konzeption bis heute dem Mißverständnis der Fetischi-sierung des Materiellen in der Produktion und im Konsum von Gü-tern kaum begegnet werden. Denn der Mensch geht, schon mit seinen „Sinnen", wie Marx selbst sieht[72], gewiß aber mit seinen Bedürfnissen, nicht in der Natur auf. Vielmehr ist es ein Merkmal der Gattung, daß der Mensch die elementaren Bedürfnisse der Existenzerhaltung transzendieren und 'Metabedürfnisse' entwickeln kann. Er hat das Bedürfnis, sich von denjenigen Bedürfnissen zu emanzipieren, deren Befriedigung ausschließlich an materielle Objekte gebunden ist.

Das Individuum muß im Verlauf seines Lebens lernen, seine Bedürfnisse zu entwickeln, so daß Befriedigung nicht nur durch materielle Objekte, sondern ebenso durch 'symbolische' Akte erlebt werden kann, durch Gratifikationen, die in nichtmaterieller, in 'geistiger', symbolischer Form gewährt werden und aus der Kommunikation mit anderen Menschen erwachsen. Dieser Lernprozeß beginnt bereits im frühkindlichen Entwicklungsstadium, wo das Kind lernt, das Bedürfnis nach Bestätigung und Zuwendung, also Metabedürfnisse zu entwickeln und ihre Befriedigung nicht nur aus der Nahrungsgewährung, sondern aus Blicken, Mimik und Gestik der Mutter zu erfahren. Die Koppelung von Metabedürfnissen und materiellen Objekten muß allmählich gelöst werden. Das Glück der Befriedigung muß nicht im Einverleiben und Haben bestehen.

In der historisch völlig neuen Situation einer Überflußgesellschaft ist nicht nur ein individueller, sondern ein kollektiver Lernprozeß der *Entwicklung* von Bedürfnissen und Befriedigungsweisen erforderlich. Solche gesellschaftlichen Lernprozesse werden offensichtlich durch Werte gesteuert. Deshalb hätte der Wert 'Materialismus', welcher die Bedürfnisbefriedigung immer erneut auf materielle Objekte, d.h. vorwiegend auf Konsumgüter fixiert, in der Rangordnung zurückzutreten. Er müßte korrigiert werden durch einen Wert, den man 'symbolische Gratifikation' nennen könnte. Damit ist zum Ausdruck gebracht, daß sich die nachmoderne Gesellschaft bei der Befriedigung von Metabedürfnissen zunehmend an Symbolen statt an materiellen Objekten orientieren sollte.

Etzioni ist der Meinung, daß in postmodernen Gesellschaften das Interesse an symbolischen, z.B. kulturellen und politischen Aktivitäten wachsen wird, während die objektorientierten Aktivitäten wie materielle Bereicherung und Konsum einem abnehmenden Trend unterliegen[73]. Symbolische Gratifikation hieße dann beispielsweise, daß das soziale Bedürfnis nach Anerkennung und Bestätigung nicht mehr durch das Automobil als Statussymbol, sondern etwa durch partizipative Aktivität in parteipolitischen Organisationen oder Bürgerinitiativen befriedigt werden kann. Derartige Befriedigungen sollten in der Wertordnung der nachmodernen Gesellschaft einen steigenden Rang einnehmen.

Fragen wir nach den möglichen Auswirkungen dieses postmodernen Wertes 'symbolische Gratifikation' auf den Zusammenhang der Werte Arbeit bzw. Leistung und materieller Konsum. Sehr vereinfacht und abgekürzt könnte man die Entwicklung der Beziehung beider Werte seit Beginn der Modernisierung so kennzeichnen, daß die erste Phase von hoher Geltung des Wertes Leistung bei geringer Geltung des Wertes Konsum bestimmt war. Es folgt seit Beginn dieses Jahrhunderts eine Phase mit hohem Rang des Leistungswertes und ansteigendem, dann hohem Rang des Konsumwertes. Diese Phase wird heute überlagert von der Konstellation eines hohen Konsums, der durch zunehmende Leistungen des (Sozial-)Staates weniger von unmittelbarer individueller Leistung abhängig ist. Wenn diese Tendenz anhält, so bedeutet dies, daß die *legitimatorische* Koppelung beider Werte sich lockern würde: Für den Einzelnen erscheint dann hohe Leistung nicht mehr als unbedinge Voraussetzung für hohen Konsum. Würde nun eine Tendenz zu symbolischem Konsum eintreten und zunehmen, so wäre auch die *motivationale* Klammer zwischen beiden Werten gelockert. In der gegenwärtigen Produktionssphäre besteht, anders als im politischen, kulturellen oder wissenschaftlichen Bereich, wenig Aussicht auf symbolische Gratifikationen. Ohne erhebliche partizipatorische und ,,humanisierende" Veränderungen wäre deshalb eine Rangminderung des Wertes Arbeit bzw. Leistung, zumindest in Bürokratie und technologischer Produktion, kaum vermeidbar. Es wäre wünschenswert, daß die empirische Sozialforschung durch längerfristige Trenduntersuchungen feststellt, in welcher Richtung sich die Rangeinstufung der Werte Arbeit bzw. Leistung und Konsum innerhalb des gesellschaftlichen Wertsystems tatsächlich verändert.

2 Egoismus und Solidarität

Egoismus als praktische Verhaltensform ist offenbar in der Triebstruktur des Menschen, genauer in seinem Überlebenswillen verankert. Insofern gehört Egoismus zur 'inneren Natur' des Menschen, deren Vergewaltigung, Verdrängung, Unterdrückung sich noch stets gerächt hat. Gesellschaftsentwicklung ist nicht ohne das Annehmen und Ernstnehmen des Ich und seiner Bedürfnisse zu verstehen. Modernisierung kann unter diesem Aspekt als Kampf um die Ansprüche des Individuums, als Durchsetzung seiner Rechte, als Erstarkung des Ich gegenüber den kollektiven Herrschaftsansprüchen begriffen werden. Die politischen Grundrechte wurden im Verlauf der Modernisierung auf dem Hintergrund eines wachsenden programmatischen Individualismus errungen.

Parallel zu einem politisch motivierten Individualismus wurde der ökonomische Egoismus zum Wert erhoben, nachdem er in der alten protestantischen Ethik im Grundwert des materiellen Erwerbs erstmalig zugelassen worden war. Im Grundwert des Konsums hat der Egoismus dann gleichsam seine Spitzenwertposition erreicht. Das Konzept des ökonomischen Egoismus folgt einem anthropologischen Modell, das den Menschen als einsamen Kämpfer faßt, wie Robinson auf der Insel der Individualität lebend, im Meer des Marktes mit der Berechnung, Verfolgung und Sicherung seiner materiellen 'Interessen' beschäftigt[74]. Der Sozialdarwinismus entwickelte das Modell fort in der Richtung auf Glorifizierung von Rücksichtslosigkeit und Legitimation von bedenkenloser Machtanwendung.

Da, wo sich der Egoismus mit einer ethischen Theorie begründet, greift er in der Regel auf anthropologische Annahmen zurück. Danach wird das menschliche Handeln entsprechend seiner Triebdynamik stets von seinem individuellen Vorteil geleitet und von seinen Bedürfnissen bestimmt[75]. Auch die scheinbar altruistischsten Handlungen haben dann letztlich nur ein Ziel, nämlich die Erfüllung der eigenen Bedürfnisse, die Maximierung der Triebbefriedigung. Von Hobbes bis zu Marx, Freud und Nietzsche ist viel Scharfsinn aufgewendet worden, um die 'Rationalisierungen' und 'Ideologisierungen' des individuellen und kollektiven Egoismus zu 'entlarven'.

Der ethische Egoismus macht nun aus der egoistischen Praxis einen Wert und eine moralische Grundregel, derzufolge eine Handlung dann moralisch richtig ist, wenn sie ein für den Handelnden größtmögliches Übergewicht von guten über schlechte Folgen nach sich zieht. Damit entsteht aber das Problem, wie sich eine Ethik des Egoismus postulieren läßt, ohne die Allgemeinheit zu berücksichtigen. Faktisch befindet sich der ethische Egoismus denn auch immer schon im Überschritt zum Utilitarismus. Denn er kann die

Verfolgung egoistischer Interessen nicht verallgemeinern, ohne sie mit den Interessen der Gesamtheit zusammenfallen zu lassen, was in dem utilitaristischen Begriff des aufgeklärten Selbstinteresses geschieht. Freilich bewahrt auch der Utilitarismus in der Theorie wie in der Praxis den Egoismus als seine Grundstruktur.

Allerdings kann der Egoismus gegen die Raison des Staates und der 'Vernunft', also der verdinglichten Allgemeinheit, wie sie Hegel etwa vorträgt, immer sein vorläufiges Recht behaupten. Die Bedürfnisse des Einzelnen auf dem Altar der 'Weltgeschichte' oder der 'Weltrevolution' zu opfern, ist ethisch nicht zu rechtfertigen und kann von keinem derartigen Wert legitimiert werden. Dennoch greift der Egoismus als ethische Theorie wie als Praxis zu kurz. Denn die egoistische Bedürfnisbefriedigung abstrahiert von dem Wohl der Allgemeinheit, sie zieht sich auf den insulären und isolierten Genußstandpunkt zurück, ohne nach dem Ergehen der anderen, nach der Verteilung der Befriedigungsmittel und nach der Berechtigung und Qualität seiner Bedürfnisse zu fragen. Das Glück im Winkel, bzw. auf der Insel des Egoismus, ist gebunden an die negative Sozialität der Konkurrenz und des Neids.

Zudem ist die anthropologische Prämisse des Egoismus kaum haltbar. Der Mensch wird zu einem menschlichen, d.h. sozialen Wesen durch das Du, welches nicht bloß hinzukommt, sondern konstitutiv ist für seine Existenz. Ich bin immer schon angesprochen von einem jenseits meiner. Als soziale Existenz ist menschliches Leben kommunikative, sprachliche Existenz. Wenn wir lernen, unsere eigene, innere, private Erfahrung zu beobachten und zu beschreiben, so tun wir das mit der zunächst unkritisch rezipierten Sprache unserer Umwelt. Wir stützen uns also auf die Beobachtungen anderer, wenn wir unsere eigene Erfahrung wahrnehmen[76].

So sehr also die 'Natur', die Trieb- und Bedürfnisstruktur des Menschen angenommen werden muß, ebensosehr muß ernstgenommen werden, daß diese Bedürfnisstruktur auf Sozialität angelegt ist. Die Entwicklung des Individuums zu einem sozialen und kulturellen Wesen verläuft über die Formung der Bedürfnisse und ihrer Befriedigung durch Werte und Normen, welche die Gesellschaft schon vorgibt. Diese Formung ist in erster Linie eine Versagung der primären, unmittelbaren, egoistischen Bedürfnisbefriedigung. Sie ist, bevor

Werte und Normen zum Gewissen internalisiert sind, zu einem guten Teil, was Marcuse so bewegt als „Unterjochung" der Triebansprüche des Menschen beklagt und in Frage stellt[77].

Aber die Entwicklung soll und kann von der bloßen Zähmung der Bedürfnisansprüche fortschreiten zur autonomen und kritischen Einsicht, daß das 'Glück' der unmittelbaren und schnellen Triebbefriedigung nur auf Kosten anderer, nur gleichsam parasitär erreichbar ist bzw. festgehalten werden kann. Die Entwicklung des Individuums soll zur Wahrnehmung des anderen und seiner Bedürfnisse hinleiten, die in der Empathie, dem Sicheindenken und Sicheinfühlen in den Anderen, oder, mit einem traditionellen und religiös besetzten Begriff, in der 'Liebe' gipfelt. Nur wenn die Forderung nach Aufschub und Verzicht, etwa in der Erziehung, mit 'liebevoller' Einfühlung verbunden ist, führt sie beim Kind und Jugendlichen nicht zu Verdrängung und latenter Aggressionsbereitschaft einerseits und zu süchtiger Ersatzbefriedigung andererseits. Nur wenn umgekehrt der für die Sozialisation notwendige Verzicht mit 'Liebe', d.h. um emotional positiv besetzter Ziele und Personen willen getan wird, kann er als positiv befriedigend und daher als Schritt zur Reife erlebt werden[78].

Der leitende Wert einer solchen menschlichen Entwicklung wäre jene 'liebevolle' Verantwortung bzw. Solidarität, auf die das Marxsche Mann-Frau-Gleichnis hinweist und die, faßt man die Natur als Schöpfung Gottes auf, den Grundwert des menschlichen Naturverhältnisses ausmacht. Auf die gesellschaftliche Ebene übertragen wären dem Egoismus als einem dominanten Grundwert der Moderne für die nachmoderne Gesellschaft die Werte der Verantwortung und der Solidarität als Korrektur entgegenzusetzen. Im nachmodernen Zeitalter müßte dann Egoismus als Wert zurücktreten und Verantwortung bzw. Solidarität hätten als korrigierende Werte einen höheren Rang im Wertsystem der Gesellschaft einzunehmen.

Weitet man die Werte Solidarität und Verantwortung universalistisch aus und begreift man sie auf dem Hintergrund des Schöpfungskonzepts, demzufolge sowohl Raum wie Zeit zum Geschaffenen zählen, so wird ein Zusammenhang zum Universum und zur Zukunft hergestellt. Es ist ein Zusammenhang der Solidarität mit allem Geschaffenen und der Verantwortung für alles Geschaffene. Diese Verantwortung kann den 'natürlichen' Egoismus deshalb transzendieren, weil sie sich auf den transzendenten Schöpfer bezieht. Hinsichtlich der Aporien der modernen Gesellschaft bedeutet dies Solidarität mit den Mitmenschen der vormodernen, noch nicht industrialisierten Gesellschaften der Dritten Welt und Verantwortung für die Natur im Blick auf die künftigen Menschengenerationen. Für den Lebensstil der Nachmoderne würde daraus beispielsweise folgen, daß ein hohes Leistungsniveau erhalten bleiben müßte, während das Konsumniveau sinken müßte, damit ein Ausgleich der Lebenschancen zwischen Nord und Süd und zwischen Gegenwart und Zukunft möglich wird. Um die Chancen des Lebensstilwandels begründet einschätzen zu können, wäre es erforderlich, daß empirisch ermittelt würde, in welcher Richtung sich die Werte Arbeit bzw. Leistung und Konsum verändern.

3 Hedonismus und Askese

Begreift man Hedonismus als Signatur der modernen Überflußgesellschaft, so kommt darin zunächst die notwendige Bejahung von Natur und Ich des Menschen zum Ausdruck, die sich in seinen Bedürfnissen manifestieren. Zugleich klingt die kritische Distanz zu allen gesellschaftlichen Strategien an, welche die Bedürfnisse in Herrschafts- und Gewinnabsicht kleinzuhalten trachten. Gegen alle asketischen Unterwerfungs- und Disziplinierungstendenzen wird die Maximierung von Lust, Genuß, Glück zum beherrschenden sozialen Wert erhoben.

Bedürfnisse sind, für sich genommen, ziellos und gestaltlos. Sie sind bloße Triebenergie, ein Potential von Wünschen, das sich auf jede Art von Objekten richten kann. Welches Objekt gewählt wird, darüber entscheidet im individuellen Handlungsablauf der jeweils dominante soziale Wert. Werte, als Bestandteile des 'Selbstkonzepts', das das Individuum als kognitives steuerndes Zentrum in sich beherbergt, entscheiden sowohl über den Umfang und die Richtung der Bedürfnisse wie über die Art ihrer Befriedigung[79]. Wie in der Vergangenheit die Einengung, so scheint nun heute im Gegenteil die Freisetzung des prinzipiell expansiven, plastischen und unbegrenzten Bedürfnispotentials, zumindest in bestimmten Bereichen wie denen des Warenkonsums, dem Herrschafts- und Gewinninteresse zu entsprechen. Die Überschwemmung der Sinne mit Angeboten, die Aufblähung der Bedürfnisse und ihre Orientierung an den Werten des Materialismus und des Egoismus wirkt als Mittel zur Erzeugung von nur bedingt freiwilliger Loyalität, zur Sicherstellung von Leistungsbereitschaft und zur Wahrnehmung ökonomischer Interessen. Die so bedürftig Gemachten werden von der Erfüllung ihrer grenzenlosen Ansprüche abhängig.

Daß Hedonismus, als direkter Genuß, als unmittelbare Bedürfnisbefriedigung verstanden, in unserer Kultur so dominierend geworden ist, daß 'Askese' eine so geringe Resonanz hat, könnte als Realitätsverleugnung diagnostiziert werden. Denn auch in unserer Gesellschaft ist Erziehung nicht anders denkbar und geschieht nicht anders, denn als ständige Gestaltung des überschießenden Triebs, als Formung der expansiven Bedürfnisse. Es ist keine Gesellschaft denkbar, die nicht in der Erziehung mit der Kontrolle der Triebbedürfnisse arbeiten müßte, also mit Aufschub, mit 'Sublimierung', d.h. Umlenkung in Richtung auf komplexere, mit Aufschub verbundene Verhaltensweisen, und mit Versagung von Bedürfnissen. Die permissive Erziehung, welche Bedürfnisse nur minimal hemmen will, verkennt, daß die grundlegenden Triebverzichte dennoch geleistet werden müssen und daß es gerade darauf ankommt, die unvermeidlichen Verzichte mit der Erfahrung der Liebeszuwendung zu verbinden, damit sie als positiv erlebt werden und zur Ich-Stärkung beitragen können, die wiederum den Erwerb der autonomen Triebkontrolle begünstigt[80].

In der Kindheit bereits muß also der Mensch Formen der Askese, der Mäßigung lernen, um zweier Ziele willen: Um unabhängiger zu werden vom Reiz-Reaktions-Schema der unmittelbaren Bedürfnisbefriedigung, also um der Autonomie der eigenen bewußten Leistung willen. Und um einer Person, beispielsweise der Mutter, etwas zuliebe zu tun, also um der Empathie, der Liebe willen, als 'Opfer'. Beide Vorgänge enthalten die Möglichkeit der Befriedigung auf einer höheren Ebene, die Möglichkeit der symbolischen Gratifikation.

Seit jeher spielt der Hedonismus als Wertorientierung mit der Utopie des Paradieses, in dem es keinen Mangel gibt, in dem Befriedigung anstrengungslos sogleich erreicht wird, in dem keine Grenze und kein Tod ist. Lust, Befriedigung, Glück werden ungeschichtlich erstrebt, unabhängig von den Bedingungen des Raumes und der Zeit. Am ehesten entspricht der Rausch dieser radikalen Glückssuche, in der die Befriedigung sich von der Situation und vom Nächsten freigemacht hat. Das 'Aussteigen' in der Ekstase ist gleichsam der logische Zielpunkt des Hedonismus.

Gerade in der Überflußgesellschaft bedarf es, angesichts der Tendenz zur Regression und zur rauschartigen Preisgabe an amorphe Bedürfnisse, neuer Selbstbegrenzungen, um ein neues Selbstgefühl aufzubauen und sich gegen fremde Interessen und eigene Sucht zur Wehr zu setzen. Der Überfluß kann nur durch frei gewählte Entsagungen gemeistert werden. Autonomie und Unabhängigkeit der Person wäre also ein Grund, 'Askese' in das Wertsystem der nachmodernen Gesellschaft neu einzuführen. Aber der Gedanke der individuellen Freiheit und Autonomie reicht zur Begründung der Askese als eines sozialen Wertes nicht aus. Notwendig sind plausible Aufgaben und einleuchtende Ziele, die über individuelle Beweggründe hinausgehen und um deret willen es sich lohnt, Verzichte zu leisten. Erst die Empathie, die 'Liebe', und ins Soziale gewendet Solidarität und Verantwortung können Askese als sozialen Wert sinnvoll machen. Um der Erhaltung der lebenswichtigen Ressourcen und der Überlebensfähigkeit der Natur willen, um der Überwindung von Hunger, Krankheit und frühem Tod willen muß Hedonismus als sozialer Wert zurücktreten und durch korrigierende Werte wie Verzicht, Einfachheit, Maß, also durch eine neue Askese, begrenzt werden.

Am Beginn der modernen Gesellschaft war Askese der Schlüsselwert des sozialen Wertsystems der Protestantischen Ethik. Sie war begründet in einer Auffassung von Glück, die der Protestantismus auch heute an der Schwelle zur Nachmoderne, vertritt. Es ist die Überzeugung, daß nicht die Fülle der materiellen Güter zur Befriedigung führt, sondern die Erfüllung des Lebens mit Sinn; daß das Glück nicht im Scheinparadies des maximalen Vergnügens zu finden ist, sondern im Alltag, in dem die spröde Wirklichkeit in der Gestalt des nächsten Menschen dominiert; daß die Konzentration auf den Nächsten, auf sein Wohl und Heil um Gottes willen, harte

Arbeit in Nüchternheit, Einfachheit und Selbstbegrenzung erfordert und daß sich erst aus dem Transzendieren der eigenen Glücksbedürfnisse, aus der Zuwendung zum Mitmenschen um Gottes willen, Sinn erschließt, der dauerhaftes Glück ermöglicht.

Auch am Beginn der nachmodernen Gesellschaft kann also Religion ein angemessenes, sich gegenseitig korrigierendes Verhältnis von Hedonismus und Askese sinnhaft begründen, indem sie auf den transzendenten Charakter jedes wirklich befriedigenden, sinnstiftenden Glücks aufmerksam macht. Auf einer solchen Grundlage wäre eine Rangminderung des Konsumwertes wünschenswert und die Bereitschaft, einen weniger aufwendigen und weniger an materiellen Gütern und Leistungen orientierten Lebensstil nicht nur hinzunehmen, sondern aktiv zu gestalten.

Anmerkungen

1 Vgl. z.B. H. Gruhl: Ein Planet wird geplündert. Frankfurt a. M. 1975, E. Eppler: Ende oder Wende. Stuttgart 1975, E. F. Schumacher: Es geht auch anders. München 1974.
2 D. Meadows: Die Grenzen des Wachstums. Reinbek 1973. M. Mesarović und E. Pestel: Menschheit am Wendepunkt, München 1975. J. Tinbergen (Hrsg.): RIO-Bericht an den Club of Rome. Opladen 1977.
3 Vgl. z.B. Eppler, Ende, S. 9 ff.
4 Vgl. zum Folgenden G. Kiss: Einführung in die soziologischen Theorien II. Opladen 1973. J. Friedrichs: Werte und soziales Handeln, Tübingen 1968. M. Bartelt: Bedingungen des Wandels sozialer Werte. In: Die Mitarbeit, 25. Jg. 1976, Heft 1/2, S. 22 ff. und die dort angegebene Literatur. Ferner: P. Kmieciak: Wertstrukturen und Wertwandel in der Bundesrepublik Deutschland, Göttingen 1976.
5 Vgl. P. Kmieciak, Wertstrukturen, S. 207 f.
6 Vgl. F. R. Kluckhohn und F. L. Strodtbeck: Variations in Value Orientations. Evanston 1961, S. 6. P. Kmieciak, Wertstrukturen, S. 212, 229, 247
7 Vgl. z.B. M. Weber: Die protestantische Ethik und der Geist des Kapitalismus. In: M. Weber: Die protestantische Ethik I. 3. Auflage, Hamburg 1973, S. 49 f. J. Habermas: Legitimationsprobleme im Spätkapitalismus. Frankfurt a. M. 1973, S. 31 ff.
8 Vgl. auch D. Bell: Die nachindustrielle Gesellschaft, Frankfurt a. M., New York, 1975, besonders S. 112 f. Th. Leuenberger, R. Schilling: Die Ohnmacht des Bürgers. Plädoyer für eine nachmoderne Gesellschaft. Frankfurt a.M. 1977, S. 13 ff.

9 Vgl. etwa W. Zapf (Hrsg.): Theorien des sozialen Wandels. Köln, Berlin 1969, S. 22 ff u. ö.. W. Zapf: Die soziologische Theorie der Modernisierung. In: Soziale Welt, 26. Jg. H. 2, 1975, S. 212 ff. P. Flora: Modernisierungsforschung. Opladen 1974. P. L. Berger, B. Berger, H. Kellner: Das Unbehagen in der Modernität. Frankfurt a.M., New York 1975. M. Bartelt: Modernisierung und Wandel sozialer Wertmuster. In: Die Mitarbeit, 26. Jg. 1977, Heft 3, S. 209 ff.

10 Vgl. z.B. T. Parsons: Evolutionäre Universalien der Gesellschaft. In: W. Zapf (Hrsg.): Theorien des sozialen Wandels, S. 55 ff.

11 Vgl. P. Berger u.a., Unbehagen, S. 11, 13 f. und die dort genannte umfangreiche Literatur. J. Habermas: Technik und Wissenschaft als Ideologie, 3. Aufl. Frankfurt a. M. 1969, S. 67 f.

12 Vgl. J. K. Galbraith: Gesellschaft im Überfluß. München, Zürich 1963, S. 29 f. E. Heimann: Soziale Theorie der Wirtschaftssysteme. Tübingen 1963, S. 327.

13 M. Weber, Ethik, S. 34.

14 Vgl. a.a.O., S. 33, 35.

15 Vgl. a.a.O., S. 37.

16 Vgl. a.a.O., S. 38.

17 Vgl. a.a.O., S. 48 f.

18 Vgl. a.a.O., S. 63.

19 Vgl. a.a.O., S. 44.

20 Vgl. a.a.O., S. 49, 63.

21 Vgl. a.a.O., S. 53, 168.

22 Vgl. a.a.O., S. 172, 179.

23 Vgl. a.a.O., S. 182 f.

24 Vgl. a.a.O., S. 50.

25 Vgl. a.a.O., S. 124 f.

26 zitiert a.a.O., S. 40—42.

27 Vgl. W. K. Frankena: Analytische Ethik, München 1972, S. 37.

28 Vgl. Th. Hobbes: Psychologische Grundlegung des Egoismus. In: D. Birnbacher und N. Hoerster, (Hrsg.): Texte zur Ethik. München 1976, S. 170 ff.

29 Vgl. J. St. Mill: Was heißt Utilitarismus? In: Birnbacher, Hoerster, Texte zur Ethik, S. 208. Ferner Frankena, Ethik, S. 55, 60.

30 Vgl. J. St. Mill: Utilitarismus, S. 203. Ferner H. Marcuse: Zur Kritik des Hedonismus. In: H. Marcuse: Kultur und Gesellschaft I. 5. Aufl. Frankfurt a. M. 1967, S. 130 f. Vgl. auch Frankena, Ethik, S. 103.

31 Weber, Ethik, S. 188.

32 a.a.O., S. 189, 274 f.

33 Vgl. D. Bell: Die Zukunft der westlichen Welt. Frankfurt a. M. 1976, S. 79 f.

34 Vgl. Bell, Zukunft, S. 87.

35 Vgl. J. Robinson: Anmerkungen zur Theorie der wirtschaftlichen Entwicklung. In: W. Zapf (Hrsg.): Theorien des Sozialen Wandels. Köln, Berlin, 1969, S. 270 f.

36 Vgl. z.B. Vorstand der SPD (Hrsg.): Zweiter Entwurf eines ökonomisch-politischen Orientierungsrahmens für die Jahre 1975—1985. Bonn 1975, S. 16.

37 Vgl. K. Marx: Texte zu Methode und Praxis II. Pariser Manuskripte 1844. Reinbek, 1968, S. 50 ff. Ferner H.-H. Schrey (Hrsg.): Entfremdung, Darmstadt 1975.
38 Vgl. Marx, Texte, S. 80 u.ö.
39 J. Baechler: Die Entstehung des kapitalistischen Systems. In: C. Seyfarth u. W. M. Sprondel (Hrsg.): Religion und gesellschaftliche Entwicklung. Frankfurt a.M. 1973, S. 160.
40 Vgl. J. Habermas, Legitimationsprobleme, S. 106 ff.
41 Vgl. z.B. Der Spiegel, Hamburg, 31. Jg. Nr. 21 vom 16.5.1977, S. 24–30.
42 A. u. M. Mitscherlich: Die Unfähigkeit zu trauern. Grundlagen kollektiven Verhaltens. München 1969, S. 348, 351.
43 Vgl. z.B. J. Habermas, Technik, S. 90. Vgl. ferner den Beitrag von H. Zilleßen in diesem Band.
44 Vgl. Bell, Zukunft, S. 86 f.
45 Zur Identitätstheorie vgl. etwa E. H. Erikson, Kindheit und Gesellschaft, 2. Aufl. Stuttgart 1965, S. 255 ff. E. H. Erikson, Identität und Lebenszyklus. 2. Aufl. Frankfurt a.M. 1974, S. 123 ff.
46 Vgl. Weber, Ethik, S. 133.
47 Vgl. Baechler, Entstehung, S. 146 f. 151 f., der England anführt, das seit dem Mittelalter von allen europäischen Nationen die wenigsten Mittel für militärische Abenteuer ausgegeben habe und sich stattdessen am entschiedensten wirtschaftlichen Aktivitäten zugewandt habe. Ferner nennt Baechler die USA bis 1914 und Deutschland und Japan nach 1945.
48 Vgl. H. Gruhl: Ein Planet wird geplündert. Frankfurt a.M. 1975, S. 140. Bell, Gesellschaft, S. 212 ff.
49 Vgl. E. F. Schumacher: Es geht auch anders. München 1974, S. 40 f., 78. H. Gruhl, Planet, S. 41, 168.
50 Vgl. Marx, Texte, S. 52, 54 f.
51 A. H. Maslow: Motivation and Personality. New York 1954, S. 81 ff. Zitiert nach K. Lederer und R. Mackensen: Gesellschaftliche Bedürfnislagen. Göttingen 1975, S. 53. A. Etzioni: Die aktive Gesellschaft. Opladen 1975, S. 632.
52 Vgl. Marx, Texte, S. 52, 80.
53 Vgl. Marx, Texte, S. 73 f.
54 Vgl. Marx, Texte, S. 74.
55 Vgl. Marx, Texte, S. 77.
56 Vgl. Marx, Texte, S. 80.
57 Vgl. Marx, Texte, S. 75 f.
58 Vgl. z.B. H. Schmidt: Drogen – Flucht vor der Realität? In: Zeitschrift für Evangelische Ethik. 18. Jg., Gütersloh 1974, S. 149. Vgl. ferner Schumacher, Es geht auch anders, S. 37 f.
59 Vgl. Schmidt, Drogen, S. 149.
60 Vgl. Weber, Ethik, S. 178.
61 Vgl. K. Marx: Das Kapital. Band I, Berlin 1975, S. 85 ff. Zum Verhältnis von Weber und Marx vgl. N. Birnbaum: Konkurrierende Interpretation der Genese des Kapitalismus: Marx und Weber. In: Seyfarth und Sprondel, Religion und gesellschaftliche Entwicklung, S. 38 ff.
62 Vgl. Erikson, Identität, S. 71; Erikson, Kindheit, S. 241 f.
63 Vgl. zu Anmerkung 30.
64 Vgl. Mitscherlich, Unfähigkeit, S. 353.

65 Vgl. E. Fromm: Haben oder Sein. Stuttgart 1976, S. 35.

66 Vgl. zum 'qualitativen' Wachstum im ökonomischen Bereich: K. E. Wenke: Wirtschaftswachstum und Umweltkrise. In: Die Mitarbeit, Göttingen, 23. Jg. 1974, Heft 2, S. 97 ff.

67 Vgl. die Interpretation des Schöpfungskonzepts durch G. Liedke: Von der Ausbeutung zur Kooperation. In: E. von Weizäcker (Hrsg.): Humanökologie und Umweltschutz. Stuttgart 1972, S. 36 ff. Ferner G. Altner: Schöpfung am Abgrund. Neukirchen 1974.

68 Vgl. E. Fromm: Der moderne Mensch und seine Zukunft. Frankfurt a. M., 1972, S. 109 f.

69 Vgl. z. B. Weber, Ethik, S. 175–78 u. ö.

70 Vgl. J. Habermas: Die Dialektik der Rationalisierung. Vom Pauperismus in Produktion und Konsum. In: Merkur, VIII. Jg. 1954, S. 718.

71 Vgl. Marx, Texte, S. 77.

72 Vgl. Marx, Texte, S. 79, 81.

73 Vgl. A. Etzioni: Die aktive Gesellschaft, Opladen 1975, S. 502.

74 Vgl. Hobbes, Grundlegung, S. 170.

75 Vgl. Birnbacher und Hoerster, Texte zur Ethik, S. 164. Frankena, Ethik, S. 40.

76 Vgl. Etzioni, Gesellschaft, S. 48

77 Vgl. H. Marcuse; Triebstruktur und Gesellschaft. Frankfurt a. M. 1970, S. 9, 259 u. ö.

78 Vgl. Mitscherlich, Unfähigkeit, S. 103 f, 155.

79 Vgl. Kmieciak, Wertstrukturen, S. 207 f.

80 Vgl. Mitscherlich, Unfähigkeit, S. 155, 180, 329.

2. Selbstbegrenzung und Selbstbestimmung

Über die politischen Voraussetzungen für einen Neuen Lebensstil

Von *Horst Zilleßen*

I Partizipation als Voraussetzung und Inhalt eines Neuen Lebensstils

1 Die Funktionsfähigkeit der repräsentativen Demokratie bei sinkendem Wirtschaftswachstum

Der Versuch einer Neuorientierung unseres Arbeits-, Konsum- und Freizeitverhaltens, der Lebensweise des Überflusses, stößt, so hoch sein moralischer Anspruch auch einzuschätzen ist, hinsichtlich seiner politischen Durchsetzbarkeit auf deutlich sichtbare Grenzen. Das Problem, das sich hier stellt, hat der Minister des Landes Nordrhein-Westfalen für Arbeit, Gesundheit und Soziales, Prof. Dr. Friedhelm Farthmann, in bezug auf die Erfordernisse der Umweltpolitik so formuliert: „Die Forderung nach Konsumverzicht und Drosselung bestimmter Produktionen setzt eine Wandlung unseres Wirtschaftssystems voraus, die ... an den Kern gehen kann. Sie kann nur gelingen, wenn sich unsere Gesellschaft ... zu einem Höchstmaß an Solidarität bereitfindet."[1]

Für die Qualifizierung und Begrenzung wirtschaftlichen Wachstums und das Anwachsen von Solidarität bietet freilich unsere politische Ordnung in ihrem derzeitigen Entwicklungsstand nicht eben die günstigsten Voraussetzungen. Damit sind zum einen die politischen Folgen einer fast allgemein akzeptierten Überbewertung des Materiellen angesprochen, die zu einer weitreichenden Ökonomisierung auch nicht-wirtschaftlicher Lebensbereiche und zu einer allzu engen Verflechtung der Bereiche von Staat und Wirtschaft geführt hat. Zum anderen wird damit die Frage aufgeworfen, wie bei den gegenwärtigen Entscheidungsstrukturen überhaupt neue Impulse für das gesellschaftliche Leben entstehen oder wirksam werden können. Daß ökonomisch-materielle Werte in der gesellschaftlichen Wertskala auf Kosten der Solidarität einen herausragenden Stellenwert erhalten haben, liegt nicht zuletzt an den politischen Entscheidungsstrukturen. Das institutionalisierte Zusammenspiel der Wirtschaftsverbände mit Parlamenten und Verwaltungen führt in der Regel zu Entscheidungen, die kurzfristige ökonomische Interessen eindeutig bevorzugen. Wenn also die Bemühungen um einen Neuen Lebensstil, insbesondere um mehr Solidarität im nationalen wie internationalen Rahmen, nicht als individuelle, unpolitische Aktion verkümmern sollen, müssen sie die Neugestaltung von Entscheidungsprozessen einschließen. Denn die Form der Entscheidungsprozesse beeinflußt wesentlich deren Inhalte. Es liegt also nicht zuletzt auch an den gegenwärtigen Entscheidungsverfahren, wenn Ziele und Werte wie Selbstbegrenzung und Solidarität nicht hinreichend zur Geltung gelangen.

Im folgenden soll daher zunächst die These begründet werden, daß ein Neuer Lebensstil mit einer veränderten Wertordnung ein höheres Maß an Selbstbestimmung des Menschen verlangt und daß dies von den politischen Voraussetzungen her durch mehr Partizipation erreicht werden kann. Im zweiten Abschnitt werden einige der Schwierigkeiten behandelt, die einer größeren Partizipation entgegenstehen, und Möglichkeiten zu ihrer Überwindung angedeutet. Aufgrund der dabei gesammelten Erkenntnisse wird dann im dritten Abschnitt versucht, ein Partizipationsmodell für den kommunalen Bereich zu entwickeln, um damit neue Formen und Inhalte für die Lebensgestaltung in der Stadt gewinnen zu können.

Bei dem allgemeinen Zusammenhang zwischen einem Neuen Lebensstil und der Notwendigkeit größerer Selbstbestimmung durch mehr Partizipation sind zwei Gesichtspunkte zu berücksichtigen: Um die Abhängigkeit unseres politischen Systems von wirtschaftlichem Wachstum überwinden zu können, erweist sich Partizipation zum einen als notwendige Voraussetzung, im Hinblick auf die handelnden Subjekte zum anderen als wesentlicher Inhalt eines Neuen Lebensstils.

Was zunächst die Funktionsfähigkeit des politischen Systems angeht, so ist dessen Situation heute zu einem erheblichen Teil dadurch gekennzeichnet, daß der moderne Staat (hier im Sinne von Regierungsapparat gemeint) in eine scheinbar unauflösbare Abhängigkeit von wirtschaftlichem Wachstum geraten ist. Die Entwicklung der Bundesrepublik ist dafür wohl ein typisches Beispiel. Im Zusammenhang des wirtschaftlichen Wiederaufbaus hat der Staat eine immer umfassendere Zuständigkeit für Daseinsvorsorge und gesellschaftlichen Fortschritt übernommen, wobei Fortschritt weitgehend mit Wirtschaftswachstum gleichgesetzt worden ist. Die klassischen Staatsfunktionen („Ordnung und Sicherheit") traten in ihrer Bedeutung für den Bürger zurück gegenüber der Verantwortung des Staates für die Regulierung wirtschaftlich-sozialer Erfordernisse.

Als wesentlichste Folge der Vorherrschaft wirtschaftlicher Bestimmungsgründe ist heute festzustellen, daß politisches Handeln immer mehr in die Abhängigkeit von Partikularinteressen gerät, es denaturiert teilweise zum Erfüllungsgehilfen von ökonomischen Notwendigkeiten und Kapitalverwertungsinteressen[2]. Daraus ergibt sich der Widerspruch, daß die Ausdehnung der Staatstätigkeit in den gesellschaftlichen, speziell den wirtschaftlichen Bereich in eine Begrenzung staatlicher Entscheidungsfähigkeit mündet. Denn der gesellschaftliche Fortschritt ist wesentlich auf den ökonomischen Fortschritt eingeengt. Gesellschaftspolitik ist folglich vor allem Wachstumspolitik und findet in dieser auch offenkundig ihre Grenze.

Der Staat betreibt nun nicht nur Daseinsvorsorge – mit entsprechenden wirtschaftlichen Folgeerscheinungen, sondern er hat sich auch zum Verteilerstaat entwickelt. Er muß also an wirtschaftlichem Wachstum schon deshalb interessiert sein, weil er die Verteilungskonflikte soweit wie möglich ausschalten will. Die Förderung wirtschaftlichen Wachstums bringt nun ein weiteres Dilemma: Einerseits wird Wirtschaftswachstums als Grundlage eines umfassenden gesellschaftlichen Fortschritts angesehen; andererseits verschärft es genau die Probleme, die diesen gesellschaftlichen Fortschritt in Frage stellen: die Umweltkrise, das Elend der Städte, die Verkehrsprobleme, die Rohstoffkrise, oder auch sozialpathologische Erscheinungen wie Neurosen, Kriminalität, Suchterscheinungen. Fatal wird die Situation jedoch erst dadurch, daß für einige der gravierendsten dieser Probleme meist nur solche Lösungsansätze gesucht werden, die weiteres wirtschaftliches Wachstum voraussetzen oder erfordern – also die Gefahr mit sich bringen, daß sich die Krise ständig selbst regeneriert. Denn ob es gelingt, die Steuerbarkeit des Wirtschaftswachstums in Richtung auf qualitative Elemente zu verbessern, ist bei der gegenwärtigen Wirtschaftspolitik durchaus zweifelhaft.

Die Ausdehnung und Konzentrierung der Staatstätigkeit auf den wirtschaftlichen Bereich hat schließlich Folgen im Hinblick auf die Loyalitätszusagen der Bürger gehabt. Die Zustimmung der Bürger zu den politischen Parteien und damit wohl letztlich auch zum demokratischen Staat ist in der Vergangenheit häufig weniger über politische Normen und Wertvorstellungen — etwa die Idee der Selbstbestimmung und demokratischen Mitverantwortung —, dagegen mehr über die Befriedigung von wirtschaftlichen Leistungsanforderungen eingeholt worden (Motto: Sozialpolitik = Wahlpolitik). Daraus hat sich im Laufe der Zeit nicht nur eine die Bürgerpflichten vernachlässigende, materiell orientierte Anspruchshaltung gegenüber dem Staat entwickelt, sondern auch die Erwartung, daß der Staat über den ökonomischen Bereich hinaus auf allen gesellschaftlichen Problemfeldern leistungsmäßig zur Kasse gebeten werden kann.

Im Sinne eines demokratischen Staatsverständnisses ist es zwar durchaus angemessen, daß die Bürger ihre politische Zustimmung mit der Frage verbinden, ob und wieweit ihre jweiligen Interessen politisch berücksichtigt werden. Aber unter jenem aus dem ökonomischen Bereich stammenden reinen Nutzenkalkül wird die Loyalität gegenüber dem Staat oft von der Lösung auch solcher Probleme abhängig gemacht, die der Staat eben aufgrund seiner Einbindung in wirtschaftliche Zusammenhänge nicht oder nur unzureichend lösen kann. Er kann sie vor allem auch deshalb nicht lösen, weil die so einseitig definierte Loyalitätszusage oft solche Problemlösungen verhindert, die auf Kosten wirtschaftlichen Wohlstands gehen. Denn unter den gegebenen Bedingungen erweist sich die Erhaltung des „sozialen Besitzstandes" (er kann auch unsozial sein) für jede demokratische Partei als das entscheidende Instrument der Loyalitäts- und Herrschaftssicherung. Die Entwicklung in der Bundesrepublik zeigt denn auch, daß der Führungsanspruch der Parteien vor allem von der ökonomischen Situation her beurteilt wird. Die unmittelbare Folge einer sektoralen oder gesamtwirtschaftlichen Rezession war meist ein oft erheblicher Stimmenverlust der regierenden Parteien.

Die hier beschriebenen Umstände weisen auf die Gefahr hin, daß aus einer ökonomischen Krise eine Krise des demokratischen Staates wird. Diese Gefahr muß heute deshalb besonders ernstgenommen werden, weil in fast allen Industrieländern die bisher üblichen Wachstumserwartungen z.T. drastisch reduziert worden sind. Hinzu kommt, daß auch die noch verbleibenden Wachstumsraten nur teilweise für eine bessere materielle Versorgung zur Verfügung stehen, ja vielleicht sogar im abnehmendem Umfang als verfügbares Einkommen in die Privathaushalte fließen: die Aufwendungen für die Entwicklungshilfe, für den Umweltschutz, für die Rohstoffe, für die Entwicklung der Infra- und Wirtschaftsstruktur und für Investitionen werden wohl zunehmen müssen, weil die bestehenden wirtschaftlichen und politischen Ordnungszusammenhänge es erfordern.

Für den sozialen Verteilungsprozeß wird daher möglicherweise zunächst nicht mehr so viel übrigbleiben. Im Hinblick auf die hier angelegten Verteilungskonflikte bedroht dann das Vorherrschen materieller Wertvorstellungen die politische Ordnung, deren Zusammenhalt sie bislang entscheidend mitgetragen haben. Viele derjenigen, die ihre politische Loyalität von einer für sie positiven ökonomischen Zukunftssicherung abhängig machten, haben die Unterschiede in der Einkommens- und Vermögensverteilung hingenommen, weil die auf Wirtschaftswachstum gegründete Verbesserung der allgemeinen Lebensbedingungen die Hoffnung auf einen allmählichen Ausgleich der sozialen Gegensätze genährt hatte. Wird dieser Hoffnung nun die Grundlage genommen oder tritt gar mit andauernder Arbeitslosigkeit eine Verschärfung der sozialen Gegensätze ein, dann werden — gerade weil die materiellen Werte eine so dominierende politische Rolle spielen — die bestehenden sozialen Unterschiede wieder politisch brisant, weil die Zukunftserwartungen nicht mehr die vorhandenen sozialen Ungleichheiten überdecken. Das bedeutet, daß die Basis für politische Zustimmung dünner wird, und aus der ökonomischen Krise kann dann eine Krise des politischen Systems entstehen, weil dieses zur Zeit darauf basiert, daß es zum Wachstum keine Alternative gibt.

2 Veränderung der gesellschaftlichen Wertordnung durch Partizipation

Der Versuch eines Neuen Lebensstils zielt wesentlich darauf ab, die Verengung der gesellschaftlichen Wertskala auf die Erfüllung ökonomischer Leistungsansprüche aufzuheben. Bei den vorherrschenden gesellschaftlichen Wertvorstellungen kann es sich keine Partei, die die politische Führungsmacht behalten oder erlangen will, leisten, die Begrenzung oder gar Verringerung materieller Ansprüche zu propagieren. Ja, selbst wenn unterstellt werden kann, daß sich Regierungen und Parteien von Stimmungen in der Bevölkerung nicht unmittelbar beeindrucken lassen, ist zu fragen, ob sie subjektiv überhaupt in der Lage sind, eine Kursänderung vorzunehmen. Die aus Parteien und Wirtschaftsverbänden hervorgehenden Machteliten scheinen in ihren Denkstrukturen so homogen zu sein (vielleicht weil sie gleichartige Aufstiegsprozesse durchlaufen mußten), daß von diesem Kreis kaum neue Impulse für das gesellschaftliche Leben zu erwarten sind.

Die politischen Parteien haben sich in einen Teufelskreis begeben oder doch hineintreiben lassen, den sie unter den gegebenen Bedingungen wohl kaum selbst aufbrechen können. Sie haben sich nicht hinreichend darum bemüht, zumindest ist es ihnen nicht gelungen, die normativen Grundlagen für politische Zustimmung in den Vordergrund zu stellen. Sie sind nun gezwungen, den bisherigen Weg der vorwiegend materiellen Bedürfnisbefriedigung weiterzugehen — wobei es letztlich unerheblich ist, ob sie einen anderen Weg nicht mehr gehen wollen oder nicht mehr gehen können.

In dieser Situation kann wohl nur eine Änderung im System politischer Willensbildung und Entscheidung einen Ausweg bieten. Da auch das allgemeine Bewußtsein längst durch die Vorherrschaft des Materiellen bestimmt ist, kann freilich — ganz abgesehen von politischen Einwänden — mit einem Übergang zu rein plebiszitären politischen Strukturen so gut wie nichts erreicht werden. Die Notwendigkeit der Veränderung der gesellschaftlichen Wertskala zwingt vielmehr zu einer so organisierten Partizipation an Planung und Durchführung politischer Entscheidungen, daß die Beteiligten in diesem Prozeß die Situation ihrer sozialen und natürlichen Umwelt und die von dort her gestellte Herausforderung erkennen und Wertvorstellungen geltend machen können, die gegenwärtig nur latent vorhanden sind. Wenn die demokratischen Entscheidungsprozesse, vom einzelnen Bürger her gesehen, weiterhin darauf beschränkt bleiben, daß verschiedene politische Führungsgruppen mit Hilfe von Wahlkämpfen um die Stimmen der Wähler konkurrieren, dann werden die Parteien wie im Wahljahr 1976 dazu verführt, mit den Ressentiments der Vergangenheit die Herausforderungen der Zukunft zu verdrängen. Vor allem werden sie jenen Herausforderungen mit demokratisch legitimierbaren Maßnahmen um so weniger gerecht werden können, je größer die Herausforderungen und also die Eingriffe in den alltäglichen Lebensvollzug sind. Denn in dem Konkurrenzkampf der Parteien siegt derjenige, der mit kurzfristigen ökonomischen Erfolgen aufwarten oder ihre baldige Verwirklichung glaubhaft machen kann. Für unpopuläre Entscheidungen aber, die kurzfristig notwendig oder langfristig wichtig sind, wird Zustimmung nur von denjenigen zu erlangen sein, die im Staat mehr sehen als eine Versorgungsanstalt mit Pensionszusagen, die die Begrenzung ihrer Ansprüche im Sinne einer Selbstbegrenzung akzeptieren, weil ihnen Selbstbestimmung politisch zugemutet wird.

Der durch mehr Partizipation erreichbare Zuwachs an Selbstbestimmung vermittelt eine positive Einschätzung des persönlichen Einflusses auf politische Entscheidungen, die auch für die Stabilität der demokratischen Ordnung von nicht geringer Bedeutung ist. Denn wer aufgrund seiner Ausbildung und/oder seiner persönlichen Erfahrung den politischen Prozeß überblicken und damit gleichzeitig auch eigene Einflußmöglichkeiten erkennen kann, neigt zu einer positiven Bewertung der demokratischen Ordnung[3]. Wer durch unmittelbare Beteiligung an politischen Entscheidungen konkret erfahren hat, was demokratische Freiheit bedeutet, der löst seine Loyalitätszusage an den demokratischen Staat von dem reinen Nutzenkalkül und ist mehr als andere bereit, dessen Führungsauftrag auch in wirtschaftlich schwierigen Zeiten anzuerkennen. Daß gegenwärtig manches Notwendige im Bereich der Umweltpolitik oder der Entwicklungspolitik nicht geschieht, weil es nicht „machbar" im Sinne von politisch durchsetzbar ist, liegt ja nicht ausschließlich an der Abhängigkeit der Politik von wirtschaftlichen Gegebenheiten. Es ist oft vor allem deshalb nicht durchsetzbar, weil Einsicht in das politisch Notwendige kaum rein intellektuell vermittelt werden kann, sondern erfahren, erlebt werden muß. Dies geschieht in der Beteiligung an Entscheidungsprozessen eher als durch bloße Information ohne Kommunikation. So zeigt denn auch die Erfahrung mit Bürgerinitiativen im Bereich des Umweltschutzes, daß — je länger sich die zunächst durch einen lokalen Konflikt betroffenen Bürger politisch engagieren — viele um so eher die Notwendigkeit einer langfristigen und die individuellen Interessen übergreifenden Umweltpolitik erkennen. Mit dem Maß der Beteiligung steigt gleichzeitig also auch die Möglichkeit, andere als die bisher üblichen materiellen Interessen ins Spiel zu bringen. Was heute viele Bürger unter dem Stichwort „Partizipation" an politischer Mitverantwortung fordern, muß als Voraussetzung für das gelten, was von eben diesen Bürgern an sozialer Verantwortung und Solidarität erwartet wird.

Entsprechende Erwartungen werden gegenwärtig von allen Parteien mehr oder weniger laut geäußert, ein Anzeichen dafür, daß auch im politischen Raum die Notwendigkeit gesehen wird, den bisherigen Lebensstil des egoistischen Ausschöpfens materieller Vorteile zu korrigieren. Hier zeigt sich, daß die gleichsam aus moralischen Quellen gespeisten Bemühungen um einen Neuen Lebensstil einen Zufluß aus dem Bereich des Politischen erhalten. Die politischen Appelle an den Bürger, sich seiner sozialen Verantwortung stärker bewußt zu werden und mehr Solidarität zu üben, ziehen wohl die notwendige Konsequenz aus der Tatsache, daß eine nur unter dem Nutzenkalkül bewertete Politik in der Jagd nach tagespolitischen Erfolgsnachweisen an der Zukunftsbewältigung zu scheitern droht. Wenn die Appelle wirksam werden sollen, müssen sie freilich mit der Schaffung von partizipativen Strukturen der Willensbildung und Entscheidung verbunden werden. Denn ohne sie bleibt Politik weitgehend von der Zustimmung Desinteressierter und Nichtinformierter abhängig, und diese können mit einer Politik langfristiger Perspektiven oder solidarischer Interessenabwägung wohl kaum überzeugt werden.

3 Mehr Selbstbestimmung durch Partizipation als Inhalt eines Neuen Lebensstils

Mit der bisherigen Darstellung wurde zu zeigen versucht, daß die Vorherrschaft des Materiellen innerhalb der gesellschaftlich verbindlichen Wertvorstellungen schon dann problematisch ist, wenn es um die bloße Erhaltung der politischen Ordnung geht. Vollends fragwürdig wird sie, wenn nach den Bedingungen und Zielsetzungen für eine humane Gestaltung eines Gemeinwesens gefragt wird. Die Vorherrschaft des auf materiellen Vorteil ausgerichteten Konkurrenz- und Leistungsprinzips hat dazu geführt, daß partikulare Interessen eine zentrale Bedeutung für den gesellschaftlichen Prozeß haben. Schon in der Schule behindern sie die Entwicklung und das Einüben solidarischer Verhaltensweisen. Die in unserer Gesellschaft vorhandene Bereitschaft zum Abbau sozialer Besitzstände — sowohl im Sinne eines innergesellschaftlichen als vor allem im Sinne eines internationalen Ausgleichs der Lebenschancen — muß daher wohl als nicht vorhanden veranschlagt werden.

Wenn auch ein höheres Maß an politischer Beteiligung die Bedeutung partikularer Interessen nicht völlig beseitigen kann, so muß Partizipation doch als wesentliches Element einer politischen Ordnung angesehen werden, die mehr zusammenhält als der Egoismus von einzelnen oder von Gruppen. Nur im Mitentscheiden über das, was allgemein Geltung erhalten soll in der Gesellschaft, nur in der stärkeren Beteiligung an politischen Entscheidungen also wachsen soziale Verantwortung und Solidarität — vor allem wohl aus der Einsicht in die Zusammenhänge, die die Verfolgung individueller Interessen mit der Verwirklichung gesamtgesellschaftlicher Zielsetzungen verbindet.

Unter der Zielsetzung einer humanen politischen Ordnung ist Partizipation aber nicht nur deshalb wesentlicher Inhalt eines Neuen Lebensstils, weil sie das Entstehen solidarischer Handlungs- und Verhaltensweisen fördert. Hier geht es nicht zuletzt auch darum, das Entstehen einer „neuen Klassenstruktur" zu vermeiden und unter veränderten politischen Voraussetzungen der Würde des Menschen gerecht zu werden. Mit der Ausdehnung der Staatstätigkeit sind in den letzten Jahrzehnten nicht nur in wachsendem Maß private und gesellschaftliche Lebensvollzüge politisch geregelt worden. Gleichzeitig ist damit auch eine neue Schranke gegen die Verwirklichung demokratischer Ordnungsvorstellungen aufgebaut worden, die an die Stelle früherer Standes- oder Geldschranken getreten ist: die Forderung nach Qualifikationsnachweisen. Politischer Einfluß ist heute, da sich Politik vor allem im Verwaltungshandeln verwirklicht, mehr als je zuvor von bestimmten Qualifikationen abhängig, was in Ansätzen bereits zu einer neuen Klassenstruktur geführt hat: zu Bürokraten und öffentlich finanzierten Experten auf der einen Seite und solchen, die von der Sache nichts verstehen, auf der anderen Seite. Damit wird aber die größere Mehrheit der Bürger vom Mit-Entwurf, vom Mit-Planen und Mit-Bestimmen ausgeschlossen. In der Umweltpolitik, in der Stadtplanung oder im sozialen Bereich fühlen sich viele Bürger durchaus als bloße Objekte von Experten, ,,zu Vollzugswerkzeugen degradiert und ihrer Menschenwürde beraubt"[4].

Wenn die Forderung nach einem Neuen Lebensstil nicht nur die subjektive Bereitschaft zur Konsumeinschränkung zugunsten Dritter enthalten soll, sondern auch neue Chancen zu einer sozial verantworteten Selbstverwirklichung, dann umschließt sie unter den dargestellten Bedingungen zentral das Streben nach mehr Partizipation und also mehr Selbstbestimmung. Die idealtypische Forderung nach Partizipation aller an allen Entscheidungen ist freilich praktisch nicht zu verwirklichen. Die Hoffnung auf eine selbstbewußte politische Beteiligung der gesamten Bevölkerung ist − ganz abgesehen von der Frage der praktischen Durchführung − wenig realistisch. Viele Menschen wollen offenbar apolitisch leben und sind dabei glücklich und zufrieden. Worauf es hier vor allem ankommt, ist die Offenheit des politischen Systems für eine unterschiedliche Bereitschaft der Bürger zu politischem Engagement.

Eine solche Offenheit muß als entscheidendes Merkmal einer humanen politischen Ordnung angesehen werden. Denn wenn auch die subjektive Bereitschaft zu politischer Verantwortung stets unterschiedlich bleiben wird, darf doch keinesfalls außer acht gelassen werden, daß sie in erheblichem Maß von den objektiven, politischen Voraussetzungen abhängt. Die Forderung nach Partizipation hat neben der politischen noch eine andere, personale Dimension, die letztlich auf die Sinnfrage des Menschen verweist. Die Frage nach dem Sinn des Handelns, letztlich nach dem Sinn des Lebens, ist das entscheidende Kennzeichen des Humanen. Sie ist aber nicht eigenständig zu beantworten von demjenigen, der von dem, was seine tägliche Existenz bestimmt, weitgehend ausgeschlossen ist, der darin keinen Sinn mehr erkennt und keinen Bezug zu dem, woran er leidet oder sich erfreut.

Ohne Partizipationschanchen wird der einzelne bei wachsender Bürokratisierung nicht nur faktisch für unmündig gehalten, sondern er wird dauerhaft zur Unmündigkeit verurteilt, da Fähigkeiten unterdrückt werden, die sich entwickeln könnten, wenn sie durch die Chancen der Partizipation herausgefordert würden. Unkenntnis, Urteilsunfähigkeit, Mangel an Verantwortlichkeit für das Gemeinwesen, das sind Verhaltensweisen und Einstellungen, die in großem Maß strukturelle Ursachen haben und nicht allein individuell verrechnet werden können. Auch die Vorherrschaft materieller Wertvorstellungen muß in diesen Zusammenhang eingeordnet werden. „Wer über nichts zu entscheiden hat als über die Verwendung seines Monatseinkommens, dem schrumpft in der Tat das Bewußtsein auf diejenige Dimension, auf die die Gesellschaft es durch diese Entscheidung festlegt"[5].

Die Hervorhebung von Selbstbestimmung und Partizipation bei der inhaltlichen Bestimmung eines Neuen Lebensstils geht also davon aus, daß sich die tägliche Lebenserfahrung im Bewußtsein niederschlägt, konkret: daß die Beschränkung der Lebenspraxis zu einer Begrenzung des Bewußtseins führt. Wer durch fehlende Chancen zur Partizipation in wichtigen Lebensbereichen, z. B. denen des Arbeitens und des Wohnens, einer solchen Begrenzung seines Bewußtseins unterworfen ist, der wird unfähig, im Hinblick auf diese Lebensbereiche die Sinnfrage zu beantworten.

Der Bürger kann seine von den Parteien vielfältig beschworene Freiheit erst dann zur Beantwortung der Sinnfrage nutzen, wenn er sie als Freiheit für Selbstbestimmung erkennen und diese Selbstbestimmung im Mitbestimmen über die Bedingungen des gemeinsamen Lebens in einer Gesellschaft konkretisieren kann. Über diese Bedingungen nachzudenken, zu debattieren, Alternativen zu dem Bestehenden zu entwickeln und schließlich mitzuentscheiden über die Definition und die Verwirklichung des bonum commune – das ist vom

Politischen her der Kern dessen, was als Neuer Lebensstil versucht werden muß.

II Partizipationsbarrieren und Möglichkeiten zu ihrer Überwindung

Die Forderung nach Partizipation bezieht sich auf Strukturen und Verfahren, durch die möglichst viele Bürger auf die Vorbereitung und die Durchführung konkreter Entscheidungen Einfluß nehmen können. Es geht nicht um individuelle politische Verhaltensweisen wie „in Briefen an Zeitungen, Rundfunk und Fernsehen zu politischen Maßnahmen und Problemen Stellung nehmen" oder „sich mit anderen über Politik unterhalten"; auch nicht um Aktionen wie „leerstehende Häuser oder Wohnungen gewaltsam besetzen" oder „politische Gefangene gewaltsam befreien"[6]. Partizipation wird hier vielmehr als Verfahren verstanden, in dem und durch das eine Mehrzahl von Bürgern ihre vorhandenen Interessen und Bedürfnisse abwägen, neue erkennen und daraus gemeinsame politische Zielvorstellungen entwickeln (Interessenaggregation), auf allfällige Entscheidungen entsprechend den Zielen Einfluß ausüben und gegebenenfalls auch bei der Durchführung von Entscheidungen mitwirken können[7].

Politische Beteiligung mit dieser Zielsetzung erfordert unter bestimmten Voraussetzungen, auf die noch einzugehen sein wird, auch spontane Aktionen. Aber diese haben den Nachteil, daß über sie meist nur Verweigerung ausgedrückt werden kann. Daraus folgt wiederum, daß sie in der Regel mit einem Maß an Emotionalisierung verbunden sind, das rationale Auseinandersetzung und das Erkennen der Probleme erschwert und also auch die Bedingungen für Selbstbestimmung eher verringert. Denn je weniger die Akteure über die Ziele und die Wege ihrer Verwirklichung nachdenken, umso mehr wächst mit den Emotionen die Gefahr des Mißbrauchs ihrer Aktionen zur Durchsetzung von Interessen, welche sie bei genauer Überprüfung eigentlich nicht mitvertreten können. So notwendig spontane Aktionen im gegebenen Fall sein können, das Schwergewicht wird hier auf institutionalisierte oder geordnete Beteiligungsverfahren gelegt, durch die im Verfahren selbst die Beteiligten in Lernprozesse einbezogen werden, die zu neuen Erkenntnissen und neuen Bewertungen ihrer Interessen und Bedürfnisse verhelfen. Politische Beteiligung hat sicher stets eine doppelte Wirkung in dem Sinne, daß sie auch in den Fällen, in denen sie zur Absicherung des politischen status quo eingesetzt wird, dennoch die politischen Strukturen und auch das Bewußtsein der Beteiligten verändert.[8] Aber sie vermeidet letztlich nur dann die Gefahr der reibungs- und folgenlosen Einpassung in gegebene Strukturen, wenn sie die Beteiligten dazu bringt, über die privaten und gesellschaftlichen, kurzfristigen und langfristigen, materiellen und immateriellen Interessen und Bedürfnisse vernünftig zu diskutieren und zu einem Konsens zu gelangen. Dieses Ziel kann wohl nur durch eine Partizipationsstruktur erreicht werden, die langfristig sowohl die subjektiven, im Verhalten des einzelnen begründeten Partizipationsbarrieren als auch die objektiven, durch Inhalt und Form der Entscheidungsprozesse gesetzten Barrieren überwindet.

1 Mangelnde Bereitschaft zu politischer Beteiligung

Eines der entscheidenden Partizipationsprobleme besteht in der weithin mangelnden Bereitschaft (Motivation) zu politischer Beteiligung. Es ist freilich keineswegs sicher, daß das gegenwärtige Maß an politischer Teilnahmslosigkeit einfach hingenommen werden müßte. Umfragen und auch die Erfahrungen von Bürgerinitiativen belegen jedenfalls, daß erheblich mehr Bürger zu politischem Engagement bereit sind, als aufgrund der geringen Beteiligung in politischen Parteien zunächst angenommen werden kann. Wenn sich nach einer Umfrage des Instituts für angewandte Sozialwissenschaft (Infas) 63 Prozent der Bundesbürger für eine unmittelbare Beteiligung an politischen Entscheidungen aussprechen[9], dann mangelt es offenbar weniger an Bereitschaft als an Voraussetzungen für deren praktische Umsetzung. Empirische Untersuchungen zeigen denn auch, daß dort, wo entsprechende Voraussetzungen vorhanden und als solche von den Bürgern erkannt werden, ganz beachtliche Beteiligungsquoten erreicht werden können. Während bisher allgemein davon ausgegangen wird, daß etwa 70—80 Prozent der Bevölkerung sich außer bei Wahlen nicht politisch betätigen und daher als politisch apathisch zu bezeichnen sind[10], brachte eine Befragung in einem städtischen Sanierungsgebiet ein anderes Ergebnis. Hier hatten nur 43 Prozent der Befragten außer der Wahl keine weitere Beteiligungsform in Anspruch genommen[11]. Die Bereitschaft zu politischer Beteiligung hängt offenbar zunächst davon ab, daß der einzelne Bürger sein unmittelbares Betroffensein durch politische oder administrative Entscheidungen erkennt. Wer erfährt, daß eine bevorstehende Entscheidung oder ein schon aktueller Konflikt seine ureigenen Interessen berührt, wird dadurch zu politischer Beteiligung angeregt. Es leuchtet ein, daß dies am ehesten im noch relativ überschaubaren Bereich der Kommunalpolitik möglich ist. Der unmittelbaren Betroffenheit durch eine lokale politische Entscheidung kommt als Aufforderung zu politischer Beteiligung eine hohe Bedeutung zu[12].

Um das eigene Betroffensein erkennen zu können, bedarf der Bürger einerseits einer sachgemäßen und rechtzeitigen Information, wenn er zu politischem Engagement angeregt werden soll. Freilich kann er mit der bloßen Information etwa über die Planung einer Schnellstraße oder einer Industrieansiedlung in seinem Stadtbezirk oft nicht allzu viel anfangen. Notwendig ist daher andererseits auch ein bestimmtes Maß an Kommunikation über die anstehende Entscheidung. In Gesprächen, Diskussionen, Auseinandersetzungen muß er sich über die Vor- und Nachteile informieren, durch Beteiligung an Kontroversen und Konflikten muß er Problembewußtsein entwickeln können.

Betroffenheit und Problembewußtsein führen jedoch nur dann auch zu Partizipation, wenn konkrete Handlungsmöglichkeiten vorhanden und für die Betroffenen sichtbar sind. Wer nicht zu politischer Beteiligung motiviert ist, wenn es um die Verbesserung der eigenen Lebensbedingungen geht, hat oft entweder Angst vor dem Nachweis mangelnder Sachkunde oder erkennt nicht, daß sich mit Beteiligung tatsächlich etwas bewirken läßt. Die Ohne-mich-Haltung ist dann eine Fluchtposition und kein Normalzustand, eher ein „Angst- als ein Lustprodukt"[13]. Zahlreiche empirische Untersuchungen bestätigen, daß die Bereitschaft zu politischer Beteiligung unmittelbar mit den tatsächlich gegebenen und erkennbaren Einflußchancen zusammenhängt. Aus Befragungen des Deutschen Städtebauinstituts Nürnberg z. B. läßt sich nachweisen, daß bei denjenigen, die kein Interesse an der Planung ihrer Stadt bekundeten, vor allem Ohnmachtsgefühle maßgebend waren.[14]

Wenn jemand erkennt, daß er durch eine politische oder administrative Entscheidung direkt betroffen wird, wenn er zudem über die jeweiligen Sachfragen ausreichend informiert ist und auch eigene Einflußmöglichkeiten wahrnimmt, wird ihn in der Regel nur noch Zeitmangel oder ein als zu gering eingeschätzter Ertrag von politischer Beteiligung zurückhalten.

Was das Zeitproblem angeht, so haben zwar die auf konkrete Entscheidungen bezogenen Partizipationsverfahren im Vergleich zu einem parteipolitischen Engagement den Vorteil der zeitlichen Begrenztheit. Aber auch hier ist der Zeitaufwand meist so groß, daß eine massenhafte politische Beteiligung nicht zu erwarten ist. Ein zusätzliches Problem besteht hier darin, daß die Zeitfrage sich vor allem für die unteren sozialen Schichten stellt, die einerseits einen relativ hohen Nachholbedarf an Konsum haben und sich teilweise gezwungen sehen, ihre freie Zeit für die Schaffung zusätzlichen Einkommens zu verwenden (Überstunden), andererseits aber auch nicht in der Lage sind, die für die Beteiligung notwendige Vorbereitung in den beruflichen Alltag zu verlegen.

Auch hinsichtlich der aus der Beteiligung erwarteten Entschädigung lassen sich die unteren sozialen Schichten erheblich schwerer motivieren als etwa diejenigen, deren Eigentumsinteressen im konkreten Fall berührt sind. Da der materielle Nutzen eine erhebliche Motivationskraft darstellt[15], sind diejenigen weniger stark motiviert, die sich durch Partizipation keine finanziellen oder beruflichen Vorteile verschaffen, sondern allenfalls mit langfristigen Nutzeffekten rechnen können. Auch das geltende Rechtssystem benachteiligt die unteren sozialen Schichten, da die Berechtigung zur Partizipation in vielen Fällen an den Nachweis des Eigentums an Grund und Boden geknüpft ist. Ein ähnliches Motivationsgefälle besteht auch zwischen Privat- oder Gruppeninteressen auf der einen und Allgemeininteresse auf der anderen Seite. Für eine Entscheidung, die vorwiegend allgemeine Interessen betrifft, wird gerade wegen jenes Nutzenkalküls meist nur eine geringe Partizipationsbereitschaft zu erreichen sein.

Eine wirksame Partizipationsstruktur muß darauf angelegt sein, die in dem Motivationsproblem liegenden Barrieren zu überwinden, und — wie in den vorgenannten Fällen — eine fehlende Motivation durch organisatorische Maßnahmen ausgleichen, d. h. die Beteiligung an politischen Entscheidungen zum Bestandteil des Entscheidungsverfahrens selbst machen.

2 Politische Beteiligung von sozial Benachteiligten

Von den subjektiven Voraussetzungen her besteht — wie bereits angedeutet wurde — ein weiteres entscheidendes Problem, das bisher noch weitgehend ungelöst ist, in der geringen politischen Beteiligung ökonomisch und sozial schwacher Bevölkerungsschichten. Daß sie sozial benachteiligt sind, hat sicher überwiegend strukturelle Ursachen. Wenn viele alte Menschen, Mitglieder unvollständiger Familien, Arbeiter und Frauen nicht über den Mut, die Zeit, die Kraft oder die erforderliche Ausbildung verfügen, um sich politisch zu engagieren, so liegt das weniger an diesen Menschen als an den gesellschaftlichen Verhältnissen, unter denen sie leben. Eben deshalb sind sie dann aber subjektiv weder in der Lage noch bereit, sich politisch zu beteiligen, obwohl ihre Situation vielfach nur durch staatliche Maßnahmen verbessert werden kann.

Aus den empirischen Befunden über Partizipation in unterschiedlichen gesellschaftlichen und politischen Aktionsfeldern ergibt sich ein eindeutiges Übergewicht der mittleren und höheren sozialen Schichten. Ob in Parteien, Kirchen, Vereinen oder Bürgerinitiativen, überall wo entscheidende Positionen zu besetzen sind, dominieren die Vertreter jener Schichten. Dabei kommt es häufig noch zu einer „kumulativen Partizipation", was bedeutet, daß in mehreren kommunalpolitisch einflußreichen Beteiligungsfeldern die Führungsfunktionen von ein und demselben Kreis „Sozialaktiver" besetzt werden[16]. Dies bleibt sicher nicht ohne Einfluß auf die Interessenvertretung und Bedürfnisbestimmung in diesen Bereichen und damit auch auf die gesamtgesellschaftlich wirksamen Entscheidungen. Die nachweisbar größere politische Beteiligung der oberen sozialen Schichten führt über den politischen Entscheidungsprozeß zu einer

überproportionalen Berücksichtigung ihrer Interessen und Wertvorstellungen. Für die unteren sozialen Schichten ergibt sich ein Teufelskreis aus der Umkehrung dieses Sachverhalts: aufgrund ihrer Benachteiligung wird ihnen die intellektuelle und erfahrungsmäßige Einsicht
in politische Zusammenhänge vorenthalten; sie schätzen die Beeinflussung der eigenen Existenz durch die Politik gering ein, ebenso
dann die eigenen Einflußmöglichkeiten; sie neigen dementsprechend
zu politischer Apathie und vergeben damit alle Chancen, die politischen Prozesse im Sinne ihrer Interessen zu verändern[17]. Kurz gesagt: ihre soziale Benachteiligung führt zu politischer Apathie, welche
wiederum ihre Benachteiligung verfestigt.

Für die zu schaffende Partizipationsstruktur stellt sich also die Aufgabe, die Barriere der Schichtzugehörigkeit für diejenigen zu überwinden, die nicht darin geübt sind, ihre Interessen zu artikulieren,
die nicht erkennen können, daß die Befriedigung ihrer Bedürfnisse
politisch beeinflußbar ist, die nicht gelernt haben, sich politisch zu
betätigen, und in deren sozialer Umwelt politisches Handeln keine
akzeptierte Norm darstellt. Eine Partizipationsstruktur, die dieses
Problem nicht angemessen berücksichtigt, wird nur bewirken, daß
die sowieso schon einflußreichen und artikulationsfähigen Gruppen
noch verbesserte Mitwirkungsmöglichkeiten erhalten und also die
Einseitigkeiten in der Interessen- und Bedürfnisbefriedigung noch
erhöht werden.

Selbst wenn es gelänge, durch einen stellvertretenden Einsatz den
sozial Benachteiligten eine bessere Befriedigung ihrer Interessen und
Bedürfnisse zu verschaffen, würde das Ziel der Selbstbestimmung
verfehlt. Sie bleiben politische Versorgungsempfänger, wenn sie nicht
die Fähigkeit erwerben, für sich selbst einzustehen. Für die entsprechenden Lernprozesse benötigen sie personale Hilfen und ein Partizipationsverfahren, das unbürokratisch organisiert ist, das konkretes
Handeln ermöglicht und nicht zu einer festen Kompetenzverteilung
führt, welche dazu verleitet, sich auf die Aktivitäten des oder der
„Zuständigen" zu verlassen[18].

3 Das Verhältnis von Egoismus und Solidarität

Wenn mit Partizipation wesentliche Voraussetzungen für einen Neuen Lebensstil geschaffen werden sollen und dieser Lebensstil abweichen soll von dem üblichen egoistischen Ausschöpfen aller sich bietenden Vorteile, dann ergeben sich daraus auch bestimmte Anforderungen an die handelnden Subjekte. Diejenigen, die sich politisch beteiligen, müssen bereit und fähig sein, ihre Interessen und Bedürfnisse nicht nur individualistisch zu bestimmen. Auf diesen Punkt wird in der politischen Diskussion immer wieder hingewiesen, meist mit dem Argument, eine größere politische Beteiligung führe letztlich nur dazu, daß auf Kosten der Allgemeinheit ständig mehr individuelle oder partikulare Interessen geltend gemacht werden. Insbesondere gegenüber dem Engagement von Bürgerinitiativen wird ja bekanntlich oft eingewandt, sie handelten nach dem Motto „Heiliger St. Florian, verschon' mein Haus, zünd' andere an".

Nun ist sicher kaum zu widerlegen, daß im politischen Entscheidungsprozeß die sozialen Allgemeininteressen tatsächlich unterrepräsentiert sind und daß sich dieser Umstand „zur zentralen Strukturschwäche des innerstaatlichen Pluralismus entwickelt" hat[19]. Aber — erfordert nicht eine Überwindung dieser Schwäche eine Ausweitung politischer Beteiligung statt deren Einschränkung? Diese Frage stellt sich nicht nur insoweit, als mit zunehmender Bürgerbeteiligung die heute vorherrschende Durchsetzung gut organisierter Gruppeninteressen auf Kosten des Gemeinwohls erschwert werden wird. Ebenso wichtig ist der Einfluß auf das Bewußtsein derer, die sich an politischen Entscheidungen beteiligen. Es wird ihnen zwar anfangs schwerfallen, die Barriere zwischen Eigeninteresse und Solidarität zu überwinden; aber letztlich können sie nur durch Partizipation erfahren, daß die eigenen Interessen in übergreifenden Zusammenhängen eingeordnet sind.

Der Abbau egoistischer zugunsten solidarischer Wertorientierungen und Verhaltensweisen erfordert offenbar mehr als nur moralische Appelle. Da die Betonung der eigenen Interessen ein Grundmotiv menschlichen Verhaltens und Handelns ist, wird sich Solidarität als gesellschaftliche Norm erst dann durchsetzen können, wenn sie einen gewissen Grad an Plausibilität enthält. Wer sie akzeptieren soll, muß sie nicht nur in einem moralischen Sinne als „gut", sondern auch im Hinblick auf seine gesamte Existenz als richtig anerkennen können.

Solidarität muß sich also für den einzelnen auch unter dem Aspekt seiner eigenen Interessen als richtig erweisen — sei es, daß sie langfristig seinen Interessen als Individuum, sei es, daß sie seinen unmittelbaren Interessen als Gemeinschaftswesen dient.

In diesem Zusammenhang ist häufig vom „erleuchteten Selbstinteresse" die Rede, das Solidarität als richtig und vernünftig erscheinen läßt. Zu fragen ist jedoch, was denn diese „Erleuchtung" bewirkt. Wie erkennt der einzelne, der sich nicht aus ethischen Erwägungen zur Solidarität verpflichtet weiß, daß solidarisches Verhalten und Handeln letztlich seinen eigenen Interessen dient? Doch nur dadurch, daß er Einblick in die Zusammenhänge erhält, die die Befriedigung seiner Interessen an die Befriedigung der Interessen aller bindet. Wenn also allgemein gegen die Partizipation eingewandt wird, der „Mann von der Straße" sei nur am eigenen materiellen Vorteil interessiert und gar nicht in der Lage, vorausschauend und gemeinwohlorientiert Ziele zu bestimmen und Entscheidungen zu fällen, dann darf man nicht bei der empirischen Bestätigung dieser Annahme stehenbleiben. Vielmehr muß die Frage nach den Ursachen angeschlossen werden. Sie kann zu der Einsicht führen, daß Bedürfnisse, Interessen und Ziele etwas mit der praktischen Lebenserfahrung zu tun haben. Viele Menschen sind nicht nur unfähig, die objektiven Defizite ihres Lebens in subjektiv artikulierbare Bedürfnisse umzusetzen; sie können auch mangels Erfahrung keine Bedürfnisse und Ziele entwickeln, die über den eigenen Horizont hinausreichen.

Diese Erfahrung kann nicht durch bloße Information ersetzt, die notwendige Einsicht in Zusammenhänge nicht nur intellektuell vermittelt werden. Solidarität kann vielmehr dann erst entstehen, wenn zum einen Menschen durch eigene Praxis lernen, ihre Bedürfnisse so zu artikulieren, daß sie nicht nur nach Versorgung von außen oder oben streben, sondern nach einer Selbstbestimmung, die sie im Mitbestimmen über die gemeinsamen Lebensbedingungen verwirklichen[20]. Diese Praxis macht zum anderen auch Werte wie „Gemeinsinn" erfahrbar, denn im konkreten Fall werden die Beteiligten immer wieder einsehen, daß sie im Interesse des gemeinsamen Zieles die eigenen Interessen zurückstecken müssen. Im Prozeß der Partizipation werden kurzfristige und langfristige, individuelle und soziale Bedürfnisse und Ziele in ihrem Zusammenhang sichtbar, und Solidarität wird als Norm plausibel.

Die durch Partizipation vermittelte Erfahrung wirkt deshalb besonders nachhaltig in Richtung auf eine Veränderung der Wertvorstellungen, weil nicht nur der Verstand, sondern auch das Gefühl betroffen ist. Wer sich mit anderen an einem meist länger dauernden Entscheidungsverfahren beteiligt, kann seine Anonymität und Isolierung in der Massengesellschaft durchbrechen, seine sozialen Kontakte vervielfachen und das Gefühl entwickeln, „dazu zu gehören". Gewiß wird es im Partizipationsprozeß nicht nur sachliche, sondern auch persönliche Konflikte geben. Aber den Beteiligten kann dabei klarwerden, daß sie auf Zusammenarbeit angewiesen sind und daß sie letztlich doch die Verantwortung für das Gemeinwesen verbindet — trotz Konflikt mehr verbindet, als wenn sie als Nichtbeteiligte am Lebensvollzug des jeweils anderen völlig unbeteiligt sind.

Neben dem Zurücktreten Gemeinsamkeit schaffender Wertvorstellungen ist das Fehlen sozialer Bindungen ein Kernproblem der Industriegesellschaft. Partizipation wird dieses Problem nicht allein lösen können. Aber wenn sie zu einem Maßstab für soziale und politische Veränderungen gemacht wird, kann sie auch in einer Massengesellschaft wesentlich dazu beitragen, das emotionale Bedürfnis des Menschen zu stillen, „in einer Welt mit menschlichen Proportionen zu leben, deren Mitglieder sich als Personen kennen"[21].

4 Komplexität, Kompetenz und Effektivität

Eine „Welt mit menschlichen Proportionen" — dieses Zitat gibt sozusagen das Stichwort für die Erörterung einer Partizipationsbarriere, die sich aus dem Gegenstand und der Struktur des Entscheidungsverfahrens ergibt. Denn in der Tat sind ja die Inhalte der Entscheidung meist nicht „menschlich" proportioniert, d. h. überschaubar und verständlich, sondern hochkomplex und oft so speziell, daß die Entscheidung in Vorbereitung und Durchführung ein beachtliches Expertenwissen verlangt. Kritiker der Partizipationsforderung kommen daher zu dem Schluß, die aus der Komplexität der modernen Gesellschaft sich ergebenden objektiven Probleme der Entscheidungsfindung seien so groß, daß der „einfache" Bürger nicht über die notwendige Kompetenz verfügen könne, die die Effektivität der

Entscheidung sicherstellt[22]. Komplexität, Kompetenz und Effektivität erscheinen in dieser Argumentation als nahezu unüberwindliche Partizipationsbarrieren.

Was zunächst das Problem der Komplexität angeht, so wird sie in der Partizipationsforschung vielfach gerade als Grund für eine stärkere Beteiligung gewertet. Erfahrungen in Wirtschaftsunternehmen haben gezeigt, daß sich zwischen hierarchischen Betriebsstrukturen und komplexer betrieblicher Aufgabenstellung ein Konflikt entwickelt, der oft nur über eine Dezentralisierung der betrieblichen Entscheidungsprozesse und durch Beteiligung der verschiedenen Betriebseinheiten gelöst werden kann[23].

In Anwendung dieser konkreten Erfahrungen auf den politischen Bereich formuliert Gronemeyer die These, daß gerade unter den Bedingungen der Komplexität die Lawine gesellschaftlicher Probleme ohne Beteiligung der Bürger nicht mehr aufgehalten werden kann[24]. Auch Peter Dienel begründet seine Partizipationsforderung u. a. mit der Feststellung, daß die Verwaltung angesichts der komplexen Umweltbedingungen nur durch den Einbau weiterer Mitsprachemöglichkeiten ihre Effektivität gewährleisten kann[25].

Die Erfahrungen mit Bürgerinitiativen und anderen Formen der Beteiligung an kommunalen Entscheidungsprozessen scheinen diese Überlegungen zu bestätigen. Sie zeigen aber auch, daß das Problem der Komplexität jedenfalls dann nicht zu lösen ist, wenn massenhafte Beteiligung oder gar plebiszitäre Aktionen zum vorherrschenden Ziel von Partizipation gemacht werden. Insbesondere die komplexen Planungsprozesse überfordern oft die Beteiligungsfähigkeit des Bürgers, wenn sie nicht in verschiedene Phasen und Arbeitsschritte zerlegt und wenn nicht lernorientierte Partizipationsverfahren vorgesehen werden[26].

Wenn diese Bedingungen jedoch erfüllt sind, erweist sich die Komplexitätsbarriere zumindest teilweise als überwindbar. Dabei spielt offenbar in mehrfacher Hinsicht die Frage der Kompetenz eine wichtige Rolle. Mangelnde Kompetenz im Sinne von Sachkunde ist ja oft der Grund dafür, daß bei der Komplexität und Vielfalt kommunaler Entscheidungen die ehrenamtlichen Kommunalpolitiker nur noch Abwehrrechte gegenüber der Exekutive besitzen. Beteiligungsverfahren, die sich auf konkrete Entscheidungen beziehen, deren

Dimensionen sachlich, zeitlich und räumlich begrenzt sind und die Lernprozesse ermöglichen, können diese Kompetenzlücke schließen. Dies scheinen viele Kommunalpolitiker bereits erkannt zu haben, wenn sie sich beispielsweise in Bürgerinitiativen engagieren, um mit dem dort angesammelten Sachverstand die eigene Entscheidungskompetenz in den Auseinandersetzungen mit der Verwaltung zu erhöhen[27].

Fachliche Kompetenz ist also keine unabdingbare Voraussetzung für politische Beteiligung, sondern eher deren Ergebnis. Je nach den Anforderungen, die im Beteiligungsprozeß gestellt werden, ergibt sich die Notwendigkeit zur Erlangung von Kompetenz und damit ein Impuls zur Beschaffung und Verarbeitung entsprechender Informationen. Hinzu kommt, daß im Beteiligungsverfahren nicht nur über sachbezogene Informationen das Wissen vermehrt und also Sachkompetenz erhöht wird, sondern auch durch Verhaltens- und Handlungserfahrungen[28].

Die Komplexitätsbarriere ist aber auch deshalb nicht unüberwindlich, weil es neben der fachlichen noch eine andere Form der Kompetenz gibt — die demokratische Kompetenz des von einer Maßnahme oder Planung Betroffenen zur Artikulation seiner Interessen und Bedürfnisse. Dazu bedarf es in der Regel keines umfangreichen Sach- oder Expertenwissens, die erforderliche Sachkunde ergibt sich meist aus der Kenntnis des eigenen Lebensbereichs. In der Phase der Willensbildung, der Entscheidungsvorbereitung, auf die sich Partizipation in der repräsentativen Demokratie konzentrieren muß, genügt es zunächst, wenn die Beteiligten wissen, was sie wollen und was nicht. Das versetzt sie bereits in die Lage, sich trotz komplexer Zusammenhänge am Entscheidungsverfahren zu beteiligen, um dabei dann auch Sachkompetenz zu gewinnen. Sicher ist aufgrund der Komplexität der modernen Gesellschaft auch jenes Wissen nicht immer gegeben; aber seine Wahrscheinlichkeit steigt mit der Nähe der Entscheidung zu dem täglichen Lebensvollzug des Betroffenen.

Über diese Kompetenz im Sinne von Zuständigkeit für die Bestimmung von Zielen, für das Wollen oder Nicht-Wollen, verfügt in der Demokratie jeder Bürger. Unsere Gesellschaft braucht die vielfältige Ausübung dieser Kompetenz um so mehr, je mehr sie, um überleben zu können, auf Experten und Wissenschaftler angewiesen ist. Denn zum einen besteht die Gefahr, daß die Politiker, die sich auf deren Sachverstand oft verlassen müssen, ihnen durch eine weitgehend unkontrollierte Entscheidungsvorbereitung einen beherrschenden Einfluß auf die Entscheidung selbst einräumen. Die Demokratie würde dann zur Expertokratie entarten.

Zum anderen aber ist zu berücksichtigen, daß mit steigendem Einfluß der Fachleute und Experten nicht nur deren besondere Interessen und Wertvorstellungen die Entscheidung beeinflussen, sondern auch die gesellschaftlich vorherrschende Mentalität verändert wird. Die Ansammlung wissenschaftlichen und technischen Sachverstands begünstigt die Einstellung, daß alles machbar sei, wenn nur die richtigen Leute es ,,in die Hand nehmen". Im Vertrauen auf die Problemlösungskapazität der Experten droht die Erinnerung an die Defekte und Unzulänglichkeiten des Menschen verlorenzugehen. Das kann für politische Entscheidungen fatale Folgen haben, denn Politik wird immer wieder mit diesen Defekten konfrontiert sein, und sei es auf so banale Weise wie durch Bestechung und Korruption. Über Partizipation kann jene Erinnerung wachgehalten werden. Sie verhilft einerseits allen Beteiligten zu der Einsicht, daß es nicht nur um eine Sache geht, die allein mit Sachwissen, mit den entsprechenden Daten und Fakten bewältigt werden kann, sondern auch um Interessen und Gefühle, d. h. um Erwartungen und Hoffnungen, um Ängste und Befürchtungen. Da es sich dabei auch um Einflußfaktoren handelt, die für die Entscheidung wichtig sind und nicht mit dem Einwand der Emotionalisierung abgetan werden können[29], bringt Partizipation andererseits wichtige Faktoren in den Entscheidungsprozeß ein, die bei einer Expertenentscheidung fehlen würden. Denn diese lösen in der Regel Probleme, indem sie sie von anderen Problemen oder aus ihrem Zusammenhang isolieren.

Damit kommt nun auch die Frage der Effektivität ins Spiel. Das Problem mangelnder Komplexitätsberücksichtigung wird in dem Maße aktuell, in dem planendes Verwaltungshandeln zu politischen Entscheidungen führt. Diesem fehlt die notwendige Effektivität, wenn die Planer ,,eine relativ hohe Distanz von den zu beplanenden gesellschaftlichen Bereichen" haben[30]. Ihre Vorschläge und Entscheidungen greifen daher zu kurz oder auch fehl, weil sie nicht über die notwendige Dichte und Breite der Information verfügen. Durch rechtzeitige Beteiligung betroffener Bürger kann dagegen die Zahl der entscheidungsrelevanten Informationen erhöht und das gegenseitige Verständnis von Planern und Betroffenen gefördert, können Interessengegensätze abgebaut, Ideen von außen bekannt und genutzt, Erkenntnisse über Probleme und Aufgaben erweitert sowie neue Lösungsmöglichkeiten erarbeitet und bekannte verfeinert werden[31].

Hans Pflaumer zieht aus ähnlichen Überlegungen den Schluß, daß die Demokratisierung des Verwaltungsprozesses im planenden Bereich zweckmäßig und sinnvoll sei. Zweckmäßig, ,,weil sie auf eine Rationalisierung des Verfahrens zugunsten der Herstellung größerer Effizienz hinausläuft"; sinnvoll, weil sie durch Öffentlichkeit und Kommunikation die Möglichkeiten der Manipulation von Entscheidungen einschränken kann[32]. Effektivität ist dabei durchaus im üblichen zweckrationalen Sinne des Verhältnisses von Einsatz und Ergebnis zu verstehen. Zwar ist unbestreitbar, daß Partizipation die Entscheidungsprozesse meist verlängert und dadurch sowie durch erhöhten Personalbedarf auch verteuert. Aber die höhere Qualität des Ergebnisses ergibt letztlich doch eine höhere Effektivität, wenn Partizipation nicht im Sinne bloßer Obstruktion mißbraucht wird. Über ein Beteiligungsverfahren, das eine schichtenspezifische Mobilisierung vermeidet und gegebene Interessenstrukturen zu verändern vermag, kann aber solcher Mißbrauch verhindert werden.

Die Tatsache, daß der in das Entscheidungsverfahren eingesetzte Aufwand sich meistens auch lohnt, ist im vorliegenden Zusammenhang freilich eher ein zweitrangiges Argument. Unter dem Aspekt der Selbstbestimmung muß demgegenüber besonders hervorgehoben werden, daß in einer Demokratie die Effektivität z.B. eines Verfahrens oder einer Maßnahme nicht nur mit ökonomischen Maßstäben gemessen werden kann. Hier sollte nicht nur das einen Wert haben, was einen Preis hat. Politische Beteiligung des einzelnen, Selbstbestimmung durch Mitbestimmen, die Übernahme politischer Verantwortung und letztlich die Zustimmung des Bürgers zum demokratischen Staat bilden einen Maßstab demokratischer Effektivität ganz eigener Art. Der Widerstand vieler Bürger gegen die unter rein ökonomischen auf Kosten demokratischer Effizienzkriterien durchgeführte Gebietsreform hat deutlich gemacht, daß der Verlust oder Gewinn an demokratischer Substanz ein wichtiger Posten in jeder politischen Rechnung ist und daß in dieser Hinsicht die Kalkulation von Experten nicht immer aufgeht. Die Reaktion der Wähler bei den Kommunalwahlen in Hessen im Frühjahr 1977 hat ein Zeichen dafür gesetzt, daß die Verengung der gesellschaftlichen Wertskala auf das ökonomische einen zwar meist verborgenen aber im konkreten Fall doch massiven Widerspruch findet. Dies legt die Vermutung nahe, daß Selbstbestimmung durch Beteiligung als eigenständiger Wert um so mehr zur Geltung gebracht werden wird, je mehr sie im Zuge wirtschaftlicher und politischer Zentralisierung beschnitten zu werden droht. Das Problem der Effektivität politischer Entscheidungen erscheint von daher gesehen in einem neuen Licht. Effektiv sind Maßnahmen oder Verfahren unter politischen Aspekten nicht nur dann, wenn sie Geld sparen, sondern erst dann, wenn sie zugleich auch die demokratische Substanz erhöhen oder wenigstens erhalten.

5 Partizipation zwischen Spontaneität und Kontinuität

Die Probleme der Effektivität von Partizipation und der Kompetenz der Beteiligten führen schließlich zu der Frage nach dem Verhältnis von Kontinuität und Spontaneität der Beteiligung. Lassen spontane Aktionen beispielsweise von Bürgerinitiativen eine erfolgreiche politische Beteiligung erwarten oder bedarf es dazu kontinuierlicher und organisierter Verfahren? In der vorliegenden Abhandlung wird das Schwergewicht auf geordnete Beteiligungsverfahren gelegt. Die bisherige Darstellung der Partizipationsbarrieren hat verschiedentlich bereits die Gründe dafür angedeutet. Es muß jedoch an dieser Stelle angemerkt werden, daß hier Kontinuität und Spontaneität nicht als grundsätzliche Alternativen gesehen werden. Beide besitzen ihre je besondere Bedeutung für eine wirksame politische Beteiligung.
Für spontane Partizipationsformen spricht zunächst ihr Mobilisierungseffekt. Wenn die Möglichkeit der unmittelbaren Reaktion auf ein politisches Problem gegeben ist, lassen sich erfahrungsgemäß viele Menschen zur Beteiligung anregen, die nicht die Zeit oder die Geduld für ein längerfristiges und entsprechend vorzubereitendes politisches Engagement aufbringen. Sie können dadurch dann auch zu weiter-

gehenden politischen Aktivitäten bewogen werden und also über eine spontane Aktion in einen nachhaltigen Prozeß politischer Sozialisation eintreten. Einen Beleg für diese These bildet die Fluktuation zwischen Bürgerinitiativen und Parteien. Viele, die sich erstmals über die Aktionen von Bürgerinitiativen politisch beteiligt haben, gehen später in die politischen Parteien[33], eine Entwicklung, von welcher die Parteien durchaus profitieren können.

Fraglich erscheint allerdings, ob sich auch Mitglieder sozial schwacher Gruppen durch spontane Aktionen mobilisieren lassen. Ihr politisches Bewußtsein ist oft so wenig entwickelt, daß sie spontaner Beteiligung eher mißtrauisch als zustimmend gegenüberstehen, wenn sie überhaupt darin eine Aufforderung an das eigene Verhalten erkennen. — Für sie erscheint wohl das als Nachteil, was sonst als Vorteil der spontanen Aktionen angesehen wird: das Fehlen von oligarchischen und bürokratischen Strukturen. D.h. es fehlt prinzipiell der formell festgelegte Unterschied zwischen Führern und Geführten, zwischen denen, die Bescheid wissen, und denen, die keine Ahnung haben. Jeder hat die gleichen Rechte, die gleichen Möglichkeiten der Bedürfnisartikulation — aber auch die gleichen Pflichten des aktiven Einsatzes. Dies kommt dem Ideal der demokratischen Selbstbestimmung zweifellos am nächsten[34], aber es wird zur Barriere für die sozial benachteiligten Gruppen. Denn sie können jene Rechte der Beteiligung kaum wahrnehmen und schon gar nicht die Pflichten.

Dem Mobilisierungseffekt von spontanen Aktionen, die allen Beteiligten nahezu die gleichen Partizipationschancen einräumen, entspricht ihre politische Durchsetzungskraft in bestimmten Situationen. Wo etwa von Politik und Verwaltung Probleme nicht gesehen oder gar bewußt verschleiert werden, wo in geordneten Partizipationsverfahren von den politisch und administrativ Verantwortlichen „gemauert" und der Erfolg des Verfahrens blockiert oder auch ein solches Verfahren grundsätzlich verweigert wird, können spontane Aktionen Bewegung in die erstarrten Fronten bringen. Insbesondere über die Öffentlichkeitswirkung können sie die Durchsetzungskraft von Partizipationsbemühungen erhöhen.

Spontane Aktionen haben schließlich gegenüber anderen Partizipationsformen den Vorteil, daß sie weniger in der Gefahr stehen, in ihren Zielen etwa von der Verwaltung unterlaufen und manipulativ mißbraucht zu werden. Aufgrund ihrer Unwägbarkeit können sie von der Verwaltung nicht bewußt eingeplant werden, um dann das Entscheidungsverfahren z. B. bei einer Planung in deren Sinne ablaufen zu lassen. Daß Partizipation dieser Gefahr des technokratischen Mißbrauchs ständig ausgesetzt ist, läßt sich an zahlreichen Beispielen belegen[35]. —

So notwendig spontane Aktionen sein können, so wichtig ist für eine sinnvolle Partizipationsstruktur andererseits, daß sie in den Zusammenhang von kontinuierlichen und geordneten Beteiligungsverfahren eingeordnet werden. Bei der Darstellung der Partizipationsbarrieren ist häufig auf die Notwendigkeit von Lernprozessen hingewiesen worden. Die Überwindung der Komplexitätsschranke erfordert solche Prozesse ebenso wie die Erlangung von sachlicher Kompetenz sowie der Fähigkeit zu solidarischer Interessenabwägung. Insbesondere ist zu bedenken, ob nicht die sozial Benachteiligten und Unpolitischen auf Lernprozesse und dabei zudem auf materielle und personelle Hilfen angewiesen sind. Diese Bedingungen sind durch ein kontinuierliches und organisiertes Beteiligungsverfahren sicher besser zu erfüllen als durch spontane Aktionen; denn sie setzen eine Rationalität voraus, die diese kaum aufweisen können.

Für Kontinuität des Beteiligungsverfahrens kann darüber hinaus ein wichtiger demokratischer Grundsatz angeführt werden: die Kontrollierbarkeit von Verfahren und Ergebnis. Das bedeutet — Partizipation kann nur dann zur Weiterentwicklung der repräsentativen Demokratie beitragen, wenn der Ablauf des Beteiligungsverfahrens in seinen Stärken und Schwächen überprüft und gegebenenfalls auch verändert werden kann, wenn zudem vom Ergebnis her die politische Verantwortung der Beteiligten identifizierbar ist, so daß Kontrolle durch Sanktionen möglich wird. Dem damit verbundenen Nachteil des organisatorischen Aufwands und auch einer gewissen Oligarchisierung steht die größere Aktionsfähigkeit bei konkreten Herausforderungen gegenüber. Spontane Aktivitäten leiden oft daran, daß sie nur reaktiv wirken und vor allem bei Planungsvorhaben oft erst dann ins Spiel gelangen können, wenn wesentliche Entscheidungen schon gefällt worden sind. Auch sind sie wenig dazu geeignet, zur Lösung langfristiger Probleme beizutragen, weil diese verständlicherweise nicht zu spontanen Reaktionen herausfordern. Hier muß Partizipation auf

Kontinuität hin organisiert sein, wenn die Betroffenen nicht ständig vor vollendete Tatsachen gestellt werden sollen oder die Beteiligung jeweils neu und mühsam organisiert werden muß[36].

Je länger der Planungshorizont und je komplexer die Planungsaufgabe, um so schwieriger wird politische Beteiligung zu erreichen sein. Gerade solche Planungen sind aber von entscheidender Bedeutung, da sie oft ausschlaggebend sind für spätere politische oder administrative Entscheidungen. Partizipation kann in solchen Fällen nicht auf spontane Reaktionen von Betroffenen beschränkt bleiben. Dies gilt auch für den Fall, in welchem der Kreis der Betroffenen — etwa bei einer Industrieansiedlung — nicht exakt eingrenzbar oder — wie bei der Planung eines Neubaugebietes — überhaupt noch nicht bestimmbar ist.

Ein entscheidender Vorteil kontinuierlicher Beteiligungsverfahren liegt nicht zuletzt in ihrer Wirkung auf das politische Gesamtsystem und dessen Entscheidungsverfahren. Dauerhafte Veränderung des Systems im Sinn einer Bewahrung der Rationalität demokratischer Entscheidungsverfahren unter veränderten gesellschaftlichen Bedingungen ist nur schrittweise möglich. Der Schwung spontaner Aktionen mag diese Schritte beschleunigen können; aber die stabilisierende Kraft der sozialen Komplexität kann nur mit Verfahren abgebaut werden, die nicht nur die Symptome, sondern auch die Ursachen der Fehlentwicklung angehen. Der gezielte Einbau von Partizipationsverfahren in die politischen und administrativen Entscheidungsprozesse wird das System verändern ohne es zu zerstören.

III Notwendigkeit und Möglichkeit von Partizipation im kommunalen Bereich

1 Kommunalpolitik — Verwaltungsherrschaft statt demokratische Selbstbestimmung

Wenn mit der bisherigen Darstellung zu begründen versucht worden ist, daß die subjektiven und objektiven Partizipationsbarrieren unter bestimmten Bedingungen überwindbar seien, so sollte daraus nun nicht gefolgert werden, daß diese Barrieren gänzlich unerheblich sind. Die sachlich kompetente und effiziente Beteiligung an Entscheidungsprozessen bleibt in einer komplexen Gesellschaft ein schwieriges Unternehmen. Ein solcher Hinweis erscheint an dieser Stelle auch deshalb angebracht, weil in der voraufgegangenen Argumentation bestimmte Erfahrungen mit empirisch noch nicht überprüften Annahmen verbunden worden sind. Die Lösung der Probleme könnte sich also letztlich doch als schwieriger erweisen, als hier unterstellt worden ist. Gleichwohl scheint der Schluß gerechtfertigt zu sein, daß Partizipation unter der Bedingung geeigneter Verfahren gelingen kann.

Für den Versuch, die in der demokratischen Ordnung angelegten Beteiligungsmöglichkeiten für einzelne oder Gruppen zu verbessern, können und müssen wohl auch unterschiedliche Formen und Bereiche gefunden werden. Daß sich die folgende Darstellung auf den politischen, genauer: auf den kommunalpolitischen Bereich konzentriert, kann mit der Annahme begründet werden, daß die Humanität einer Gesellschaft wesentlich von der politisch verantworteten Gestaltung alltäglicher Lebensvollzüge abhängt. Wenn also unter dem Vorzeichen des Neuen Lebensstils die humane Gestaltung des Gemeinwesens erörtert wird (vgl. oben S. 129), gewinnt der Bereich der Kommunalpolitik eine zentrale Bedeutung. Dann stellt sich unmittelbar die Frage, wie über ein größeres Maß an Partizipation in diesem Bereich Ansätze für neue Formen und Inhalte der Lebensführung gefunden werden können.

Nach einer weit verbreiteten Auffassung ist die Kommune so etwas wie die Schule der Demokratie, in der die Grundlagen für die gestaltende Mitwirkung des Bürgers im Staat erworben werden. Tatsächlich treten aber heute gerade hier die sozialen Defizite und Fehlentwicklungen (z.B. durch die Regionalplanung) am deutlichsten zutage und erweisen sich teilweise offensichtlich als Folgen einer unzureichenden Organisation politischer Entscheidungen. Daher muß in der Kommunalpolitik nach neuen Beteiligungsformen gesucht werden, durch welche ein Neuer Lebensstil mit neuen Wertvorstellungen sich gesellschaftlich durchzusetzen vermag.

Unter politischen Aspekten könnte die Konzentration auf die Kommunalpolitik auf den ersten Blick wenig einleuchtend sein, da politisch relevante Entscheidungen zunehmend von der kommunalen auf eine ihr übergeordnete Ebene verlagert werden. Für das Problem der Partizipation behält freilich die Kommunalpolitik ihre überragende Bedeutung. Denn einmal verfügen die Kommunen nach wie vor — wie eine empirische Untersuchung gezeigt hat[37] — über genügend Möglichkeiten eigener politischer Entscheidung, auch wenn sie diese nicht immer wahrnehmen. Entscheidend ist aber zum zweiten wohl die Tatsache, daß in der Kommune die aktuellen Probleme der repräsentativen Demokratie am stärksten ausgeprägt sind. Hier zeigt sich mit allem Nachdruck, daß die Partizipationsforderung sich nicht allein auf ein parteipolitisches Engagement beziehen kann, sondern auch andere Formen der Willensbildung einschließen muß.

Die Notwendigkeit dazu ergibt sich aus der Tatsache, daß die Parteien die ihnen im politischen Prozeß gestellten Aufgaben nur unzureichend erfüllen. Dies ist wohl nur zum Teil den Parteien als Versagen anzulasten. Sicher sind zu oft die Probleme der Parteien zu Problemen der Politik gemacht worden — statt umgekehrt. Aber daß die Parteien ihre Aufgaben nur unzureichend erfüllen, ergibt sich wohl ebenso aus den Bedingungen der Industriegesellschaft, die das repräsentative System in seinem derzeitigen Entwicklungsstand offenbar an eine Grenze seiner Leistungsfähigkeit geführt haben. Was zunächst die für die Willensbildung wichtige Informationsfunktion der Parteien angeht, so ist sie dadurch eingeschränkt, daß die Zahl der politischen Mandatsträger im Verhältnis zur Zahl der durch sie vertretenen Bürger mit wachsender Gemeindegröße abnimmt. Schon rein quantitativ reicht die Leistungsfähigkeit der Parteivertreter nicht aus, um den notwendigen Informationsfluß sicherzustellen. Die kommunale Neugliederung hat die Situation auf diesem Gebiet noch einmal drastisch verschärft, denn sie hat über 100 000 Bürgermeister, Landräte und Gemeinde- bzw. Stadtratsmitglieder um Amt und Mandat gebracht[38]. Hinzu kommt, daß im kommunalen Bereich die Massenmedien als Informationsträger ausfallen und die Lokalpresse dazu neigt, sich als Sprachrohr der Exekutive und der Honoratioren der Stadt zu verstehen[39]. Obwohl der Bürger für die lokalen Entscheidungen in der Regel aufgrund unmittelbaren Betroffenseins eine hohe sachliche und demokratische Kompetenz besitzt, wird er meist nur sehr unzulänglich über die wichtigsten Fakten und Zusammenhänge informiert.

Die sich ausweitende Informationslücke zwischen Bürger und Mandatsträger ist unter politischen Aspekten deshalb gefährlich, weil sie letztlich ein Kommunikationsdefizit bewirkt, das die Fähigkeit der Parteien, die Interessen und Wünsche der gesamten Bürgerschaft zu vertreten, zunehmend in Frage stellt. Mit anderen Worten: die Vorstellungen der Bevölkerung über die kommunale Entwicklung können nur noch sehr begrenzt in die politischen Entscheidungsprozesse eingehen. Das liegt nicht nur an dem quantitativen Verhältnis von Bürgern und politischen Repräsentanten. Wichtiger scheint in diesem Zusammenhang zu sein, daß die Parteien sich überwiegend an der sozialen Mittelschicht orientieren, ihren Nachwuchs im wesentlichen aus dieser Sicht rekrutieren[40] und oft auch schon den sozialen Kontakt mit den unteren sozialen Schichten verloren haben. Als ein Indiz soll hier nur angemerkt werden, daß die Mandatsträger in vielen Gemeinden entweder immer schon in den besseren Wohngebieten gelebt oder aber im Zuge ihres politischen Aufstiegs einen Milieuwechsel vorgenommen haben.

Diese Entwicklung hat dazu geführt, daß politische Kommunikation auf bestimmte Bevölkerungsgruppen konzentriert und damit auch die Bandbreite der Wertvorstellungen und Interessen reduziert wird, die für politische Entscheidungen maßgebend werden können. Die Gefahr, daß die kommunalen Entscheidungen von bestimmten Werthaltungen beherrscht werden, wird noch vergrößert durch die Abhängigkeit der Kommunen von der Gewerbesteuer. Sie führt zu einer deutlichen Bevorzugung ökonomischer Interessen, die zwar allen Bevölkerungskreisen irgendwie zugute kommt, aber doch letztlich bewirkt, daß „kaum Entscheidungen gegen die Industrieinteressen möglich sind"[41].

Die Vorherrschaft materieller Werte kennzeichnet, wie oben zu zeigen versucht wurde, auch das politische Gesamtsystem der Bundesrepublik. Auf der kommunalen Ebene wird sie vor allem deshalb zu einem Problem der repräsentativen Demokratie, weil hier die politischen Parteien noch weniger als im Bund oder in den Ländern über die Möglichkeit des Gegensteuerns verfügen. Denn zu der Einschränkung ihrer Informations- und Kommunikationsfunktion kommt hinzu, daß die Mandatsträger der Parteien kaum noch ihre eigentliche Aufgabe erfüllen können: die Formulierung und Durchsetzung kommunalpolitischer Ziele. Bei der Komplexität und Vielfalt der kommunalen Entscheidungen sind die politischen Funktionen der ehrenamtlichen Gemeinderäte auf Abwehrrechte zusammengeschrumpft, über politische Initiative verfügt eigentlich nur noch die Exekutive[42]. Sie legt dem Gemeinderat meist verabschiedungsreife Vorschläge zu kommunalpolitischen Entscheidungen vor, die dieser entweder nur akzeptieren oder ablehnen kann. Er kennt selten die möglichen Alternativen zu den Vorschlägen der Exekutive, weil ihm diese die entsprechenden Informationen vorenthält oder Gegenargumente widerlegt. „In den Prozeß der Vorbereitung entscheidungsreif werdender Vorgänge ist bestenfalls die Spitzengarnitur der Ratsfraktionen, nicht aber die Masse der ehrenamtlichen Kommunalpolitiker eingeschaltet"[43].

Aufgrund der dargelegten Zusammenhänge weisen kommunalpolitische Entscheidungen oft ein problematisches Defizit an demokratischer Legitimation auf. Selbstbestimmung des Bürgers in der Wahrnehmung seiner demokratischen Rechte und Pflichten funktioniert hier oft nicht einmal über die Vermittlerrolle von Repräsentanten, ganz abgesehen von direkter Einflußnahme auf anstehende Entscheidungen. Für den einzelnen Bürger, in dessen Leben diese Entscheidungen oft direkt eingreifen, stellt sich der demokratische Staat dabei bestenfalls als anonyme Machtverwaltung dar, oft aber auch als bürokratische Bevormundung, der er sich ohnmächtig ausgeliefert fühlt. Obwohl die Kommune der Ort ist, an welchem der einzelne am unmittelbarsten von politischen Entscheidungen betroffen ist, erlebt er hier die Demokratie zumeist nur als Staatsapparat, in welchem Parteibürokratien, Verwaltung und Verbände ein Netz von Zuständigkeiten und Abhängigkeiten geknüpft haben, in dem er als „kleiner Fisch" nur hilflos zappeln kann[44].

Mit wachsender politischer und ökonomischer Zentralisierung wird dieses Netz immer stärker. Die Entwicklung dahin ist teilweise sicher unvermeidlich; aber die Demokratie wird dabei nur überleben können, wenn es über unterschiedliche Beteiligungsformen gelingt, den Bürgern schon da Einfluß zu ermöglichen, wo — um im Bild zu bleiben — die Fäden für das Netz gezogen werden. Über die Parteien allein ist dies offensichtlich nicht (mehr) möglich. Die Partizipationsforderung kann sich folglich nicht mehr nur in den Grenzen des Repräsentationssystems bewegen, sondern sie muß auch die Exekutive und vor allem die Verwaltung erfassen, weil es gilt, „Macht dort aufzuspüren, wo sie am greifbarsten wird, wo Rahmenbedingungen und Programme alternativ durchdacht, vorbereitet und formuliert werden"[45].

2. Modell einer „Organisation für lokale Bürgerbeteiligung"

Im folgenden wird nun das Modell einer Partizipationsstruktur vorgestellt, die der soeben beschriebenen Aufgabe sowie den verschiedenen Partizipationsproblemen mit unterschiedlichen Verfahren gerecht zu werden versucht. Die Schwierigkeiten, die einer wirkungsvollen und breit angelegten Partizipation entgegenstehen, können offensichtlich nicht durch eine einzige Beteiligungsform überwunden werden. Notwendig erscheint vielmehr eine mehrstufige und multiforme Partizipationsstruktur, die kontinuierliche und spontane Beteiligungsformen so miteinander verbindet, daß Beteiligung an Vorbereitung, Durchführung und Kontrolle politischer sowie administrativer Entscheidungen möglich und sinnvoll wird[46].

Der Vorschlag einer „Organisation für lokale Bürgerbeteiligung" kann zunächst als ein Versuch verstanden werden, die nach § 2a Bundesbaugesetz sowie nach den §§ 4, 8 und 9 Städtebauförderungsgesetz vorgesehene Beteiligung des Bürgers verfahrensmäßig zu konkretisieren und in Richtung auf eine allgemeine Partizipation weiterzuentwickeln. Darüber hinaus geht dieser Vorschlag generell davon aus, daß politische Beteiligung in einer arbeitsteiligen und hochorganisierten Gesellschaft struktureller Absicherung und organisatorischer Stützen bedarf. Sie sollten keine beherrschende Rolle innerhalb der Partizipationsstruktur spielen, aber doch sicherstellen, daß Beteiligungsversuche nicht schon an dem notwendigen zeitlichen und materiellen Aufwand zu scheitern drohen. Dazu reicht es wohl aus, wenn in einer Stadt oder einem Stadtteil von bis zu 100000 Einwohnern ein „Bürger-Büro" mit zwei bis drei hauptamtlichen Mitarbeitern sowie einer Bürokraft eingerichtet wird. Die Auswahl der Mitarbeiter sollte sich u. a. danach richten, welche Erfahrungen sie in Stadtplanung, Gemeinwesenarbeit und Öffentlichkeitsarbeit gesammelt haben. Sie sollen mit den örtlichen Behörden zusammenarbeiten, aber von diesen grundsätzlich unabhängig sein.

Diese Unabhängigkeit ist am besten dadurch zu erreichen, daß die Finanzierung des Büros und seiner Aktivitäten entweder durch einen Sonderetat des Bundes bzw. der Länder oder – noch besser – durch eine Stiftung erfolgt. Die erforderlichen Mittel könnte die Stiftung von Bund, Ländern, Gemeinden, Verbänden, Kirchen, Unternehmen etc. erhalten. Auch die Zuweisung gerichtlich auferlegter Bußgelder kommt als Finanzierungsquelle in Betracht. Die Einstellung der hauptamtlichen Mitarbeiter und deren Dienstaufsicht obliegt einem kommunalen Aufsichtsgremium, dessen Mitglieder auf Bürgerversammlungen in den verschiedenen Stadtbezirken gewählt worden sind. Es hat außerdem die Aufgabe, gegenüber der Stiftung oder einem anderen Geldgeber die Tätigkeit des Büros zu vertreten. Wie auch immer die Fragen der Aufsicht und Kontrolle gelöst werden, es sollte sichergestellt werden, daß nicht doch wieder die Allzuständigkeit der politischen Parteien herauskommt.

Was nun die verschiedenen Beteiligungsverfahren anbelangt, so ist mit der *Bürgerversammlung* bereits ein Element der Partizipationsstruktur genannt worden. Als Basisorganisation aller Stimmberechtigten ist die Bürger- oder Gemeindeversammlung, wie sie etwa Art. 18 der Bayerischen Gemeindeordnung einmal im Jahr vorsieht, die umfassendste Form der politischen Beteiligung. Wenn sie bei mittleren und kleineren Gemeinden in der Schweiz heute noch zufriedenstellend funktioniert[47], kann sie unter vergleichbaren Verhältnissen auch in der Bundesrepublik sinnvoll sein. Das bedeutet einerseits, daß die Bürgerversammlung in noch überschaubaren Stadtbezirken stattfindet, die nach historischen oder siedlungspolitisch plausiblen Kriterien festgelegt worden sind. Eine Stadt oder ein Stadtteil ist daher im Interesse der Überschaubarkeit in eine für Bürgerbeteiligung sinnvolle Zahl von Stadtbezirken aufzuteilen. Andererseits muß die Versammlung konkrete und für alle Bürger erkennbar wichtige Themen haben und darauf entsprechend vorbereitet werden.

Ihr Stellenwert wie auch die Einordnung der übrigen Partizipationsformen und -verfahren sowie die Rolle der hauptamtlichen Mitarbeiter innerhalb der vorgeschlagenen Partizipationsstruktur sollen im folgenden am angenommenen Beispiel einer geplanten Änderung des Bebauungs- und Verkehrsplans eines Stadtteils erklärt werden.

Wird also für einen Stadtbezirk eine Änderung des Bebauungs- und Verkehrsplans in Aussicht genommen, hat das Büro der Organisation für lokale Bürgerbeteiligung zunächst die Aufgabe, alle wichtigen Informationen über dieses Projekt zusammenzutragen und aufzubereiten. Im Kontakt mit in dem Bezirk tätigen Ortsvereinen der Parteien, mit Bürgervereinen, Bürgerinitiativen oder Kirchengemeinden kann mit diesen Informationen der Bevölkerung ihre Betroffenheit einsichtig gemacht werden. Damit sind dann die Voraussetzungen für die Vorbereitung und Durchführung einer Bürgerversammlung gegeben, die das Büro organisatorisch betreut und auf der erstmals individuelle und allgemeine, kurzfristige und langfristige Interessen artikuliert und einander konfrontiert werden können.

Verlauf und Ergebnis dieser Versammlung werden in der Regel eine weitere intensive Beschäftigung mit den anstehenden Problemen nahelegen. Dazu dient der von den Stimmberechtigten des Stadtbezirks gewählte *Bürgerausschuß*. Da nach der hier zugrunde liegenden Konzeption die Partizipationsstruktur das Parteiensystem ergänzen und nicht dessen Probleme verdoppeln soll, wird in dem hier vorgestellten Modell die z.B. in der Stadt Essen seit 1964 geltende Regelung der Berufung nicht übernommen. Dort werden die Bürgerausschüsse, die nach § 4 der Gemeindeordnung für das Land Nordrhein-Westfalen eingerichtet wurden, nach dem Stärkeverhältnis der Parteien im Stadtrat zusammengesetzt. Die Mitglieder der Bürgerausschüsse werden auf Vorschlag der Parteien vom Stadtrat ernannt. Die Voraussetzung für eine stimmberechtigte Mitgliedschaft erfüllt, wer zum Rat der Stadt wählbar ist, im Bürgerausschußbezirk wohnt, nicht Mitglied des Stadtrats und nicht

Beamter oder Angestellter der Stadtverwaltung ist. Jugendvertreter sind als nichtstimmberechtigte Mitglieder vorgesehen[48]. Bis auf die Regelung der Konstituierung durch die Parteien können die Bürgerausschüsse der Stadt Essen durchaus als Modell für eine Beteiligungsform innerhalb der vorgeschlagenen Partizipationsstruktur dienen. Sie haben gegenüber Rat und Verwaltung das Recht, Anfragen und Anträge zu stellen sowie Anregungen zu geben. Zugleich haben sie Anspruch auf Unterrrichtung über die Entscheidungen, die aufgrund ihrer Anträge oder Stellungnahmen gefällt worden sind. Wenn sie zudem noch das Recht erhalten, öffentliche Anhörungen in ihrem Bezirk zu organisieren, auf denen neben den etablierten Interessengruppen z.B. auch Bürgerinitiativen und die über Gemeinwesenarbeit und Anwaltsplanung organisierten Gruppen gehört werden, und wenn sie an den endgültigen Entscheidungen beteiligt werden, können sie eine Reihe der obengenannten Partizipationsbarrieren überwinden. Unterstützt durch die hauptamtlichen Mitarbeiter sind die an den Bezirksausschüssen Beteiligten motiviert durch sachgemäße, rechtzeitige und umfassende Information und durch die Wahrnehmung von Einflußchancen. Sie erkennen ihre soziale Verantwortung und können soviel Fachkompetenz erwerben, daß sie trotz komplexer Zusammenhänge zu effizienter Beteiligung fähig sind.

Um die tatsächliche Interessen- und Bedürfnisvielfalt in den Entscheidungsprozeß einzubringen, können den Bürgerausschüssen *Fachbeiräte* angegliedert werden. Sie können sich in ihrer Zielsetzung sowohl an bestimmten Sachfragen, z.B. Fachbeirat für Verkehrsfragen, für Schulfragen u.ä., als auch an bestimmten Personengruppen orientieren, z.B. Fachbeirat für Jugendfragen, für Altenprobleme, für Randruppen. Die Besetzung dieser Fachbeiräte könnte auf Vorschlag der Bezirksausschüsse durch die Bürgerversammlung erfolgen. In den Fachbeiräten sollten die von den anstehenden Entscheidungen Betroffenen angemessen vertreten sein, um zu vermeiden, daß die Beiräte zu einer weiteren Interessenvertretung der ohnehin einflußreichen Gruppen werden. Die besondere Aufgabenstellung und die Zusammensetzung des Fachbeirats ergeben über die bloße Erhöhung der Beteiligungschancen hinaus eine zusätzliche Motivation für die Beteiligung Betroffener, insbesondere auch solcher aus den jeweils betroffenen sozial schwachen Gruppen. Zugleich wird die Effektivität der Tätigkeit des Bürgerausschusses vergrößert, weil in dessen Beratungen zusätzliche Informationen über die Interessen und Bedürfnisse von Betroffenen eingebracht werden.

Es muß freilich — gerade auch im Fall eines Bebauungs- und Verkehrsplans — davon ausgegangen werden, daß der Bürgerausschuß trotz Unterstützung durch die hauptamtlichen Mitarbeiter sowie durch Fachbeiräte nicht alle Probleme sachgemäß bearbeiten kann. Die Aufteilung einer Stadt in Bezirke führt zwar einerseits über die Dezentralisierung zu einer Verringerung der Komplexität. Der einzelne Bezirk ist für den Bürger noch relativ überschaubar. Aber es erhöhen sich fast in gleichem Maße die Abstimmungsprobleme zwischen den einzelnen Bezirken, so daß die Entscheidungen stets sehr komplexe Zusammenhänge berücksichtigen müssen.

Um die daraus für die Beteiligung sich ergebenden Schwierigkeiten zu bewältigen, kann die von Peter Dienel vorgeschlagene und schon erprobte *Planungszelle* als Beteiligungsverfahren angewandt werden. Nach Dienels Konzept[49] entscheidet das zuständige Kommunalparlament darüber, welches Thema einer Planungszelle zugewiesen wird. Innerhalb der hier vorgeschlagenen Partizipationsstruktur erscheint es sinnvoll, wenn die Planungszelle in Abstimmung zwischen Bürgerausschuß und Stadtrat eingesetzt und von den hauptamtlichen Mitarbeitern der Organisation für lokale Bürgerbeteiligung organisiert wird. Diese können die Planungszelle auch dort als Beteiligungsverfahren einsetzen, wo noch keine unmittelbar Betroffenen feststellbar sind (Planung eines Neubaugebietes) oder Betroffenheit nicht auf die Grenzen des Stadtbezirks zu beschränken ist (Verkehrsplanung).

Die Planungszelle besteht aus einer Gruppe von repräsentativ ausgewählten Bürgern der gesamten Stadt, die für ein bestimmtes Planungsvorhaben innerhalb einer festgesetzten Frist ein bestimmtes Problem bearbeiten und dafür beruflich freigestellt werden. Sie werden außer von den genannten hauptamtlichen Mitarbeitern von einem Fachplaner unterstützt, der auch den projektspezifischen Informationsstand der Verwaltung in den Arbeitsprozeß eingibt. Die Planungszelle führt zu sehr intensiven Lernprozessen und über-

windet – wie erste Ergebnisse zeigen – auch die Barriere der Schichtzugehörigkeit. Da die Tätigkeit vergütet wird, ist auch das Zeitproblem gelöst. Die Beteiligten werden in die Lage versetzt, ohne
Blickverengung durch Eigeninteressen Probleme anzugehen, die für
das gemeinsame Leben langfristig von Bedeutung sind.

Über die Zuordnung von Bürgerversammlung und Bürgerausschuß,
Fachbeiräten und Planungszellen können im kommunalen Bereich
sicher viele der genannten Partizipationsprobleme gelöst werden.
(Vgl. das nachstehende Wirkungsschema) Es bedarf freilich noch
besonderer Verfahren, um die Schwierigkeiten bei der Beteiligung gesellschaftlich benachteiligter Gruppen zu beheben. Sie
können sich über Fachbeirat und Planungszelle nur in sehr begrenztem Umfang politisch beteiligen und also Selbstbestimmung
versuchen. Eine wichtige Aufgabe der hauptamtlichen Mitarbeiter in der Organisation für lokale Bürgerbeteiligung besteht daher in der Unterstützung dieser Gruppen. Daraus folgt, daß in der
hier vorgeschlagenen Partizipationsstruktur die Methoden der
Gemeinwesenarbeit und der *Anwaltsplanung* eine wichtige Rolle
spielen[50].

Die mit diesen Methoden vertrauten hauptamtlichen Mitarbeiter
sind einerseits damit beauftragt, in den Beratungen und Beschlüssen
von Bürgerversammlung und Bezirksausschuß die Interessen jener
Gruppen stellvertretend einzubringen. Entscheidend ist aber andererseits, daß sie ihnen auch Hilfen zur Selbsthilfe geben. Das bedeutet
gleichsam im ersten Schritt, daß die sozial Benachteiligten durch
personelle und materielle Unterstützung die Fähigkeit erwerben, in
den genannten Gremien sowie in Fachbeiräten und Planungszellen
ihre Belange selbstbewußt geltend zu machen und dieselben auch
gegenüber Rat, Verwaltung und Öffentlichkeit entschieden zu
vertreten. Im zweiten Schritt können sie dann versuchen, eigenständige Lösungen für ihre Probleme zu entwickeln und nach Möglichkeit auch Problemlösungen selbst in die Hand zu nehmen.

Eine Organisation für lokale Bürgerbeteiligung, wie sie bisher ent-
wickelt wurde, ist zweifellos der Gefahr ausgesetzt, daß mit dem
Maß der Organisierung und Institutionalisierung die Tendenz zu
Bürokratisierung und Anpassung wächst. Darunter würde ihre
Bedeutung für eine breite politische Aktivierung ebenso leiden
wie ihre Wirksamkeit für eine bessere politische Willensbildung

Wirkungsschema „Organisation für lokale Bürgerbeteiligung"

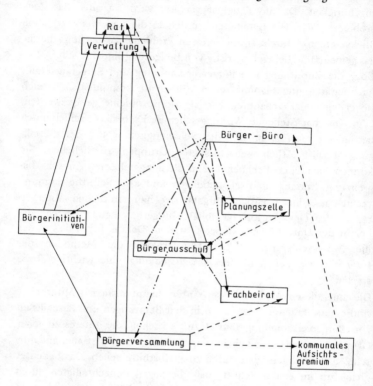

und Entscheidungsfindung. Der organisatorischen Kontinuität muß daher ein Gegengewicht an Spontaneität und Basiskontrolle gegenübergestellt werden.

Es ist ja nicht auszuschließen, daß — um bei unserem Beispiel zu bleiben — sich im Zuge einer Bebauungs- und Verkehrsplanung durch die häufigen Kontakte der hauptamtlichen Mitarbeiter und der Mitglieder des Bürgerausschusses mit der Verwaltung eine gewisse „Kumpanei" der Interessen entwickelt. Dies wird sicher von manchen Betroffenen als problematisch oder ärgerlich empfunden werden, und sie suchen dann nach spontanen Beteiligungsformen, um ihre Interessen geltend zu machen. Es kann aber auch der Fall eintreten, daß die hauptamtlichen Mitarbeiter spontane Aktionen für notwendig halten, um sich gegen Versuche der Blockierung oder auch der Vereinnahmung durch die Verwaltung wirksam wehren zu können.

Innerhalb der Organisation für lokale Bürgerbeteiligung hat daher auch die *Bürgerinitiative* mit ihren vielfältigen spontanen Aktionsformen ihren Platz. Da sie aus der unmittelbaren Reaktion von Betroffenen entsteht, ist mit ihr eine starke Motivation zu politischer Beteiligung verbunden; und weil sie sich in der Regel auf sachlich, zeitlich und räumlich begrenzte Probleme konzentriert, kann sie auch bei komplexen Zusammenhängen zu kompetenter und effizienter Beteiligung führen[51]. Wenn eine Bürgerinitiative sich gebildet hat, sollten die hauptamtlichen Mitarbeiter des Bürger-Büros sie in der Beschaffung, Verarbeitung und Verbreitung von Informationen unterstützen. Sie sollten sich darüber hinaus bemühen, die Interessen der sozialen Unterschichten in der Bürgerinitiative mitzuvertreten, und jene anregen und ermutigen, sich an den Aktionen der Bürgerinitiative zu beteiligen. Die hauptamtlichen Mitarbeiter sollten auch das Recht besitzen, die Gründung einer Bürgerinitiative selbst einzuleiten, wenn es ihnen notwendig erscheint. Mit diesen unterschiedlichen Beteiligungsformen und -verfahren können die Voraussetzungen für eine eindeutige Willensbildung der von einer Planung betroffenen Bevölkerung geschaffen werden. Nach Ablauf dieser Beteiligungsprozesse wäre es also durchaus möglich, daß auf einer Bürgerversammlung konkrete Forderungen erhoben und festumrissene Ziele entwickelt werden. Je eindeutiger das Votum der Bürgerversammlung ausfällt und je grösser die Beteiligung daran ist, um so weniger können sich die politischen Repräsentanten darüber hinwegsetzen. Es wäre auch denkbar, daß die Bürgerversammlung bei entsprechender Vorbereitung und Beteiligung ein aufschiebendes Veto gegen die vorliegende Pla-

nung aussprechen kann. Dann müßte entweder die Gemeindever-
tretung neu beraten oder der gesamte Vorgang der höheren Ver-
waltungsbehörde vorgelegt werden.

In dem Fall, in dem etwa aufgrund von Korruption oder durch
schuldhaftes und grob fahrlässiges Verhalten von Politikern oder
Verwaltungsbeamten alle Partizipationsversuche zu scheitern drohen,
könnte mit dem *Amtsenthebungsverfahren* eine wirksame Kontrolle
„von unten" eingerichtet werden. Es würde entsprechend dem
amerikanischen Recall-Verfahren die Abwahl eines Abgeordneten
oder Beamten vor dem Ende der vorgeschriebenen Amtsperiode
bedeuten. Die begründete Forderung nach Abwahl muß von einer
festgesetzten Zahl von Wählern unterzeichnet werden, wobei die
Zahl der Unterschriften durchaus höher sein kann, als — umge-
rechnet auf den Bezirk — für die Einleitung eines Volksbegehrens
üblicherweise erforderlich ist (derzeit maximal 20 % der Wahl-
berechtigten). Möglicherweise sind auch noch weitere Hürden für
die Einleitung des Verfahrens einzubauen, um es der Gefahr des
Mißbrauchs aufgrund persönlicher Mißgunst oder politischer Geg-
nerschaft zu entziehen. Das Amtsenthebungsverfahren wäre sicher
das letzte Mittel, das in einer Auseinandersetzung des Bürgers mit
dem Staatsapparat angewendet werden sollte. Aber es kann dem
Bürger zumindest die Chance bieten, der Allmacht der Bürokratie
gelegentlich zu widerstehen.

Es mag sein, daß die hier mit der Organisation für lokale Bürgerbeteiligung verbundenen Hoffnungen und Erwartungen sich nicht
erfüllen; daß die vorhandenen Strukturen eine so starke selbst-
stabilisierende Kraft entwickeln, daß Partizipationsversuche letztlich scheitern müssen; daß die Menschen zu träge und zu egoistisch
sind, als daß sie in größerem Umfang zu Lernprozessen und gar zu
solidarischer Interessenabwägung veranlaßt werden können. Es
gibt freilich bei vielen, die sich bereits politisch engagiert haben
— in Parteien, Bürgerinitiativen oder Selbsthilfeaktionen, Erfahrungen, die Hoffnung machen. Daher scheint es geboten, die Möglichkeiten der Partizipation durch Versuche mit dem hier vorgeschlagenen Modell auszuloten, einerseits, um im zentralisierten,
bürokratisierten, verwissenschaftlichten Staat der Industriegesellschaft die Demokratie lebensfähig zu erhalten, andererseits, um

damit zugleich die Chance offen zu halten, daß ein Neuer Lebensstil mit einer veränderten Wertordnung sich Schritt für Schritt durchzusetzen vermag.

Anmerkungen

1 Zitiert nach dem Manuskript der Rede des Ministers zur Verleihung des Umweltpreises des TÜV-Rheinland am 1.6.1976.

2 Das politische Trauerspiel um das Abwasserabgabengesetz ist ein anschauliches Beispiel dafür, daß sich ökonomische Interessen gegen alle Einsicht und beste Absichten durchsetzen.

3 Vgl. die empirische Untersuchung von Jürg Steiner, Bürger und Politik, Meisenheim 1969, S. 74 ff, 85 ff, 158 f.

4 Vgl. Robert Jungk, „Entwicklungsethik" und demokratische Mitwirkung, in: Frankfurter Hefte, 28. Jg., Heft 2 Frankfurt 1973, S. 110.

5 Klaus Horn, Zur Überwindung politischer Apathie, in: Demokratisierung in Staat und Gesellschaft, hg. von Martin Greiffenhagen, München 1973, S. 214.

6 Vgl. die Liste dieser und anderer Partizipationsformen bei Günter D. Radtke, Teilnahme an der Politik. Bestimmungsgründe der Bereitschaft zur politischen Partizipation, ein empirischer Beitrag, Leverkusen 1976, S. 19.

7 Nach Buse/Nelles bezeichnet politische Partizipation „jede Art von Versuchen der Einflußnahme oder Beteiligung an dem durch die staatlichen Institutionen und den Bestand der öffentlichen Aufgaben ausgewiesenen politisch/administrativen Bereich und umfaßt insbesondere auch die Mitwirkung der Bürger an der Erfüllung öffentlicher Aufgaben". Michael J. Buse und Wilfried Nelles, Formen und Bedingungen der Partizipation im politisch administrativen Bereich, in: Partizipation — Demokratisierung — Mitbestimmung, hg. von Ulrich von Alemann, Opladen 1975, S. 41.

8 Vgl. Reimer Gronemeyer, Integration durch Partizipation, Frankfurt 1973, S. 209.

9 Vgl. Stuttgarter Zeitung vom 12.7.1973.

10 Vgl. Gisela Zimpel, Art. „Politische Beteiligung", in: Handlexikon zur Politikwissenschaft, hg. von Axel Görlitz, Reinbek 1972, S. 329.

11 Vgl. Michael Buse, Reinhard Oppermann, Sozialpsychologische und soziostrukturelle Determinanten politischer Partizipation, Referat zum 18. Deutschen Soziologentag 1976 in Bielefeld, Manuskript, S. 12.

12 Daß im lokalen Bereich das Merkmal der Betroffenheit oft leicht erkennbar ist und auch zu verstärkter politischer Beteiligung führt, belegt eine empirische Untersuchung über das politische Verhalten von Stimmbürgern im Kanton Basel-Landschaft; vgl. Die Baselbieter Stimmbürgeruntersuchung 1972, Bericht der Expertenkommission zur Hebung der Stimmbeteiligung, Basel, o.J., S. 3.

13 Marianne Gronemeyer, Motivation und politisches Handeln, Hamburg, 1976, S. 33.

14 Vgl. Demokratisierung der Planung, hg. von Gerhard G. Dittrich, Nürnberg 1975, S. 216. Daß die positive Beurteilung des persönlichen Einflusses auf das politische Geschehen die Bereitschaft zur Partizipation fördert, belegt auch Jürg Steiner, Bürger und Politik, a.a.O., S. 85 ff.

15 Vgl. Peter Dienel, Partizipation an Planungsprozessen als Aufgaben der Verwaltung, in: Die Verwaltung, 4. Band. Berlin 1971, Heft, 2, S. 164.

16 Vgl. Bernt Armbruster, Rainer Leisner, Bürgerbeteiligung in der Bundesrepublik, Göttingen 1975, S. 7. Vgl. auch Der Senat von Berlin, Bericht über die Beteiligung von Betroffenen an Planungsentscheidungen, Drucksache Nr. 6/372 − Schlußbericht −, S. 39: „Die Erfahrungen bestätigen Erkenntnisse der soziologischen Forschung, daß Personen aus sozialen Schichten mit höherem Einkommen, größerem Vermögen oder längerer Ausbildung leichter für Diskussionen und Teilnahme an Planungsprozessen zu gewinnen sind, als Personen, die über diese Voraussetzungen nicht verfügen“.

17 Das politische Apathie eine plebiszitäre Basis für den politischen und gesellschaftlichen status quo schafft, betont Klaus Horn, Zur Überwindung politischer Apathie, a.a.O., S. 211.

18 Vgl. dazu Thomas Knorr, Heidrun Kunert, Irene Rachelmann, Ulla Wahl-Terlinden, Sozialplanung und Aktivierung der Betroffenen, Meisenheim am Glan 1976, S. 121.

19 So Peter Cornelius Mayer-Tasch, Die Bürgerinitiativbewegung, Reinbek 1976, S. 37.

20 Vgl. dazu Marianne Gronemeyer, a.a.O., S. 134 ff. Erich Fromm betont, daß die Begrenzung des Gruppennarzißmus drastische Veränderungen in der sozialen Organisation erfordert, weg vom Primat des Habens und Hortens zum Sein und miteinander Teilen. „Solche radikalen Veränderungen werden die aktivste Beteiligung und Mitbestimmung jedes Arbeiters und Angestellten in seinem Betrieb verlangen − auch die jedes Erwachsenen in seiner Rolle als Staatsbürger“, in: Anatomie der menschlichen Destruktivität, Stuttgart 1974, S. 195.

21 Erich Fromm, a.a.O., S. 98.

22 Vgl. dazu die Auseinandersetzung mit der Systemtheorie von Niklas Luhmann in dem Beitrag von Helga Gripp in diesem Band.

23 Vgl. Reimer Gronemeyer, a.a.O., S. 45 ff sowie die dort zitierte Literatur.

24 Ders., a.a.O., S. 13.

25 Peter Dienel, a.a.O., S. 153. Thomas Ellwein vermutet wohl mit recht, daß die modernen Techniker der Macht, Experten, Funktionäre, Spezialisten, den „Schleier der Komplexität über alles und jedes legen und dadurch den Anspruch auf Teilhabe und Mitsprache zum Verstummen bringen“, in: Das Regierungssystem der Bundesrepublik Deutschland, 3. Aufl. Opladen 1973, S. 110.

26 Vgl. dazu Der Senat von Berlin, a.a.O., S. 58.

27 Vgl. Peter Cornelius Mayer-Tasch, a.a.O., S. 81: „Das Engagement, der Fleiß, die Findigkeit und das intellektuelle Niveau, mit denen von manchen Bürgerinitiativen in mühseligen Voruntersuchungen und Erhebun-

gen die Voraussetzungen, die Konsequenzen und die möglichen Alternativen einer bekämpften oder erstrebten Maßnahme oder Planung erarbeitet und vorgelegt wurden, hätte so mancher fachlich zuständigen Behörde zur Ehre gereicht".

28 Marianne Gronemeyer spricht von zwei komplementären Lerntypen, a.a.O., S. 156.

29 Vgl. dazu Martin Schrenk, Sachlichkeit — Emotionalität — Identität, in: Kernenergie, Mensch, Umwelt, hg. von Kurt Oeser und Horst Zilleßen, Köln 1976, S. 87 ff.

30 Vgl. Der Senat von Berlin, a.a.O., S. 55.

31 Vgl. dazu a.a.O., S. 37 f.

32 Hans Pflaumer, Öffentlichkeit und Verwaltung in einem demokratischen Planungsprozeß, in: Mehr Demokratie im Städtebau, hg. von Lauritz Lauritzen, Hannover 1972, S. 81.

33 Vgl. Theodor Ebert, Mit Bürgerinitiativen zur antikapitalistischen Strukturreform?, in: gewaltfreie aktion, 4. Jg. Berlin 1972, Heft 12, S. 10.

34 Eschenburg hält die repräsentative Demokratie für einen „Notbehelf der reinen Idee der Demokratie"; vgl. Theodor Eschenburg, Demokratisierung und politische Praxis, in: Aus Politik und Zeitgeschichte, Nr. 38, Bonn 1970, S. 6.

35 Vgl. dazu etwa Pierre Hoffmann, Nikitas Patellis, Demokratie als Nebenprodukt. Versuch einer öffentlichen Planung, München 1971, S. 56.

36 Vgl. dazu Ulfert Herlyn, Jürgen Krämer, Wulf Tessin, Günter Wendt, Sozialplanung und Stadterneuerung, Stuttgart 1976, S. 115.

37 Vgl. Ralf Zoll, Wertheim III. Kommunalpolitik und Machtstruktur, München 1974.

38 Vgl. Die Folgen der Gebietsreform, in: Wirtschaftswoche, Nr. 12, Düsseldorf, 11. März 1977, S. 21.

39 Vgl. Ralf Zoll, a.a.O., S. 198.

40 Vgl. dazu Karl-Heinz Naßmacher, Parteien im kommunalpolitischen Zielbildungsprozeß, in: Österreichische Zeitschrift für Politikwissenschaft, 1. Jg. Wien 1972, Heft 4, S. 51 f. Ausführlich behandeln diesen Zusammenhang Bernt Armbruster, Rainer Leisner, a.a.O., S. 99, 103, 124.

41 Vgl. Ralf Zoll, a.a.O., S. 145.

42 Vgl. Ralf Zoll, a.a.O., S. 27. Dies gilt, wie eine vom Europarat veröffentlichte Untersuchung nachweist, nicht nur für die Bundesrepublik. Vgl. Conditions of local democracy and citizen participation in Europe, Straßburg 1977, S. 36: „Generally speaking, with the existence of larger municipalities, there is an increasing tendency towards the delegation of responsibilities from the deliberating to the executive body".

43 Karl-Heinz Naßmacher, a.a.O., S. 59. Vgl. dazu auch die auf der Durcharbeitung vertraulicher Kommunalakten fußende Untersuchung von Prodosh Aich (Hg.), Wie demokratisch ist Kommunalpolitik? Gemeindeverwaltung zwischen Bürgerinteressen und Mauschelei, Reinbek 1977, S. 70. Im Hinblick auf das Grundproblem der kommunalen Demokratie, das Verhältnis von Rat und Verwaltung, kommen die Autoren zu dem Schluß, „ ... daß weder der Bürger noch seine Vertretung eine reale Möglichkeit haben, Einfluß auf Entscheidungen zu nehmen. Der gesetzliche Rahmen verhindert den Einfluß. Er ist gebastelt, um einen glatten Ablauf der wirksamen Verwaltung zu sichern" (a.a.O., S. 85).

44 Vgl. Conditions of local democracy and citizen participation in Europe, a.a.O., S. 1: „The danger is that ordinary people will come to feel that they are powerless and that there is nothing the political system can do to solve their problems. An attitude of this kind can lead to a distrust of politicians and of representative democracy".

45 Thomas Ellwein, Ekkehard Lippert, Ralf Zoll, Politische Beteiligung in der Bundesrepublik Deutschland, Göttingen 1975, S. 15.

46 Die institutionelle Verankerung einer solchen Partizipationsstruktur im kommunalen Entscheidungsprozeß kann auch mit dem Hinweis auf die gesellschaftspolitischen Rahmenbedingungen begründet werden. Obwohl damit eher die praktische Durchsetzung als die Logik der Partizipationsforderung angesprochen ist, macht Heli Aurich mit Recht darauf aufmerksam, daß Partizipation erst dann erreicht werden kann, „wenn Beteiligung als demokratische Norm gesellschaftlich anerkannt und auf individuelles Beteiligungsverhalten bestärkend wirken kann", in: Partizipation an der Stadtplanung, Basel 1976, S. 122.

47 Vgl. Das politische System der Schweiz, hg. von Jürg Steiner, München 1971, S. 62.

48 Vgl. die Satzung über die Einrichtung von Bürgerausschüssen in der Stadt Essen, in: Amtsblatt der Stadt Essen, Nr. 25 vom 20. Juni 1964.

49 Vgl. Peter Dienel, Wie können Bürger an Planungsprozessen beteiligt werden? in: Der Bürger im Staat, 21. Jg., Heft 3/1971, S. 151 ff; s. neuerdings auch ders., Die Planungszelle. Eine Alternative zur Establishment-Demokratie, Opladen 1978.

50 Auf die Einzelheiten dieser Verfahren kann hier nicht näher eingegangen werden. Vgl. dazu Jo Boer und Kurt Utermann, Gemeinwesenarbeit, Stuttgart 1970 sowie Paul Davidoff, Anwaltsplanungsprinzip und Pluralismus in der Planung, in: Mehr Demokratie in Städtebau, a.a.O., S. 149 ff.

51 Für Einzelheiten vgl. Horst Zilleßen, Bürgerinitiativen im repräsentativen Regierungssystem, in: Aus Politik und Zeitgeschichte, Nr. 12, Bonn 1974, sowie Peter Cornelius Mayer-Tasch, a.a.O. In letzter Zeit wird zunehmend die Gefahr einer kommunistischen Unterwanderung dieser Initiativen beschworen. Die wenigen Belege, die dafür in der Regel aufgeführt werden, rechtfertigen aber selten das Ausmaß der Befürchtungen. Nur eine gründliche empirische Untersuchung wird hier Klarheit verschaffen können.

3. Alternativer Lebensstil — alternative Ökonomie? Überlegungen zur wirtschaftlichen Entwicklung und zum Konsumverhalten

Von Karl Ernst Wenke

Seit langem gehören Begriffe wie 'Lebensstandard' und 'Lebensqualität' zu den Reizwörtern der gesellschafts- und wirtschaftspolitischen Debatte über die Entwicklungs- und Fortschrittsprobleme der Industrie- sowie der Entwicklungsländer. Mit dem Begriff 'Lebensstil' scheint diese Diskussion in eine neue Phase einzutreten.

Schon die Forderung nach einer verbesserten Lebensqualität war Protest gegen die gesellschaftliche und individuelle Überbewertung des Lebensstandards. Eine größere materielle Güterversorgung, die quantitative Mehrung von privatem Verbrauch und Besitz sind nach dem Konzept der Lebensqualität nicht ausreichend — von einem bestimmten Versorgungsniveau an vielleicht nicht einmal mehr notwendig —, ein 'erfülltes' Leben zu leben. Dazu gehört vielmehr auch die Befriedigung immaterieller und sozialer Bedürfnisse, nach Zuneigung oder Anerkennung etwa, sowie die Teilnahme an den nicht materiellen Aspekten der Kultur und der Natur; dazu gehört nicht zuletzt auch eine ausreichende Versorgung mit Kollektivgütern, beispielsweise zur Gesundheitsvorsorge und zur Erhaltung der Umwelt, wie auch die Herstellung zumutbarer Arbeits- und Produktionsbedingungen.

Welche Bedeutung erhält nun in diesem Zusammenhang die Frage nach einem Neuen Lebensstil? Einer soziologischen Definition folgend ist

„Lebensstil die (im Konsum- und Sozialverhalten) beobachtbare *qualitative* Bedarfsstruktur und Mittelverwendung einer Person, Gruppe (Familie) oder sozialen Klasse."[1]

Unterschiedliche Lebensstile werden demnach durch die Art und Weise der Bedürfnisbefriedigung, vor allem durch unterschiedlichen Warenkonsum und unterschiedliche Verwendung des Einkommens, geprägt. Der Begriff Lebensstil wird also weniger dazu verwendet, das zu kennzeichnen, was der Mensch hat; er ist eher ein umfassender Ausdruck für eine bestimmte Form des individuellen und sozialen Lebensvollzugs, für das menschliche Streben nach Haben und Sein und für die Art und Weise, wie er mit dem, was er hat und ist, umgeht.

Richtigerweise geht diese Definition davon aus, daß das Leben der Menschen in den hochindustrialisierten Gesellschaften heute wesentlich 'wirtschaftliches' Leben ist, daß ihr Lebensstil vor allem von ökonomischen Aktivitäten bestimmt wird. Die Abhängigkeit des Reproduktionsbereichs, des Bereiches von Freizeit und Konsum, vom Produktionsbereich ist in der Tat unübersehbar geworden. Es versteht sich daher nahezu von selbst, daß die Forderung nach einem Neuen Lebensstil notwendig zur Forderung nach der Veränderung 'wirtschaftlicher Gegebenheiten' wird.

Damit stellt sich die Frage, und zwar unabhängig von dem Problem, wie ein Wandel des Lebensstils in Gang gesetzt werden könnte – sei es in erster Linie über die Veränderung geltender sozialer Werte, sei es vor allem und vorgängig durch die Veränderung gesellschaftlicher Institutionen und Strukturen –, welche 'wirtschaftlichen Gegebenheiten' zu verändern wären:[2] Sind Veränderungen vor allem im Reproduktionsbereich oder zuvor im Produktionsbereich anzustreben?

Geht man davon aus, daß die Grundlage des wirtschaftlichen Lebens die Güterproduktion ist, dann heißt die grundlegende wirtschaftliche Frage, die entschieden werden muß: Was, für wen und wie wird produziert? Diese Frage macht deutlich, daß jede Entscheidung über die Zusammensetzung des Sozialprodukts aus den verschiedensten Gütern, über die Verteilung der in der Produktion entstehenden Einkommen und über die Produktivität und die Humanität der Arbeitsverhältnisse den alltäglichen Lebensvollzug nachhaltig beeinflußt, daß der Produktionsbereich für das Leben jedes Menschen von wesentlicher Bedeutung ist. Trotz aller Unterschiede der Lebensformen, -gewohnheiten und -bedingungen, die beobachtbar sind, ist es also nicht abwegig, davon auszugehen, daß die Vielfalt dieser Lebensstile vor allem auf unterschiedliche Produktions- und Arbeitsbedingungen reduzierbar ist.[3]

Es liegt also der Gedanke nahe, daß die Suche nach einem alternativen Lebensstil auch Suche nach einer 'alternativen Ökonomie' sein muß. Es drängt sich die Vermutung auf, daß die Praxis des Neuen Lebensstils nicht zuletzt im Produktionsbereich zu realisieren wäre, und zwar nicht nur als Praxis von einzelnen und Gruppen, die am eigenen Arbeitsplatz neue Verhaltensweisen erproben, sondern auch als Experimente zur Veränderung von Produktionsstrukturen, d.h. zur Veränderung von Produktionszielen und von Arbeits- wie Produktionsbedingungen.

In der Tat gibt es Versuche, Kriterien zu entwickeln, die es ermöglichen sollen, das Verhalten am Arbeitsplatz neu zu orientieren.[4] Es gibt auch eine Vielzahl von 'Projekten alternativer Ökonomie', in denen auch neue Produktionsformen erprobt werden.[5] Zu einem größeren Teil realisiert sich die Praxis des Neuen Lebensstils heute aber noch im Reproduktionsbereich, d.h. vorwiegend in Versuchen zu einer individuellen Umorientierung des Freizeit- und Konsumverhaltens.

Nach dem, was über die Bedeutung des Produktionssektors gesagt wurde, nimmt es nicht wunder, daß dieser Ansatz zur Veränderung im individuellen Bereich als moralistisch und bürgerlich-idealistisch kritisiert wird. Mit Hinweis auf Macht und Funktion des Kapitals in unserem Wirtschaftssystem wird ihm die Forderung nach „Ausübung von struktureller Gegenmacht", vor allem über die „Organisation der Arbeiterbewegung", entgegengesetzt.[6]

Die bisherige, inzwischen schon überschaubare Geschichte der Bürgerinitiativen zeigt nun aber doch, daß eine Sensibilisierung und Mobilisierung der Menschen für Strukturreformen nicht ausschließlich im Produktionsbereich erfolgen muß. Sie zeigt, daß es auch im Reproduktionsbereich wirksame Aktionsmöglichkeiten gibt, weil selbst allgemeine – nicht nur gruppenspezifische – Lebensbedürfnisse der Individuen einer Gesellschaft organisierbar und konfliktfähig gemacht werden können.[7] Verweigerungshandlungen im Konsumbereich, beispielsweise der Boykott von Konsumgegenständen, die in Entwicklungsländern ausbeuterisch produziert werden oder gefährliche Umweltbelastungen mit sich bringen, können durchaus mehr bewirken, als bloß private Denkanstöße – nämlich Anstöße zu weiterführender konkreter Basisarbeit und zu politischen Diskussionen.[8]

Die Arbeit der Basisbewegungen in den Vereinigten Staaten macht
möglicherweise eine generelle Tendenz deutlich. Vielfach haben sich
dort die von ihnen initiierten und getragenen gesellschaftlichen
Auseinandersetzungen aus dem Produktionsbereich in den der Kon-
sumtion verlagert. Diese Tendenz spiegelt die wachsende Bedeutung
des Staates — Befriedigung des kollektiven Konsums und Zukunftssicherung — für den 'Lebensunterhalt' des einzelnen wieder; dieser
hängt nicht mehr ausschließlich und unmittelbar vom Engagement
und von der Leistung des einzelnen im Produktionsbereich ab.[9]
Allerdings, soweit es den Initiativen für einen Neuen Lebensstil
nicht nur um eine neue, rein geistige Lebensordnung oder um eine
bloß im persönlichen Bereich veränderte Lebensführung geht, soweit sie 'letztlich' auch auf gesellschaftliche und wirtschaftliche Veränderungen zielen, wird es sowohl im Reproduktions- wie im Produktionsbereich zu nachhaltigen und spürbaren Veränderungen
kommen müssen. Veränderungen des Konsum- und Freizeitverhaltens werden von den Initiativen deshalb besonders daraufhin zu betrachten sein, welche Veränderungen in den gesellschaftlichen und
wirtschaftlichen Institutionen und Strukturen notwendigerweise
gleichzeitig geschehen oder folgen müßten, soll ein verändertes
Konsum- und Freizeitverhalten nicht folgenlos bleiben.

1 Umweltgerecht und einfacher leben

In der Bundesrepublik sind viele Lebensstilgruppen gegenwärtig
noch ausschließlich im Reproduktionsbereich, im Bereich von
Freizeit und Konsum, engagiert. Sie wollen in kleinen Schritten
diskutieren und erproben, wie etwa die Forderung, umweltgerecht und einfacher zu leben, in den Alltag des einzelnen und seiner
Familie konkret vermittelbar ist.
Im Vordergrund stehen dabei die Fragen: Kann und muß der Konsum — der Kauf von Gütern und Diensten und die Art und Weise
ihres endgültigen Verbrauchs — verändert werden? Muß der ständigen Steigerung des materiellen Konsums[9a] ein Ende gesetzt, muß
er sogar verringert und muß er von 'schädlichen' Gütern auf andere,
umweltfreundlichere und entwicklungsfördernde Güter beispielsweise, verlagert werden, weil anders die Umweltzerstörungen nicht

verringert, die ungerechtfertigte Ungleichheit zwischen Armen und Reichen in dieser Welt nicht vermindert und auch die eigene Lebensqualität nicht verbessert werden kann?

Solche Fragen werden in 'christlichen' Gruppen seit der fünften Vollversammlung des Ökumenischen Rates der Kirchen in Nairobi 1975 wieder zunehmend diskutiert.[10] Dort hatte der australische Biologe Charles Birch die Überentwicklung der Industrieländer — ihre Rohstoffverschwendung, ihren Überkonsum und die damit verbundene Umweltverschlechterung — angeprangert und ein „Programm der Rückentwicklung der reichen Welt" gefordert. Eine weitere Steigerung des Warenkonsums dieser Länder sei, so sagte er, nicht erforderlich:

„Im Gegenteil, mit steigendem Konsum sinkt die Lebensqualität der Reichen ... Die Reichen müssen einfacher leben, damit die Armen überhaupt leben können".[11]

Die ökonomische Vorstellung hinter diesen Formulierungen ist die, daß die verfügbaren Ressourcen dieser Erde: Rohstoffe, ausgebildete Arbeit und Kapital nicht ausreichen, die Bedürfnisse aller Menschen gleichzeitig zu befriedigen, daß deshalb die Produktion von nicht oder weniger lebensnotwendigen Gütern begrenzt werden müsse, um Ressourcen für lebensnotwendige Produktion frei zu machen. Es ist aber nicht ein aktueller Mangel, etwa an Rohstoffen, der diese Situation verursacht, sondern — wie Teilnehmer einer wissenschaftlichen Konferenz des UNO-Umweltschutzprogramms und der UNO-Welthandelskonferenz hervorhoben — die Unfähigkeit der politischen und wirtschaftlichen Systeme, das Verteilungsproblem zu lösen:

„Heute sind nicht die Knappheit, sondern die ungleiche soziale und wirtschaftliche Verteilung und der Mißbrauch dieser Macht das Problem ... Mangel ist heute ein Produkt sozio-ökonomischer Verhältnisse. Unter diesen Verhältnissen muß insbesondere der Mißbrauch und die ungleiche Verteilung von Ressourcen durch die traditionellen Marktmechanismen genannt werden".[12]

Von solchen Überlegungen geht auch der indische Wirtschaftswissenschaftler Samuel L. Parmar aus. Er fordert,

„daß die Reichen sich einschränken sollten, damit Ressourcen für die Armen frei werden ...

Denn es sind beispielsweise zur Zeit genug Nahrungsmittel in der Welt vorhanden, um dem Hunger zu begegnen. Wenn das bedeutet, daß die Reichen etwas weniger essen, dann müssen sie dazu bereit sein".[13]

Ähnlich radikale Forderungen nach Einschränkung oder Rückentwicklung nimmt der Bericht der Sektion VI der Vollversammlung allerdings nicht auf. Dort wird eine 'Ethik der gerechten und lebensfähigen Gesellschaft' diskutiert, und als ein Hauptziel der künftigen Entwicklung wird das zeitweilige Null-Wachstum des Wohlstands der Reichen dieser Welt gefordert:

„Niemand darf seinen Wohlstand vergrößern, solange nicht alle das Existenzminimum haben".[14]

Dieses Prinzip eines 'umgekehrten' Utilitarismus, der auf eine Minimierung des Leids, statt auf eine Maximierung des Glücks gerichtet ist, hatte bereits der dänische Wirtschaftswissenschaftler G. Adler-Karlsson formuliert. Durch die Forderung nach Festlegung eines Mindesteinkommens für alle Menschen dieser Welt und eines Höchsteinkommens für die Reichen in den reichen Nationen konkretisierte er dieses Prinzip.[15] Damit wird eine rigorose Umverteilung künftigen Wohlstandszuwachses vorgeschlagen, die aber im gegenwärtigen Rahmen nationaler sozialpolitischer Zielvorstellungen nicht zu realisieren ist. Allerdings wächst die Überzeugung, daß neue Institutionen zum Ausgleich der bestehenden Einkommens- und Vermögensungleichheiten notwendig sind. Alfred Grosser hat sich in seiner Rede zur Verleihung des Friedenspreises des deutschen Buchhandels z.B. so geäußert:

„Vor weniger als einem Jahrhundert war in unseren Ländern die Erwähnung der gestuften Einkommenssteuer eine Provokation ... Ich hoffe, daß es nicht so lange dauern wird, bis es eine internationale Pflichtverteilung der nationalen Einkommen gibt und nicht mehr nur das Almosen der Wirtschaftshilfe".[16]

Solche Überlegungen zu Reichtum, Armut, Überentwicklung und Umverteilung haben Lebensstilgruppen entstehen lassen, deren Mitglieder vor allem mit dem Versuch, die Verwendung ihres Einkommens und die Art und Weise ihres Konsums zu verändern, ernst machen wollen. Diese Versuche haben im wesentlichen zwei Zielrichtungen: Einmal geht es in einem generellen Sinne darum, einfacher zu leben, dadurch, daß die Konsumausgaben kontrolliert und begrenzt werden. Zum anderen geht es darum, den Verbrauch

bestimmter Güter einzuschränken oder das Verhalten beim Gebrauch bestimmter Güter zu verändern. Dabei wird vielfach nicht
ein neues Konsumverhalten angestrebt, das durch Verzicht oder
Askese zu kennzeichnen wäre, sondern ein rationales, überlegtes
Vorgehen, das Verschwendung vermeiden soll und auf einen echten
materiellen wie immateriellen Nutzen der Güter achtet. Werden
tatsächlich quantitative Konsumverzichte realisiert, in dem Sinne,
daß spürbar weniger verbraucht wird, muß damit also nicht notwendig ein materieller oder immaterieller Verzicht auf Lebensfreude
oder Lebenschancen verbunden sein.

Viele Menschen in den Industrieländern, vor allem unter den Be-
ziehern mittlerer und hoher Einkommen, scheinen schon ein Gefühl
dafür entwickelt zu haben, daß sie sich 'einschränken' könnten,
ohne daß damit 'Entsagungen' verbunden wären. Dazu haben zweifellos Erfahrungen und Erlebnisse während der 'Ölkrise' beigetragen.
Aber auch die in den letzten Jahren immer fühlbarer gewordenen
wirtschaftlichen Schwierigkeiten und Unsicherheiten haben offenbar das eigene Konsumverhalten in neuem Licht erscheinen und die
'Tugend' der Sparsamkeit zu neuem Ansehen kommen lassen.

2 Konsumverzicht und Sparen

Die schwerste wirtschaftliche Rezession der Nachkriegszeit in der
Bundesrepublik ist zwei Jahre nach dem Abschwung 1974/75 immer
noch nicht überwunden; weiter bestehen unausgelastete Produktionskapazitäten und hohe Arbeitslosigkeit. 1975 war die 'Talsohle' des
sechsten Konjunktur- bzw. Wachstumszyklus seit der Währungsreform 1948 erreicht. Die Produktion von Konsum- und Investitionsgütern war, verglichen mit dem Vorjahr, nicht mehr gewachsen, sie
war sogar deutlich geringer. Die Verbraucher übten, wie es häufig
genannt wurde, 'Kaufkraftzurückhaltung'. Sie sparten immer mehr,
statt zu kaufen. Die Sparquote der privaten Haushalte hatte 1971
noch 13,5 % betragen, stieg aber seit 1972 langsam und erreichte im
'Angstsparjahr' 1975 schließlich 16 %.[17]
Angesichts wirtschaftlicher Unsicherheiten verhielten sich die Verbraucher, individuell betrachtet, zweifellos richtig: Sie verzichteten

auf möglichen Konsum mit dem Ziel, Rücklagen oder Vermögen
zu bilden. Um ihre ungewisse Zukunft besser abzusichern, sparten
sie mehr als vorher. 'Konjunkturgerecht' war ihr Verhalten, gesamtwirtschaftlich betrachtet, jedoch nicht; denn mehr Konsum hätte
zu mehr Produktion, zu einer besseren Auslastung der Produktionskapazitäten und damit zu einer schnelleren Überwindung der wirtschaftlichen Krise, vor allem zu einer besseren Beschäftigungslage
beitragen können.

War nun diese spürbare Unterbrechung einer bislang herrschenden
wohlstandsbedingten Konsumeuphorie nur eine Konsumpause?
Dafür spricht die Tatsache, daß die Sparquote schon 1976 wieder
auf 14,5 % fiel, der Konsum dementsprechend wieder schneller zu-
nahm. Mit nur 0,2 % hatte die Zuwachsrate 1974 noch nahe beim
Punkt des 'Null-Wachstums' gelegen; 1976 aber stieg der private Verbrauch real wieder um 3,4 %. Kritische Beobachter glaubten allerdings, vor allem während des Höhepunkts der Krise, Anzeichen
dafür zu sehen, daß die bundesdeutschen Verbraucher generell
konsummüde geworden seien. Der Bankier Ludwig Poullain meinte
sogar, Tendenzen zu einer grundsätzlichen Umorientierung im Konsumverhalten feststellen zu können.

,,Ich glaube, daß sich, wahrscheinlich ausgelöst durch den Ölschock, eine
völlig andere Haltung breit machen wird: Sinn für Sparsamkeit, Verzicht
auf Überflüssiges ... Es wird nicht mehr das Auto mit den meisten Chrom-
leisten, sondern das mit dem geringsten Benzinverbrauch gekauft. Und eines
Tages werden die Leute im Winter aus dem Küchenfenster die Würstchen
wieder heraushängen und den Kühlschrank abstellen. Wir haben uns in den
vergangenen Jahren in einer Art Erfolgsrausch befunden, und dazu gehört
fast logisch ein Reflex der Besinnung ..."[18]

Poullain stellt auch fest, daß den wirtschaftlichen Möglichkeiten
'Grenzen' gesetzt, daß übersteigerte Ansprüche reduziert werden
müßten, weil künftig wohl gesellschaftspolitisch 'Abstriche' unumgänglich seien. Gleichwohl sieht er für die konjunkturellen Schwierigkeiten und für die Wachstumsschwäche der Wirtschaft — soweit
es um das Verhalten der Verbraucher geht — nur eine Lösung: weniger sparen, Schulden machen, mehr kaufen. Das alles faßt er zusammen — sozusagen zu einer Verhaltensmaxime der Konsumgesellschaft: Konsumieren und beten! Das Gebet ist offenbar dabei
vor allem darauf zu richten, daß auch die anderen konsumieren;

denn das 'Zeitalter des Massenkonsums' macht immer mehr und immer neue Güter verfügbar, die schon deshalb 'verbraucht' werden müssen, damit die Wirtschaftsmaschinerie funktionsfähig bleibt.[19]

3 Konsumsteigerung und Konsumgrenzen

Liegt aber nicht der Zweck jeder wirtschaftlichen Tätigkeit gerade darin, Konsumgüter bereitzustellen? Sind kritische Töne gegenüber der bisherigen Entwicklung überhaupt berechtigt? Die 'Durchschnittsfamilie' lebt doch heute, wie Schlagzeilen es sagen, 'umgeben von Komfort'. Die Konsumgesellschaft hat den Konsum in einem unvorhergesehenen Maße 'demokratisiert'; denn einstige Luxusgüter, die einer privilegierten Oberschicht allein vorbehalten waren, sind zu Massenkonsumgütern geworden.

Ein so verstandener wirtschaftlicher und gesellschaftlicher Fortschritt ist für die Bundesrepublik mit eindrucksvollen Zahlen belegbar: In den Jahren 1950 bis 1970 hat das Sozialprodukt durchschnittlich um knapp 10 % jährlich zugenommen; es hat sich also mehr als versechsfacht. Selbst wenn man berücksichtigt, daß die Preise ständig gestiegen sind und die Anzahl der Haushalte größer geworden ist, bleibt ein beachtlicher Zuwachs des durchschnittlichen Einkommens feststellbar. Es ist in dieser Zeit *je* Haushalt *real,* also ohne die inflationäre Aufblähung, auf etwas mehr als das Dreifache angewachsen.[20] In den folgenden Jahren hat es sich weiter, wenn auch langsamer, erhöht — ablesbar z.B. daran, daß das reale Brutto-Sozialprodukt je Einwohner von 1971 bis 1975 um insgesamt mehr als 7 % gestiegen ist.[21]

Diese nüchternen statistischen Zahlen bedeuten, daß fast jeder Mensch in seinem Leben spürbare materielle Veränderungen erfahren hat. Die enorm gestiegenen Ausgaben für Urlaubsreisen beispielsweise sind hierfür ein deutliches Anzeichen.[22] Vor allem haben sich die privaten Haushalte bei steigendem Einkommen aber auch mit immer mehr langlebigen Gebrauchsgütern ausgestattet, mit Geräten, Maschinen, Einrichtungen für Küche, Wohnung, Freizeit also, die teuer sind und für eine gewisse Dauer genutzt werden sollen. Die bundesdeutsche Durchschnittsfamilie, das ist der Vier-Personen-Arbeitnehmerhaushalt mit mittlerem Einkommen, ist inzwischen mit Kühlschrank, Staubsauger, Waschmaschine, Radio und Fernseher annähernd voll versorgt. Mehr als 98 % dieser Haushalte besitzen die ersten drei der genannten Geräte. Sehr unterschiedlich ist die Ausstattung der Haushalte allerdings, wenn man sie nach ihrem Einkommen unterscheidet. Die soziale Stellung des Haushaltsvorstands — Rentner, Arbeiter, Angestellter, Beamter, Selbständiger — und die Zahl der zu einem Haushalt gehörenden Personen bestimmen in erster Linie das Netto-Einkommen des Haushalts, von dessen Höhe wiederum die Ausstattung mit den verschiedensten Gütern vor allem abhängt. In der folgenden Tabelle ist für 1973 der sehr einleuchtende Zusammenhang zwischen niedrigem bzw. hohem Einkommen und schlechter bzw. besserer Ausstattung dargestellt:[23]

Tab. 1: Die Ausstattung privater Haushalte mit langlebigen Gebrauchsgütern

Ausgewählte langlebige Gebrauchsgüter	Bei einem monatl. Haushaltsnettoeinkommen von − bis − DM verfügen … % der Haushalte über das jeweilige Gebrauchsgut		
	unter 600 %	1.000 bis 1.500 %	2.500 bis 15.000 %
Pkw	7	49	88
Fotoapparat	22	69	91
Fahrrad	23	57	70
Elektr. Waschmaschine	32	77	92
Elektr. Staubsauger	68	93	98
Fernsehgerät	68	90	92
Kühlschrank	73	95	98
Rundfunkgerät	77	86	90

Es besaßen also beispielsweise nur 7 % der Haushalte mit niedrigem Einkommen von unter DM 600,— ein Auto, 32 % eine Waschmaschine usw. In höheren Einkommensstufen wird der prozentuale Anteil der Haushalte, der über die jeweiligen Gebrauchsgüter verfügt, durchweg größer. Die entsprechenden Anteile für Haushalte mit dem hier berücksichtigten höchsten Einkommen betragen schließlich 88 % bzw. 92 %. Der hier veranschaulichte Zusammenhang zwischen Einkommen und Konsum macht die These verständlich, daß bei wirtschaftlichem Wachstum und einem allgemein, auf allen Stufen steigenden Einkommensniveau die Haushalte einen immer größeren Anteil ihrer Einkommen für kostspielige Anschaffungen verwenden werden. Nach dieser These ist also eine weitere 'Demokratisierung' des Wohlstands, wie er sich in den heute als 'repräsentativ' angesehenen langlebigen Gebrauchsgütern konkretisiert, zu erwarten. Der Konsumtrend, wie er sich augenfällig am Beispiel des Autos darstellen läßt — 1975 besaßen fast 75 % der deutschen Durchschnittsfamilie ihr eigenes Auto, 1965 waren es erst etwa 30 % —, wird sich fortsetzen und bei anderen Gütern wiederholen. Denn von je 100 Haushalten besaßen 1975 beispielsweise erst 10 einen Geschirrspüler, 16 eine Bügelmaschine und 27 eine Küchenmaschine. Gemessen an dem, was 'gehobene' Verbrauchergruppen besitzen, besteht für 'untere' Einkommensschichten also ein erheblicher Nachholbedarf — ganz zu schweigen von solchen Gütern der Luxusklasse, wie etwa Motor- und Segelbooten, an denen sich 1975 erst zwei von je 100 Haushalten erfreuen konnten.

Diese Entwicklung drängt zu dem Versuch, die 'Fortschritts-Tendenz', wie sie die Konsumgesellschaft prägt, utopisch zu verlängern. Das Zukunftsbild, das entsteht, hat in einem exemplarischen Ausschnitt kürzlich Bundespräsident Walter Scheel gezeichnet:

„Mit steigendem Wachstum der Wirtschaft wachsen auch die Einkommen. Und so ist es theoretisch gar nicht abwegig, sich vorzustellen, daß irgendwann einmal sich jedermann mit einem mittleren Einkommen zum Beispiel ein Privatflugzeug wünscht und sich leisten könnte. Wäre es nun vernünftig, unsere Wirtschaft sich nach dem Motto weiterentwickeln zu lassen: Jedem Bürger sein eigenes Flugzeug? So, daß an unserem Himmel in absehbarer Zeit vielleicht Millionen Flugzeuge herumbrummen, mit allen Unfallfolgen, allen Folgen für Luftverschmutzung und Lärmbelästigung?"[24]

Wie die Vergangenheit zeigt, ist eine solche Entwicklung nicht undenkbar. Aber — ist sie wünschenswert, ist sie real vorstellbar?

Man wird fragen müssen, ob denn die ökologischen Gefahren einer solchen Entwicklung deutlich genug benannt wurden: Gefahren für die menschliche Gesundheit, Gefahren für Atmosphäre und Klima? Man wird fragen müssen, auf wessen Kosten der enorm steigende Verbrauch an wichtigen Rohstoffen erfolgen wird: auf

Kosten künftiger Generationen, auf Kosten der Armen und Hungernden in den Entwicklungsländern? Man wird schließlich auch fragen müssen, ob denn das Leben der Menschen in den Industriegesellschaften wirklich angenehmer, glücklicher werden wird, ob mit den neuen Gütern tatsächlich Güter zur Verfügung stehen werden, die das Leben entlasten und erfreulicher zu gestalten erlauben. Wären beispielsweise mit dem Privatflugzeug tatsächlich neue Gebrauchswerte verbunden? Würde man sich schneller und weiter bewegen können, und würde dies auch ein Mehr an Kommunikation, Begegnungen, Erlebnissen bedeuten?

4 Wohlfahrt und demokratisierter Konsum

Über die ökologischen Gefahren einer weiteren schnellen industriellen Expansion wird seit Jahren diskutiert. Das Verhältnis zwischen Armen und Reichen in dieser Welt und die Forderung nach einem Leben in Würde und Wohlstand für alle Menschen wird gegenwärtig wieder mit Engagement vorgebracht. Diese Probleme sollen hier nicht weiter diskutiert werden. Auf die Frage aber, ob oder in welchem Maße eine echte Befriedigung von Lebensbedürfnissen durch die 'Verallgemeinerung' des Luxus über den individuellen Waren-Konsum überhaupt möglich ist, soll etwas näher eingegangen werden. Zwei Unterfragen sind in diesem Zusammenhang wichtig. Zum einen: Ist die fortschreitende Demokratisierung des Luxus nicht letztlich Illusion? Zum anderen: Ist die Fetischisierung des Konsums in unserer Gesellschaft nicht Ausdruck eines grundlegend verzerrten Menschenbildes?
Zur ersten Teilfrage hat der sozialistische Sozialphilosoph André Gorz einige Überlegungen angestellt, die sich mit jedermanns Alltagserfahrungen leicht decken. Er meint, daß Luxusgüter ihrer Konzeption und Natur nach in keiner Weise fürs Volk bestimmt sind.

„Im Unterschied zum Staubsauger, dem Fernsehgerät oder dem Fahrrad, die alle ihren Gebrauchswert behalten, auch wenn alle Welt sie besitzt, ist der Wagen ebenso wie die Küstenvilla nur insofern von Interesse und Vorteil, als die Masse nicht darüber verfügt ... der Luxus läßt sich von seinem Wesen her nicht demokratisieren ... Die Sache wird allgemein anerkannt, wenn es sich zum Beispiel um die Villen an der Cote d'Azur handelt ... Wollte man

jedem seinen Anteil zubilligen, hieße das, die Strände in kleine Streifen schnei-
den — oder die Villen derart eng aneinanderdrängen —, daß ihr Nutzwert gleich
Null würde ... Kurzum, die Demokratisierung des Zugangs zu den Stränden
läßt nur eine einzige Lösung zu: die kollektivistische Lösung".[25]

Über Beispiele, etwa das private Auto, werden viele — noch — strei-
ten wollen; andere Beispiele — die Villa am Meer, das Privatflugzeug
— sind aber wohl überzeugend. Daß hier Entwicklungsillusionen aufgedeckt werden, ist also kaum zu bezweifeln. Und diese Aufdeckung
sollte Anstoß sein, über 'wohlverstandene' Bedürfnisse nachzudenken, sollte Anstoß sein, nach Kriterien zu suchen, die unabweisbar
zu befriedigende Grundbedürfnisse klassifizieren und es darüber hinaus ermöglichen, gehobene Bedürfnisse individueller und öffentlicher
Art sowie privaten Luxuskonsum wertend zu unterscheiden. Es geht
also um die Kennzeichnung 'vernünftiger' Bedürfnisse, es geht um die
Begründung und Rechtfertigung von Bedürfnissen aus den Lebensinteressen aller betroffenen Menschen. An die Stelle rein wachstums-
orientierter Beurteilungsmaßstäbe des gesellschaftlichen Fortschritts
müßten also Kriterien der 'Lebensqualität' treten, wobei 'Lebensqualität' vor aller inhaltlicher Bestimmung zu verstehen ist als ein
'System vernünftiger gemeinsamer Interessen',[26] das die Wünsche
und Ansprüche aller Betroffenen zu berücksichtigen sucht.
Wie weit wir entfernt sind, uns von vernünftigen gemeinsamen Interessen leiten zu lassen, wird schon — und dies betrifft die zweite Teilfrage — in dem unreflektierten Versuch deutlich, 'Lebensstil' in
unserer Gesellschaft zu charakterisieren. Es entsteht schnell eine
Liste von Gegensatzpaaren, die eine gemeinsame Tendenz haben —
etwa: aufwendig oder bescheiden, verschwenderisch oder sparsam,
großzügig oder geizig, sorgenfrei oder ärmlich, begehrlich oder
bedürfnislos usw. In den Vordergrund drängt sich eine Charakteri-
sierung von Lebensstil, die Höhe und Art der Geldausgaben für
Ernährung, Kleidung, Wohnung, Freizeit, Urlaub etc. herausstellt,
vor allem Formen des Konsums also, die ein individualistisches,
eigennütziges, auf Unterscheidung und Konkurrenz gerichtetes
Verhalten bestimmen. Wörter wie aufrichtig, freundlich, hilfsbe-
reit und deren Gegenbegriffe, welche in erster Linie die Qualität
sozialer Beziehungen — nicht nur der unmittelbaren Lebensumwelt — kennzeichnen, oder Begriffe, die eine Prägung des Lebens-

stils durch solidarisches Berufs- und Arbeitsverhalten hervorheben,
erweisen dagegen erst bei weiterem Nachdenken ihre Bedeutung.

5 Konsumkultur und Konsumgesellschaft

Daß dies so ist, ist nicht einfach Folge persönlichen Fehlurteilens.
Hier wirken in unserer Gesellschaft vorherrschende Normen und
Werthaltungen, die den 'privaten' Konsum zu einem wesentlichen
Lebensinhalt gemacht haben. Deshalb werden die Begriffe 'Konsumkultur' oder 'Konsumgesellschaft' in der gesellschaftspolitischen
Diskussion meist kulturkritisch verwandt.[27] Charakterisiert und
mißbilligt wird damit vor allem die hochindustrialisierte Länder
prägende kulturelle Grundorientierung, welche die Steigerung
des materiellen Lebensstandards durch eine anhaltende Ausweitung des individuellen Verbrauchs und Gebrauchs ökonomischer
Güter – von Waren – zum Daseinssinn und zum zentralen Ziel
des Lebensvollzuges macht.[28] Untere Einkommensschichten richten ihr Leben – Lebensformen und Lebensziele – an denen mittlerer Einkommensgruppen aus, diese wiederum an den gehobene-
ren Verbrauchsgruppen, die ihrerseits den Luxuskonsum der Spit-
zengruppe zu übernehmen trachten. Die kleine Minderheit der
Überprivilegierten setzt die Suche nach dem 'ganz Neuen' fort,
das nicht eigentlich zusätzlichen Gebrauchswert bieten muß, vielmehr nur noch Unterschiede im Status und Prestige garantieren
soll. So wird dem Menschen eine Pflicht zu demonstrativem Konsum
auferlegt, die alle seine Verhaltensweisen prägt, bis hin zum Konkurrenzdenken in den Schulen.[29] Konsumsteigerung wird zur
,,Grundlage des sozialen Selbstbewußtseins und des sozialen Presti-
ges".[30] In der Konsequenz dieser Grundorientierung liegt es, den
Wert eines Menschen an seiner Konsumfähigkeit zu messen und den
seiner Leistung danach zu beurteilen, ob sie ihm Konsumchancen
eröffnet. Zugleich erweckt, erhält und verstärkt die Konsumgesellschaft ein Bewußtsein, das sich fast alle Wünsche und Bedürfnisse durch individuellen Konsum von Waren befriedigen zu können
glaubt. In Wahrheit bietet sie dem einzelnen stattdessen vielfältig
Güter mit zweifelhaftem Gebrauchswert, die fehlende Lebens-

und Entfaltungsmöglichkeiten nur unvollkommen zu kompensieren vermögen. Sie bietet Surrogate mit gefährlichen ökologischen und sozialen Folge- und Nebenwirkungen, und sie vernachlässigt die Versorgung der Gemeinschaft mit Kollektivgütern, von deren Nutzung niemand ausgeschlossen werden kann.

Diese Hochschätzung und Bevorzugung des individuellen Konsums in unserer Gesellschaft ist auch Ausdruck dafür, daß die zentrifugal wirkenden, weil in Konkurrenzbeziehungen durchgesetzten privaten Interessen der einzelnen durch die Wahrnehmung vernünftiger gemeinsamer Interessen – in solidarischem Handeln und in politischen Entscheidungen – nicht in ausreichendem Maß korrigiert werden. Statt von gemeinsamen, langfristig orientierten und weltbezogenen Interessen wird die Entwicklung unserer Gesellschaft von individualistischen, kurzfristig orientierten und auf die private Lebensumwelt bezogenen Interessen vorangetrieben. Den Interessen der Privatwirtschaft, die in erster Linie auf die Rentabilität des eingesetzten Kapitals gerichtet sind, kommt dabei ein besonderes Gewicht zu, denn sie vor allem treiben die wirtschaftliche Expansion voran und prägen damit wesentlich die gesellschaftliche Entwicklung. 'Gemeinsame' Interessen aber, die sich nur in den formalen Zielen von Wirtschaftswachstum, Gewinn und Konsumsteigerung parallelisieren, bleiben substantiell gegenläufige Interessen. Die Intensität, mit der diese gegenläufigen privaten Interessen in Konkurrenzbeziehungen durchgesetzt werden und damit eine stärkere Berücksichtigung gemeinsamer Interessen nicht zulassen, verhindert nicht nur das Wirksamwerden einer sozialpsychologischen und sozialethischen Konsumkritik. Sie verhindert darüber hinaus, daß Grenzen dieses Planeten und seiner Lufthülle – Grenzen des Raumes und des Energieumsatzes – in die konkreten Bedingungen der Produktion und des Konsums ausreichend einbezogen werden. Konsumkritik und die Berücksichtigung von Grenzen sind aber erforderlich, soll allen Bewohnern dieser Welt eine menschenwürdige Existenz und Entfaltung ermöglicht werden.

Gesellschaftlicher Fortschritt, der rein wachstumsorientiert definiert wird, der in erster Linie die Steigerung des materiellen privaten Konsums zum Ziele hat und der zudem die Befriedigung von Status- und Prestigewünschen, vor allem aufgrund der bestehenden und aufrechterhaltenen Konsumunterschiede, ermöglicht, kann nicht wünschenswert sein. Ist aber, und diese Frage wäre nun hier anzuschließen, eine weitere expansive Entwicklung der materiellen Produktion, die eine Konsumsteigerung in noch unbekannte Dimensionen mit noch nicht absehbaren Gefährdungen des geistigen und biologischen Lebens des Menschen forcieren könnte, überhaupt wahrscheinlich? Welche Tendenzen lassen sich aus der wirtschaftlichen Entwicklung der letzten fünfundzwanzig Jahre der Bundesrepublik ablesen?

6 Wirtschaftswachstum und wirtschaftliche Situation

Der wirtschaftliche Einbruch der Jahre 1974/75, von dem bereits gesprochen wurde, war in seinem Ausmaß ungewöhnlich, die Krise als solche aber nicht beispiellos. Denn die Erfahrungen der Vergangenheit haben gezeigt, daß sich auch die Wirtschaft der Bundesrepublik — ebenso wie die marktwirtschaftlich organisierten Volkswirtschaften anderer Industrieländer — nicht gleichmäßig entwickelt, sondern in Konjunkturzyklen, d.h. in einem schnellen Auf und Ab der wirtschaftlichen Aktivität. Diese Schwankungen äußern sich in allen wirtschaftlichen Bereichen durch die Veränderung einer Vielzahl von wirtschaftlichen Größen, wie Umsätze, Auftragseingänge, Produktion etc. Sie lassen sich verhältnismäßig einfach mit Hilfe der jährlichen Wachstumsraten des realen Brutto-Sozialprodukts veranschaulichen, die in der Tabelle 2, Spalten 2 und 5, zusammengestellt sind. Die bisherigen Schwankungen werden auch Wachstumszyklen genannt, denn wie ein Blick auf die Folge der Wachstumsraten zeigt, sind auch die Phasen abgeschwächter Wirtschaftstätigkeit — mit bisher zwei Ausnahmen — noch Phasen des wirtschaftlichen Wachstums, Phasen mit positiven Zuwachsraten gewesen.[31]

Erstmals war das Brutto-Sozialprodukt im Jahre 1967 nicht größer als im Vorjahr. Mit einer Wachstumsrate von −0,2 % war praktisch die Situation des 'Null-Wachstums' eingetreten. Beträchtlich unter Null lag die Wachstumsrate 1975 mit −3,2 %; es hatte sich ein spürbares 'Minus-Wachstum' eingestellt.

Tabelle 2: Veränderung des realen Bruttosozialprodukts (in Preisen von 1962) und Veränderung der Beschäftigung

Jahr	Wachstumsraten gegenüber Vorjahr	Arbeitslosenquote im Jahresdurchschnitt	Jahr	Wachstumsraten gegenüber Vorjahr	Arbeitslosenquote im Jahresdurchschnitt
	%	%		%	%
1950	.	11,0	1963	3,4	0,8
51	10,4	10,4	64	6,7	0,8
52	8,9	9,5	1965	5,6	0,7
53	8,2	8,4	66	2,9	0,7
54	7,4	7,6	67	−0,2	2,1
1955	12,0	5,6	68	7,3	1,5
56	7,3	4,4	69	8,2	0,9
57	5,7	3,7	1970	5,8	0,7
58	3,7	3,7	71	3,0	0,9
59	7,3	2,6	72	3,4	1,1
1960	9,0	1,3	73	5,1	1,3
1960	.	.	74	0,5	2,6
61	5,4	0,8	1975	−3,2	4,7
62	4,0	0,7	76	5,6	4,6

Die Tabelle 2 zeigt, daß die Wachstumsraten in ihrer zeitlichen Folge unregelmäßig steigen und fallen. Bei hohen Zuwachsraten hat sich das wirtschaftliche Wachstum jeweils beschleunigt, mit niedrigen dagegen verzögert. Dadurch ergibt sich − ähnlich wie in anderen marktwirtschaftlich organisierten Industriegesellschaften − das für die wirtschaftliche Entwicklung der Bundesrepublik typische Bild der sogenannten Wachstumszyklen.

Diese graphische Darstellung (vgl. S. 184) läßt einige Tendenzen der langfristigen Entwicklung der Vergangenheit deutlich hervortreten. Gegenwärtig befindet sich die Wirtschaft der Bundesrepublik im siebten Wachstumszyklus nach der Währungsreform. Alle vorangegangenen Zyklen hatten eine Länge von etwa vier

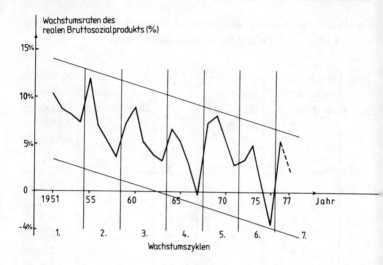

bis fünf Jahren. Der Aufschwung dauerte bisher nie länger als zwei Jahre, der Abschwung hielt dagegen häufig sogar drei Jahre an. Besonders ins Auge fallend ist die Tatsache, daß die Ausschläge nach oben schwächer geworden sind, während sie sich nach unten verstärkt haben. Damit ergibt sich in der Gesamtentwicklung bis zur Gegenwart eine allmähliche Verringerung der durchschnittlichen Wachstumsraten. Diese Entwicklung wird am Durchschnitt der Zuwachsraten für jeweils ein Jahrfünft, welche die Tabelle 3 enthält, besonders deutlich.[32]

Tabelle 3: Durchschnittswerte der jährlichen Wachstumsraten des realen Bruttosozialprodukts bezogen auf jeweils ein Jahrfünft

Jahre	Wachstumsraten gegenüber Vorjahr
	%
1950/55	9,4
55/60	6,6
60/65	5,0
65/70	4,8
1970/75	1,7

Während im ersten Jahrfünft 1950/55 das durchschnittliche jährliche Wachstum noch bei 9,4 % lag, ist es in den folgenden Jahrfünften kontinuierlich bis auf schließlich 1,7 % gefallen. Trotz verringerter Zuwachsraten sind aber die absoluten jährlichen Zuwächse nicht unerheblich gestiegen, wie Tabelle 4 zeigt. Mit einem erheblich gesunkenen mittleren jährlichen Wachstum von nur ca. 10 Mrd. DM für das Jahrfünft 1970/75 wird aber auch dieser Trend neuerdings unterbrochen.[33]

Tabelle 4: Durchschnittliche absolute Zuwächse des realen Bruttosozialprodukts bezogen auf jeweils ein Jahrfünft

Jahre	Durchschnittl. jährl. Zuwachs ca. Mrd. DM
1950/55	16
55/60	17
60/65	18
65/70	22
1970/75	10

Um die gegenwärtige wirtschaftliche Situation der Bundesrepublik noch deutlicher in den Blick zu bekommen, muß auch gefragt werden, ob und wie die wirtschaftspolitische Forderung nach Vollbeschäftigung erfüllt wurde. Wie Tabelle 2 in den Spalten 3 und 6 erkennen läßt, sind die Jahre 1950 bis 1965 durch einen kontinuierlichen Rückgang der Arbeitslosenquote von über 10 % auf weniger als 1 % gekennzeichnet. Weder das Auf und Ab der Wachstumsraten des Sozialprodukts, noch die langfristig zu beobachtende Abnahme der durchschnittlichen Wachstumsraten für jeweils ein Jahrfünft haben sich also in einer Erhöhung der jährlichen Arbeitslosenquote niedergeschlagen. Die Rezession von 1967 brachte jedoch eine Steigerung der Arbeitslosenquote dieses Jahres auf 2,1 %.
Damit wurde auch der langfristige Trend einer kontinuierlichen Abnahme der Arbeitslosenquote gebrochen und in seiner Richtung umgekehrt. Die auf jeweils ein Jahrfünft bezogene durchschnittliche jährliche Arbeitslosenquote steigt, wie Tab. 5 zeigt, im Jahrfünft

1965/70 wieder an, obwohl die jährliche Quote nach der Rezession 1967 zunächst für mehrere Jahre fiel und bis unter 1 % sank.[34] Mit der Krise 1975 schnellte die seit 1972 steigende Quote auf 4,7 %. Obwohl das Jahr 1976 mit einer Wachstumsrate des realen Bruttosozialprodukts von 5,6 % den Aufschwung in den siebten Wachstumszyklus brachte, ist die durchschnittliche Zahl der Arbeitslosen noch kaum gefallen.

Tabelle 5: Durchschnittswerte der Arbeitslosenquoten bezogen auf jeweils ein Jahrfünft

Jahre	Jahresdurchschnitt in %
1950/55	8,8
55/60	3,6
60/65	0,9
65/70	1,1
1970/75	1,9

Die in den Wachstumszyklen sich äußernden konjunkturellen Schwankungen der wirtschaftlichen Aktivitäten haben, wie die Zahlen der Tabelle 2 und die Grafik erkennen lassen, zu einer Abschwächung des Wachstums von Zyklus zu Zyklus geführt. Seit 1971 wird sie von kontinuierlich steigenden Arbeitslosenquoten begleitet. Damit drängt sich die Frage nach der weiteren konjunkturellen Entwicklung und nach den längerfristigen Wachstumsaussichten auf. Die Hoffnung auf eine Fortsetzung des 1976 begonnenen konjunkturellen Aufschwungs hat sich bereits stark abgeschwächt. Fünf bundesdeutsche Forschungsinstitute haben in ihrem sogenannten Frühjahrsgutachten Schätzungen des realen Wirtschaftswachstums 1977 abgegeben, die zwischen 3 % und 4,5 % schwanken.[35] Nach den Erfahrungen der Vergangenheit, die zeigen, daß der konjunkturelle Abschwung bisher stets zwei oder drei Jahre dauerte, ist demnach zu befürchten, daß es schon 1978 erneut zu einer Stagnation nahe dem Null-Wachstum kommen kann und daß die hohe Arbeitslosigkeit bestehen bleibt. Ohne langfristige Sicherung des Wirtschaftswachstums auf hohem Niveau sind aber, das ist herrschende Meinung in allen Parteien und bei Unternehmern wie Gewerkschaften, äußerst negative gesellschaftliche und wirtschaftliche Konsequenzen zu erwarten. Diese Meinung wird auch von der Kommission für wirtschaftlichen und sozialen Wandel vertreten:

„Bei einer Trendfortsetzung der Wirtschaftsentwicklung in der Bundesrepublik Deutschland wären die Zukunftsperspektiven nicht ermutigend. Es müßte damit gerechnet werden, daß
— das Wirtschaftswachstum sich weiter abschwächt,
— die Konjunkturzyklen an Schärfe zunehmen,
— die hohe Geldentwertung anhält,
— die Arbeitslosigkeit langfristig immer größer wird,
— die soziale Sicherheit nicht mehr gewährleistet bleibt."[36]

Angesichts dieser Situation kann es nicht verwundern, daß alle wirtschaftspolitischen Hoffnungen und Anstrengungen darauf gerichtet sind, die Konjunktur zu beleben und ein anhaltendes Wirtschaftswachstum zu sichern, wobei der Investitionsbereitschaft der Unternehmen und der Entwicklung des privaten Konsums eine besondere Bedeutung zugemessen wird, obwohl andererseits selbst von verantwortlichen Politikern die Forderung nach „Konsumverzicht und Drosselung bestimmter Produktionen" sowie nach „Wandlung unseres Wirtschaftssystems" offen ausgesprochen wird.[36a]

7 Alternativer Lebensstil und alternative Ökonomie

Angesichts dieser Situation fragen sich aber auch immer mehr Menschen — nicht zuletzt diejenigen, die aus dem Produktionsprozeß herausfallen, die verstärkt an den Rand der Gesellschaft gedrängt werden —, ob es nicht Alternativen zu bestehenden Lebens- und Wirtschaftsformen gibt — nicht nur Alternativen zum gegenwärtigen Freizeit- und Konsumverhalten, sondern auch Alternativen zur privatkapitalistischen Produktion. Daß der Neue Lebensstil wirtschaftliche Auswirkungen haben wird, dies ist wohl unzweifelhaft. Ob auch eine 'alternative' Ökonomie anzustreben ist, die — über Veränderungen im Konsumbereich hinaus — auch auf andere Formen und Ziele der Produktion gerichtet ist, dies macht einen gegenwärtig sich verstärkenden Teil der Diskussion um den Neuen Lebensstil aus.

Was ist mit dem Begriff 'alternative' Ökonomie gemeint?[37] Er schließt erst einmal die Überzeugung oder die Hoffnung ein, daß es grundsätzlich möglich ist, unter den gegebenen gesellschaftlich-wirtschaftlichen Bedingungen ökonomische Veränderungen zu realisieren. Um welche Veränderungen geht es? Alternative Ökonomie kann zunächst übergreifend verstanden werden als 'Gegenökonomie', die sich ausdrücklich gegen die herrschende Ökonomie richtet, die zur Aufhebung der herrschenden Profitökonomie führen soll. Der Protest gegen die Profitökonomie erwächst nicht, wie viele Hinweise zeigen könnten, aus einer leeren ideologischen Vorstellung. Er versucht, den Gegensatz zwischen „der Produktion zum Zwecke des Profits" und einer „Produktion zum Zwecke der Befriedigung allgemein anerkannter sozialer Bedürfnisse" herauszustellen.[38] Von 'allgemein anerkannten' Bedürfnissen zu sprechen, heißt aber, daß es nicht das Ziel der Wirtschaft sein darf, nur die Bedürfnisse zu befriedigen, die sich am Markt intensiv bemerkbar machen, weil Einkommen, also Kaufkraft hinter ihnen steht. Es geht um eine vor dem Preis- und Marktmechanismus und über ihn hinaus wirksame Begründung und Artikulierung von Bedürfnissen und die Durchsetzung entsprechender Produktionsstrukturen, und es geht um die Steigerung des gesellschaftlichen Wohlstands durch die Vergrößerung des absoluten Anteils relativ armer Gruppen am Sozialprodukt; d.h. es geht um die Erkenntnis,

„daß der Wohlstand der Welt heute höher wäre, wenn in den reichen Ländern weniger Luxus betrieben würde, dafür aber alle Menschen auf der Erde ein menschenwürdiges Dasein, d.h. ausreichende Nahrung, Kleidung, Wohnung und Bildung genießen könnten."[39]

Der Begriff der alternativen Ökonomie führt also in die in der Bundesrepublik seit Jahren andauernde ordnungspolitische Diskussion, die unter Schlagworten wie 'Markt und/oder Planung', seit kurzem vor allem auf die Frage der 'Investitionslenkung' zugespitzt, geführt wird und die durch die Forderung der Entwicklungsländer nach einer neuen weltwirtschaftlichen Ordnung zusätzliche Dimensionen erhält.

Diese Auseinandersetzungen über den Zusammenhang von Wohlstand und Wirtschaftsordnung sind gegenwärtig noch vorwiegend theoretisch bestimmt. Dennoch wird die Lebensstilbewegung sie nicht außer acht lassen dürfen, soweit sie alternative Formen der Bedürfnisbefriedigung und der Produktion anstrebt.

Die Lebensstilbewegung will aber vor allem Praxis sein, sie will wirtschaftliche Probleme praktisch lösen, und die stellen sich ihr in erster Linie in der Frage, ob konkrete 'Projekte alternativer Ökonomie' — Wohnkommunen, Landwirtschaftskollektive, Selbsthilfekooperativen u. ä. — überhaupt wirtschaftlich lebensfähig sind und ob von ihnen Impulse zu gesellschaftlichen und wirtschaftlichen Veränderungen ausgehen können.

Die Mitglieder solcher Projekte versuchen nicht nur — in Kritik einer immer wieder propagierten Konsumpflicht — bestimmte Konsumleistungen zu verweigern. Teilweise gehen sie darüber hinaus, um — in Kritik des bestehenden Produktionssystems — in Theorie und Praxis Modelle alternativer Produktionen aufzubauen. Diese sollen bedürfnisorientiert, weniger arbeitsteilig und nicht zentral geleitet, sondern selbstbestimmt, genossenschaftlich und emanzipatorisch sein; sie sollen die eigene Organisation stärken, ihre ökonomische Abhängigkeit vom bestehenden System verringern.[40]

Dort, wo für fremden Bedarf produziert wird, ist man allerdings noch auf einen internen, subkulturellen Markt verwiesen, auf dem sich in erster Linie andere Alternativgruppen versorgen und eine gewisse Abnahmesolidarität zeigen. Wird der 'Normal-Verbraucher' erreicht, so sucht man auch zwischen ihm und dem Produzenten eine neue Kooperativität herzustellen, sowohl über die Art und den Gebrauchswert der Waren als auch über die unmittelbaren sozialen Beziehungen.[41] Dort, wo lediglich für den eigenen Bedarf produziert wird, reduzieren sich die Ansätze zu einer alternativen Ökonomie auf eine Form von 'Eigenökonomie'. Sie kann besonders darauf gerichtet sein, die in der Gruppe und der sympathisierenden Umwelt vorhandenen Fähigkeiten zu nützen, um das für eine alternative Lebensführung Notwendige so weit wie möglich selbst herzustellen.[42]

Auf die organisatorischen, ökonomischen, wirtschaftsrechtlichen und auch politischen Probleme solcher Gruppen, die beträchtlich sind, kann hier nicht weiter eingegangen werden. Wichtiger ist an dieser Stelle die Frage, ob und welche gesellschaftlichen und wirtschaftlichen Auswirkungen solche Projekte einer alternativen Ökonomie haben. Dies läßt sich generell nur schwer beurteilen. Denn Auswirkungen auf den gesamtwirtschaftlichen Prozeß, etwa im Hinblick auf das Niveau und die Qualität der Produktion und der Beschäftigung, sind — ausgenommen die Landwirtschaft, wo alternative Produktionsformen seit langem einen festen Platz erobert haben — wohl kaum feststellbar. In Krisenzeiten mit Beschäftigungslosigkeit und Einkommensminderungen könnten allerdings Anreize für Kurzarbeiter und Arbeitslose gegeben sein, sich in losen Arbeitsgruppen, Produktionsgemeinschaften oder sogar -genossenschaften zu organisieren, die in gegenseitiger Hilfe, d.h. nicht durch Lohnarbeit, sondern durch den Tausch von Eigenleistungen produzieren — beispielsweise das Eigenheim reparieren, vergrößern, umbauen. In Zeiten wirtschaftlicher Prosperität haben solche Projekte bisher jedoch immer wieder an Anreiz verloren.[43]

Formen alternativer Ökonomie der Produktion könnten aber durchaus gesellschaftspolitische Bedeutung, und zwar für den Arbeitsprozeß selbst, gewinnen. Denn in der alternativen Produktion wird die Erfahrung möglich, daß die Entfremdung des Arbeiters vom Arbeitsprozeß und dessen Ergebnis verringerbar ist. Diese Erfahrungen können zu Impulsen für eine Humanisierung und Demokratisierung der Arbeitswelt, alternative Arbeitsstrukturen können sogar, wie behauptet wird, zu Reformmustern der industriellen Arbeitswelt werden:

„Planung und Durchführung, Handarbeit und Kopfarbeit, Leitung und angeleitete Arbeit werden häufig von denselben Personen ausgeübt. Wenn auch objektive Gründe (Verwertungsschwierigkeiten der Ware Arbeitskraft), und auch da nur unter bestimmten Bedingungen und deformiert, Reformmodelle des Arbeitsprozesses à la Volvo hervorgetrieben haben, lieferte die alternative Ökonomie das Modell dazu."[44]

Für die Praxis von Lebensstil-Gruppen erweisen sich nun aber, so scheint es, gerade Formen der Eigenökonomie als von besonderem Interesse, weil sie weitgehend unter den Bedingungen des Alltags realisierbar sind. Leicht vorstellbar ist eine Ausweitung der 'Heimarbeit' — nicht als Lohn-, sondern als Eigenarbeit —, um Nahrungsmittel, Kleidung etc. selbst zu erzeugen oder herzustellen, ein Ziel, das notwendig die Forderung nach geeigneten kollektiven Einrichtungen wie z.B. Backöfen, gemeinschaftlichen Arbeitsräumen etc. aufwirft.[45] Es bedarf nicht erst des Zusammenschlusses zu Kommunen oder Kooperativen, um als Bastler, Heimwerker oder Handwerker im eigenen Haus oder bei Freunden neue Installationen anzubringen, beispielsweise Einrichtungen zur Energieeinsparung oder sogar Anlagen, mit denen alternative Energiequellen genutzt werden können.[46] Ist erst einmal eine umweltfreundliche Veränderung der unmittelbaren Lebensumwelt als notwendig erkannt und begonnen, dann wird der Zusammenschluß von Kernkraftgegnern zu einer 'Energiegenossenschaft', die aus Sonne, Wind usw. Energie gewinnen will, möglicherweise schon als ein notwendiger nächster Schritt verstanden. Der Schriftsteller Carl Amery hat

„die Gründung solcher Energiegenossenschaften als 'revolutionären', aber legalen 'Angriff auf Profit und Machtausübung' der energieerzeugenden Wirtschaft und Versorgungsmonopole"[47]

bezeichnet. Damit wird deutlich, daß bestimmte Formen der 'Eigenökonomie' die Lebensstilbewegung unmittelbar und mit einer gewissen Zwangsläufigkeit zu Problemen und Fragen der 'Gegenökonomie' führen wird.

8 Alternativer Lebensstil und alternativer Konsum

a) Konsumkritik

Viele Lebensstilgruppen sind gegenwärtig nicht bereit, sich auf Formen der Gegenökonomie einzulassen. Sie glauben, die Möglichkeit oder die Notwendigkeit solcher alternativer Ansätze, die teilweise eine tiefgreifende Kritik des bestehenden Gesellschafts- und Wirtschaftssystems voraussetzen, nicht beurteilen zu können. Auch zur Eigenökonomie in Form der Selbstversorgung oder gemeinschaftlicher und gegenseitiger Hilfe fühlen sie sich noch kaum fähig. Stattdessen richten sie ihr Interesse zunächst darauf, ihre 'eigentlichen' Bedürfnisse − Bedürfnisse nach materiellen Dingen und Leistungen, nach sozialen Beziehungen, nach geistig-seelischer

Befriedigung — zu erkennen. Sie fragen sich, ob denn diese Bedürfnisse und die zu ihrer Befriedigung bislang eingesetzten Mittel —
in erster Linie Warenkonsum — in einem richtigen Verhältnis zueinander stehen. Sie fragen sich, ob und wie sie ihr Konsumverhalten ändern müssen und können.[48] Sie wollen einfacher und umweltgerechter konsumieren und zugleich so, daß die Lebensbedingungen in den Entwicklungsländern zu einem Verhaltenskriterium
werden.

Es scheint einiges dafür zu sprechen, daß Lebensstilgruppen in der
Lage sind, ein Bewußtsein dafür zu verbreiten und zu stärken, daß
ein größerer Warenkonsum keineswegs notwendigerweise eine Verbesserung des Lebens bedeuten muß und daß es in der Tendenz
der Überflußwirtschaft liegt, auch nicht-materielle Bedürfnisse,
Bedürfnisse nach sozialer Anerkennung und Kommunikation beispielsweise, in ein Bedürfnis nach materiellem Konsum zu verfäl-
schen. Erfahrungen aber, daß eine echte Möglichkeit zur Kon-
sumwahl in vielen Fällen gar nicht mehr besteht, werden nicht
ausbleiben. Ist man beispielsweise noch frei in der Entscheidung,
ein eigenes Auto zu fahren oder nicht, wenn die Entfernungen
zwischen Wohnung und Arbeitsplatz immer größer werden, die
öffentlichen Verkehrsmittel unzureichend sind?[49] Resignation
kann die Folge sein. Es kann aber auch der Blick dafür geschärft
werden, daß es entweder keine Lösung gibt oder umfassendere
Veränderungen vorgenommen werden müssen, daß neue, individuelle Verhaltensweisen nach neuen gesellschaftlichen und wirtschaftlichen Institutionen verlangen, z.B. nach einer Dezentralisierung der Produktion durch neue Formen von 'Heimarbeit'.[50]
Gegen die Forderung einer spürbaren Veränderung des Konsumverhaltens wird vor allem eingewandt, daß der Vorwurf des 'Überkonsums' doch nur Mittelklassefamilien oder die Bezieher noch
höherer Einkommen treffen könne. 'Dem Arbeiter' sei dagegen
ein Konsumverzicht gar nicht zuzumuten. „Kritik an der Kon-
sumwut kleiner Leute" wird mit der Bemerkung zurückgewiesen:

„Man kann doch zur Selbständigkeit nur kommen, gesellschaftlich auch,
wenn der Konsum einen nicht mehr in Atem hält. Weshalb ist der Konsum
denn so interessant für viele Leute? Weil sie nicht uneingeschränkt konsumieren können."[51]

Was aber heißt 'schrankenloser Konsum'? — Im konkreten gesellschaftlichen Zusammenhang doch nichts anderes als Befriedigung des jeweils empfundenen 'Nachholbedarfs', also Orientierung — Ausrichtung und Annäherung — an den in der jeweils nächsthöheren Verbrauchergruppe schon realisierten Lebensstandard. Durch alle Einkommens- und Verbrauchsschichten hindurch konkretisiert sich so die materialistische Grundorientierung der Konsumgesellschaft. Auf welchem Niveau soll dann 'Überkonsum' zu konstatieren sein? Es ist doch kaum bestreitbar, daß zusätzlicher Konsum in jedem Einzelfall zusätzlichen Nutzen bringen kann. Mit steigendem Konsum sinkt die Lebensqualität der Reichen nicht etwa deshalb, weil der Konsum als solcher Unbehagen, Unwohlsein auslöst und eine Beeinträchtigung des Lebens bedeutet. Der zusätzliche Konsumnutzen ist vielmehr, so wird unterstellt, geringer als die Summe des 'Unnutzens', der aus Arbeitsleid, Umweltzerstörung, der Not anderer Menschen und den materialistischen Verzerrungen des eigenen Lebens erwächst. Es wäre also völlig falsch, das Konsumproblem als ein isoliertes Phänomen zu sehen, das nur die oberen Einkommensschichten betrifft. Zweifellos werden sich gerade die 'Wohlhabenden', die das gegenwärtige durchschnittliche Existenzniveau schon weit überschritten haben, zu einer Umorientierung bereit finden müssen, wenn ein allgemein neues Konsumverhalten gefordert wird. Denn sie setzen Maßstäbe des Luxuskonsums, die nicht mehr verallgemeinerungsfähig sind, sie halten eine Entwicklung in Gang, die nur unterbrochen werden kann, wenn deren Ziele als utopisch erkannt werden. Die Tatsache, daß die Lebensstilbewegung als Mittelstandsbewegung beginnt, ist gerade deshalb kein sehr brauchbares Argument gegen sie, denn eben diejenigen, die Formen des Überkonsums bei sich feststellen, fragen sich, was denn für sie 'genug' sei.[51a] Falsch ist auch die Behauptung, daß die 'Masse der kleinen Leute' überhaupt keine Handlungsspielräume habe. Sie bestehen — ganz unabhängig von den Einkommensverhältnissen — überall dort, wo Verschwendung abgebaut werden kann und wo eine Verlagerung des Konsums auf umweltfreundlichere Güter sowie ein sparsameres Umgehen mit Gebrauchsgütern nicht nur ohne materielle Konsumverzichte möglich ist, sondern auch noch zusätzlichen Nutzen ermöglicht. Da es gerade die Bezieher kleinerer und mittlerer Einkommen sind, die ihr Konsumverhalten kaum reflektieren, könnten solche lebensnahen 'Verhaltens'-Änderungen darüber hinaus zu 'Denk'-Anstößen über die eigene Verstrickung in fremdbestimmte Konsumnormen führen. Es kann erfahrbar werden, daß solche Normen nicht unabänderlich sind.

b) Veränderungen des Konsumverhaltens

Ob Veränderungen des Konsumverhaltens zu spürbaren Veränderungen umwelt- oder entwicklungspolitischer Art führen, hängt sowohl von ihrem Ausmaß wie von ihrer Art ab. Denkbar ist eine ganz generelle Einsparung von Konsumausgaben, denkbar ist die Festlegung von Konsumobergrenzen für bestimmte Güterkategorien, denkbar ist ein vollständiger Verzicht auf bestimmte Güter, denkbar ist schließlich auch eine Verlagerung des Konsums auf andere Güter, als sie vorher gekauft wurden.

Veränderungen der ersten Art sind beispielsweise als mehr oder minder gezielte Einschränkungen vorgeschlagen worden: etwa als Fastentage, Eintopf-Sonntage u.ä. Eine ähnliche unspezifische Minderung des Konsums, die sich nicht auf bestimmte Güter richtet, wird erreicht, wenn die Summe der Konsumausgaben auf eine bestimmte Höhe begrenzt wird oder sogar Einkommenszuwächse nicht mehr zum Konsum verwendet werden. Solche Veränderungen haben sicher eher symbolische als ökonomische Bedeutung. Sie können Aufmerksamkeit erregen, Bereitschaft zum Nachdenken erzeugen; ökonomische Relevanz erhalten sie erst, wenn erhebliche finanzielle Mittel freigesetzt werden. Auf diese Weise machen aber schon einige Menschen die Erfahrung, daß Einkommenssteigerungen für sie 'eigentlich' keine absolute Notwendigkeit darstellen; sie gewinnen die Überzeugung, daß sogar ein geringeres Einkommen ein lebenswertes Leben ermöglichen würde. Die auch gegenwärtig wieder betonte gewerkschaftliche Forderung nach einer ,,Verbesserung der Einkommenssituation vor allem der unteren Schichten der Bevölkerung''[52] und die global orientierte Forderung, daß niemand seinen Wohlstand erhöhen dürfe, solange nicht alle Menschen das Existenzminimum haben, sind für diese Menschen zweifellos akzeptierbarer geworden. Selbst die Forderung nach einer Einkommensobergrenze wird bei ihnen nicht nur auf ängstliche Abwehr stoßen.

Schwedische Wissenschaftler, die sich mit dem Problem von Einkommensgrenzen nach unten und oben beschäftigt haben, meinen dazu:

„Von vielen Gesichtspunkten aus ist der Gedanke von Höchst- und Mindesteinkommen sehr ansprechend. Könnten wir nicht als ein innerhalb von zehn Jahren zu erreichendes Ziel vielleicht ein Pro-Kopf-Einkommen von mindestens 2.000 Dollar und höchstens 10.000 Dollar festsetzen?"[53]

Ein Höchsteinkommen festzusetzen, hält auch der sozialdemokratische Politiker Jochen Steffen für richtig und konsequent, weil es dem personalen christlichen und nicht dem abstrakten kapitalistischen Leistungsbegriff entspreche.[54] Die Reaktion auf die von den Jungsozialisten Ende 1975 in die Diskussion gebrachte Forderung nach einer oberen Einkommensgrenze von 5.000,— DM zeigt allerdings, daß in der Öffentlichkeit nur wenig Bereitschaft besteht, solche neuen Vorstellungen überhaupt zu diskutieren.

Beim Geld anzusetzen halten auch die schwedischen Wissenschaftler für psychologisch unklug. Die Einführung einer Einkommensobergrenze würde aber nicht nur das Normengefüge unserer Gesellschaft, sondern auch das Funktionsgefüge unserer Wirtschaft grundsätzlich in Frage stellen. Das Streben nach Aufstieg in der Einkommenspyramide und die Abhängigkeit der Kapitalleistung von der Möglichkeit der Gewinnerzielung, bestimmen den marktwirtschaftlichen Prozeß wesentlich.[55]

Wo immer aber Lebensstilgruppen beginnen, ihre Konsumausgaben und ihre Einkommensverwendung zu überdenken, wo sie beginnen, Teile ihres Einkommens nicht selbst zu verbrauchen, sondern für Entwicklungsprojekte, für Aktivitäten von Bürgerinitiativen oder kritischen Wissenschaftlern[55a] zur Verfügung zu stellen, zeigen sie, daß sie fähig sind, das Problem der 'Grenzen' ernst zu nehmen, daß sie bereit sind, mit anderen zu teilen. Damit werden Möglichkeiten zu Veränderungen 'komparativer' Art deutlich: Ausgehend vom Bestehenden und von den im Bestehenden aufweisbaren Veränderungstendenzen werden kleine Schritte auf dem Weg zu dem 'vergleichsweise' Besseren anvisiert und realisiert.

Politisches Engagement ist allerdings unabdingbar. Nur dann werden veränderte Einstellungen gesellschaftspolitisch wirksam werden, etwa in der Forderung nach neuen Formen tarifpolitischer Einkommensverteilung oder steuerpolitischer Einkommensübertragungen. Ansätze zu einer Verwirklichung solcher Forderungen liegen in einer stärkeren Berücksichtigung von Sockelbeträgen für niedrige Einkommen und von Höchstzuwächsen für hohe Einkommen, statt rein prozentualer Einkommenssteigerungen und in einer spürbaren Einkommensumverteilung durch eine nationale oder internationale Entwicklungssteuer.

Eine unmittelbar auf Umweltprobleme oder entwicklungspolitische Forderungen reagierende Veränderung des Konsumverhaltens besteht in der Fixierung von konkreten Konsumobergrenzen oder auch im vollständigen Verzicht auf bestimmte Güter. Die auslösende Frage heißt hier: Wo darf der Verbrauch noch steigen, bei welchen Gütern und bei welchem Versorgungsniveau wäre eine weitere Steigerung aber nicht mehr zu rechtfertigen? Sehr weitgehende Überlegungen haben die bereits zitierten schwedischen Wissenschaftler vorgelegt. Sie schlagen vor, Höchstgrenzen für den Konsum einzuführen:

– eine Obergrenze für den Fleischverbrauch,
– eine Obergrenze für den Ölverbrauch,
– sparsame Nutzung von Gebäuden,
– längere Lebensdauer von Konsumgütern und
– die Abschaffung der Privatautos.

Diese Vorschläge wollen sie nicht als Entwurf für einen freiwillig zu erprobenden Konsumverzicht betrachtet wissen, sondern als mögliche politische Maßnahmen, die beispielsweise über Rationierungen per Lebensmittelkarten und Preiskontrollen realisiert werden könnten.[56] Selbst solche spürbaren Maßnahmen, die genau quantifiziert werden, wären aber nach Meinung der Wissenschaftler von nur sehr geringem Einfluß auf die Ressourcenverteilung der Welt und die Lebensbedingungen in den Entwicklungsländern.

„Nur wenn sie ähnliche Veränderungen in den größeren Industrieländern zur Folge hätten und es wirksame Mechanismen für die Übertragung von Ressourcen gäbe, würden ihre Auswirkungen von Gewicht sein."[57]

Mit diesen Vorschlägen wollen die Autoren erst einmal sehr deutlich machen, daß die ökologische Grenze der Entwicklung, daß die an den Überkonsum der Industrieländer gebundene Armut in den Entwicklungsländern und daß die Störungen des sozialen und individuellen Lebens in den hochtechnisierten Gesellschaften für sie unübersehbare Anzeichen sind, daß Wachstum und Fortschritt nicht länger gleichzusetzen sind. Sie halten es für unumgänglich, eine Wachstumspolitik zu betreiben, die dazu beiträgt, eine gerechte und lebensfähige Weltgesellschaft zu errichten. Die Reaktion auf diese Vorschläge, die nicht mit dem Anspruch vorgebracht wurden, als solche endgültige Lösungen zu bieten, die vielmehr Ausgangspunkt für eine Sachdiskussion sein wollten, zeigt allerdings, daß die öffentliche Bereitschaft zu einer solchen Sachdiskussion, d.h. zur Diskussion der Frage eines sinnvollen, eines qualitativen Wachstums, das die Bereitschaft zu Konsumverzichten grundsätzlich einschließen muß, kaum vorhanden ist.[58]

Ebenso wie das Konzept der Konsumobergrenzen ist die Konsumverlagerung auf bestimmte Güter gerichtet; sie kann ebenso durch Umweltprobleme wie durch entwicklungspolitisches Engagement ausgelöst werden.

Durch den Verkauf von gewerblichen Waren und Konsumgütern aus Entwicklungsländern — Kaffee, Tee, Textilien u.ä. — will beispielsweise die Aktion Dritte Welt Handel nicht nur Ursachen der Unterentwicklung und der Benachteiligung dieser Länder in der Weltwirtschaft bewußt machen, sondern zugleich Möglichkeiten zur konkreten Konsumverlagerung anbieten. Sie bezieht ihre Waren von Selbsthilfegruppen und Produktionsgenossenschaften, mit denen nicht rein marktwirtschaftliche Beziehungen bestehen. Über höhere Preise, als sie von anderen Aufkäufern aus Industrieländern gezahlt werden und über Abnahmegarantien sollen entwicklungsfördernde Handelsbeziehungen aufgebaut und soll den Mitgliedern der Produktionsgenossenschaften ein Einkommen ermöglicht werden, das ihnen einen angemessenen Lebensstandard ermöglicht.[59]

Bei einer solchen Verlagerung des Konsums auf Güter aus Entwicklungsländern zahlt der Verbraucher, teilweise wenigstens, 'karitative Preise', die sozusagen aus Marktpreis und einer zusätzlichen Spende bestehen. Er verzichtet — anders ausgedrückt —

auf die Ausübung von Marktmacht, weil er Vorteile, die ihm seine starke Marktstellung bietet, nicht voll ausschöpft. So trägt er, durch Verlagerung und partielle Einschränkung des Konsums — bei gegebener Summe der Konsumausgaben verringern höhere Kaufpreise weitere Konsummöglichkeiten — zu einer direkten entwicklungsfördernden Kapitalhilfe bei.

Wie das Problem 'Spraydosen' beispielhaft zeigt, kann sich der Verbraucher durch gezielte Konsumverlagerung auch umweltbewußter verhalten.[60] Seit Ende 1976 häufen sich in der Presse Nachrichten über die Gefährlichkeit der als Treibgas verwendeten chlorhaltigen Fluorkohlenwasserstoffe. Befürchtet wird, daß die Ozonschicht der Lufthülle, welche die Erde vor ultravioletter Strahlung schützt, abgebaut wird, daß demzufolge Erkrankungen an Hautkrebs und Störungen biologischer Prozesse zunehmen werden. Solange 'endgültige' Beweise fehlen, zögern alle Länder mit einem Verbot. Hersteller sind bisher nicht verpflichtet, Spraydosen besonders zu kennzeichnen, die mit dem gefährlichen Treibgas gefüllt sind. Ein Hinweis auf die Verwendung anderer umweltfreundlicher Treibmittel scheint noch nicht als werbewirksam angesehen zu werden. Der Verbraucher, der aktiv-präventiv Umweltschutz betreiben möchte, also nicht warten will, bis Schädigungen sicher beweisbar sind, hat nur die Möglichkeit, auf Produkte in Sprayform zu verzichten. Dabei ist er keineswegs gezwungen, auf die Produkte selbst zu verzichten.

Daß sich über die atmosphärisch-ökologische Problematik hinaus eine Vielzahl anderer Probleme der Konsumgesellschaft mit der Spraydose verbinden, zeigt eine Anfrage an die Kommission der Europäischen Gemeinschaften:

„Stimmt die Kommission mit dem Fragesteller darin überein, daß generell die Anwendung von Produkten in Sprayform nicht nur auf eine Verschwendung des eigentlichen Produkts, sondern auch auf eine Verschwendung aufwendigen Verpackungsmaterials hinausläuft, und sie daher zwecks Energieeinsparung und im Interesse eines besseren Umweltschutzes auf die Produkte zu beschränken ist, deren wirksame Anwendung in anderer Form nicht möglich ist?"[61]

Ein unvermittelter Verzicht durch kleine Gruppen von Konsumenten wird allerdings, wenngleich er das Umweltbewußtsein einzelner beruhigen mag, ohne politische und wirtschaftliche Auswirkungen bleiben. Öffentliche Aktionen, Massenkampagnen sind notwendig, um eine spürbare Verringerung des Verbrauchs herbeizuführen und um Vorschriften und Verbote zu beschleunigen, die von Regierungen erwogen werden.

Ein massenhafter Konsumverzicht bestimmter Güter bleibt allerdings nicht ohne negative wirtschaftliche Konsequenzen, wie eine bereits 1975 in den Beneluxländern durchgeführte Kampagne gegen den Gebrauch von Spraydosen erwiesen hat. Sie hat bei niederländischen Herstellern nicht nur erhebliche Umsatz- und damit Produktionsrückgänge verursacht, sondern auch zu hohen Entlassungen geführt.[62]

c) Wirtschaftliche Auswirkungen von Konsumveränderungen

Solche Auswirkungen auf Produktion und Beschäftigung sind es, die immer wieder warnend gegen Konsumverzichts-Aktionen ins Feld geführt werden. Der üblichen Argumentation folgend wäre anzunehmen, daß eine verminderte Nachfrage nach Konsumgütern depressiv wirkt, weil auch die Investitionen zurückgehen und schließlich Arbeitslosigkeit eintritt.

Vor dem Hintergrund der letzten schweren Rezession, deren größtes Problem, die Arbeitslosigkeit, immer noch nicht bewältigt ist, sind solche Befürchtungen auch verständlich. Es kann wohl kaum bezweifelt werden, daß das verstärkte Sparen der Verbraucher den wirtschaftlichen Abschwung beeinflußt hat. Denn während der Konsum 1972 gegenüber dem Vorjahr real noch um mehr als 4 % stieg, sank die Steigerungsrate bis 1974 auf fast 0 % und hatte erst 1976 wieder den Stand von etwa 4 % erreicht.

Gegenwärtig wird aber immer noch die Frage gestellt, ob denn die Verbrauchsverdrossenheit der Konsumenten anhalten werde, ob die Käufe, welche die Verbraucher aus Unsicherheit über die wirtschaftliche Zukunft aufgeschoben haben, inzwischen alle nachgeholt seien und ob zu erwarten ist, daß Spargelder wieder verstärkt in den Konsum fließen werden.[63] Auch die Gewerkschaften fordern Mut zum Verbrauch; und der DGB-Vorsitzende Heinz O. Vetter sieht selbst in der Werbung ein Instrument gegen die Arbeitslosigkeit:

„Sie stärkt zum Beispiel die Nachfrage, die ja gerade für uns als Gewerkschaften ein wesentlicher Motor zur aktuellen Überwindung der Arbeitslosigkeit ist."[64]

Nur ein erhöhter Nachfragedruck werde die Unternehmer veranlassen, so sagt er, mehr zu produzieren und damit Investitionen vorzunehmen und auch Arbeitsplätze zu schaffen.[65] Deshalb ist die Lohnpolitik der Gewerkschaften darauf gerichtet, die Massenkaufkraft zu steigern, um die Nachfrage anzukurbeln. Wachsende Einkommen, so wird erwartet, erhöhen die Nachfrage, die — bei steigenden Umsätzen und steigenden Preisen — die Gewinne der Unternehmen vergrößern, wodurch Investitionen angereizt werden, die dann Wachstum und Beschäftigung sichern.

Der Sachverständigenrat zur Begutachtung der gesamtwirtschaftlichen Entwicklung vertritt demgegenüber die Auffassung, daß in erster Linie eine zurückhaltende Lohnpolitik unmittelbar positive Effekte auf die Gewinnerwartungen der Unternehmer und deren Investitionstätigkeit haben würde.[66] Daß spürbare Veränderungen in der Entwicklung des Konsums erhebliche Auswirkungen haben können, ist aber nicht zu bestreiten, denn der Anteil des Privatverbrauchs am Bruttosozialprodukt liegt über 50 %.

Nun wird die Strategie der Lebensstilbewegung gewiß nicht so widersprüchlich sein dürfen, daß sie einer Umweltkrise in den Industrieländern oder einem globalen entwicklungspolitischen Konflikt durch Veränderungen des Konsumverhaltens entgegenzuwirken sucht, welche die Gefahr einer andauernden, schweren Wirtschaftskrise mit sich bringen würden. Ist dies aber notwendig der Fall? Mit welchen Auswirkungen ist bei einer Veränderung des Konsumverhaltens, wie sie beschrieben wurde, zu rechnen?

Verzicht auf möglichen Konsum bedeutet, wie bereits ausgeführt wurde, daß mehr gespart wird.[66a] Wirtschaftliche Konsequenzen, vor allem konjktureller und wachstumspolitischer Art, hängen deshalb von der alternativen Verwendung der Sparbeträge ab, vor allem davon, ob sie als Konsum- oder als Investitionsmittel wieder in die Wirtschaft zurückfließen.

Kaufen beispielsweise die Verbraucher, die Spraydosen boykottieren, stattdessen andere Waren mit ähnlichen Gebrauchseigenschaften, dann stehen den Schrumpfungen in der Produktion von Spraydosen entsprechende Zuwächse in der Produktion der Ersatzgüter gegenüber. Schränken Mitglieder von Bürgerinitiativen ihren Energieverbrauch ein, so können sie − weil sie Ausgaben eingespart haben − zusätzliche Käufe für ihre Aktivitäten: Vervielfältigungsgeräte, Bücher, Forschungen u. a. finanzieren, was sie im allgemeinen auch tun.

Fließen die zunächst eingesparten Beträge also in den Wirtschaftskreislauf zurück, dann wird die Gesamtnachfrage nicht verringert; gesamtwirtschaftlich betrachtet sind also negative Einflüsse auf Produktion und Beschäftigung kaum zu erwarten. Es liegt nur eine Konsumverlagerung vor. Je nach dem Ausmaß solcher Verlagerungen entstehen allerdings strukturelle Probleme. Denn die Nachfrage, damit die Umsätze und damit Produktion und Beschäftigung zwischen einzelnen Unternehmen oder Branchen verschieben sich. Hier können Anpassungsprobleme auftreten, deren Beseitigung strukturpolitische Maßnahmen erfordern.

Auch die aus Konsumverzichten stammenden Mittel, die in Entwicklungsländer fließen − über den Kauf von Waren aus diesen Ländern oder als Spenden für Entwicklungsprojekte − stellen im wesentlichen nur eine Nachfrageverlagerung dar. Denn auch diese Mittel kehren zum größten Teil, wenn auch mit größerer zeitlicher Verzögerung, wieder in unsere Wirtschaft zurück. Dies zeigen die bisherigen Erfahrungen mit der Entwicklungshilfe; dies zeigen aber auch die Erfahrungen mit dem Kartell der OPEC, der Organisation der Erdöl exportierenden Länder. Durch die Erhöhung der Erdölpreise haben diese Länder erstmalig einen massiven Konsumverzicht in den Industrieländern und den Transfer von Finanzmitteln in ihre Länder erzwungen. Damit sind aber Kaufkraft und Importfähigkeit dieser Länder stark gestiegen, und die wachsenden Exporte in die OPEC-Länder haben die Exportgüterindustrie der Industrieländer wesentlich gestärkt.

Veränderungen des Konsumverhaltens, die in erster Linie eine Konsumverlagerung zum Ziele haben − solche Prozesse einer Verlagerung des Konsums auf andere Güter oder einer Übertragung von Kaufkraft auf andere Personen sind es, die gegenwärtig vorwiegend von Lebensstilgruppen in Gang gesetzt werden −, brauchen also nicht notwendig zu einer depressiven wirtschaftlichen Entwicklung zu führen. Anders könnte es sein, wenn eine konsumkritische Massenbewegung entstünde, die durch verstärktes Sparen oder durch eine Verringerung der Arbeits- und Leistungsbereitschaft, die auf den Erwerb von Einkommen gerichtet ist, ihre Nachfrage so einschränken würde, daß der Absatz der Konsumgüterindustrien zurückgehen oder nur sehr verlangsamt zunehmen könnte. Es dürfte dann nicht einfach unterstellt werden, daß das größere Angebot an Spargeldern eine entsprechend stärkere Investitionstätigkeit anregen würde. In der gegenwärtigen wirtschaftlichen Krisensituation müßte ein Überhang an privaten Ersparnissen befürchtet werden, eben weil sie von den Unternehmern nicht ausreichend für Investitionen in Anspruch genommen werden. Aber auch diese Argumentation, die vor allem kurzfristig orientiert, auf die konjunkturelle Situation bezogen ist, muß ergänzt werden. Unter langfristigen Aspekten wird häufig mit Argumenten der Wachstumstheorie hervorgehoben, daß gerade die Verminderung des Konsumanteils am Volkseinkommen die Voraussetzung für Wachstum, Beschäftigung und für Wohlstand ist.

Die OECD, die Organisation für wirtschaftliche Zusammenarbeit und Entwicklung, beispielsweise hat in einem 'Wachstums-Szenarium bis 1980' Überlegungen angestellt, die darauf hinauslaufen, daß der Anstieg des privaten Verbrauchs und des Lebensstandards zeitweilig begrenzt werden müßte, um ausreichende Mittel für die notwendigen wachstumssichernden Investitionen verfügbar zu machen.[67] Auch deutsche Wirtschaftsexperten betonen die Notwendigkeit des Sparprozesses, weil eine moderne Industriegesellschaft gewaltige Mengen von Kapital benötige, um ihre Zukunftsaufgaben bewältigen zu können.[68]

Die Überlegungen der OECD wurden von der Herald Tribune als Forderungen verstanden, die auf tiefgreifende Änderungen der Lebensstile zielen, um die kapitalistischen Gesellschaften auf den Pfad eines dauerhaften Wirtschaftswachstums zurückzubringen.[69] Es ist daher auch nicht verwunderlich, daß selbst Sympathisanten der Lebensstilbewegung einem Konzept des Konsumverzichts mißtrauisch gegenüberstehen, wenn es letztlich nur dazu führt, daß die entwickelten, hochindustrialisierten Länder in ihrem Expansionsprozeß gestärkt werden.[70]

Wäre es nur das Ziel der Lebensstilgruppen, diesen industriellen Expansionsprozeß zu schwächen, das wirtschaftliche Wachstum zu bremsen, dann müßten sie nicht individuelle Konsumverzichte anregen, sondern im Gegenteil, wie der Wirtschaftswissenschaftler Knut Borchardt betont, die Bevölkerung, vor allem die höheren Einkommensschichten, zum hemmungslosen Konsum ermuntern, so daß Überschüsse schnell und radikal aufgezehrt werden, für Investitionszwecke also nicht mehr zur Verfügung stehen.[71]
Die Lebensstilbewegung ist aber nicht schlechthin wachstumsfeindlich. Sie will Wachstum, das die Lebensqualität erhöht; sie will Wachstum, das die Entwicklungsländer ihrer Entwicklungschancen nicht beraubt. Veränderungen des Konsumverhaltens sind also Hinweise auf die Notwendigkeit eines 'anderen' Wachstums, sind erste Versuche, das wirtschaftliche Wachstum in seiner Art und seiner Verteilung zu qualifizieren.

d) Konsum- bzw. Einkommensverzicht und Wachstumsgrenzen

Partielle, individuelle Konsumverzichte sind durchaus mit einer Bejahung wirtschaftlichen Wachstums vereinbar. Die Kritik der Lebensstilinitiativen richtet sich aber auf die unreflektierte quantitative Wachstumsorientierung der Gesellschaft, mit der die Frage nach der Qualität des Wachstums, nach dem, was denn konkret wachsen soll, ausgeblendet wird. Ihre Kritik richtet sich auch auf die bloß modelltheoretisch nachgewiesene logische Notwendigkeit von Wachstum zur Sicherung der Beschäftigung. Wachstumskritische Überlegungen können so nicht einfach als empirisch nicht realisierbar abgetan werden. Denn diese Überlegungen liegen auf einer anderen Ebene. Sie sind nicht modelltheoretischer, sondern normativer Art: Negative ökologische, entwicklungspolitische oder sozialpsychologische Auswirkungen in der Folge eines unkontrollierten Wirtschaftswachstums werden als so gefährlich angesehen, daß mögliche positive Auswirkungen eines forcierten quantitativen Wachstums auf die Beschäftigung als nicht ausreichende Begründung der Wachstumsforderung gewertet werden.
In der Prognose der langfristigen Entwicklung sind nun auch wirtschaftliche Forschungsinstitute zu dem Ergebnis gekommen, daß

die Vollbeschäftigung nur bei ungewöhnlich hohen durchschnittlichen Wachstumsraten von etwa 6 % in den Jahren bis 1980 und
bei weiter kräftigem Wachstum in den folgenden Jahren zu erreichen ist.[72] Mit einer solchen Expansion würde sich zweifellos
der technische Fortschritt verstärkt fortsetzen: Über Rationalisierungsinvestitionen werden dann neue arbeitssparende Produk-
tionsverfahren eingesetzt werden. Der Einsatz zusätzlicher nicht-
menschlicher Energie wird weiter menschliche Arbeitskraft ersetzen. Ein immer schnelleres Wachstum ist dann erforderlich,
um die Beschäftigung zu sichern – vorausgesetzt, die freigesetzte
Arbeit soll oder kann nur durch höhere Produktion wieder beschäftigt werden.[73] In wenigen Jahren sind dann vielleicht schon reale
Wachstumsraten von 8 % oder sogar 10 % erforderlich, um die Vollbeschäftigung zu erhalten. Ist aber eine solche Entwicklung zu realisieren? Betrachtet man die im Wachstumspfad der letzten fünfundzwanzig Jahre aufweisbaren Tendenzen, die zu einer durchschnittlichen Wachstumsrate von nur 1,7 % jährlich im letzten Jahrfünft
1970–75 geführt haben, dann scheinen Zweifel angebracht.

Das alles überschattende wirtschaftliche und gesellschaftliche Problem der Arbeitslosigkeit bringt solche Zweifel aber immer wieder
zum Verstummen, ebenso wie es die Diskussion um die 'Grenzen
des Wachstums' in den Hintergrund gedrängt hat. Ist aber mit einem
weiteren Wachstum – sei es aus ökonomischen oder aus ökologischen Gründen – wie bisher nicht länger zu rechnen, dann stellt
sich auch das Problem der Beschäftigung in einem neuen Licht dar.
Kann nämlich die Beschäftigung des Faktors Arbeit nicht länger
über das Wachstum, d.h. vor allem über die Ausweitung der materiellen Güterproduktion gesichert werden, dann ist ein Neuer Lebensstil, der sich in Konsumeinschränkungen und Einkommensbegrenzungen konkretisiert, nicht mehr als Phänomen zu betrachten, das Beschäftigungsprobleme verursacht. Er wird vielmehr
Voraussetzung zur Lösung der Beschäftigungsfrage. Reicht also das Wachstum der industriellen Produktion nicht mehr aus, um
eine volle Beschäftigung des Arbeitspotentials zu ermöglichen,
dann werden – bleiben Maßnahmen zur Neuverteilung von Arbeit,
Arbeitszeitverkürzungen also, oder andere institutionelle Veränderungen aus – Arbeitnehmer 'freigesetzt', die arbeitslos bleiben,

wenn sie nicht in anderen Bereichen eine Beschäftigung finden. Wachstumsgrenzen werden sich vor allem in Dienstleistungsbereichen als weniger starr erweisen. Diese Sektoren bieten aber zu einem großen Teil Leistungen − Umweltschutz, soziale Dienste u.ä. −, die zwar auf dringende öffentliche, gesellschaftliche wie individuelle, Bedürfnisse treffen, für die aber nicht in ausreichendem Maße Produktionsfaktoren zur Verfügung stehen, weil diese Dienste nur zu einem geringen Teil am Markt nachgefragt werden. Müssen sie deshalb kostenlos, d.h. nicht gegen ein spezifisches Entgelt wie es der Marktpreis ist, z.B. vom Staat, von Kirchen etc. zur Verfügung gestellt werden, dann bedeutet dies, daß die Tätigkeiten in diesen Bereichen über Abgaben(Steuern) zu finanzieren sind. Läßt also das Wachstum der Güterproduktion nach, muß die Beschäftigung in anderen Bereichen ausgedehnt werden, dann müssen die Mittel zur Finanzierung dieser Beschäftigung z.B. über höhere Steuern auf Löhne und Gewinne aufgebracht werden. Geringere Einkommenserhöhungen, gleichbleibende oder sogar sinkende Netto-Einkommen sind die Folge, obwohl in stagnierenden Branchen in dem Maße, in dem mit weiter steigender Arbeitsproduktivität Arbeitskräfte 'überflüssig' werden, die Brutto-Einkommen der noch Beschäftigten steigen. Veränderungen des Konsumverhaltens und die Bereitschaft zu Einkommensbegrenzungen werden sich dann als notwendige Voraussetzungen veränderter Produktions- und Leistungsstrukturen erweisen. Die Bereitschaft zur Begrenzung des privat verfügbaren Einkommens wäre dabei aber nicht mit einer Begrenzung der privaten Bedürfnisbefriedigung identisch. Denn den höheren Steuern soll ja ein größeres Angebot, z.B. an öffentlichen Dienstleistungen zur Befriedigung öffentlicher Bedürfnisse entsprechen.

Solchen Überlegungen gegenüber wird immer wieder eingewandt, daß in der 'kapitalistischen Wirtschaft' derartige Veränderungen nicht durchsetzbar seien. Einmal, weil entweder angesichts der bestehenden Einkommens- und Vermögensverteilung die Ansprüche der Arbeitnehmer auf weitere Lohnerhöhungen unbedingt berechtigt seien, oder aber − wird doch ausreichende Einkommenshöhe konstatiert −, weil ein sozialer Wandel dieser Art den tatsächlichen Interessen der betroffenen Einkommensgruppen nicht entspräche, mit ihrer Einwilligung also nicht zu rechnen sei. Vor allem jedoch würden die Unternehmensgewinne beeinträchtigt, wenn Investitionen sich als immer weniger rentabel erweisen. Alle diese Ansprüche müsse das System aber erfüllen; wirtschaftliches Wachstum sei also eine notwendige Voraussetzung zur Sicherung dieser Ansprüche.[74] Daß diese Kritik die wesentlichen Funktionsbedingungen unserer Gesellschafts- und Wirtschaftsordnung trifft, sagt Bundesminister Matthöfer mit folgenden Worten:

„Unser Wirtschaftssystem und unsere gesellschaftlichen und politischen Mechanismen sind auf ständigen materiellen Zuwachs eingestellt und die letzten drei Jahre mit ihrem geringen Wachstum haben erkennen lassen, wie schnell wir damit an die Grenzen der Belastbarkeit dieser Mechanismen stoßen."[75]

Verzicht auf ständige Einkommenssteigerungen und Bereitschaft zur wirtschaftlichen Aktivität bei sinkender Kapitalrentabilität setzen in der Tat — auch gerade darauf wollen Lebensstil-Initiativen aufmerksam machen — eine Änderung der für die Wachstums- und Konsumgesellschaft typischen Einstellungen und Verhaltensweisen voraus. Notwendig ist eine Veränderung der 'ökonomischen Mentalität' und eine Veränderung 'ökonomischer Strukturen', mit dem Ziel, 'qualitatives' Wachstum zu realisieren, das sinnvolle Beschäftigung mit der Befriedigung begründeter Bedürfnisse in Einklang bringen soll.

9 Zum Problem des wirtschaftlichen Wachstums

Was heißt 'qualitatives' Wachstum? Die mit diesem Begriff aufgeworfene Frage lautet: Ist es notwendig, ist es möglich, die industrielle Expansion und das materielle Wirtschaftswachstum der Industrieländer — sei es zugunsten der Entwicklungsländer, aus ökologischen Bedenken oder sozialpsychologischen Erwägungen — umzuorientieren, partiell einzuschränken, generell zu bremsen? Diese Fragen werden äußerst kontrovers diskutiert. Deshalb soll hier der Versuch gemacht werden, einige Positionen dieser Diskussion vereinfacht darzustellen, indem Argumente dreier 'Wachstumsschulen' gegenübergestellt werden.[76]

Der 'ökonomischen' Wachstumstheorie zufolge ist das Wachstum der materiellen Produktion prinzipiell unbegrenzt möglich. Es wird darauf vertraut, daß es immer wieder möglich sein werde, in einem unendlichen Prozeß der Substitution die Produktionsfaktoren und die Produktionsstrukturen, also Fertigungsanlagen, Arbeitseinrichtungen, vor allem aber auch Rohstoffe, so zu verändern und zu ersetzen, daß ökologische Grenzen oder Rohstoffverknappungen sich generell und auf Dauer weder störend noch zerstörerisch auszuwirken vermögen. Die Funktionen des Markt- und Preismechanismus und dessen Sanktionen — Verknappungen, Preiserhöhungen, Gewinnveränderungen — werden i. a. für stark genug gehalten, stets den Problemen angemessene Lern- und somit Substitutionsprozesse in Gang zu setzen. Vertraut wird weiterhin auf einen schnellen 'technischen Fortschritt'. Es wird als sicher angenommen, daß der Stand des wissenschaftlich-technologischen und sozialen Wissens und Könnens kontinuierlich steigen wird.

Wirtschaftliches Wachstum wird dieser Theorie zufolge langfristig nicht nur möglich, es wird auch notwendig sein. Denn ohne ausreichendes Wachstum sei es unmöglich, so wird argumentiert, die für die Erhaltung und Verbesserung der Umwelt notwendigen Investitionen bereitzustellen. Auch sei es nur bei starkem wirtschaftlichem Wachstum in den Industrieländern möglich, den Entwicklungsländern größere finanzielle Hilfe zukommen zu lassen. Nur dann könnten dort dringend zur wirtschaftlichen Entwicklung benötigte Güter produziert und zugleich den Entwicklungsländern Exportmärkte für ihre wachsende industrielle Produktion geöffnet werden. So würden die reichen Länder die aufstrebenden Entwicklungsländer mit sich ziehen.

Die Vertreter der 'ökologischen' Wachstumstheorie nehmen diesen Vorstellungen gegenüber eine Extremposition ein. Künftige Wachstumsmöglichkeiten halten sie für leichtfertig überschätzt, die mitverursachten Neben- und Folgewirkungen aber für gefährlich unterschätzt. Sie fordern das 'Null-Wachstum', einen Stopp des Wachstums der materiellen Produktion. Die Existenz absoluter 'naturgegebener' Wachstumsgrenzen — Lebensfähigkeit ökologischer Systeme, Rohstoffvorräte, klimatische Bedingungen — wird unterstellt, und es wird angenommen, daß nachhaltige Umweltzerstörungen mit weiterem Wachstum notwendig verbunden sein werden. Ein vorstellbarer 'ökologisch-technischer Fortschritt', der darauf gerichtet werden müßte, die Produktion und den Konsum 'umweltgerecht' umzustrukturieren, wird nicht für realisierbar, zumindest nicht für immer rechtzeitig realisierbar gehalten. Den Grund dafür glaubt man in den sich selbst verstärkenden Entwicklungsprozessen hochtechnisierter Industriegesellschaften aufzeigen zu können, aber auch in dem grundsätzlichen Widerspruch zwischen einer prinzipiell gewinnorientierten privatkapitalistischen Entwicklung und der immer deutlicher werdenden Notwendigkeit, die materielle Produktion an sozialen und ökologischen Kriterien auszurichten. Marktwirtschaftlicher Mechanismus und marktkonforme wirtschaftspolitische Maßnahmen werden zumindest zur langfristigen Lösung für ungeeignet gehalten. Gefordert wird deshalb eine Bremsung des Wachstums mit dem Ziel baldigen Wachstumsstopps und damit des Übergangs in eine stationäre, auf Dauer funktionsfähige Wirtschaft. Auch für die Entwicklungsländer wird der Nutzen eines hohen und schnellen Wirtschaftswachstums in Frage gestellt, weil diese Länder im Zuge einer forcierten Entwicklung von Industrie und Landwirtschaft ebenfalls verstärkt auf ökologische Probleme stoßen würden. Weiteres Wachstum könnte dann auch gerade dort zu einer gefährlichen Verstärkung der Probleme führen, zu deren Lösung es dienen soll. Das Ziel einer solchen Entwicklung sei aber auch grundsätzlich zu hinterfragen, weil es ganz unmöglich sei, die in den Industrieländern herrschenden Produktions- und Verbrauchsmuster global auszuweiten, wolle man nicht eine weltweite ökologische Katastrophe heraufbeschwören.

Die Forderung auf ein weltweites 'Null-Wachstum', also auf Wachstumsverzichte auch in den Entwicklungsländern, ist für diese Länder offensichtlich unannehmbar. Sie können nicht auf die Vergrößerung der materiellen Basis verzichten, derer sie zu einer eigenständigen und sozial gerechten Entwicklung bedürfen. Damit stehen heute sowohl die Industrieländer wie die Entwicklungsländer vor der schwierigen Frage, ob, wie und wo noch wirtschaftliches Wachstum realisiert werden kann, das die 'Umwelt' als eine wichtige Dimension von Entwicklung hinreichend mit berücksichtigt und das zugleich zur Befriedigung der Bedürfnisse aller Menschen dient, vor allem der Befriedigung zumindest der Grundbedürfnisse der Mehrheit der armen Bevölkerung in den Entwicklungsländern und der Randgruppen in den Industrieländern.

Überlegungen in diese Richtung werden vor allem im Rahmen einer Theorie des 'qualitativen Wachstums' angestellt. In einer nicht immer eindeutig festzustellenden Gewichtung einzelner Argumente liegt sie zwischen den beiden angedeuteten Extrempositionen: Gegenüber der 'ökologischen' Theorie ist sie wachstumsoptimistischer, gegenüber der 'ökonomischen' Theorie ist sie wachstumskritischer. Sie betont, daß wirtschaftliches Wachstum, das Wachstum des realen Sozialprodukts, als solches nicht das gesellschafts- und wirtschaftspolitische Ziel sein dürfe. Nicht die Quantität des wachsenden Sozialprodukts, also die Höhe der Wachstumsrate, sondern die Qualität, d.h. die Art und Zusammensetzung der produzierten Güter und ihre Verteilung auf die verschiedenen sozialen und wirtschaftlichen Bereiche sei ausschlaggebend für die Entstehung positiver Wohlstandseffekte. Sie fragt also nach dem Zusammenhang von Wirtschaftswachstum und 'Lebensqualität' – ein Konzept, das über den materiellen Lebensstandard hinaus die Dimension der natürlichen Umwelt und der sozialen Verhältnisse, auch nichtmaterielle, kulturelle Elemente und Dimensionen, zur umfassenden Kennzeichnung der Lebenssituation und -entwicklung einschließt.

Um den Begriff des 'qualitativen Wachstums' als ein allgemeines wirtschaftstheoretisches Konzept klarer fassen zu können, wurde eine Reihe neuer methodisch-theoretischer Ansätze entwickelt. Am bekanntesten sind Versuche geworden, die den Zusammenhang von wirtschaftlicher Aktivität und Qualität des Lebens durch neue Systeme ökonomischer, auch nichtmonetärer Indikatoren und durch Sozialindikatoren zu messen und zu bewerten suchen.[77]

Der Begriff des 'qualitativen' Wachstums wird heute aber schon von nahezu allen politischen Richtungen in Anspruch genommen und droht so, zu einer beliebig füllbaren Leerformel zu werden. Grundlegende Zielkonzepte, die innerhalb einer Theorie des 'qualitativen Wachstums' für die Industrieländer zu diskutieren und dann auch zu operationalisieren wären, sollen deshalb hier mit den Begriffen einer 'Umlenkung', einer 'Bremsung', einer 'Teilung' und einer 'Verlagerung' des Wirtschaftswachstums angedeutet werden.

Es ist notwendig, konkret zu diskutieren, was denn eigentlich noch wachsen darf und soll, was nicht mehr wachsen darf, wie mögliche Zuwächse verteilt werden sollten und wie Wachstums- und Entwicklungschancen der Entwicklungsländer verstärkt und verbessert werden können:

— Wachstumsumlenkung hieße, eine Veränderung der Güterzusammensetzung herbeizuführen, insbesondere zu Lasten traditioneller, umweltzerstörender Produkte, zu Lasten von Produktionsausweitungen bei Gütern, die keine 'echte' Bedürfnisbefriedigung erlauben. Es müßten z.b. belastungsverringernde und rohstoffsparende Produktionen und Verwendungen begünstigt und Industrien, die Umweltinvestitionsgüter, z.B. Reinigungsanlagen, herstellen oder das Recycling, die Wiederverwendung von Altmaterialien, vorantreiben, gefördert werden. Beispielsweise müßten Leistungen und Dienste im Bereich der Gesundheitsvorsorge ausgedehnt werden, statt die Produktion von Arzneimitteln zu vergrößern, die nur auf den Krankheitsfall abstellen, deren Überkonsum schwere Folgeschäden mit sich bringt. So könnte ein ökologiekonformes, ein umweltgerechteres, ein i.w.S. bedürfnisorientiertes Wachstum verwirklicht werden.[78]

— Wachstumsbremsung würde auf eine Verlangsamung der wirtschaftlichen Expansion in bestimmten Produktionssparten, z.B. durch eine Politik der Begrenzung des Energiezuwachses zielen. Auch bei Realisierung eines ökologisch-technischen oder sozialen Fortschritts bleiben in einzelnen Bereichen Belastungen und Gefährdungen in Form von 'Restrisiken' bestehen, die nicht behebbar sind. Sie sind also nur zu akzeptieren oder aber zu vermeiden, indem auf eine mögliche Produktionsausweitung verzichtet wird.[79]

— Wachstumsteilung wäre auf eine gerechtere Verteilung des 'noch möglichen' Zuwachses gerichtet. Ziel ist eine Verteilung von Einkommen, die nicht 'linear', d.h. entsprechend der vorgegebenen Einkommens- und Vermögensstruktur erfolgt, sondern unter dem Aspekt einer stärkeren Gleichverteilung. Vor allem müßte denjenigen, deren Mindestbedürfnisse nicht einmal gesichert sind oder denjenigen, die bis jetzt im Expansionsprozeß benachteiligt blieben, ein gerechter Anteil gesichert werden.[80]

— Wachstumsverlagerung würde bedeuten, die Überentwicklung der Industrieländer zu stoppen oder gar abzubauen, insbesondere solche Entwicklungen, die auf Kosten der Dritten Welt erfolgen. Nicht nur Entwicklungshilfe ist erforderlich; die Verlagerung von Forschung, Entwicklung, Produktion und Handel in die Entwicklungsländer könnte dazu beitragen, diesen Ländern Wachstumchancen für eine eigenständige Entwicklung zu eröffnen, wenn diese Aktivitäten den übergreifenden Entwicklungszielen untergeordnet werden.[81]

Es ist offensichtlich, daß eine an diesen grundlegenden Zielen orientierte Wachstumspolitik zu erheblichen Veränderungen der bestehenden wirtschaftlichen und gesellschaftlichen Strukturen führen würde. Der Begriff des 'qualitativen' Wachstums schließt also eine Kritik systemprägender sozialer und ökonomischer Strukturen, d.h. eine Kritik der Normen, Wertungen und Institutionen auch unseres gegenwärtigen Gesellschafts- und Wirtschaftssystem ein. Das bedeutet aber, daß nicht allein die privatwirtschaftliche Orientierung an der Kapitalrentabilität über die künftige Entwicklung entscheiden darf. Es erscheint zwar durchaus als realistisch, Umweltprobleme — um nur diese noch einmal aufzunehmen — kurzfristig mit Hilfe der Privatwirtschaft zu lösen. Solange das Wirtschaftswachstum fortsetzbar bleibt, wird sich das unternehmerische Gewinnstreben als umlenkbar erweisen, orientierbar auf ökologiekonforme Produkte und Produktionsformen. Wird sich allerdings längerfristig eine spürbare Verlangsamung des Wachstums einstellen, wird sich eine deutliche Tendenz zum Übergang in eine wachstumslose, stationäre Wirtschaft mit sinkenden Gesamtgewinnen der Unternehmen zeigen, dann wird sich die 'Systemfrage' unabweislich als relevant erweisen; denn eine säkulare Stagnation der wirtschaftlichen Aktivitäten scheint mit dem privatwirtschaftlichen System nicht vereinbar zu sein.[82]

In planwirtschaftlichen Systemen, in denen nicht die Erzielung privater Gewinne, sondern das Ziel der Wachstumsmaximierung im Vordergrund steht, haben sich gleichartige Fehlentwicklungen wie in kapitalistischen Ländern und vergleichbare Schwierigkeiten bei der Behebung solcher Störungen ergeben.[83] Diese Tatsache macht deutlich, daß die 'Systemfrage' nicht durch eine simple Negativ-Posi-

tiv-Gegenüberstellung von 'Kapitalismus' und 'Sozialismus' zu beantworten ist.

Daß das wirtschaftliche Wachstum in 'kapitalistischen' wie in 'sozialistischen' Systemen — sehr langfristig betrachtet, also in 50 bis 100
oder vielleicht erst 200 Jahren — zu seinem Ende kommen wird,
dies wird heute wohl nur noch von wenigen Wissenschaftlern bestritten werden. Es sei denn, man beschränkt sich nicht auf eine
'erdbezogene' Entwicklung, sondern hält wie H. Kahn für das frühe
21. Jahrhundert eine 'weltraumorientierte' Expansion, d.h. die
Kolonisation des Weltraums und die Nutzung außerirdischer Ressourcen mit noch unvorhersagbaren Wachstumsimpulsen, für möglich.[84] Widersprüche zwischen vorliegenden Zukunfts-Szenarien
bestehen daher besonders über die 'mittelfristigen' Entwicklungsmöglichkeiten bis in die ersten Dekaden des nächsten Jahrhunderts.
Sie entstehen aber vor allem aus Unterschieden in ihren grundlegenden Zielkonzeptionen.

In vorliegenden 'Weltmodellen' geht es nicht einfach um physische
Bedingungen des Wirtschaftswachstums, also nicht allein um die
rohstoffbedingten und ökologischen Möglichkeiten einer fortge-
setzten wirtschaftlichen Expansion. Es geht vielmehr um diese
Grundfragen:

- Welche materiellen und immateriellen Lebensbedingungen sehen
  wir als 'sinnvoll' an?
- Welche Entwicklungsmöglichkeiten wollen wir den Gesellschaften
  der Entwicklungsländer einräumen?
- Und welche Zukunft wollen wir mit allen Nationen und allen Menschen dieser Welt anstreben?[85]

Diese Fragen lassen sich über Modellrechnungen mit Wachstumsraten,
so notwendig und aufschlußreich sie sein können, nicht beantworten. Die ,,Qualität" des Wachstums, d.h. die Art und Weise seiner
Produktion, seine Zusammenstellung nach Gütern und Diensten, und
seine Verteilung sind damit noch nicht hinreichend zum Entschei-
dungsproblem geworden. Das wird nur geschehen, wenn wir unsere
Lebensziele, unsere Lebenserwartungen und unsere Ansprüche an die
Zukunft und damit die traditionellen Wertvorstellungen zur Diskussion stellen, welche die gegenwärtige Entwicklung prägen. Die
Diskussion von Werten ist aber kein Rückzug ins bloß Theoretische.

Infrage gestellt werden unmittelbar persönliche Einstellungen und Verhaltensweisen ebenso wie unsere gesellschaftlichen und wirtschaftlichen Strukturen, denn in ihnen verkörpern sich Normen und Wertungen am dauerhaftesten und wirksamsten.

Anmerkungen

1   Hartfiel, Günter; Wörterbuch der Soziologie, Stuttgart 1972, S. 372
2   Zum Problem Wertewandel vgl. den Beitrag von M. Bartelt in diesem Band, S. 73 ff.
3   Vgl. Scardigli, Victor; Lebensformen und sozialer Wandel in Westeuropa. In: Euroforum, Nr. 4/77, 25. Jan. 1977, S. 3 f.
4   Vgl. A SLIM Guide to Economic Life-Style (Hrsg. The South London Industrial Mission, 27 Blackfriars Road, London SE1 8NY).
5   Vgl. (Materialien) Zur Alternativen Ökonomie I (Hrsg. AG SPAK, Arbeitsgemeinschaft Sozialpolitischer Arbeiterkreise im: Verein zur Förderung sozialpolitischer Arbeit e.V. Bonn), 2. Aufl., Berlin 1976.
6   Vgl. Harms, Jens; Nicht individuell, sondern gesellschaftlich organisieren. In: Entwicklungspolitik, Informationsdienst der Zentralredaktion des Evangelischen Pressedienstes (epd), Nr. 20, Okt. 1976, S. 10 f.
7   Zu den Schwierigkeiten der Organisation allgemeiner Interessen vgl. den Beitrag von H. Zilleßen in diesem Band, S. 122 ff.
8   Vgl. Ebert, Theodor; Mit Bürgerinitiativen zur antikapitalistischen Strukturreform? Ursprung und Zukunft eines basisdemokratischen Prozesses. In: Gewaltfreie Aktion, 4. Jg., Heft 12, 2. Quartal 1972, S. 7 f. und ders.; Basisgruppen im revolutionären Prozeß. In: Wege zur veränderten Gesellschaft. Politische Strategien (Hrsg. Hendrik Bussiek), Frankfurt/M. 1971, S. 135 ff.
9   Vgl. Perlman, Janice E.; Cowboydemokratie. Basisbewegungen in den Vereinigten Staaten. In: Neues Forum, 23. Jg. Heft 276, Dez. 1976, S. 48.
9a   Verbrauch von Gütern und Dienstleistungen, die erhebliche materielle Produktion zur Voraussetzung haben, d.h. erhebliche Mengen unersetzbarer Rohstoffe benötigen und die Umwelt schädigen.
10   Vgl. Dietrich, Gabriele; Menschliche Entwicklung — Die Zwiespältigkeit von Macht und Technologie und die Qualität des Lebens. Sektion VI. In: Ökumenische Rundschau. Sonderheft zur fünften Vollversammlung des Ökumenischen Rates der Kirchen vom 23. Nov. bis 10. Dez. 1975 in Nairobi, 25. Jg., Heft 2, April 1976, S. 231 ff.
11   Birch, Charles; Schöpfung, Technik und Überleben der Menschheit: ... und füllet die Erde. In: Beiheft zur Ökumenischen Rundschau, Nr. 30/1976, S. 100, 101.

In seinem 'Zweiten Brief an das Volk Gottes' hat der Prior der Ökumenischen Brüdergemeinschaft von Taizé, Roger Schutz, die Menschen in den reichen Ländern aufgefordert, in einem Sieben-Jahres-Plan auf alles zu verzichten, was nicht unbedingt erforderlich ist.
vgl. epd ZA Nr. 236, 6.12.1976, S. 2 f.

12 Die Erklärung von Cocoyoc. In: Entwicklungspolitik, Nr. 1/1977, S. 4 und 6; vgl. auch in: Die Neuordnung der Weltwirtschaft (Hrsg. Rainer Jonas und Manfred Tietzel), Bonn-Bad Godesberg 1976, S. 207 ff.

13 Die Armen im Blickpunkt. Ein Interview mit Samuel L. Parmar. In: Ökumenische Rundschau, 26. Jg., Heft 1, Jan. 1977, S. 51, 58 f.
vgl. auch: Myrdal, Gunnar; New Economic Order? Humbug! In: Sweden Now, Nr. 4, 1975, S. 24 ff. und
Ein Interview mit Jan Tinbergen: Unser Leben wird sich ändern. In: Forum Vereinte Nationen, Jg. 3, Nr. 7, Sept.-Okt. 1976, S. 1 f.
Es wird natürlich nicht naiv unterstellt, daß beispielsweise ein verringerter Getreidekonsum in Form tierischer Produkte in den Industrieländern unmittelbar große Mengen Getreide für die Entwicklungsländer freigeben würde. Dazu bedarf es institutioneller Veränderungen; denn: Ein verringerter Konsum an tierischen Produkten wird ziemlich sicher zu einer verminderten Getreideproduktion und möglicherweise zu höheren Preisen führen. Aber selbst wenn erhebliche Getreidemengen freigesetzt würden, wie könnten sie den Hungrigen zugänglich werden?
Vgl. Robbins, Christopher und Javed Ansari; The Profits of Doom, London 1976 und Boserup, Mogens; Konsumverzicht bringt keine Lösung. In: Forum Vereinte Nationen, Jg. 2, Nr. 2, März 1975, S. 1 f.

14 Bericht aus Nairobi 1975. Ergebnisse, Erlebnisse, Ereignisse. Offizieller Bericht der fünften Vollversammlung des Ökumenischen Rates der Kirchen (Hrsg. Hanfried Krüger und Walter Müller-Römheld), Frankfurt/ M. 1976, S. 106.

15 Vgl. Adler-Karlsson, G.; New way of life in developed countries. Discussionpaper. In: Symposium on a new international economic order. Report. The Hague, the Netherlands, 22—24 may 1975, S. 68. Zu Problemen und Mißerfolgen bei der Einführung von Mindestlöhnen in Entwicklungsländern vgl. Watanabe, Susumu; Minimum wages in developing countries: myth and reality. In: International Labour Review, Vol. 113, No. 3, May-June 1976, S. 345 ff.

16 Grosser, Alfred; Was es heißt, dem inneren und äußeren Frieden zu dienen. In: Frankfurter Allgemeine Zeitung, Nr. 237, 13.10.1975, S. 5.

17 Sparquoten und Konsumwachstumsraten nach: Wellmann, Burkhard; Wachstum. Falsche Diagnose. In: Der Arbeitgeber, 29. Jg., Heft 5, 11.3.1977, S. 172. Die Sparquote der privaten Haushalte ist die laufende Ersparnis in Prozent des verfügbaren Einkommens.

18 Wir sparen uns arm. (Interview mit dem Großbankier Ludwig Poullain) In: Stern Nr. 32, 31.7.1975, S. 83.

19 Vgl. Glastetter, Werner; Konsumzwang in einer Wohlstandsgesellschaft (Probleme und Konsequenzen). In: Konsum und Qualität des Lebens (Hrsg. Bernd Biervert u. a.), Opladen 1974, S. 272.

20 Vgl. Einkommensverteilung und -schichtung der privaten Haushalte in der Bundesrepublik Deutschland 1950 bis 1970. In: Wochenbericht

des Deutschen Instituts für Wirtschaftsforschung, 40. Jg., Nr. 25/73, 21.6.1973, S. 221. Vgl. Göseke, Gerhard und Klaus-Dietrich Bedau; Verteilung und Schichtung der Einkommen der privaten Haushalte in der Bundesrepublik Deutschland 1950 bis 1975, Berlin 1974, S. 53.

21 Vgl. Leistung in Zahlen '75 (Hrsg. Bundesministerium für Wirtschaft), Bonn 1976, Tab. 3.21, S. 43.

22 Vgl. Leistung in Zahlen '75, a.a.O., Tab. 2.44.1, S. 37 und Tab. 2.44.3 und 2.44.4, S. 38.

23 Vgl. Die Ausstattung privater Haushalte mit langlebigen Gebrauchsgütern im Januar 1973: In: Arbeits- und sozialstatistische Mitteilungen, Heft 10/11, Okt./Nov. 1974, S. 353.

24 Scheel, Walter; Hannover-Messe 1977. Eröffnungsrede des Bundespräsidenten. In: Bulletin (Hrsg. Presse- und Informationsamt der Bundesregierung), Nr. 41, 26.4.1977, S. 372.

25 Gorz, André; Ökologie und Politik. Beiträge zur Wachstumskrise, Reinbek bei Hamburg, 1977, S. 88 f.

26 Vgl. Kambartel, Friedrich; Bemerkungen zum normativen Fundament der Ökonomie, In: Methodologische Probleme einer normativ-kritischen Gesellschaftstheorie (Hrsg. Jürgen Mittelstraß), Frankfurt/M. 1975, S. 124, 113.

27 Vgl. z.B. Gronemeyer, Reimer; Konsumgesellschaft. Texte und Materialien zur Gesellschaftslehre der Sekundarstufen, München, Berlin, Wien 1976.

28 Vgl. Schmidbauer, Wolfgang; Homo consumens. Der Kult des Überflusses, Stuttgart 1972.

29 „ ... Konkurrenzdenken in Schulen und Hochschulen ist ... doch wohl Wesensmerkmal unserer gesamten Gesellschaft. Es erscheint deshalb unmöglich, die Schule als Mußeraum völlig abzuschotten von dem übrigen Leben, in dem harter Wettbewerb um Positionen und Lebensstandard herrscht, der von der Werbung für mehr und mehr materielle Güter hemmungslos angestachelt wird." Prof. Dr. Friedrich Edding, Berlin, in einem Leserbrief an die Frankfurter Allgemeine Zeitung, 21.2.1977.

30 Schelsky, Helmut; Einführung zu: David Riesmann u.a.; Die einsame Masse, Hamburg 1958, S. 13.

31 Quellen: Statistisches Bundesamt; Lange Reihen zur Wirtschaftsentwicklung, Mainz 1974, S. 144 f., und Monatsberichte der Deutschen Bundesbank (bis 1960 ohne Saarland und Berlin, ab 1960 Bundesgebiet; 1974 ff. vorläufige Ergebnisse).

32 Quelle: Statistisches Bundesamt.

33 Eigene Berechnung.

34 Eigene Berechnung (einfache Durchschnitte aus den Quoten der Tabelle 2).

35 Vgl. z.B. Wirtschafts-Institute korrigieren ihre Prognosen deutlich. In: Frankfurter Allgemeine Zeitung, 28.4.1977.

36 Wirtschaftlicher und sozialer Wandel in der Bundesrepublik Deutschland. Gutachten der Kommission für wirtschaftlichen und sozialen Wandel, Bonn 1976, S. 146 (Kap. II, Z. 68).

36a Vgl. Rede des Ministers für Arbeit, Gesundheit und Soziales des Landes Nordrhein-Westfalen, Prof. Dr. Friedhelm Farthmann, zur Verleihung des Umweltpreises des TÜV Rheinland am 1.6.1976.

37   Vgl. Schwendter, R.; Notate zur Kritik der alternativen Ökonomie. In: (Materialien), a.a.O., S. 161 ff.

38   Die Armen im Blickpunkt, a.a.O., S. 58.
     Vgl. auch: Herrera, Amílcar O., Hugo D. Scolnik u.a.; Grenzen des Elends. Das Bariloche-Modell: So kann die Menschheit überleben, Frankfurt/M. 1977.

39   Zinn, Karl Georg; Wohlstand und Wirtschaftsordnung. Zur Leistungsfähigkeit von marktwirtschaftlichen und planwirtschaftlichen Systemen, Darmstadt 1972, S. 4.

40   Vgl. Gizycki, Horst von; Alternative Lebensformen. In: Frankfurter Hefte, 30. Jg., Heft 10 und 12/1975; 31. Jg., Heft 3 und 6/1976 und: Schwendter; Kritik der subkulturellen Ökonomie. In: (Materialien). a.a.O., S. 54 ff.

41   Vgl. Eine Alternative zur industriellen Arbeitswelt. Individual-Produktion am Beispiel des Lädeliladens dargestellt. In: Alternativ-Katalog 1 (Hrsg. Dezentrale: BIKU, Postfach 223, CH-3098 Köniz), 3. Aufl., 1976, S. 20 ff.

42   Vgl. WG-COOP München: Eigenökonomie. In: (Materialien), a.a.O., S. 61 ff.

43   Vgl. Schwendter, Notate, a.a.O., S. 182 f.

44   Schwendter, Notate, a.a.O., S. 166.

45   Vgl. Galtung, Johan; Alternative Life Styles in Rich Countries. In: Development Dialogue, 1/1976, S. 88 ff.

46   Vgl. Bossel, H. u.a.; Energie richtig genutzt, Karlsruhe 1976 und Energie-Alternativen des Bundesverbandes der Bürgerinitiativen Umweltschutz e.V., Nr. 1: Energie und Haushalt; Nr. 2: Energie sparen; Nr. 3: Sonnenenergie und weitere Informationsblätter (Horstackerstr. 24, 6700 Ludwigshafen).

47   Carl Amery empfiehlt 'Energiegenossenschaften'. In: epd ZA Nr. 76, 20.4.1977, S. 3.

48   Zu Ethik und Praxis 'des Konsumverzichts' vgl. Schmidbauer, a.a.O., S. 103 ff.
     Vgl. auch: 'Eat like an American' oder Die Plünderung des Planeten. In: Ein anderer Lebensstil. Schritte ins Offene, Nr. 3, April/Mai 1976, S. 11 ff.

49   Vgl. Gorz, a.a.O., S. 95 f.

50   Vgl. Scherf, Harald; Produktion und Konsum: Was wir ändern können. In: Radius, 21. Jg., Nr. 3/1976, S. 31.

51   Vormweg in: Heinrich Böll/Heinrich Vormweg; Solschenizyn und der Westen. In: L 76, Nr. 1/1976, S. 177.

51a „Denn diejenigen, die am meisten der Verkündigung geistiger Werte und Ideale ausgesetzt sind, werden sich, ..., am empfindlichsten bewußt, welcher Widerspruch zwischen den eingestandenen sozialen Idealen und den sozialen Realitäten besteht." Wilkinson, Paul; Soziale Bewegungen. Von Rousseau bis Castro, München 1974, S. 128.

52 Notfalls mehr Inflation. Interview mit dem DGB-Wirtschaftsexperten Alois Pfeiffer. Aus: Wirtschaftswoche, 27.5.1977. Zit. nach: Deutsche Bundesbank; Auszüge aus Presseartikeln, Nr. 34, 6.6.1977, S. 7.

53 Wieviel genügt? — ein anderes Schweden. Aus: Dag Hammarskjöld Bericht 1975. In: Neue Entwicklungspolitik, Jg. 1, Nr. 2/3 1975, S. 42 f. Vgl. auch: Galtung, Johan; Weniger nehmen ist mehr geben. In: Orientierung, Nr. 8, 40. Jg., 30.4.1976, S. 91 f.

54 Vgl. Das 5.000,— DM-Limit ist richtig und konsequent. Jochen Steffen: Lohnpolitik ist kapitalistisch. In: Handelsblatt, 14./15.11.1975, S. 5.

55 Vgl. Adler-Karlsson; a.a.O., S. 68 f.

55a Robert Jungk beabsichtigt die Gründung eines Fonds für kritische Atomwissenschaftler, die nicht frei reden können, ohne ihre Existenz aufs Spiel zu setzen.

56 Wieviel genügt?, a.a.O., S. 43 ff.

57 Ebd., S. 46.

58 Vgl. Lindholm, Stig; 'Another Sweden': How the Swedish Press Reacted. In: Development Dialogue, 1/1976, S. 68 ff.

59 Vgl. Ziel und Strategie der Aktion Dritte Welt Handel. In: Entwicklung der Unterentwicklung (Hrsg. Aktion Dritte Welt Handel) 4. Aufl., Wuppertal (o.J.), S. 15 ff.

60 Vgl. „Spraydose verboten?" Internationales Symposium in der Schweiz. AgV für sofortige Kennzeichnung. In: Verbraucherpolitische Korrespondenz (Hrsg. Arbeitsgemeinschaft der Verbraucher e.V.), Nr. 9, 1.3.1977, S. 4 ff. Vgl. Randow, Thomas v.; Im Zweifel für den Schutz unserer Kinder. In: Die Zeit, 22.4.1977.

61 Schriftliche Anfrage Nr. 855/75 von Herrn Jahn an die Kommission der Europäischen Gemeinschaften, Sprechergruppe, Brüssel 10.5.1976.

62 Vgl. In Veenendaal moeten 76 man afvloeien. Aus: Trouw (jrg. 1975) in: injektie 3, maart 1976 (Werkgroep nieuwe levensstijl van de raad von kerken in nederland), S. 36 f.

63 Vgl. Wirtschaftswoche, 31. Jg. Nr. 3, 7.1.1977, S. 18 f.

64 DGB Nachrichten Dienst (Bundespressestelle des Deutschen Gewerkschaftsbundes), ND 150/77, 18.5.1977.

65 Vgl. DGB Nachrichten Dienst, ND 29/77, 9.2.1977.

66 Vgl. Sachverständigenrat zur Begutachtung der gesamtwirtschaftlichen Entwicklung; Zeit zum Investieren. Jahresgutachten 1976/77 Stuttgart, Mainz 1976, 3. Kap.

66a Konsumverzicht als Verzicht auf Güter, die bezahlt werden müssen, um verbraucht werden zu können, würde sich sogar als eine Notwendigkeit erweisen, wenn das Erwerbsstreben und damit die ökonomisierte Arbeitstätigkeit sich abschwächen würden. Arbeitszeitverkürzungen ohne vollen Lohnausgleich — etwa durch Maßnahmen zu einer Neuverteilung der Arbeit — könnten auch solche Auswirkungen haben.

67 Vgl. Special Supplement. A Growth Scenario to 1980. In: OECD Organisation for Economic Co-operation and Development; Economic Outlook, Nr. 19, July 1976, S. 129.

68 Vgl. Stabilitätspolitik schon fünf Minuten vor zwölf. In: Handelsblatt vom 24./25.9.1976.

69 Zit. nach: Gaspar, Diogo de; Some Comments on Changing Life Styles. In: Study Encounter, Vol XII, No. 3, 1976, S. 17 f.

70 Ebd. S. 16 f.
71 Vgl. Borchardt, Knut; Dreht sich die Geschichte um? (Denk-)Modelle
    für Wachstumsschranken, Ebenhausen bei München 1974, S. 16.
    Ein solches Verhalten müßte allerdings auch für Unternehmerhaushalte
    gelten, und zugleich müßten die Unternehmen darauf verzichten, die für
    Investitionen notwendigen Überschüsse durch ein den privaten Haushal-
    ten aufgezwungenes Sparen, durch Preiserhöhungen also, zu planen und
    zu finanzieren.
72 Vgl. Klauder, Wolfgang und Peter Schnur; Mögliche Auswirkungen der
    letzten Rezession auf die Arbeitsmarktentwicklung bis 1990. In: Mittei-
    lungen aus der Arbeitsmarkt- und Berufsforschung, 9. Jg., Nr. 3/1976,
    S. 237 ff.
73 Vgl. Daly, Herman E.; Electric Power, Employment, and Economic
    Growth: A Case Study in Growthmania. In: Toward a Steady-State
    Economy (Hrsg. Herman E. Daly), San Francisco 1973, S. 258 ff.
74 Vgl. Harms, a.a.O., S. 9 f.
75 Energie und Umwelt. Rede von Bundesforschungsminister Matthöfer.
    In: Bulletin (Hrsg. Presse- und Informationsamt der Bundesregierung),
    Nr. 12, 11.2.1977, S. 114.
76 Vgl. z.B. Frey, Bruno S.; Umweltökonomie, Göttingen 1972, S. 60 ff.;
    Kneschaurek, Francesco; Wachstum als Voraussetzung einer wirksamen
    Umweltpolitik? Zahn, Erich; Wachstumsbegrenzung als Voraussetzung
    einer wirksamen Umweltpolitik. Werner, Josua; Wachstum—Wachstums-
    begrenzung, Versuch einer Synthese. In: Umweltpolitik in Europa (Hrsg.
    Christopher Horn u.a.), München, Bern, Wien 1973, S. 47 ff. bzw. 73 ff.
    bzw. 111 ff.; Was tun. Dag Hammarskjöld Bericht 1975. In: Neue Ent-
    wicklungspolitik, Jg. 1, Nr. 2/3, 1976; Die Zukunft des Wachstums (Hrsg.
    Henrich von Nussbaum), Düsseldorf 1973; Fritsch, Bruno; Wachstumsbe-
    grenzung als Machtinstrument, Stuttgart 1974; Borchardt, Knut; Dreht
    sich die Geschichte um? (Denk-)Modelle für Wachstumsschranken, Eben-
    hausen bei München 1974; Toward a Steady-State Economy (Hrsg. Her-
    man E. Daly), San Francisco 1973.
77 Vgl. z.B. Lebensqualität – Zur inhaltlichen Bestimmung einer aktuellen
    Forderung. Ein Beitrag des Sozialwissenschaftlichen Instituts der evan-
    gelischen Kirchen in Deutschland, Wuppertal 1973 und: Lebensqualität:
    Zielgewinnung und Zielbestimmung (Bearb. Heide Simonis, Udo E. Si-
    monis), Kiel 1976 und: Simonis, Udo E.; Sozialindikatoren als methodi-
    sche Innovation. Erwartungen und Grenzen. (Institut für Wohnungsbau
    und Stadtteilplanung, TUB, Arbeitspapier Nr. 8), Berlin, Juli 1976.
78 Vgl. z.B. Hödl, Erich; Wirtschaftswachstum und Umweltpolitik, Göttin-
    gen 1975, S. 43 ff. und: Wirtschaftspolitik in der Umweltkrise. Strategien
    der Wachstumsbegrenzung und Wachstumsumlenkung. (Hrsg. Jörg Wolff)
    Stuttgart 1974.
79 Vgl. z.B. Binswanger, Hans Christoph und Elmar Ledergerber; Bremsung
    des Energiezuwachses als Mittel der Wachstumskontrolle. In: Wirtschafts-
    politik in der Umweltkrise, a.a.O., S. 103 ff.
80 Vgl. z.B. Lindqvist, Martti; Economic Growth and the Quality of Life.
    An Analysis of the Debate within the World Council of Churches 1966–
    1974, Helsinki 1975, S. 157 ff.

81 Vgl. z.B. Soziale Gerechtigkeit und internationale Wirtschaftsordnung. Im Auftrag der Gemeinsamen Konferenz der Kirchen für Entwicklungsfragen hrsg. von Hermann Kunst und Heinrich Tenhumberg. München, Mainz 1976, S. 24 f., 80 ff., 86 ff. Vgl. auch: Der RIO-Bericht an den Club of Rome. Wir haben nur eine Zukunft. Reform der internationalen Ordnung (Leitung: Jan Tinbergen), Opladen 1977, S. 158 ff.

82 Vgl. Hödl, a.a.O., S. 55 ff.

83 Vgl. z.B. Schäfer, Bernd; Umweltökonomie und Wirtschaftssystem. In: Umweltstrategie (Hrsg. Hans Dietrich Engelhardt u.a.) Gütersloh 1975, S. 48 ff.

84 Vgl. Kahn, Herman; Vor uns die guten Jahre, München u.a. 1976, S. 20 f.

85 Vgl. Fetscher, Iring; Ökodiktatur oder Alternativ-Zivilisation. Zwei Modelle der postindustriellen Gesellschaft. In: Neue Rundschau, 87. Jg., Heft 4/1976, S. 527 ff.

4. Probleme der Arbeitslosigkeit und das Ziel eines Neuen Lebensstils

Von Kurt Kaiser und Horst Westmüller

Unsere individuellen Konsumgewohnheiten bedürfen ebenso unausweichlich der Änderung wie die gesellschaftlichen Konsum- und Entwicklungsstrukturen — jedenfalls in den reichen Industrieländern. Diese Forderung ist einer der Brennpunkte eines Neuen Lebensstils; in ihr verknüpfen sich vielfältig grundsätzliche Einsichten und praktische Ansätze. Ohne eine solche Änderung besteht auf die Dauer keine Chance, die Überlebensprobleme der Menschheit in der Zukunft wie auch die gegenwärtigen Überlebensprobleme in der Dritten Welt einer Lösung näherzubringen. Ohne eine Abkehr vom Fetischcharakter des Konsums ist aber auch der Weg versperrt, mehr Menschlichkeit im individuellen und gesellschaftlichen Bereich zu verwirklichen.

Ganz in diesem Sinne heißt es etwa im RIO-Bericht:

„Die für die reiche Welt — sowohl die marktwirtschaftlichen als auch die staatswirtschaftlichen Länder — charakteristische Wachstumsideologie hat sich als ständige Antriebsfeder eines übermäßigen Güterverbrauchs erwiesen; die Mengenfixiertheit und der extravagante und verschwenderische Gebrauch von Ressourcen ging zu Lasten einer gerechten Verteilung des Reichtums und der Lebensqualität. Wir sehen immer deutlicher, daß der Wachstumsfetischismus moralisch und ethisch korrumpieren kann, daß grundlegende menschliche Werte durch die der Konsummanie zugrunde liegende Philosophie gefährdet werden können. Diese Merkmale der Konsumgesellschaft rufen Unzufriedenheit, Unsicherheit und Angst, die Symptome gesellschaftlicher Entfremdung, hervor; sie werden immer spürbarer."[1]

Solange solche Überlegungen abstrakt bleiben, sind reale Auswirkungen gering. Den Lebensstilgruppen geht es aber bei solchen Überlegungen immer auch um praktische Ansätze, um die reale — zunächst individuelle bzw. gruppenbezogene — Änderung des Umgangs mit Konsumgütern. Vor allem geht es um die Einschränkung eines „verschwenderischen" Konsums und um eine sinnvolle qualitative Bewertung von Konsumgütern, sowohl hinsichtlich ihres individuellen Nutzens als auch hinsichtlich des Ziels, die Belastung der Umwelt zu reduzieren und Energie sowie Rohstoffe sparsam zu verwenden.

Die gegenwärtige Situation scheint nun dadurch gekennzeichnet zu sein, daß solche Änderungen des Konsumverhaltens in Richtung auf größere Zurückhaltung, ja auch die Bereitschaft zu gewissen Einschränkungen — mindestens der Wachstumserwartungen — sich langsam ausbreiten, und zwar über den Rahmen bewußter Lebensstilgruppen hinaus.

Je stärker dies der Fall ist, um so mehr stellt sich freilich das Problem, daß solche Veränderungen der Konsumnachfrage nicht nur die beabsichtigten und erwünschten Auswirkungen haben. Sie betreffen auch — mittelbar — den Arbeitsmarkt, und zwar zu einem Zeitpunkt, in dem dessen Entwicklung ungewisser ist denn je. Bei einer generellen Einschränkung des Konsums wären die Auswirkungen auf die Beschäftigungslage sehr schwerwiegend, zumal angesichts des weltweiten Problems der Arbeitslosigkeit.

Durch eine verstärkte Nachfrage nach Dienstleistungen entstehen hier zwar Gegengewichte; aber sie reichen zu einer Lösung wohl kaum aus. Offensichtlich ist, daß die Überlegungen zu einem Neuen Lebensstil in schroffem Widerspruch zu allen Versuchen stehen, die gegenwärtigen Beschäftigungsprobleme durch eine bedingungslose Ankurbelung des quantitativen Wachstums lösen zu wollen. Folgt man auch nur der elementarsten Einsicht in die Grenzen des Wachstums, so erweist es sich als unvermeidlich, nach anderen Lösungen des derzeitigen Arbeitslosenproblems zu suchen.

Dieser Beitrag hat nicht die Aufgabe, auf die ökonomischen Implikationen eines Neuen Lebensstils einzugehen[2]. Er beschäftigt sich mit dem Problem der Arbeitslosigkeit daher auch nicht in erster Linie darum, weil Konsumveränderungen im Gefolge eines Neuen Lebensstils den Problemdruck auf dem Arbeitsmarkt mindestens zeitweilig erhöhen könnten.

Arbeit gehört zu den Grundelementen menschlichen Lebens. In ihr entfaltet der Mensch einen entscheidenden Teil seiner sozialen Existenz. Der RIO-Bericht nennt unter den fünf Hauptkomponenten, auf denen die Bemühungen um den Aufbau einer gerechten Gesellschafts- und Wirtschaftsordnung ruhen müssen, die Arbeit an zweiter Stelle, unmittelbar nach den materiellen Grundbedürfnissen des Überlebens:

„Nachdem das bloße Überleben gesichert ist, gewinnt die *aus der Arbeit abgeleitete* Befriedigung an Bedeutung. Zur Bedürfnisbefriedigung gehört es, daß jede Person, die zur Arbeit willens und in der Lage ist, eine angemessen bezahlte Stellung findet. Dies wiederum ermöglicht ihr, materielle Bedürfnisse zu befriedigen und den Umfang der Dienstleistungen, die sie in Anspruch nehmen kann, zu erweitern. Darüber hinaus kann sie Bedürfnisse qualitativer Art befriedigen: eine gesunde, humane und befriedigende Umwelt, Beteiligung an Entscheidungen, die sich auf das Leben, den Lebensunterhalt und die persönliche Freiheit der Menschen auswirken."[3]

Eine die menschliche Entfaltung und Selbstverwirklichung fördernde Arbeit gehört zu den unverzichtbaren Inhalten eines Neuen Lebensstils. Soll dieser nicht auf Gruppen beschränkt bleiben, die gesellschaftlich eine Sonderstellung innehaben, so muß daher nach den Chancen einer humanen Arbeitswelt gefragt werden. Mit einer bloßen Beseitigung von Arbeitslosigkeit wäre dies zwar noch nicht erreicht, es ist aber eine unverzichtbare Voraussetzung. Unter dem Maßstab eines Neuen Lebensstils stellt sich deshalb dringend die Aufgabe, neue Wege zu beschreiten, um das Recht auf Arbeit zu verwirklichen.

Deshalb werden im folgenden nach einer Situationsbeschreibung (I) wesentliche Vorschläge über eine andere Verteilung der Arbeit (II) diskutiert; abschließend wird auf die Möglichkeiten einer qualitativen Verbesserung von Beschäftigungs- und Arbeitsstrukturen eingegangen (III).

I Der Arbeitsmarkt im Rahmen der gesellschaftlichen und wirtschaftlichen Bedingungen

1. Arbeitslosigkeit als Dauererscheinung

Als in der Bundesrepublik Deutschland Anfang der siebziger Jahre die Arbeitslosigkeit erheblich anstieg, schien dies ein Problem der konjunkturellen Entwicklung zu sein. Mittlerweile ist deutlich geworden, daß Arbeitslosigkeit ein viel grundlegenderes und zugleich langfristiges Problem geworden ist.

Zur Zeit läßt sich feststellen, daß die Arbeitslosenzahlen trotz eines Wachstums des Bruttosozialprodukts nicht sinken, weil die bestehenden Kapazitäten zusätzliche Produktionen ermöglichen. Falls sich die Absatzerwartungen nicht nachhaltig verbessern, wird nicht damit gerechnet werden können, daß in absehbarer Zeit genügend neue Arbeitsplätze geschaffen werden, um alle Arbeitslosen wieder in den Arbeitsprozeß einzugliedern.

Im Gegenteil: Es ist davon auszugehen, daß sich die Situation noch verschärfen wird; denn das inländische Erwerbspotential (arbeitsfähige Bevölkerung) wird aus Gründen der Altersstruktur in den nächsten Jahren ansteigen (durchschnittlich jährlich um 200000 Menschen). Zudem wird — wegen der Verschlechterung der internationalen Wettbewerbssituation der BRD durch Wechselkursverschiebungen und relativ hohe Produktionskosten — in vielen Branchen bei Erweiterungsinvestitionen die Verlagerung ins Ausland, in sogenannte Billiglohnländer, zunehmend an Bedeutung gewinnen. Und schließlich bleibt es auch nicht ohne Auswirkungen auf den Arbeitsmarkt, wenn verstärkte entwicklungspolitische Anstrengungen unternommen werden, wie z.B. Öffnung unserer Märkte für Erzeugnisse aus der Dritten Welt.

Es ist nicht damit zu rechnen, daß das Wachstum der Wirtschaft in den nächsten Jahre so hoch sein wird, daß wieder Vollbeschäftigung erreicht werden könnte. Denn erst bei einer Wachstumsrate von 6 % jährlich würden 1980 etwa 1 Million Arbeitsplätze zusätzlich zur Verfügung stehen. Für die Jahre von 1980 bis 1985 wäre eine Wachstumsrate von jährlich 4—5 % erforderlich, um Vollbeschäftigung zu gewährleisten[4].

Auch wenn man eine solche quantitative Wachstumspolitik für richtig hielte und konsequent verfolgte: Eine Wachstumsrate dieser Größenordnung wird durch marktkonforme Maßnahmen in den nächsten Jahren kaum zu realisieren sein.

2. Grenzen der Konjunkturpolitik

Nach den gegenwärtig bekannten Fakten und Prognosen muß davon ausgegangen werden, daß in den nächsten Jahren die Arbeitslosenzahlen durch den Einsatz der herkömmlichen Instru-

mente zur Beeinflussung der wirtschaftlichen Entwicklung sich
nicht entscheidend verringern lassen.

Dies ist auch in den letzten Jahren nicht gelungen. Zwar rühmt
sich die BRD, eines der entwickeltsten Gesetze zur Sicherung von
Wachstum und Stabilität zu haben, aber offensichtlich reicht dieses
Instrumentarium doch nicht aus, um die Arbeitslosigkeit zu beseitigen. Zwar muß im Nachhinein festgestellt werden, daß die
Konjunkturpolitik die wirtschaftliche Lage nicht zutreffend eingeschätzt hat. Ob bei einer exakteren Diagnose die Therapie er-
folgreicher gewesen wäre, ist aber wegen der schwer steuerbaren
strukturellen Veränderungen zumindest zu bezweifeln.

Konjunkturpolitische Maßnahmen wirken zumeist mit zeitlicher
Verzögerung und können überwiegend nur global eingesetzt werden.
Aber weder durch eine globale Geld- und Kreditpolitik noch durch
Finanz- und Steuerpolitik können Strukturveränderungen inner-
halb der Wirtschaft so beeinflußt werden, daß eine strukturelle
Unterbeschäftigung aufgehoben bzw. vermieden werden kann.
Ein immer größer werdender Teil der Arbeitslosigkeit hat nicht
konjunkturelle, sondern strukturelle Ursachen.

Strukturelle Arbeitslosigkeit beruht auf mehreren Ursachen. Seit
1970 sind, vor allem durch den technischen Fortschritt und Rationalisierungsmaßnahmen, zunehmend Arbeitsplätze vernichtet worden, ohne daß dies durch Erweiterungsinvestitionen oder durch
Zuwachs neuer Beschäftigungszweige hätte kompensiert werden
können. Die Investitionsdynamik ließ wegen der geringen Kapitalrentabilität zu wünschen übrig. Jetzt besteht ein Stau an unbe-
wältigtem Strukturwandel, weil die Unterbewertung der D-Mark
den wachstumsbedingten Strukturwandel (Übergewicht des sekun-
dären Sektors) verzögert hat. Viele Beschäftigte sind in falsche
Beschäftigungen geleitet worden. Außerdem bestehen für die Unternehmen erhebliche Unsicherheiten in bezug auf Absatzerwartungen,
so daß — zusammen mit den hohen Lohn- und Lohnnebenkosten
der BRD — bei den Unternehmen kaum die Tendenz zu arbeits-
platzschaffenden Erweiterungsinvestitionen, sondern auch in Zukunft viel eher die Tendenz zu arbeitsplatzvernichtenden Rationalisierungsinvestitionen vorherrscht.

Die Idee der technischen Zivilisation ist es, Arbeitskraft durch
Maschinenkraft zu ersetzen. Bisher ist es gelungen, das Arbeits-

volumen trotzdem gleich groß zu halten, indem das Gesamtsystem entsprechend expandierte. Dafür werden die Spielräume immer geringer, rücken die Grenzen immer näher. Sättigungserscheinungen in vielen Bereichen machen es unmöglich, Rationalisierungsfolgen durch Wachstum aufzufangen. Solange Arbeitsmarktpolitik im Kern als abhängig von der ökonomischen Wachstumspolitik konzipert wird, werden Lösungen je länger je weniger zu finden sein.

3. Grenzen der Arbeitsmarktpolitik

Arbeitsmarktpolitische Maßnahmen wie Mobilitätshilfen, Förderung der Aus- und Fortbildung sowie Umschulung und regionale Arbeitsbeschaffungsprogramme haben sich in den vergangenen Jahren als flankierende Maßnahmen durchaus bewährt.

Aber die Wirkungen solcher arbeitsmarktpolitischen Maßnahmen sind zumeist langfristig, ihre Einsatzchancen sind begrenzt, und sie können teilweise nur in vorsichtiger Dosierung eingesetzt werden: Wenn regionale Förderungsprogramme ,,überdimensioniert" werden, so können dadurch partielle Preisschübe ausgelöst werden. Die Qualifikationsstruktur der Arbeitnehmer kann kurzfristig nur geringfügig durch Förderungsprogramme beeinflußt werden. Ungelernte Arbeitskräfte sind z. B. nur schwer zu vermitteln. Die Erfahrung hat aber auch gezeigt, daß die in ,,Mobilitäts-Programmen" zur Verfügung gestellten Mittel nur zögernd in Anspruch genommen wurden, weil die geforderte regionale Mobilität bei bestimmten Facharbeitergruppen nicht vorhanden ist und weil die wenigsten Arbeitnehmer bereit sind, sich beruflich und finanziell zu verschlechtern.

Die Programme für bestimmte Arbeitnehmergruppen wie Frauen, Jugendliche und Behinderte haben insofern einen die Beschäftigung stützenden Charakter, als sie relativ schwer vermittelbare Personen erfassen. Am umfangreichsten und relativ am wirkungsvollsten waren bisher die Maßnahmen zur Bekämpfung der Jugendarbeitslosigkeit. Das Schwergewicht liegt hier bei der Fortbildung und Umschulung.

Als sehr erfolgreiches Mittel der Arbeitsmarktpolitik hat sich das Instrument der Kurzarbeit erwiesen. Es hat – in begrenztem Um-

fang — eine echte arbeitsverteilende Funktion erfüllt; u.a. wurden
Entlassungen vermieden, die ohne seine Anwendung erfolgt wären.
Für 1977 rechnete die Bundesanstalt für Arbeit mit einer Entlastung
der Arbeitslosenzahl von etwa 175000 (1976: 213000), wenn es
gelänge, die vorgesehenen Mittel für Kurzarbeit und andere Arbeitsbeschaffungsmaßnahmen auszuschöpfen. Denn die gesamtwirtschaftlichen Kosten für die Beschäftigung von Arbeitslosen bei den
getroffenen Maßnahmen sind geringer als die Zahlung von Arbeitslosenunterstützung und der Ausfall an Steuern und Versicherungs-
beiträgen. Betrachtet man nur das Kostenargument, dann sind alle
Arbeitsbeschaffungsmaßnahmen zu begrüßen, auch wenn die Kon-
junkturentwicklung dadurch nicht berührt wird.

4. Unzureichende Zielvorstellungen

Einen erheblichen Entlastungseffekt für den deutschen Arbeitsmarkt hat bisher der Abbau der Zahl der ausländischen Arbeitnehmer
bewirkt — freilich zum Teil auf Kosten einer Verschärfung des
Beschäftigungsproblems in den Heimatländern dieser Menschen.
Künftig jedoch dürfte der Entlastungseffekt selbst durch weiteren
Abbau der ausländischen Arbeitnehmer nicht mehr allzugroß sein.
Viele ausländische Arbeitnehmer haben inzwischen das unbeschränk-
te Aufenthaltsrecht. Eine zwangsweise Rückführung der ausländischen Arbeitnehmer aus Nicht-EG-Ländern wäre sozialpolitisch
unverantwortlich und inhuman. Es ist aber nicht auszuschließen,
daß sich der Ausländeranteil durch freiwillige Rückkehr in die
Heimatländer noch etwas verringern kann. Die derzeitigen Prognosen
gehen davon aus, daß sich die Ausländerzahl von zur Zeit 1,9 Millionen auf allenfalls 1,5 Millionen verringern wird. Für die Zukunft
sind wesentliche Entlastungseffekte hiervon also nicht zu erwarten.
Lösungen müssen auf dem ökonomischen Feld gefunden werden.
Es ist für jedermann erkennbar, daß die gesamtwirtschaftlichen
Ziele Vollbeschäftigung, Preisstabilität und angemessenes Wachstum gegenwärtig in geringerem Maße erreicht werden als in der
Vergangenheit. Der Maßnahmenkatalog ist zwar noch nicht ganz
ausgeschöpft worden, aber die bisher praktizierten Maßnahmen,

wie Arbeitsbeschaffungs- und Konjunkturmaßnahmen, werden allein auch in den nächsten Jahren nicht in der Lage sein, die Vollbeschäftigung zu sichern. Ein Patentrezept zur Herstellung eines ausreichenden Wachstums gibt es nicht, um so weniger, wenn soziale und ökologische Bedingungen für eine qualitative Zusammensetzung dieses Wachstums eingehalten werden sollen.

Im Hinblick auf die bisherigen Ausführungen ist wohl davon auszugehen, daß allein durch quantitative Maßnahmen, nämlich Arbeitsmarktpolitik und Wachstumspolitik, die Arbeitsmarktprobleme nicht zu lösen sind. Es muß im Gegenteil gefragt werden, ob es nicht Instrumente gibt, durch die mittel- und langfristig eine Vollbeschäftigung trotz sinkendem oder ausbleibendem Wirtschaftswachstum ermöglicht wird.

Denn die beschriebenen Mechanismen sind sämtlich Mechanismen einer an hohen quantitativen Wachstumsraten orientierten Wirtschaftspolitik. Am Beispiel der Diskussion über Energiebedarfsplanungen, über Immissionsgrenzwerte oder Lärmschutzregelung zeigt sich, wie gegenwärtig mit Argumenten dieser Art ökologisch oder um der menschlichen Gesundheit willen notwendige Lösungen blockiert oder doch erheblich erschwert werden.

Gleichwohl führen sie nur in die Sackgasse des Gutachterstreits zwischen denen, die durch hohe Löhne Massenkaufkraft stärken wollen, und auf der anderen Seite jenen, die ein sehr niedriges Wachstum der Löhne zugunsten höherer Unternehmensgewinne fordern. Aber beide Rezepte führen zu keiner Lösung des Beschäftigungsproblems, das eine nicht, weil es nicht ausreicht — vor allem angesichts der nicht beliebig steigerbaren Exporte —, hinreichende Güternachfrage herbeizuzwingen, und das andere nicht, weil es die weitere innerbetriebliche Rationalisierung, ja deren Steigerung aufgrund der Einführung der Technologie der integrierten Schaltkreise, nicht wird bremsen können.

Offensichtlich haben die Industriegesellschaften den Punkt erreicht, an dem der Einsatz menschlicher Arbeitskraft durch Maschinen nicht mehr einfach durch expansives Wachstum überkompensiert werden kann. Ist dies so, dann muß Arbeitsmarktpolitik qualitativ neu konzipiert werden, muß sie Lösungen dafür finden, ein vermindertes Arbeitsvolumen gesellschaftlich so zu organisieren, daß seine ökonomischen und sozialen Kosten nicht auf dem Rücken einer Minderheit, der Arbeitslosen, abgeladen werden.

II Verteilung der Arbeit

1. Recht auf Arbeit

Legt man ein nicht auf ökonomische Sachverhalte reduziertes Verständnis zugrunde – wie es dem Konzept eines Neuen Lebensstils entspricht – so hat das Recht des Menschen auf Arbeit zwei Aspekte: Erstens muß arbeitslosen Menschen Arbeit angeboten werden und zweitens müssen die Bedingungen, unter denen Arbeitnehmer arbeiten, so verbessert werden, daß eine Selbstverwirklichung in der Arbeit möglich wird. Der qualitative Aspekt des Rechts auf Arbeit wird in der gegenwärtigen Diskussion unter dem Eindruck der relativ hohen Arbeitslosigkeit oft vernachlässigt. Unter der Fragestellung eines Neuen Lebensstils sind jedoch nicht nur die Möglichkeiten zur Schaffung von neuen Arbeitsplätzen zu prüfen, sondern vor allem ist danach zu fragen, wie das qualitative Recht auf Arbeit verwirklicht werden kann. Eine gleichmäßigere Verteilung der Arbeit ist zwar eine fundamentale Notwendigkeit. Denn selbst wenn durch Arbeitslosenunterstützung die Existenz gesichert ist, so bleibt dennoch erzwungene Arbeitslosigkeit aus vielerlei Gründen menschenunwürdig, insbesondere, wenn sie über längere Zeit bestehen bleibt. Soziale Folgen und insbesondere psychische Belastungen werden immer größer, je länger Arbeitslosigkeit andauert[5].

Aber selbst zur Bekämpfung der psychischen Belastungen Arbeitsloser wäre es keine geeignete Strategie, Arbeitslose zum Objekt von „Beschäftigungstherapien" zu machen. Vielmehr müssen Voraussetzungen geschaffen werden, daß Chancengleichheit verwirklicht und Ungleichgewichte abgebaut werden. Z. B. gibt es derzeit erhebliche Ungleichgewichte zwischen dem Bildungs- bzw. Ausbildungsbereich und der Arbeitswelt. Auch in regionaler Hinsicht gibt es schwerwiegende Ungleichgewichte. Oft entsprechen z. B. die vorhandenen Arbeitsplatzstrukturen nicht den in einer Region ansässigen Arbeitnehmern. „Arbeit" ist immer abhängig von regionalen, sektoralen und beruflichen Beschäftigungsstrukturen. Im Kontext eines Neuen Lebensstils kann das Recht auf Arbeit nicht losgelöst betrachtet werden von der Chancengleichheit im Bildungsbereich, von den Möglichkeiten zur Selbstverwirklichung im Arbeits- und Freizeitleben, aber auch nicht von der Einkommens- und Vermögensverteilung.

Eine Lösung der Aufgabe, Arbeit in der Gesellschaft neu zu verteilen – neu im Sinn größerer Gerechtigkeit –, wird nur gelingen, wenn auch bei der Einkommens- und Vermögensverteilung neue Schritte gewagt werden, die sich am Ziel höherer Solidarität zwischen den Individuen und Gruppen der Gesellschaft orientieren.

Die folgenden Vorschläge zur Verteilung der Arbeit sind in der Öffentlichkeit am meisten diskutiert worden. Wenn sie hier dargestellt werden, so nicht nur unter dem Gesichtspunkt der Verringerung der Arbeitslosigkeit. Zugleich sind diese Konzepte danach zu befragen, welche Bedeutung ihnen im Horizont eines Neuen Lebensstils zukommen kann.

2. Veränderung der Lebensarbeitszeit

Durch die Senkung der Zahl der Erwerbspersonen wird das Arbeitsangebot vermindert. Deshalb ist der Vorschlag gemacht worden, durch weitere Inanspruchnahme der flexiblen Altersgrenze den Arbeitsmarkt zu entlasten.

Dieser Vorschlag zu einer neuen Verteilung der Arbeit klingt zunächst plausibel. Dennoch ist er bei kritischer Betrachtung fragwürdig. Er bedeutet ja zunächst auch nicht, daß die Arbeit an alle (anders) verteilt wird, sondern daß die älteren Menschen ohne Arbeit sein sollen. Eine solche Lösung bedeutet – wollte man sie generell durchführen –, daß ältere, unter Umständen voll leistungsfähige Arbeitnehmer neben dem Verzicht auf Arbeit auch noch Einkommenseinbußen hinnehmen müßten. Wer Befriedigung im

Beruf erfahren hat, für den wäre es eine erhebliche Beeinträchtigung, wenn er frühzeitig aus dem Arbeitsleben ausscheiden müßte. Da aber davon auszugehen ist (wie Umfrageergebnisse bei den Betroffenen bestätigen), daß weit über die Hälfte der älteren Arbeitnehmer gerne vorzeitig aus dem Arbeitsleben in das Rentnerleben überwechseln würde, drängt sich die Vermutung auf, daß die Verhältnisse der Arbeitswelt oft nicht menschengerecht und die Möglichkeiten zur Selbstverwirklichung in der Arbeit nur selten gegeben sind. Deshalb mag für viele ältere Menschen die Aussicht auf vorzeitigen Rentenbezug mit der Überlegung verbunden sein, dann doch noch etwas Sinnvolles unternehmen zu können.

Für noch arbeitsfähige ältere Menschen könnte allerdings auch eine Lösung dergestalt gesucht werden, daß mit einer höheren Inanspruchnahme der flexiblen Altersgrenze ein zusätzliches Angebot an Teilzeitarbeitsplätzen kombiniert würde. Dadurch würde einem sozialpolitischen Erfordernis insofern Rechnung getragen, als eine Anpassung der Arbeitszeit an die nachlassende Gesundheit im Alter stattfinden würde. In bestimmten Industriezweigen könnte die Teilzeitbeschäftigung befristet (Teilzeitverträge) werden, wenn dadurch gleichzeitig Überstunden oder Sonderschichten abgebaut würden. Angesichts der relativ hohen Zahl von Empfängern von Arbeitslosenhilfe wären selbst befristete Arbeitsverträge besser als Überstunden, weil erstens Arbeitsplätze ohne Investition geschaffen würden, und zweitens Arbeitnehmer bei Entlassung den Anspruch auf Arbeitslosengeld wiedererwürben. Dieses Instrument wäre vergleichbar mit der Kurzarbeit, die bei konjunkturellen Anpassungsschwierigkeiten bereits erfolgreich und sinnvoll praktiziert wird.

Für die vorzeitig aus dem Arbeitsleben ausgeschiedenen älteren Menschen, die oft durch ein unbefriedigendes Arbeitsleben abgestumpft sind und sich während ihres Arbeitslebens häufig als Objekt behandelt gefühlt haben, müssen jedoch gesellschaftliche Hilfen gegeben werden, damit sie die Krisen des Übergangs in die Rolle des „Freiseins" bewältigen. Unter den Bedingungen des gegenwärtigen Lebensstils ist es nicht selbstverständlich, plötzlich diese neue, uneingeübte Rolle übernehmen zu können. Zu unterschiedlich ist sie zu den leistungsorientierten, außengeleiteten, funktionalisierten Inhalten herkömmlicher Arbeitsplätze. Angesichts der die Gesellschaft bestimmenden Maßstäbe muß es das Selbstwertgefühl aller, die aus dem Arbeitsprozeß ausscheiden (müssen), untergraben, „nicht mehr gebraucht zu werden", weil man beruflich nicht mehr arbeitet.

Die Verantwortung der Gesellschaft ist um so größer, je mehr die älteren Arbeitnehmer unter der Arbeitswelt gelitten haben. Um ihnen helfen zu können, müssen Programme zur Selbstaktivierung initiiert werden, die altersgemäße Beschäftigung und Weiterbildungsprogramme zum Ziel haben. Zur Verbesserung der Lebensmöglichkeiten der nicht mehr Erwerbstätigen ist der Ausbau sozialer Dienste unerläßlich.

Zahlenmäßig würde sich die weitere Inanspruchnahme der flexiblen Altergrenze so auswirken: Wenn die flexible Altergrenze um ein Jahr, d.h. von 63 auf 62 Jahre herabgesetzt wird, ist mit einem jährlichen Entlastungseffekt von etwa 100000 Personen zu rechnen. Eine Herabsetzung der flexiblen Altergrenze für Männer auf 60 und für Frauen auf 58 Jahre würde für 1978 sogar eine Verringerung der Zahl der Arbeitnehmer von 500000 bedeuten (unter der Annahme, daß alle von dieser Möglichkeit Gebrauch machen). Bei einer Realisierung der Variante mit dem größten Entlastungseffekt (auf 60 Jahre bzw. 58 Jahre) würde die Rentenversicherung bis über 3 Milliarden DM belastet. Auf der anderen Seite würden aber Einsparungen beim Arbeitslosengeld bis zu einer Höhe von über 2 Milliarden DM zu Buche schlagen. Zur Zeit kostet der Herabsetzung der flexiblen Altergrenze den Staat pro Person jährlich 5700,--DM mehr als die Unterstützung eines Arbeitslosen.

Bei einer entsprechenden Herabsetzung der Altergrenze kann aber nicht damit gerechnet werden, daß alle dadurch freiwerdenden Arbeitsplätze mit anderen Arbeitnehmern wieder besetzt werden. Insgesamt würde mit solchen Maßnahmen die Arbeitslosenzahl wahrscheinlich nicht erheblich reduziert werden können. Dies gilt auch für den Fall, daß der Rentenbezug bei längerer Arbeitslosigkeit erleichtert wird. Hätten sich die über Sechzigjährigen z.B. bei einer Arbeitslosendauer von einem halben Jahr „verrenten" lassen, so hätte es Mitte 1977 nur etwa 20000 Arbeitslose weniger gegeben.

In seinen Auswirkungen auf den Arbeitsmarkt positiver zu beurteilen und auch kurzfristig sinnvoll ist dagegen die Veränderung der Schul- und Ausbildungszeit. Durch die bundesweite Einführung des zehnten Schuljahres wird der Arbeitsmarkt immerhin von 150000 bis 200000 Schulabgängern entlastet. Da das zehnte Schuljahr in manchen Bundesländern schon eingeführt wurde, kommen jetzt allerdings nur noch 40 % der betroffenen Schüler in Frage. Bei Durchführung dieser Maßnahmen müßten auch zusätzliche Arbeitsplätze für Lehrer geschaffen werden. Durch die Einführung eines Berufsgrundbildungsjahres wäre ebenfalls mit einem „Entlastungseffekt" zu rechnen. Angesichts der Notwendigkeit, das Bildungsniveau generell anzuheben, wäre diese Maßnahme zu empfehlen. Ob eine Chance zur Realisierung besteht, hängt davon ab, ob Finanzmittel verfügbar gemacht werden, um die notwendigen Invesititionen zu tätigen und die Folgekosten (Lehrergehälter) zu tragen. Man rechnet damit, daß pro Schüler und Jahr ein zusätzlicher Aufwand von 2 500,-- DM entsteht. Diese Kosten müßten weitgehend die Kommunen und Länder tragen. Das Kostenargument sollte jedoch im Hinblick auf die vielfältigen langfristigen Vorteile einer besseren Ausbildung von untergeordneter Bedeutung sein.

3. Veränderung der Wochenarbeitszeit

Im Mittelpunkt der Diskussion zum Abbau der Arbeitslosigkeit durch eine Neuverteilung der Arbeit steht die Arbeitszeitverkürzung in Form der Reduktion der wöchentlichen Arbeitszeit. Eine Beurteilung unter dem Gesichtspunkt eines Neuen Lebensstils ist deswegen nicht leicht, weil bestimmte technische Gegebenheiten, volkswirtschaftliche Zusammenhänge und grundsätzliche Einstellungen der Tarifpartner zu berücksichtigen sind. Abgesehen von diesen Problemen ist eine Arbeitszeitverkürzung insofern positiv zu bewerten, als sie zu wachsender Freizeit für den einzelnen führen kann. Der Freizeitraum wird also für den Arbeitnehmer größer. Dies hätte auch Auswirkungen auf die Nachfrage nach Dienstleistungen, die dadurch sicher einen Wachstumsimpuls erfahren könnten. Wachstum im Dienstleistungsbereich könnte im Gegensatz zum quantitativen Wachstum im industriellen Bereich eine echte Wohlstandssteigerung zur Folge haben.

Andererseits wird gegen Arbeitszeitverkürzungen immer wieder ins Feld geführt, daß es durch sie zu einer Abschwächung des Wachstums bzw. einer Einengung des potentiellen Wachstums des Sozialprodukts kommt. Deshalb wird bezweifelt, daß Arbeitszeitverkürzungen zu einer realen Entlastung des Arbeitsmarktes führen. Solche Zweifel sind berechtigt, wenn und solange Arbeitsmarktpolitik wesentlich als abhängig von der ökonomischen Wachstumspolitik konzipiert und realisiert wird (deren Spielraum aber eben klein geworden ist) und solange die Unternehmen in der Lage sind, Arbeitszeitverkürzungen durch Rationalisierungseffekte zu kompensieren.

Anders hingegen, wenn es nicht notwendig ist, „Wirtschaftswachstum als die einzig denkbare Arbeitsplatzsicherungs- bzw. -beschaffungspolitik" zu verstehen. Mit Entschiedenheit wird dies z.B. von F. Vilmar vertreten[6]. Er fordert eine „Arbeitsmarktpolitik der systematischen Verknappung des Gesamtangebots an Arbeitszeit durch entsprechende Tarifpolitik". Eine solche Politik wäre in der Lage, „den Fetischcharakter des Wirtschaftswachstums um jeden Preis (zu) zerstören und damit einen entscheidenden Beitrag zur konjunktur-unabhängigen Vollbeschäftigungspolitik — und darüber hinaus: zur Demokratisierung und zur ökologischen wie auch betrieblichen Humanisierung der Wirtschaft (zu) leisten". Die von Vilmar geforderte wirtschafts- und sozialpolitische Strategie entspricht in der Tat den Wertvorstellungen und Ansätzen eines Neuen Lebensstils. Sie kann freilich nicht verhindern, daß die Gesellschaft erhebliche Anstrengungen und weitreichende Anpassungsprobleme wird in Kauf nehmen müssen. Nach Vilmar muß die Beschäftigungspolitik so gestaltet werden, daß Vollbeschäftigung trotz sinkendem oder ausbleibendem Wirtschaftswachstum ermöglicht wird. Als Voraussetzung zum Gelingen dieser Politik darf vor allem die Reduzierung des Arbeitskraftvolumens nicht durch Rationalisierungsmaßnahmen kompensiert werden. Dies könnte weitgehend verhindert werden, wenn dem Rationalisierungsprozeß ein Prozeß von Arbeitszeitverkürzungen korrespondierte. Ferner müssen Überstunden abgebaut, die Humanisierung der Arbeitsbedingungen verstärkt fortgesetzt und eine „nichtprozentuale Lohnpolitik" betrieben werden, um einer Ver-

schärfung der Verteilungskonflikte vorzubeugen. Denn bei verminderten oder ausbleibenden Realeinkommenssteigerungen kommt
es dennoch darauf an, den unteren Einkommensgruppen Reallohn-
steigerungen zu gewähren. Auch diese Forderung steht im Einklang
mit Zielvorstellungen eines Neuen Lebensstils. Das Versorgungsniveau und die Lebensqualität der unteren Schichten sind noch
verbesserungsbedürftig.

Welche quantitativen Auswirkungen auf den Arbeitsmarkt sind von
einer Politik der Verknappung des Angebots an Arbeit durch Arbeitszeitverkürzungen zu erwarten? Die Vorstellungen über die
Bedeutung und Wirkung von Arbeitszeitverkürzungen auf die Nachfrage an Arbeitskräften sind sehr unterschiedlich. Es ist schwer, die
Folgen auf die Beschäftigung abzuschätzen. Was rein rechnerisch
möglich ist, kann sich in der Realität weitgehend als undurch-
führbar erweisen. Schwierig dürfte vor allem sein, die Arbeitszeitverkürzungen so zu gestalten, daß sie nicht durch arbeitssparen-
den Produktivitätsfortschritt wieder gänzlich eingeholt werden.
Dabei wird es unvermeidlich sein, von einer für alle Arbeitnehmer
einheitlichen Arbeitszeit abzurücken. Unterschiedliche Wochen-
und Jahresarbeitszeit können tarifpolitisch als Mittel eingesetzt
werden, Branchen mit unterschiedlichen Rationalisierungsmög-
lichkeiten zu differenzieren. Vorausgesetzt werden muß dabei,
daß durch entsprechende flankierende Maßnahmen eine ausreichende berufliche und regionale Mobilität bei den Arbeitnehmern geschaffen wird.

Die Gewerkschaften beurteilen eine Arbeitszeitverkürzung überwiegend positiv. Im allgemeinen wird dabei aber einer Verlängerung des Urlaubs der Vorzug gegeben vor einer Reduzierung der
wöchentlichen Arbeitszeit, weil dadurch eine bessere Streuung
über den Betrieb möglich sei und ein positiver Effekt für die Gesundheit zu Buche schlage[7].

Wirtschaftlich erfolgversprechend kann die Arbeitszeitverkürzung
gegenwärtig aber nur sein, wenn für die neuen Arbeitsplätze keine
zusätzliche Kapitalausstattung, d.h. generell zusätzliche Kosten-
belastung entsteht. Selbst bei vollem Verzicht auf Lohnausgleich
für Arbeitszeitverkürzungen bleiben für die Unternehmen aber die
Lohnnebenkosten (z.B. Sozialversicherungsbeiträge) ihrer Lohn-

empfänger in voller Höhe bestehen. Die Einrichtung zusätzlicher Arbeitsplätze zum Ausgleich der Arbeitszeitverkürzung erhöht also zumindest diese Lohnnebenkosten für die Unternehmen.

Andererseits ist von den Arbeitnehmern ein Verzicht auf Lohnausgleich realistischerweise derzeit nur in Form eines teilweisen Verzichts, nämlich eines Verzichts auf Lohnerhöhungen, zu erwarten. Ein derartiger Verzicht auf Lohnzuwachs würde bedeuten, daß der Produktivitätsfortschritt nur in begrenzter Höhe in Form von Lohnzahlungen weitergegeben wird, daß er also anstatt zu höherem Realeinkommen zu führen, zur Verkürzung der Arbeitszeit verwendet wird.

Die Durchsetzung von Arbeitszeitverkürzungen trifft heute auf eine völlig andere Situation als in den fünfziger und sechziger Jahren. Damals bewirkten hohe Wachstumsraten und eine sogenannte Kostendegression, daß erhebliche Arbeitszeitverkürzungen erfolgen konnten und gleichzeitig die Löhne stark stiegen. Heute würde eine Arbeitszeitverkürzung mit vollem Lohnausgleich wohl in jedem Fall den Rationalisierungsdruck verstärken und zugleich inflationäre Wirkungen hervorrufen.

Die Arbeitgeber befürchten, daß durch Arbeitszeitverkürzungen in jedem Fall zusätzliche Kosten für die Unternehmen entstehen. Sie weisen darauf hin, daß sie aller Voraussicht nach vom Marktmechanismus gezwungen seien, zusätzliche Kosten durch Rationalisierungen aufzufangen. Dadurch würden noch mehr Arbeitsplätze gefährdet. Diese Entwicklung werde noch verstärkt, wenn die zusätzlichen Kosten, damit sie nicht zu Verlusten führen, in den Preisen weitergegeben würden. Dadurch würde die Inflation wieder angeheizt. Im übrigen wären (bei Lohnausgleich) die „meßbaren" Kosten bei „Bewirtschaftung des Arbeitsvolumens" höher als die konventionellen Arbeitslosenkosten. Ein zusätzlicher Urlaubstag koste die Unternehmen (bei etwa 100000 neuen Arbeitsplätzen) 2,3 Milliarden DM. Durch Senkung der Wochenarbeitszeit um eine Stunde (= 670000 neue Arbeitsplätze) entstünden den Unternehmen Kosten in Höhe von 14,8 Milliarden DM. Der Staat könnte zwar rund 12,4 Milliarden DM einsparen; die Unternehmen würden aber so allein die „Vollbeschäftigungskosten" zu tragen haben[8].

Gegen dieses Kostenargument der Unternehmen ist jedoch einzuwenden, daß bei volkswirtschaftlicher — im Gegensatz zu der betrieblichen Sicht der Unternehmen — Betrachtung die Zahlung von Arbeitslosengeld teurer ist als z.B. die Subventionierung von Arbeitsplätzen. Ein Arbeitsloser kostet nicht nur im Durchschnitt mit den Steuer- und Sozialversicherungsausfällen etwa 18 500,-- DM im Jahr. Ein Arbeitsloser bedeutet gleichzeitig auch einen Produktionsausfall, d.h. das Angebot an Gütern und Dienstleistungen ist entsprechend kleiner. Während die Arbeitslosenunterstützung nur ein Ersatz für leistungsbezogenes Einkommen ist, bedeutet jede beschäftigungsbezogene Maßnahme, daß produktive Beschäftigung erhalten oder gefördert wird, d.h. aber, daß sie auch zu Erträgen führt.

Rein rechnerisch könnte die Unterbeschäftigung erheblich durch Arbeitszeitverkürzungen reduziert werden. Durch die Senkung der Wochenarbeitszeit um eine Stunde würden theoretisch etwa 650 000 Arbeitsplätze frei. Die Verlängerung der bestehenden Urlaubsvereinbarungen um einen Tag erfordert theoretisch zusätzlich die Einstellung von etwa 100 000 neuen Arbeitskräften. Aus den angeführten Gründen ist es jedoch ungewiß, wieweit es auch tatsächlich zu Neueinstellungen kommen wird[9].

4. Teilzeitbeschäftigung und flexible Arbeitszeit

Durch die vermehrte Bereitstellung von Teilzeitarbeitsplätzen können die Lasten der Arbeitslosigkeit und die Berufschancen gleichmäßiger verteilt werden. Im Sinne eines Neuen Lebensstils würde dies bedeuten, daß die Wahlmöglichkeiten zwischen Überbeanspruchung und Funktionslosigkeit erweitert werden. Die individuelle Entscheidungsfreiheit würde zunehmen und zugleich die Chance bestehen, neben der Teilzeitbeschäftigung noch anderen, nicht erwerbsmäßigen Tätigkeiten nachzugehen. Für ältere, nicht mehr so leistungsfähige Menschen und für Frauen, die entweder einen Haushalt zu versorgen haben oder nach längerer Unterbrechung (wegen der Erziehung der Kinder) wieder in das Erwerbsleben eintreten wollen, würde die Teilzeitbeschäftigung eine Möglichkeit darstellen, beruflich tätig zu sein, ohne sich überlasten zu müssen. Es ist davon auszugehen, daß ein großer Teil der als arbeitslos registrierten Frauen Teilzeitarbeit sucht. Besonders Frauenarbeitslosigkeit könnte deshalb durch ein geeignetes Angebot an Teilzeitarbeitsplätzen erheblich abgebaut werden.

Dies muß im übrigen nicht auf Frauen beschränkt sein. Unabhängig von der familiären Rollenverteilung wäre es möglich, bei berufstätigen Ehepartnern darauf hinzuwirken, daß mindestens ein Partner nur eine Teilzeitbeschäftigung eingeht. Wenn diese Bereitschaft geweckt werden kann, könnte z.B. im pädagogischen Bereich ein sehr positives Ergebnis erwartet und die Zahl der arbeitslosen Lehrer erheblich vermindert werden. In Verwaltungen und Betrieben erfordert der vermehrte Einsatz von Teilzeitstellen allerdings organisatorische Umstellungen und eine andere Planung des Betriebsablaufs.

Ganz generell käme im Konzept eines Neuen Lebensstils der flexiblen Möglichkeit von Teilzeitbeschäftigung sehr hohe Bedeutung zu. Ein differenziertes Angebot an Teilzeitbeschäftigung könnte die Entscheidungsspielräume der Arbeitnehmer erheblich erweitern. Je nach individuellen Bedürfnissen, Wünschen und Möglichkeiten kann Berufsarbeit reduziert (und auf einen entsprechenden Einkommensanteil verzichtet) werden, um dafür andere Lebensbereiche auszuweiten[10]. Für Arbeitswelt und Freizeit können sich mit Hilfe eines solchen flexiblen Instruments auf längere Frist ganz neue Maßstäbe verwirklichen.

Einen noch weitergehenden Vorschlag zur flexiblen Arbeitszeitregelung enthält das Konzept des Jahresarbeitszeitvertrages[11]. Dieses Modell will in der Hauptsache eine größere Flexibilität bezüglich des Arbeitsumfangs und der wählbaren Arbeitszeiten ermöglichen. Konkret kann das so aussehen: Es wird ein bestimmtes Arbeitszeitquantum für ein Jahr im voraus gewählt und außerdem festgelegt, ob z.B. die 6-Tage-Woche oder 4-Tage-Woche gelten soll und somit kurze oder längere Arbeitstage gewünscht werden. Mit diesem Konzept würde zweifellos eine größere individuelle Selbstverwirklichung und Selbstbestimmung des einzelnen möglich.

Eine kurzfristige Realisierungschance dürfte dieses Modell allerdings nicht haben. Arbeitsmarktpolitische Auswirkungen sind des-

halb gegenwärtig nicht zu erwarten. Voraussetzung zur Verwirklichung dieser individuellen Arbeitszeitplanung ist auch eine grundlegende Neugestaltung der Arbeitszeitverordnung aus dem Jahre
1938. Die langfristig möglichen Vorteile der Zeitplanung für den
einzelnen und für die Gesellschaft sind jedoch nicht zu leugnen.
Denn der Arbeitnehmer wird befreit aus einer festgelegten Struktur, weil er Intensität und Dauer der Arbeit an den Leistungsrhyt-
mus seines Lebens anpassen und eigenen Bedürfnissen nach nicht-
beruflichen Beschäftigungen nachgehen kann. Es besteht die Möglichkeit, sich stärker im sozialen Bereich zu engagieren und die
sozialen Interaktionen zu intensivieren.

III Verbesserung der Beschäftigungs- und Arbeitsstrukturen

1. Qualitative Beschäftigungspolitik

Die dargestellten Möglichkeiten zur Neuverteilung der Arbeit haben
deutlich gemacht, daß kurzfristige Wirkungen auf die Beschäftigungssituation nur in beschränktem Umfang erwartet werden können. Für
die Verwirklichung eines Neuen Lebensstils hat aber die gerechtere
Verteilung der Arbeit einen entscheidenden Stellenwert. Langfristig
ist es deshalb erforderlich, daß die Vollbeschäftigung zu einem
unabhängigen Ziel der Wirtschaftspolitik wird. Durch marktkonforme Maßnahmen der herkömmlichen Arbeitsmarktpolitik können
die Ungleichgewichte zwischen Arbeitskräftebedarf und Arbeits-
kräfteangebot unter den gegenwärtigen Bedingungen nicht beseitigt werden. Deshalb muß der Arbeitsmarkt stärker in unmittelbarer Weise gesteuert werden.
Neben Maßnahmen der Arbeitszeitverkürzung muß es das Ziel einer
solchen Arbeitsmarktpolitik sein, den Anteil der unqualifizierten
Arbeitskräfte zu reduzieren oder die Voraussetzungen für eine
angemessene Beschäftigung von bestimmten Gruppen zu schaffen.
Die bisherigen arbeitsmarktpolitischen Maßnahmen waren meist
nur kurzfristiger Natur. Die Verbesserung der Beschäftigungsstruk-

tur wurde lediglich unter konjunkturpolitischen Gesichtspunkten
betrieben. Die Veränderung der Strukturen wurde weitgehend vernachlässigt bzw. nicht als Aufgabe erkannt.

Eine qualitative Beschäftigungspolitik muß der Tatsache Rechnung
tragen, daß Arbeit nicht ein Gut unter andern ist, nicht ausschließlich als Produktionsfaktor betrachtet werden darf. Die bisherige
preistheoretisch orientierte Arbeitsökonomie ging davon aus, daß
Arbeit (als Gut) knapp sei. Dieser Knappheitsansatz ist heute nicht
mehr glaubwürdig — solange Arbeitskräfte unfreiwillig arbeitslos
sind. Die in solchen Modellen zum Ausdruck kommende ökonomische Rationalität wird der gesellschaftlichen Wirklichkeit nicht
mehr gerecht. Voraussetzung der Verwirklichung des Rechts auf
Arbeit ist es deshalb, Vollbeschäftigung als vorrangiges wirtschafts-
politisches Ziel zu begreifen und eine entsprechende Arbeitsmarktpolitik zu konzipieren.

Gleiches gilt für das Verständnis der Arbeit und die Folgerungen
für Wirtschaftstheorie und -politik, die daraus abgeleitet werden.
Arbeit darf nicht ausschließlich als Mittel zum Zweck der Produktion definiert werden. Daher ist keine Konzeption zu bejahen, die
Arbeitslose ohne Rücksicht auf ihre Interessen und Voraussetzungen
wiederzubeschäftigen sucht. Eine einseitige Orientierung am Markt-
modell (wenn z. B. primär durch Lohnreduzierung Angebot und
Nachfrage am Arbeitsmarkt zur Deckung gebracht werden sollen)
degradiert Menschen zur handelbaren Ware.

Stattdessen muß bei der Gestaltung des Arbeitsmarktes berücksichtigt werden, wie entscheidend die Lebenswirklichkeit der Menschen durch die Art und die Bedingungen ihrer Arbeit geprägt wird.
In Geld, d. h. in monetären Beziehungen läßt sich dies vielfach
nicht ausdrücken. Aber diese nicht monetär erfaßbaren und steuerbaren Umstände bestimmen weitgehend die gesellschaftliche Status-
verteilung, die Partizipationsmöglichkeiten und die Lebenschancen.

2. Humanisierung der Arbeitswelt

Unser Wohlstand in Form von kurz- und langlebigen materiellen
Konsumgütern ist vergleichsweise hoch. Dagegen sind die techni-

schen Arbeitsstrukturen in den Betrieben oft noch wenig menschengerecht. Für die Arbeitnehmer könnte es deshalb sinnvoller sein, Verbesserungen der Arbeitsbedingungen zu Lasten von möglichen Lohnerhöhungen durchzusetzen. Durch eine Verbesserung der Arbeitsbedingungen erfolgt ja auch eine Steigerung des Wohlstands. Jedenfalls sollten die Qualität der Arbeit und die Humanisierungsbedürftigkeit der jeweiligen Arbeitsbedingungen einen hohen Stellenwert haben.

In dem Maß, in dem die Steigerung des Güterkonsums in der Freizeit die Funktion verliert, Kompensation für erfahrenes „Arbeitsleid" zu sein, erschließen sich ganz neue politische Möglichkeiten. Die erreichbaren Auswirkungen einer Humanisierung der Arbeitswelt und das Ausmaß, in dem Veränderungen des Konsumverhaltens erwartet werden können, entsprechen einander.

Einerseits also muß bei den Arbeitnehmern das Interesse vorhanden sein, in der tariflichen Auseinandersetzung ihre Interessen nicht nur als Lohnforderungen zu artikulieren, sondern ein breites Spektrum ins Auge zu fassen, also auch den Arbeitsbedingungen größeres Gewicht zuzumessen.

Andererseits gilt aber auch: Erst wenn die Berufswelt humaner wird, sind die Arbeitnehmer nicht mehr so stark wie bisher darauf angewiesen, ihr Arbeitsleid, ihre „Entfremdung" in der Arbeit durch Geldleistungen bzw. Konsum zu kompensieren. Mehr Zufriedenheit in der Arbeitswelt kann dazu beitragen, daß mit den bisherigen Normen der Arbeitswelt auch die Normen in der Freizeit in materieller Hinsicht etwas an Bedeutung verlieren. (Indem z.B. allmählich andere Inhalte als das nach außen demonstrierte Konsumvermögen dafür maßgeblich werden, wie Menschen von der Umgebung eingeschätzt werden; Konsumvermögen also nicht mehr sozialen Status verleiht.)

Wenn dies gelingt, so sind wesentliche Voraussetzungen dafür geschaffen, daß der Mensch dann „freier" in der Wahl seiner Konsumgüter wird. Er ist zur verantwortlichen Lebensgestaltung eher bereit, wenn der Zwang, der Stumpfsinn und die Unterordnung im Betrieb gemildert werden. Zu einem Neuen Lebensstil gehört es, wenn immer mehr die beruflichen und außerberuflichen Fähigkeiten und Tätigkeiten und weniger das erzielte Einkommen als

Voraussetzung für die Verwirklichung des Menschseins angesehen würden. Die Freizeit könnte so gleichsam wieder freie Zeit werden mit neuen Möglichkeiten. Dies würde auch im Einklang mit neueren Erkenntnissen stehen, nach denen eine ,,Verlagerung von materiellen und sicherheitsbezogenen Werten zu Partizipation und Selbstverwirklichung" festzustellen ist[12].

Die Tatsache, daß heute manche Arbeitslosen nicht jede angebotene Arbeit annehmen, könnte ein Indiz dafür sein, daß manche Arbeitnehmer lieber auf zusätzliches Einkommen verzichten als Arbeitsplätze anzunehmen, für die sie nicht ausgebildet sind. Solange es aber Arbeitsplätze gibt, die weder Aufstiegsmöglichkeiten noch Erfüllung bieten, kann dem Arbeitslosen nicht unbedingt zum Vorwurf gemacht werden, wenn er eine solche Beschäftigung nicht annimmt. Recht auf Arbeit, menschengerechte Gestaltung der Arbeitsbedingungen und Arbeitsmotivation stehen in innerer Beziehung zueinander.

Durch die Beseitigung von Arbeitsplätzen infolge von technischem Fortschritt kann durchaus eine Verbesserung der verbleibenden Arbeitsplätze im Durchschnitt erreicht werden. Als Bedingung dafür gilt jedoch, daß einerseits gezielt solche Arbeitsplätze beseitigt werden, die wenig geistige Anstrengung oder großen körperlichen Einsatz erfordern und andererseits höherwertige Arbeitsplätze geschaffen werden.

Einen wichtigen Beitrag zur Humanisierung der Arbeit leisten aber auch gezielte Arbeitszeitverkürzungen. Dazu gehört, daß Schichtarbeitszeiten verkürzt, Mehrurlaub für belastende Tätigkeiten gewährt wird und neue Pausenregelungen vor allem für ältere Arbeitnehmer durchgesetzt werden. Aus gesundheitlichen Gründen müßte die Wochenarbeitszeit in manchen Wirtschaftszweigen weiter reduziert werden. Schließlich könnten auch im Dienstleistungsbereich neue Arbeitsplätze geschaffen werden, die größere Qualifikation erfordern, z.B. im Bereich der Sozial- und Gemeinwesenarbeit, aber auch für Lehrer, die gebraucht werden, wenn die allgemeine Bildung, die berufliche Bildung und die Erwachsenenbildung verbessert und ausgebaut würden.

3. Qualifizierung der Beschäftigten

Wenn den starken Geburtsjahrgängen angemessene Bildungschancen eingeräumt werden sollen, müssen erhebliche Anstrengungen in diesem Bereich unternommen werden. Konkret heißt das, daß unbedingt zusätzliche Maßnahmen zur Verlängerung der Schulzeit oder zur Einführung eines generellen Berufsgrundbildungsjahres ergriffen werden müssen.

Die Reduzierung des Arbeitskräfteangebots durch eine Verlängerung der Ausbildung darf nicht nur unter kurzfristigen Aspekten gesehen werden. Denn mehr Bildung gerade auf sehr breiter Ebene ist gesellschaftspolitisch wünschenswert, führt individuell zu besseren Startchancen und ist eine volkswirtschaftliche Investition, die sich zugunsten aller in der Zukunft als nützlich erweisen wird. Eine Nivellierung des Bildungsgefälles durch Anhebung der unteren Ebenen ist auch Voraussetzung dafür, daß Statusunterschiede abgebaut werden und eine Angleichung von beruflichen Qualifikationen stattfindet. Das schließt auch ein, daß die Privilegierung von Akademikern im Beschäftigungssystem beseitigt werden muß. Mehr Bildung kann dann dazu beitragen, daß Einkommensungleichheiten reduziert werden können. Entsprechendes hat Tinbergen z.B. für die gegenwärtig hochbezahlten Berufe nachgewiesen[13].

Es steht fest, daß Jugendliche ohne qualifizierte Ausbildung das höchste Arbeitsplatzrisiko tragen. Die Gefahr, arbeitslos zu werden, steigt mit mangelnder Qualifikation. Fast die Hälfte der Arbeitslosen hat keine Ausbildung erfahren. Andererseits erleichtert die berufliche Qualifizierung die Wiederaufnahme einer Beschäftigung. Auf diesem Feld werden in den nächsten Jahren erhebliche Probleme für die Gesellschaft entstehen; große Anstrengungen müssen unternommen werden, um insbesondere die Chancen, dauerhaft angemessene Arbeit zu finden, auch für diejenigen Hauptschulabgänger und Sonderschüler zu verbessern, die nur schwache schulische Leistungen erbringen können. Nach Berechnungen des Stifterverbandes für die Deutsche Wissenschaft[14] werden in den nächsten zehn Jahren rund 1 Million Schüler ohne einen Abschluß die Schule verlassen. Der Verband warnt aus politischen und wirtschaftlichen Gründen davor, diesen jungen Leuten eine Ausbildung vorzuenthalten. Eine Erhöhung des Anteils der Ungelernten könnte unter langfristigen wirtschaftlichen und arbeitsmarktpolitischen Gesichtspunkten nicht in Kauf genommen werden, weil die nachfolgenden schwächeren Jahrgänge den Bedarf an qualifizierten Arbeitskräften nicht decken könnten.

Um diesen Anforderungen zu entsprechen, muß das betriebliche Fort- und Weiterbildungswesen in zwei Richtungen weiter ausgebaut werden. Einmal muß es quantitativ ausgeweitet und zum anderen qualitativ verbessert werden. Letzteres bedeutet, daß eine arbeitsplatznahe Weiterbildung und Umschulung den weniger Qualifizierten verstärkt zugute kommen müßte. So könnten auch die ungelernten Arbeitskräfte, die entlassen werden sollen, weitergebildet werden. Dies würde eine „Entlastung" des Arbeitsmarktes zur Folge haben. Zur Realisierung dieser betrieblichen Weiterbildung müssen auch staatliche Hilfen in Form von Lohnkostenzuschüssen eingesetzt werden.

Die quantitative Ausweitung der betrieblichen Ausbildung ist erforderlich, weil die Zahl der ins Erwerbsleben eintretenden Personen aufgrund vergangener Geburtenentwicklung in den nächsten Jahren ständig steigen wird und weil z.B. die Industrie zur Erhaltung ihres Facharbeiteranteils ihr Ausbildungsplatzangebot erheblich steigern müßte. Die Industrie sucht ständig mehr besser ausgebildete Arbeitskräfte. Der gegenwärtige Facharbeitermangel trotz allgemeiner hoher Arbeitslosigkeit ist ein Indiz dafür.

Für den Arbeitsmarkt haben alle zusätzlichen Ausbildungsanstrengungen einen mehrfachen Effekt: Sie verknappen das generelle Angebot an Arbeitskräften; sie vermögen die qualitativen Befähigungen der Arbeitnehmer den Strukturwandlungen der Wirtschaftsentwicklung anzupassen; sie wirken gleichzeitig auch mobilitätssteigernd.

Wenn sich überdies zusätzliche Bildungschancen nicht ausschließlich auf berufliche Fertigkeiten richten, sondern auch zu einer Verbesserung der Einsicht in soziale, politische und ökonomische Sachverhalte beitragen und den je eigenen Standort in der Gesellschaft bestimmen helfen, so wird zugleich eine höhere soziale Sensibilität der Gesellschaft langfristig möglich. Dies aber wäre Grundelement eines Lebensstils, der sich von Konsum und Konkurrenz auf Sinn und Solidarität zubewegen will.

IV Neue Solidarität

Es ist eine offene Frage, ob die beschriebene Neuverteilung der Arbeit rechtzeitig gesellschaftspolitisch durchsetzbar ist und konsequent in Angriff genommen wird; wieweit die qualitative Beschäftigungspolitik zum Erfolg führt; und schließlich, ob die Humanisierung der Arbeit und die Qualifizierung der Beschäftigten weit genug geht, um einstellungsändernde Bewußtseinsprozesse in Richtung eines Neuen Lebensstils in Gang zu setzen.

Letzteres aber ist notwendig, wenn die Gesellschaft sich in die Lage versetzen will, die Krisen des Übergangs in ein postindustrielles Gesellschaftssystem zu bewältigen, ohne ihre demokratische und soziale Grundverfassung preiszugeben.

Eine der Voraussetzungen dafür ist eine Neubewertung von Arbeit und Leistung. Es kann nicht darum gehen, ihre Bedeutung zu verringern. Aber es ist nötig, den gemeinschaftlichen Charakter der Arbeit wiederzuentdecken. Die heute gängige einseitige Qualifizierung der Arbeit als ökonomisch meßbare Leistung läßt es nicht zu, daß sich gesamtgesellschaftliche Solidarität ausreichend entfalten kann. Der Konkurrenzdruck legt jeden einzelnen zu sehr auf Verhaltensmuster fest, die individuelles Sich-Durchsetzen, individuelles Sich-Vorteil-Verschaffen in den Mittelpunkt rücken. Es muß gelingen, gesellschaftlich notwendige, aber unbezahlte und unbezahlbare Arbeit und Leistung wieder selbstverständlich zu machen und mit hohem Sozialprestige zu honorieren. Dazu gehört die Beteiligung an Gemeinschaftsaufgaben, Diakonie, Bürgerinitiativen, Nachbarschaftshilfe, Mitarbeit bei kommunalen, gewerkschaftlichen und kirchlichen Aufgaben usw.

Für die Arbeitsmarktpolitik geht es letztlich darum, das sog. „Drinnen-Draußen-Problem" zu lösen. Jede Kooperation von Arbeitgebern und Arbeitnehmern innerhalb des Betriebes, die sich z.B. in der Vereinbarung von Überstunden niederschlägt, aber auch jede Tarifpolitik, die die Interessen der Beschäftigten gegenüber den Unternehmen erfolgreich vertritt, schafft denen „drinnen" Vorteile gegenüber, ja auf Kosten der nichtbeschäftigten Arbeitnehmer „draußen". Denn es mindert die Chancen der Neuerrichtung von Arbeitsplätzen.

Neue Solidarität heißt, nach neuen Formen des sozialen Ausgleichs Ausschau zu halten. Dies kann nicht einseitig Lohnzurückhaltung der Arbeitnehmer heißen. Das gesamte Problem der Verteilungspolitik muß unter dem Gesichtspunkt der Solidarität langfristig zur Diskussion gestellt werden. Ein Ansatz dazu wäre es, die Vermögensbildung in die Debatte der Tarifpartner wiederaufzunehmen. So ist es notwendig, die Verteilung des Wertzuwachses, der durch Investitionen entsteht, neu zu regeln. Durch Schaffung von Miteigentum für Arbeitnehmer könnte die Verteilung des Sozialprodukts langfristig zugunsten der Arbeitnehmerschaft verändert werden. Denn aus dem gebildeten Vermögen resultieren zusätzliche Einkommen. Bei entsprechender Bereitschaft der Kapitaleigner, die Arbeitnehmer am erwirtschafteten Gewinn zu beteiligen, könnte die Beschäftigungssituation verbessert werden, ohne die Preisstabilität zu gefährden, weil dadurch Lohnverhandlungen entlastet werden. Für die Unternehmer würde eine solche Politik des teilweisen Verzichts auf Gewinne sogar zu einer Stärkung der Kapitalbasis führen. Dies wiederum hätte positive Auswirkungen auf die Investitionstätigkeit. Die so von Kapitaleignern und Arbeitnehmern praktizierte Solidarität wäre letztlich auch unter dem Aspekt der jeweils eigenen Interessen langfristig sinnvoll und richtig. Der gegenwärtige Lebensstil unserer Gesellschaft und ihre ökonomische und soziale Verfassung leitet freilich nicht dazu an, Verhaltensweisen neuer Solidarität zu entwickeln, einzuüben und anzuwenden. Dennoch wird die Zukunft unserer Gesellschaft davon abhängen, ob es gelingt, durch wachsende Einsicht, soziales Engagement und verstärkte Solidarität denjenigen Spielraum zu gewinnen, der nötig ist, um im weltwirtschaftlichen Wandel zukunftsöffnende Lösungen zu verwirklichen.

Anmerkungen

1 RIO-Bericht, a.a.O., S. 86 f.

2 Vgl. dazu den Beitrag von K.-E. Wenke in diesem Band.

3 RIO-Bericht, a.a.O., S. 77.

4 Die Prognosen weichen in letzter Zeit allerdings erheblich voneinander ab. Z.B. hat ein Expertenausschuß der *OECD* im Juni 1977 einen Bericht vorgelegt, nach dem bis Ende der siebziger Jahre Vollbeschäftigung wieder möglich sei (BRD nur 1,5 % bis 2 % Arbeitslosenquote 1980). Empfohlen wird der BRD aber eine stärkere globale Nachfrageförderung, da die Inflationsmentalität gebrochen sei. Defizit spending sei an sich nicht inflationsfördernd, vor allem, wenn die private Spartätigkeit entsprechend hoch sei (vgl. Die Welt, 11.6.1977, S. 9).

Das *Institut der Deutschen Wirtschaft* meint, daß Vollbeschäftigung bis 1980 nur bei einer Wachstumsrate von jährlich 5 % zu erreichen wäre. Bei 3 % Wachstum läge die Erwerbslosigkeit schon an der 2-Millionen-Grenze. Bei Null-Wachstum gäbe es in 10 Jahren 5 Millionen Arbeitslose (vgl. iwd, Informationsdienst des Instituts der Deutschen Wirtschaft, Jg. 3/1977, Nr. 22 v. 2.6.1977).

Das *Prognos-Institut* befürchtet, daß es 1980 rund 1,5 Millionen Arbeitslose geben wird. Auch 1990 würde die Arbeitslosigkeit noch über 1 Million liegen. Das Wirtschaftswachstum werde bis 1990 jährlich nicht mehr als 3,4 % betragen (vgl. FAZ, 19.8.1977, S. 9 und Handelsblatt, 22.8.1977, S. 2).

Das *Institut für Arbeitsmarkt- und Berufsforschung* erinnert daran, daß das Wachstum bis 1980 jährlich 6 % betragen müsse, wenn die Arbeitslosenzahlen wieder auf 500000 zurückgehen sollen. Bei 4,5 % Wachstum jährlich würde erst 1990 wieder Vollbeschäftigung erreicht (in: Mitteilungen aus der Arbeitsmarkt- und Berufsforschung, Heft 2, 1976, S. 156 ff).

Nach Friedrichs von der *IG-Metall* sind sogar Wachstumsraten von 8 % für mehrere Jahre erforderlich, wenn Vollbeschäftigung wieder erreicht werden soll (vgl. Wirtschaftswoche, Nr. 21, 1977, S. 61 ff.).

5 Vgl. Mitteilungen aus der Arbeitsmarkt- und Berufsforschung, Heft 4, 1976, S. 397 ff; Wirtschaftswoche Nr. 23, 1977, S. 20 und Soziale Welt, Heft 3, 1977, S. 363.

6 Fritz Vilmar, Alternative zur Arbeitslosigkeit − Verknappung des Angebots von Arbeitszeit, in: Radius, August 1976, S. 37 ff.

7 Vgl. Vetter in Wirtschaftswoche, Nr. 18, 1976, S 16 f.; vgl. FAZ vom 11.10.1976, Frankfurter Hefte, Nr. 11, 1975, S. 17 ff, Nachrichtendienst des DGB vom 18.7.1977.

D. Freiburghaus, G. Schmid: Probleme der Beschäftigungspolitik bei anhaltend hoher Arbeitslosigkeit, S. 100 ff. in: Arbeitsmarktpolitik in der Krise; Hrsg. H. Seifert und B. Simmert, Bund-Verlag, Köln 1977.

Krise und Reform in der Industriegesellschaft; Protokoll der IG-Metall-Tagung im Mai 1976 in Köln, 2. Bd., S. 356 ff., Europäische Verlagsanstalt 1976.

8 idw, Informationsbrief des Instituts der Deutschen Wirtschaft Jg. 2/1976, Nr. 22 vom 3.6.1976 und Jg. 3/1977, Nr. 12 vom 24.3.1977; Handelsblatt vom 23. 6.1976; der arbeitgeber, Heft 2, 1977, S. 38; Heft 10, 1977, S. 435.

9 Vgl. insbes. H. Adam/B. Buchheit; Reduktion der Arbeitslosigkeit durch Arbeitszeitverkürzung? in: Aus Politik und Zeitgeschichte, Beilage zur Wochenzeitung DAS PARLAMENT, B. 11/1977, S. 3 ff; dort weitere Literaturangaben. Das Für und Wider ist in einer Fülle von Stellungnahmen behandelt worden.

10 Vgl. dazu Bierter/von Weizsäcker; Strategien gegen Arbeitslosigkeit, S. 69 ff., in: Technologie und Politik, rororo aktuell 4184.

11 B. Teriet; Der Jahresarbeitszeitvertrag — ein Arbeitskonzept der oder mit Zukunft; in: Analysen und Prognosen, Heft 48, 1976, S. 19.

12 B. Strümpel; Die Krise des Wohlstands, S. 57, Verlag Kohlhammer 1977.

13 Vgl. FAZ vom 14.9.1976, S. 12.

14 Vgl. Die Zeit, Nr. 24, 1976, S. 30.

5. Die Suche nach einem Neuen Lebensstil — ein sinnvoller Ausweg aus einem gesamtgesellschaftlichen Dilemma?

Von Helga Gripp

„Die Frage, ob dem menschlichen Denken gegenständliche Wahrheit zukommt, ist keine Frage der Theorie, sondern eine *praktische* Frage. In der Praxis muß der Mensch die Wahrheit, i. e. Wirklichkeit und Macht, Diesseitigkeit seines Denkens erweisen."

Karl Marx

I. Vorbemerkung

Zielsetzung und praktisches Handlungsfeld der Bewegung „Neuer Lebensstil" sind äußerst heterogen[1]. Die Autoren dieses Bandes haben im vorangestellten Einleitungsteil versucht, dieser Heterogenität möglichst umfassend gerecht zu werden und die Bewegung in ihrer ganzen Breite zu beschreiben[2].

Mein Beitrag wird sich demgegenüber nur mit einem sehr spezifischen Aspekt der Lebensstilbewegung auseinandersetzen: der Einschätzung ihres gesellschaftlichen Standorts sowie ihrer gesellschaftspolitischen Funktion. Die Zentrierung auf diesen Aspekt und meine eher kritische Position gegenüber den hier zur Diskussion stehenden Gruppen möchte ich im folgenden vorab zu begründen versuchen. Wenn alternative Lebensformen gesucht werden, so bedeutet das, daß die das Leben der Menschen heute bestimmenden Formen als unbefriedigend erlebt werden. Die Suche nach einem Neuen Lebensstil bedeutet demnach eine Kritik an den wie immer zu definierenden vorgefundenen gesellschaftlichen Sinn- und Ordnungsstrukturen. Denn — das ist wichtig zu betonen — jede individuelle Verhaltensmöglichkeit ist im letzten immer Reflex und Resultat eines das gesellschaftliche Ganze bestimmenden und übergreifenden Sinnhorizonts. Deshalb ist die individuelle Suche nach einem Neuen Le-

bensstil immer beides zugleich: Kritik an den derzeitigen individuellen Verhaltensmöglichkeiten sowie Kritik an dem diese Möglichkeiten überhaupt erst konstituierenden und letztlich sie bestimmenden gesamtgesellschaftlichen Sinnhorizont. Wie immer man nun
Gesellschaft definieren mag[3], wie sehr auch ein Mitglied einer bestimmten Gesellschaft eben dieses sein Gesellschaftssystem ablehnen mag, immer bleibt jeder Mensch bis zu einem bestimmten
Punkt Teil des übergeordneten Ganzen – der Gesellschaft. Das
bedeutet: er bleibt abhängig von den dieses System konstituierenden Sinnstrukturen und Ordnungskriterien. Ein Ausscheren aus der
Gesellschaft ist immer nur bedingt möglich und – in aller Bedingt-
heit – letztlich nur auf zwei Weisen: Das Subjekt kann sich entweder in eine jener Nischen zurückziehen, die jedes Gesellschaftssystem in mehr oder weniger großzügiger Form seinen Mitgliedern
zur Verfügung stellt oder es kann dem System gegenüber in einen
offenen Protest treten, um auf die Schwächen und Fehler dieses
Systems aufmerksam zu machen, mit dem Ziel, auf eine Veränderung eben jener Defizite hinzuwirken.

Wenn man dieser meiner Einschätzung der beiden prinzipiell nur
möglichen Protest-Haltungen zu folgen bereit ist, dann stehen
die Lebensstilgruppen vor einer für sie grundlegenden Entscheidung: Rückzug in eine von der Gesellschaft zugestandene Nische
oder gesellschaftspolitisches Engagement, was bedeutet: Auseinandersetzung mit den unser System konstituierenden Ordnungs-
prinzipien und Sinnsetzungen, mit dem Ziel: eine qualitative Veränderung eben jener die Gesellschaft strukturierenden Prinzipien
einzuleiten.

Eine solche Entscheidung treffen zu können, setzt voraus, sich
über die Implikate beider Entscheidungsmöglichkeiten im klaren
zu sein. Die Frage, die sich stellt, lautet: Muß eine Bewegung, wie
wir sie in Form der Lebensstilgruppen vorfinden, gesellschafts-
verändernde Ziele haben oder kann sie darauf verzichten und auf
das Ziel einer Veränderung von Lebensweisen im privaten Bereich
ihrer Mitglieder berechtigterweise beschränkt bleiben, sich also
in eine der von der Gesellschaft ihr zugestandenen Nischen zurückziehen.

Meine Antwort auf diese zuletzt gestellte Frage, die im übrigen
im Verlauf der Argumentation meines Beitrags ausführlich zu begründen versucht wird, heißt: Die Lebensstilbewegung muß ge-
sellschaftsverändernde Zielvorstellungen haben. Denn jede individuelle Kritik, die im gesellschaftlich lizensierten Abseits bleibt,
verfehlt genau jene übergreifenden gesamtgesellschaftlichen Aspekte aller individuellen Verhaltensformen. Eine solche Kritik
bleibt für das Gesamtsystem im letzten ohne Bedeutung. Mehr
noch: sie kann vom System mühelos integriert werden, und indem
sie als immanenter Bestandteil des Systems zugelassen wird, findet
ihre werbewirksame „Vermarktung" als Toleranz- und Demokratie-
verständis statt.

Von daher gesehen geht ein Handeln der Lebensstilgruppen, wo es
im gesellschaftlich zugestandenen Abseits angesiedelt wird, an
deren eigentlichem Selbstverständnis — wenn ich es richtig sehe —
vorbei. Diese Gruppen wollen doch offenbar mehr als individuellen Rückzug ins Private, wie wir ihn z.B. aus der Hippiebewegung, den Landkommunen, den Jesus-People usw. kennen. Diese
Bewegung zielt doch darauf ab, das Defizitäre des modernen Lebens
für uns alle stellvertretend aufzuzeigen, anzuprangern und bei-
spielgebend neue Möglichkeiten von Lebensweisen praktisch vor-
zuleben. Solche Intentionen sprengen aber allemal den Rahmen des
Privaten. Hier handelt es sich im Gegenteil um ein genuin „öffentliches" Anliegen — im echten Wortsinn verstanden.

Deshalb meine ich, daß sich der Lebensstilbewegung die sehr wichtige Frage stellt, ob sie und wenn ja, wie sie ihre erst einmal nur auf
der ethisch-moralischen Ebene angesiedelten Forderungen zu politischen Forderungen zu machen gedenkt. Denn nur wenn die Bewegung auf beiden Ebenen zugleich — der moralischen *und* der
politischen — zu reflektieren, argumentieren und *handeln* gewillt
ist, kann sie ihrem impliziten Anspruch, der ein gesellschaftskri-
tischer ist, gerecht werden.[4]

Akzeptiert man nun diesen von mir postulierten gesellschaftspolitischen Aufgabenbereich der Lebensstilbewegung, so stellt sich
die damit unmittelbar zusammenhängende Frage: Wie muß der Versuch dieser Gruppen, alternative Lebensformen zu suchen und zu
praktizieren, angelegt sein, damit gesellschaftspolitischer Einfluß

ausgeübt werden kann? Mit diesem Problem oder präziser: mit der Frage, ob eine Bewegung wie die der Lebensstilgruppen gesamtgesellschaftliche Veränderungen einleiten kann, befaßt sich mein Beitrag.

Der Aufsatz ist in drei Teile gegliedert. In einem ersten Abschnitt wird der Frage nachgegangen, die für die Themenstellung m.E. grundlegend ist: In welch einer Gesellschaft leben wir eigentlich? Was sind die übergeordneten gesellschaftlichen Strukturzusammenhänge, in die alle unsere individuellen Handlungsmöglichkeiten eingelassen sind? Zur Beantwortung dieser Frage werden drei alternative theoretische Ansätze zur Erklärung von Gesellschaft vorgestellt und diskutiert. Dieser notwendigerweise eher theoretisch orientierte Teil ist trotz seines immanenten Wissenschaftsbezugs nicht als l'art pour l'art – Diskussion zu verstehen. Die erkenntnisleitende Frage, die an jeden dieser drei Ansätze herangetragen wird, ist unmittelbar auf unser Thema bezogen; es ist die Frage: wie wird im jeweiligen Theorieansatz der Erfolg oder überhaupt die Möglichkeit eines emanzipatorischen Handelns von Menschen eingeschätzt, wenn es auf die Veränderung gesellschaftlicher Strukturen Einfluß nehmen will.

Im zweiten Teil der Arbeit wird nach den strukturellen Problemen unserer Gesellschaft gefragt. Mit welchen möglichen Krisen hat unser Gesellschaftssystem zu rechnen? Wie ist das gesellschaftliche Krisenbewältigungspotential einzuschätzen?

Der dritte Teil schließlich wird sich mit der Frage befassen: Kann die Lebensstilbewegung ein sinnvoller Ansatz sein, die strukturellen Probleme unserer Gesellschaft einer Lösung näher zu bringen? Diese Frage wird in der Konfrontation mit den Ergebnissen der theoretischen Analyse der beiden ersten Teile der Arbeit behandelt und auf dem Hintergrund dieser Ergebnisse zu beurteilen versucht.

II. Gesellschaft – System oder Lebenswelt?

Der Begriff „Gesellschaft" oder Begriffe wie „gesellschaftliche" Verantwortung, „gesellschaftliches" Handeln, „gesellschaftliche" Defizite sind umgangssprachliches Allgemeingut. Was aber ist eigentlich

„die Gesellschaft"? Läßt sich Gesellschaft überhaupt und wenn ja, wie läßt sie sich definieren?, „Gesellschaft" so Adorno — „ist wesentlich Prozeß"[5]. Gesellschaft — und das ist eine in dieser Prozeßaussage implizierte Annahme — ist wesentlich mehr als die Summe ihrer Teile. Aus der Summe aller individuellen Handlungsvollzüge und deren Institutionalisierungen entsteht ein Gebilde, das qualitativ verschieden ist von dem, was als das Produkt aller Einzelhandlungen anzusehen wäre. Der Mensch, selbst Produkt gesellschaftlicher Verhältnisse, schafft zwar diese Gesellschaft, diese tritt ihm dann aber, einmal geschaffen, als etwas Fremdes, als Macht gegenüber und der einzelne lernt früh, sich dem scheinbar übermächtigen Zwang der gesellschaftlichen Verhältnisse zu beugen.

Gesellschaft in ihrem Wesen verstehen zu wollen, bedeutet also immer auch die Beziehung zwischen den sie konstituierenden Individuen und ihr selbst zu erfassen. Es liegt auf der Hand, daß derart komplexe Zusammenhänge nur im Rahmen einer Theorie erklärt werden können. Deshalb sagt Adorno zu Recht: „Bloß eine ausgeführte (Theorie, H.G.) der Gesellschaft könnte sagen, was Gesellschaft ist"[6].

Diese Theorie, die allein Gesellschaft zu erklären vermöchte, gab es weder im Jahre 1966, aus dem dieses Adorno-Zitat stammt, noch gibt sie es heute. Es gibt allenfalls Ansätze, und zwar alternativer Art[7], von denen im folgenden zwei ausgewählt und diskutiert werden sollen.

Anhand einer Gegenüberstellung des systemtheoretischen Ansatzes von Gesellschaftstheorie und des dialektischen der kritischen Theorie der Frankfurter Schule soll eine Basis erarbeitet werden, von der her dann das, was das primäre Strukturmoment unserer heutigen Gesellschaft ausmacht, zu beurteilen versucht werden soll. Da es *die* Theorie der Gesellschaft (noch) nicht gibt, kann die theoretische Plattform zur Beurteilung heutiger gesellschaftlicher Strukturzusammenhänge nur aus der Diskussion alternativer analytischer Erklärungsansätze erfolgen. Das Aufzeigen der unterschiedlichen Auffassungen in bezug auf die Bewegungsgesetze von Gesellschaft in beiden Theorien soll dann dazu dienen, Beurteilungskriterien für die Frage zu finden, wie sinnvoll und wie erfolgreich es heute sein kann, wenn Menschen allein und in Gruppen versuchen, alternative Lebensstile zu praktizieren.[8]

Der systemtheoretische und der dialektische Ansatz wurden u.a. deshalb ausgewählt, weil beide Theorien sich vor allem in einem sehr wesentlichen Punkt unterscheiden: In der Beurteilung der Bedeutung, die dem Menschen als intersubjektiv handelndem und sich verständigendem Wesen für die Aufrechterhaltung, die Weiterentwicklung oder auch die Stagnation gesellschaftlicher Prozesse zukommt.

Die im Titel dieses Aufsatzes gestellte Frage kann nämlich letztlich auch so verstanden werden: Hat der einzelne oder auch haben viele einzelne heute überhaupt noch eine Chance auf politische und gesellschaftliche Prozesse Einfluß zu nehmen oder hat Niklas Luhmann Recht, der sagt: ,,Alles könnte anders sein — und fast nichts kann ich ändern?"[9]

1. Gesellschaft — verstanden als System

Eine Theorie, die Gesellschaft erklären will, muß — auf allgemeinster Ebene betrachtet — zwei Phänomene zu analysieren in der Lage sein: sie muß erklären können, welche Mechanismen die Gesellschaft, so wie sie sich darstellt, steuern und damit am Leben erhalten (das Problem der Bestandserhaltung) und sie muß weiter erklären können, in welche Richtung der gesellschaftliche Entwicklungsprozeß geht (das Problem der sozialen Evolution). Sehr vereinfacht ausgedrückt: sie muß die Frage: ,,Was ist jetzt und was wird in Zukunft sein, wenn wir so weitermachen wie bis jetzt" zumindest ansatzweise zu beantworten in der Lage sein.

Wie beantwortet die moderne Systemtheorie, deren hervorragendster Vertreter Niklas Luhmann ist, diese beiden Fragen? Bevor wir uns dem ersten Problem: der Frage, welche Mechanismen halten diese Gesellschaft zusammen und gewährleisten ihre Bestandserhaltung zuwenden, sollen zum besseren Verständnis der Luhmannschen Argumentation einige Grundannahmen der Systemtheorie diskutiert werden.

Das Konzept der Systemtheorie geht im letzten auf Vorstellungen über den menschlichen Organismus zurück. So wie der menschliche Organismus aus einer Vielzahl funktional definierbarer Einzelorgane besteht, so besteht der Organismus ,,Gesellschaft" aus einer

Vielzahl von Einzelsystemen mit unterschiedlichen Funktionen. Obwohl jedes einzelne System als in sich geschlossenes Gebilde verstanden wird, ist doch keines dieser Einzelsysteme autark. Kein System kann allein aus sich heraus bestehen, vielmehr steht jedes System in einer multifunktionalen Beziehung zu den anderen Systemen und es ist die *Art der Beziehung zwischen System und Umwelt* (= die anderen Systeme), aus der die Maßstäbe für die Beurteilung der bestandsfähigkeit und der Retionalität eines Systems zu gewinnen sind.

Eine systemtheoretisch konzipierte Gesellschaftstheorie ist also eine Theorie, die Gesellschaft im Bezugsrahmen *System/Umwelt* zu verstehen versucht. Die Rationalität und die Bestandsfähigkeit gegebener gesellschaftlicher Verhältnisse sollen aus eben jenen Beziehungsstrukturen zwischen den Systemen zu beurteilen sein. Wir sollten an dieser Stelle festhalten, daß auch die Systemtheorie Luhmannscher Provenienz auf die Erfassung der *Dynamik* von Gesellschaft abzielt. Wir werden später zu beurteilen haben, ob diese Dynamik im Rahmen von Vorstellungen über Beziehungsstrukturen zwischen Systemen bzw. zwischen System/Umwelt u.E. adäquat verstanden werden kann oder ob dieser Ansatz Wesentliches verfehlt.

Zurück zur eigentlichen Frage: Wie wird Gesellschaft im systemtheoretischen Bezugsrahmen definiert?

Für Luhmann ist Gesellschaft „das Sozialsystem par excellence", es ist gleichsam „das soziale System der sozialen Systeme" oder noch einmal anders ausgedrückt: das „Sozialsystem, das als Bedingung der Möglichkeit anderer sozialer Systeme fungiert".[10] Gesellschaft ist also auch nur ein System unter anderen[11], aber es ist dasjenige, „das zu den anderen eine ausgezeichnete Beziehung unterhält" (a.a.O., S. 143). Wenn nun Gesellschaft durch eine „ausgezeichnete Beziehung zu den anderen sozialen Systemen" charakterisiert ist, müssen wir uns fragen, wie diese besondere Beziehung aussieht.

Wir hatten oben gesagt, daß Gesellschaftstheorie nach Luhmann System/Umwelt—Theorie zu sein hat. Wir können jetzt einen Schritt weitergehen und dieses Verhältnis System/Umwelt für das Sozialsystem par excellence „Gesellschaft" näher bestimmen. Was bedeutet Umwelt, bezogen auf Gesellschaft?

Das System Gesellschaft hat im Grunde zwei Umwelten: die Welt als solche und die anderen Sozialsysteme. Es müssen also zum Verständnis der Luhmannschen Gedankengänge drei Begriffe klar unterschieden werden: System, Umwelt und Welt[12]. Das verbindende Element zwischen den drei mit diesen Begriffen bezeichneten Phänomenen glaubt Luhmann mit dem Begriff der „Komplexität" erfassen zu können[13]. Die Welt ist seiner Vorstellung zufolge unendlich komplex. Diese unermeßliche Komplexität der Welt muß „reduziert", d.h. abgebaut werden, soll Ordnung in das Chaos gebracht und damit überhaupt erst Überlebensmöglichkeit für den Menschen geschaffen werden. Die Bildung von Systemen ist ein, im Grunde der Mechanismus, mit dem die Komplexität von Welt verringert wird. Systeme sind gleichsam „Weltausschnitte" und als solche immer von geringerer Komplexität als die Welt selbst. Neben sozialen Systemen gibt es physische Systeme, organische Systeme und psychische Systeme. Das sie unterscheidende Merkmal ist die Art ihrer „Selektion", also die Art, wie sie mit der Komplexität von Welt umgehen. Der Stein (physisches System) die Pflanze (organisches System), der Mensch (psychisches System) und die Gesellschaft (soziales System), sie alle haben je unterschiedliche „Selektionsweisen", also Formen, wie sie mit der Komplexität von Welt umgehen und schaffen je unterschiedlich konstituierte „Weltausschnitte".

Für soziale Systeme nun ist „Sinn" der konstitutive Selektionsmechanismus[14]. Das heißt: Soziale Systeme sind Systeme, deren Entstehung, Aufrechterhaltung und Weiterentwicklung darauf beruhen, daß „Weltkomplexität sinnhaft reduziert wird". Wichtig für die hier vorgelegten Überlegungen ist nun, was Luhmann unter „Sinn" versteht. Luhmann löst nämlich den Sinnbegriff radikal von jeglichem Bezug auf ein Subjekt. Sinn wird rein funktionalistisch definiert. Er wird als eine Form der Erlebnisverarbeitung verstanden, als eine „selektive Beziehung zwischen System und Umwelt", deren Spezifikum darin liegt, daß diese Form der Selektion (nämlich „sinnhaft" zu sein) das jeweils Nichtgewählte nicht vernichtet, sondern es gleichsam beiseite schafft, es in seinem Bestand also unangetastet läßt. Das eigentlich Besondere sinnhafter Bearbeitung liegt dann nach Luhmann darin,

„Reduktion und Erhaltung von Komplexität zugleich zu ermöglichen, nämlich eine Form von Selektion zu gewährleisten, die verhindert, daß die Welt
im Akt der Determination des Erlebens auf nur einen Bewußtseinsinhalt
zusammenschrumpft und darin verschwindet."[15]

Es kann an dieser Stelle auf die sehr differenzierten Überlegungen
von Luhmann nicht weiter eingegangen werden; wichtig für die hier
angestellten Überlegungen ist vor allem seine Auffassung, daß Sinn
als „Ordnungsform menschlichen Erlebens" nicht länger als an
umgangssprachliche Kommunikation gebunden verstanden wird. Um
die Konsequenzen dieser Auffassung deutlich zu machen: Die
soziale Welt wird zwar als „sinnhaft" konstituiert angesehen, diese
Sinnstrukturen gelten aber nicht als genuine und kreative Leistungen
von Menschen, die sich in intersubjektiver Auseinandersetzung
(wie verzerrt von einem objektiven Standpunkt aus gesehen dieser
intersubjektive Prozeß der Kommunikation auch immer beurteilt
werden mag) über die Sinnhaftigkeit oder Sinnlosigkeit ihres Tuns
Klarheit zu schaffen versuchen. Vielmehr sind die Sinnstrukturen der
sozialen Welt system*immanente* Leistungen, für die ein Subjekt
als handelndes und als ein den gesellschaftlichen Prozeß steuerndes
Wesen nicht länger als konstitutiv erachtet wird.

Das Gesellschaftssystem kann also, folgt man Luhmann, als dasjenige Sozialsystem verstanden werden, das die Weltkomplexität
in der Weise sinnhaft bearbeitet, daß alle anderen sozialen Systeme
als Umwelt eine nun schon in ihrer Komplexität reduzierte Welt
vorfinden. Die Gesellschaft fungiert demnach als sinnhaft ent-
worfene Systemumwelt für alle übrigen sozialen Systeme. Diese
sind „ihrer Struktur und ihren Prozessen nach auf eine domesti-
zierte Umwelt mit begrenzten Risiken eingestellt. Sie stützen sich
auf vorauszusetzende Ordnungsleistungen des Gesellschaftssystems...
Sie können mithin nur durch Gesellschaft System sein."[16]

Rekapitulieren wir: Es gibt die „Welt" in ihrer unermeßlichen
„Komplexität", die nur in „Weltausschnitten" also durch System-
bildung (physischer, organischer, psychischer und sozialer Natur)
für den Menschen überhaupt erfaßbar ist. Und es gibt die spezifischen Beziehungen zwischen den einzelnen Systemen, von denen
wir hier nur die sozialen Systeme in Betracht ziehen. Das System
Gesellschaft hat nun eine in bezug auf die anderen sozialen Systeme
ausgezeichnete Stellung. Gesellschaft ist so etwas wie ein sinnhaft

konstituierter Ausschnitt von Welt als solcher, und dieser Welt-
ausschnitt dient fortan für die Leistung aller übrigen Sozialsysteme
als Bezugssystem. Systeme wie Politik, Wirtschaft, Wissenschaft
etc. haben es immer mit einer schon komplexitätsreduzierten Umwelt zu tun, ihre Bezugswelt ist demnach nicht mehr voraussetzungs-
los.

Ganz allgemein wird Komplexität also dadurch reduziert, was meint:
ein Stück weit bewältigt, daß Systeme gebildet werden. Dieser
Mechanismus der Ausdifferenzierung von Systemen, den wir bis
jetzt gleichsam in bezug auf „außen" betrachtet haben, findet
gleichermaßen Anwendung in bezug auf „innen". Das heißt: Jedes
System bildet noch einmal unzählige Teilsysteme aus, von denen
jedes in einer bestimmten funktionalen Beziehung zu den jeweiligen
anderen Systemen und zum Gesamtsystem steht. Nehmen wir z. B.
das System: Sozialisation. Teilsysteme des Gesamtkomplexes Sozialisation sind: die Familie, die Schule, der Kindergarten etc. Jedes
dieser Subsysteme hat Funktionen zu erfüllen bezogen auf das
Gesamtsystem Sozialisation. Dieses steht seinerseits wiederum
in funktionaler Beziehung zum System Gesellschaft, denn letztlich meint Sozialisation des Kindes: Integration in die Gesellschaft.
Es liegt auf der Hand, daß die Ausdifferenzierung in immer mehr
Teilsysteme die Komplexität des gesellschaftlichen Ganzen erhöht. Und für Luhmann steht deshalb auch fest, daß „diese Zunahme an Innenkomplexität kompensiert werden muß durch steigende Anforderungen an die Ordnungsleistungen des Gesamtsystems
..."[17]. Das gilt um so mehr, als funktional differenzierte Gesellschaften aufgrund ihrer Struktur eine laufende Überproduktion
von Möglichkeiten schaffen. Diese möglichen Möglichkeiten der
Teilsysteme dürfen aber nicht mit den Möglichkeiten der Gesellschaft als Ganzes identifiziert werden. Erstere können nämlich
durchaus die Grenzen des gesamtgesellschaftlichen Möglichkeits-
horizonts sprengen. Interessanterweise kommt Luhmann von dieser
Argumentation her zu der entgegengesetzten Aussage wie Adorno:

„Auf die alten Formeln anspielend, könnte man sagen: das Ganze ist weniger
als die Summe seiner Teile."[18]

Was heißt das konkret?

Nehmen wir noch einmal das Beispiel der Sozialisation: Die Verlagerung von Funktionen in Teilsysteme, wie z.B. in das der Familie, des Kindergartens, der Schule (dort erneute Differenzierung in verschiedene Schulsysteme) etc. bedeutet ganz sicher ein Anwachsen der Möglichkeiten des Verlaufs von Sozialisation. Die Erziehungsziele der Eltern, des Kindergartens, der Schule müssen nun aber durchaus nicht übereinstimmend sein; im Gegenteil, sie können sich sogar weitgehend widersprechen. Das macht — neben vielem anderen — den Verlauf der Sozialisation hochkomplex und deren Ergebnisse nicht voraussehbar. Der Möglichkeitshorizont der erzielten Sozialisationseffekte wird dadurch immens weit und — um auf Luhmann zurückzukommen — an die „Ordnungsleistungen des Gesamtsystems" müssen „steigende Anforderungen" gestellt werden, sollen chaotische Strukturen unterbunden werden. Daß diese Ordnungsleistungen erneute Systembildungen implizieren (in unserem Beispiel wäre ein solch neues System z.B. das Ministerium für Jugend, Familie und Gesundheit mit all seinen Subsystemen) macht das ganze Problem noch komplexer, läßt den Gedanken an den Kinderreim aufkommen: Der Herr der schickte den Jockel aus ...

Selbstüberlastung der Systeme, die aus den Folgeproblemen der immer größer werdenden Differenzierungen entsteht, scheint demnach das eigentliche Reduktionsproblem hochkomplexer Gesellschaftssysteme zu sein.

Bevor wir nun versuchen, eine Antwort auf die uns hier leitenden beiden Fragen zu geben: wie die Systemtheorie das Problem der Bestandserhaltung und das der Weiterentwicklung von Gesellschaft glaubt erklären zu können, sei zuvor noch auf eine in diesem Zusammenhang wichtige Argumentation verwiesen. Wir müssen zuvor noch klären, wie denn das Gesamtsystem diese ihm gestellten „steigenden Anforderungen an die Ordnungsleistungen" zu erfüllen im Stande ist.

Das System, das diese „Ordnungsleistungen" zu bringen hat, ist das politische Teilsystem. Durch Steigerung seiner Informationsverarbeitungskapazität und durch Konstituierung einer relativ weitgehenden Indifferenz gegenüber den anderen sozialen Systemen nimmt es eine besondere Stellung in der Gesellschaft ein. Für Luhmann liegt die eigentliche politische Sphäre des politischen Systems „außerhalb der bürokratisierten Verwaltung von Entscheidungskompetenzen".[19] Die Politik „muß ihre eigene Legitimation leisten" (a.a.O., S. 38). Diese Abkoppelung des legitimatorischen Systems[20] von der Verwaltung ermöglicht die − nach Luhmann − notwendige Autonomie von Entscheidungsprozessen und macht so deren Effizienz aus. Auf die Frage, die Luhmann selbst stellt: „Was kann nun daran ‚demokratisch' sein?" (a.a.O., S. 39), gibt er dann auch die für sein Demokratieverständnis bezeichnende Antwort:

„Entscheidungsprozesse sind Prozesse der Selektion, des Ausscheidens anderer Möglichkeiten. Sie erzeugen mehr Neins als Jas, und je rationaler sie verfahren, je umfassender sie andere Möglichkeiten prüfen, desto größer wird ihre Negationsrate. Eine intensive, engagierende Beteiligung aller daran zu fordern, hieße Frustrierung zum Prinzip machen. Wer Demokratie so versteht, muß in der Tat zu dem Ergebnis kommen, daß sie mit Rationalität unvereinbar ist."

Welches Bild von Gesellschaft entwirft also die Systemtheorie von Niklas Luhmann?

Gesellschaft ist für Luhmann dasjenige soziale System, das in einer ganz spezifischen Form − nämlich „sinnhaft" − vor allem ein Problem zu bewältigen hat: die ungeheure Komplexität der Welt zu bearbeiten (zu „reduzieren"). Das gelingt ihr u.a. durch immer weitere Ausdifferenzierung ihres eigenen Systems in Teilsysteme. Jede dieser Differenzierungen als Form der Auseinandersetzung mit „außen" bedeutet aber letztendlich eine Erhöhung der Komplexität nach „innen". Der Übergang (qua sinnhafter Reduktion) von unbestimmter globaler Weltkomplexität zu bestimmter Umweltkomplexität, den das Gesellschaftssystem als spezifische Leistung erbringt, wird demnach teuer erkauft. Das Hauptproblem der Gesellschaft, jeder Gesellschaft, ist deshalb für Luhmann auch: Ordnung zu schaffen, Ordnung in die Komplexität der Welt und in die der sozialen Teilsysteme zu bringen. Wie diese Ordnungsleistungen zustande kommen, haben wir oben kurz gestreift: es sind *systemimmanente* Prozesse des Ausscheidens von Möglichkeiten. Diese systemimmanenten Prozesse des Ausscheidens folgen den Prinzipien der Rationalität des jeweiligen Systems. Ob die Rationalität des Systems eine für die Menschen vernünftige Rationalität ist, kann im Rahmen der Systemtheorie nicht mehr erörtert werden. So schreibt beispielsweise Habermas und dem ist voll zuzustimmen:

„Indem das Problem der Weltkomplexität die Führung übernimmt, ist das Problem einer vernünftigen Organisation der Gesellschaft zusammen mit einer Motivbildung über wahrheitsfähige Normen gegenstandslos geworden."[21]

Die Frage nun, ob die Rationalität, der das System folgt, eine für den Menschen vernünftige Rationalität ist, ist aber m.E. die für unser Leben heute und in Zukunft entscheidende Frage. Eben dieses Problem der „Vernünftigkeit" kann aber im Bezugsrahmen der Systemtheorie überhaupt nicht thematisiert werden. Eine Theorie, die das Individuum als eigenständig handelndes Subjekt aus ihrem Objektbereich hinauskatapultiert, in der stattdessen der Selektionszwang von komplexen Handlungssystemen an die Stelle von im Individuum zu verortenden motivationsbildenden Wertsystemen tritt, eine solche Theorie kennt im Grunde kein gesamtgesellschaftliches Dilemma. Sie kennt nur Steuerungsdefizite, für die sie allerdings Heilmittel anzubieten weiß. Da die Existenz hochkomplexer Gesellschaften von dem ausdifferenzierten Steuerungssystem, dem politischen Teilsystem abhängt, ist es wichtig, daß dieses System seine Entscheidungen autonom treffen kann, vor der allgemeinen Krisenbildung also weitgehend abgesichert ist. Partizipation, Demokratisierung über diskursive Willensbildung sind diesem Konzept zufolge nur Störfaktoren, die es zu eliminieren gilt.

Dem systemtheoretischen Ansatz liegt ein Begriff von Rationalität zugrunde, der am Paradigma selbstgeregelter Systeme gewonnen ist. Am ehesten wäre er wohl als pragmatistisch zu bezeichnen. Ein System, also z.B. das System Gesellschaft, ist dann rational konstituiert, handelt dann rational, wenn seine letztendliche Aufgabe: Weltkomplexität zu bearbeiten, erfüllt wird. „Sinn" — wie wir gesehen haben, von Luhmann als Leistung des Systems und nicht als eine des Menschen verstanden — ist dann so etwas wie ein „sich selbst steuernder Geist" (Klaus Eder), womit, wie ich meine, die Systemtheorie obskur wird — und für mich nicht mehr nachvollziehbar.

Soziale Evolution ist für Luhmann so etwas wie die immer weitere Entfaltung von Strukturen, die Weltkomplexität zu reduzieren vermögen.[22] Es bleibt aber nicht nur dunkel was Weltkomplexität eigentlich meint, vielmehr wird hier vor allem auch postuliert, daß wachsende Kapazitäten der rationalen Steuerung sozialer Systeme mit Rationalität an sich gleichzusetzen sei. An einer solchen Auffassung lassen sich allerdings Zweifel anmelden, ein Punkt, der uns im nächsten Abschnitt beschäftigen wird.

Fassen wir das Ergebnis der vorangegangenen Argumentation in bezug auf die im Anfang gestellte Frage nach den potentiellen Einflußchancen einzelner Individuen oder Gruppen auf die Entwicklung gesellschaftlicher Strukturen zusammen, so muß die Antwort heißen: sie sind – diesem Gesellschaftsverständnis zufolge – dann gleich Null, wenn die Versuche zur Einflußnahme nicht der Logik des Systems folgen. Eine Gesellschaft, die so hochkomplex ist, deren Dynamik aus dem Komplexitätsgefälle zwischen ihr und der Welt an sich auf der einen Seite und ihr und den anderen Systemen auf der anderen Seite resultiert, gleichsam immer unterwegs Komplexität zu reduzieren, eine solche Gesellschaft ist dem Zugriff des Menschen letztlich verschlossen. Folgt man dem systemtheoretischen Begriff von Gesellschaft, ist der Versuch einer Einflußnahme der Subjekte nur als illegitimer, letztlich unsinniger „alteuropäischer" (ein beliebter Vorwurf Luhmanns gegenüber seinen Kritikern) Akt zu interpretieren. Denn für die Systemtheorie ist der „Mensch nicht mehr(...) Teil des sozialen Systems, sondern (...) dessen problematische Umwelt.[23] Deshalb ist die Forderung nach dem „guten Leben", die seit Aristoteles eine traditionelle ethische Forderung an die Gesellschaft ist, für Luhmann veraltet. Ein solcher Anspruch „artikuliert und symbolisiert eine gesellschaftliche Lage, die nicht die unsere ist". (Luhmann, N., a.a.O., S. 36)

Die Alternativgruppen, von denen in diesem Band die Rede ist, sind aber offenbar immer noch auf der Suche nach dem „guten Leben". Suchen sie also etwas, das es gar nicht gibt – vereinfacht ausgedrückt –, oder suchen sie etwas, das es sehr wohl gibt, das aber von der Systemtheorie analytisch nicht mehr erfaßt werden kann, weil für sie – eine fundamentale und folgenreiche Annahme – Vernunft und systemimmanente Rationalität identisch sind?

2. Gesellschaft — verstanden als soziale Lebenswelt

Überspitzt formuliert könnte man sagen, daß für den systemtheoretischen Ansatz von Gesellschaftstheorie der Mensch nichts anderes ist als ein lästiges und — um es absurd zu formulieren — im
Grunde längst überholtes Artefakt, das nicht mehr so recht in die
moderne Zeit passen will.

Demgegenüber war — und ist, so man Jürgen Habermas, wie ich
es hier tun möchte, als Vertreter der kritischen Theorie ansieht
— für die sogenannte Frankfurter Schule ein Verständnis vom
Menschen kennzeichnend, das diesen als intersubjektiv handelndes Subjekt nicht nur als konstitutiven Teil jedes Gesellschaftssystems, sondern gleichsam als Dreh- und Angelpunkt aller Ver-
gesellschaftungsprozesse begreift. Nicht im Bezugsrahmen von
System/Umwelt (Luhmann) analysiert die kritische Theorie Gesellschaft, sondern in dem von *Natur/Naturbeherrschung.* Unter Natur
versteht sie dabei zweierlei: „äußere" Natur, also die materiellen
Ressourcen der natürlichen Umwelt und „innere" Natur, das organische Substrat der Gesellschaftsmitglieder.[24]

Vergesellschaftung meint dann beides: Aneignung der äußeren Natur und Aneignung der inneren Natur. Meint: Techniken des Überlebens gegenüber einer erst einmal prinzipiell feindlichen und ge-
fahrvollen natürlichen Umwelt zu entwickeln und meint weiter:
die triebbestimmte menschliche Innenwelt zu zügeln, auf daß ein Zusammenleben der Menschen miteinander auf begrenztem Raum
möglich wird. Für die Soziabilität des Menschen ist also konstitutiv,
daß dieser lernt, seine natürliche Umwelt zu beherrschen und daß
er lernt, sich mit sich selbst und seinesgleichen auseinanderzusetzen.
Habermas macht diese doppelte Handlungsnotwendigkeit an dem
Begriffspaar „instrumentelles Handeln" versus „kommunikativem
Handeln" deutlich: „Gesellschaftssysteme können sich gegenüber
der äußeren Natur über instrumentelle Handlungen (nach technischen Regeln) und gegenüber der inneren Natur über kommunikative Handlungen (nach geltenden Normen) erhalten ..."[25] Mit
dieser expliziten Trennung zwischen instrumentellen und kommunikativen Handlungsmöglichkeiten versucht Habermas den Aporien,
in die die kritische Theorie von Adorno und Horkheimer in ihrer

Spätphase sich verstrickte, zu entgehen.[26] Horkheimer und Adorno interpretieren die Geschichte der Menschheit als die Geschichte einer zunehmenden Beherrschung der Natur durch den Menschen, zeigen dabei aber zugleich auf, wie diese Beherrschung der äußeren Natur auf den Menschen zurückschlägt. Und dieses Zurückschlagen wird als Rückschlag im Wortsinn verstanden: als Regressionsprozeß der Gattung Mensch. In der Macht des Fortschritts wird nämlich der Fortschritt der Macht aufgedeckt. Denn die Geschichte der Entfaltung menschlicher Herrschaft über die Natur ist zugleich die Geschichte einer zunehmenden Entfaltung von Herrschaft des Menschen über den Menschen. Und gemeint ist hier nicht nur die immer vollkommenere Vergewaltigung der inneren Natur der Subjekte, sondern auch die Zunahme von Herrschaft überhaupt. Der Prozeß der „Entzauberung der Welt", wie Max Weber den Prozeß der zunehmenden Rationalisierung aller Lebensvollzüge des Menschen charakterisiert hat, ist zugleich der Prozeß einer zunehmenden Verdinglichung der Subjekte; Ein Prozeß der Unterwerfung des Menschen unter eine Rationalität, die die der Maschine, des Fließbandes und letztlich die der Ausbeutung ist. Das „eindimensional" auf materiellen Erfolg ausgerichtete Interesse des Menschen beschreibt Herbert Marcuse so:

„Die Menschen erkennen sich in ihren Waren wieder; sie finden ihre Seele in ihrem Auto, ihrem Hi-Fi-Empfänger, ihrem Küchengerät. Der Mechanismus selbst, der das Individuum an seine Gesellschaft fesselt, hat sich geändert, die soziale Kontrolle ist in den neuen Bedürfnissen verankert, die sie hervorgebracht hat."[27]

Der erfolgreiche instrumentelle Umgang mit der Natur hat die Art und Weise, wie der Mensch mit seinesgleichen umgeht, in einem solchen Maße geprägt, daß Adorno und Horkheimer ihre Kritik am bürgerlichen Vernunftbegriff als „Kritik der instrumentellen Vernunft" artikulieren.[28] Mit dem Begriff der intrumentellen Vernunft wird thematisiert, wie das spezifische Moment, das die Gattung Mensch vor allen anderen Lebewesen auszeichnet: eine vom Instinkt losgelöste Fähigkeit zur Reflexion, die rationales Handeln und Verhalten und damit Vernunft möglich macht, in ihr Gegenteil umschlägt. Vernunft wird ausschließlich im Sinne von Zweck-Mittel-Rationalität kultiviert, sie wird zum Zwecke der Selbsterhaltung intrumentalisiert und damit selbst zu einem Instrument von Herrschaft.

Horkheimer und Adorno kommen von dieser Argumentation aus zu einer strukturell ähnlichen Aussage wie Niklas Luhmann: „Alles könnte anders sein – und fast nichts kann ich ändern."[29] Mit einem allerdings entscheidenden Unterschied: Der von Adorno als „Bann" interpretierte „ideologische Schleier, der über dem ganzen liegt", ist, so undurchdringlich er auch erfahren wird, „nur Bann".[30] Und eine Theorie der Gesellschaft ist aufgerufen „mit Mitteln, die nicht selber dem universalen Fetischcharakter erliegen, das Ihre, sei's noch so bescheidene, beizutragen, daß der Bann sich löse." (a.a.O., S. 370) Wie denn der Bann sich zu lösen vermöchte, darüber allerdings vermag die kritische Theorie in ihrer Spätphase nichts mehr zu sagen. Insofern endet sie in der Resignation, man könnte auch sagen in einer Sackgasse.[31] Eines aber hat sie nie verwechselt: Die Begriffe Zweck-Mittel-Rationalität und Vernunft. Im Gegensatz zu Luhmann sieht sie das der Rationalität von Systemen folgende Ganze als das „Unwahre" an, und sie hält fest an dem Begriff des „guten Lebens", wenn sie – wie gesagt – auch nicht mehr anzugeben vermag, welcher Weg dorthin zu führen vermöchte. Auf die uns hier leitende Frage, wie die Einflußmöglichkeiten von einzelnen oder Gruppen auf gesellschaftliche Strukturzusammenhänge einzuschätzen seien, kann im Bezugsrahmen der kritischen Theorie von Adorno keine Antwort gegeben werden. Sie endet in der Resignation.[32]

3. Gesellschaft – verstanden als Spätkapitalismus oder:
   Der Versuch kritische Gesellschaftstheorie mit dem Prinzip
   Hoffnung zu versöhnen

Die sehr interessanten Versuche von Jürgen Habermas, die kritische Theorie durch eine Auseinandersetzung mit der analytischen Wissenschaftstheorie, durch eine Reformulierung der Grundannahmen des historischen Materialismus und durch die Entwicklung einer Kommunikationstheorie aus der Sackgasse einer mehr oder minder totalen Resignation herauszuführen und ihre kritische

Position neu zu bestimmen, können hier nicht verfolgt werden.[33]
Wir können und wollen uns hier nur fragen: ob es dieser Wende
hin zur „sachbestimmten Argumentation" tatsächlich gelingt,
„das bodenlose Schweben, das die Gefahr des unendlichen Re-
flexionsprozesses ideologiekritischer Subjektivität ist"[34], zu überwinden. Wir wollen fragen: Wie werden die Einflußchancen der
Menschen auf gesamtgesellschaftliche Strukturzusammenhänge im
Bezugsrahmen einer weiterentwickelten kritischen Theorie durch
Habermas eingeschätzt?

Die Bewegungsgesetze der Gesellschaft, in der wir leben, folgen
— daran läßt Habermas keine Zweifel — der Logik kapitalistischer
Reproduktionsbedingungen. Diese Bestimmung von Gesellschaft
als „spätkapitalistische" ist bei Habermas ähnlich dialektisch konzipiert wie die bekannte Definition Adornos, der auf die Frage:
„Industriegesellschaft oder Spätkapitalismus" als Antwort vor-
schlägt: „daß die gegenwärtige Gesellschaft durchaus Industriegesellschaft ist nach dem Stand ihrer Produktiv*kräfte*". Denn „industrielle Arbeit ist überall und über alle Grenzen der politischen
Systeme hinaus zum Muster der Gesellschaft geworden ... Demgegenüber ist die Gesellschaft Kapitalismus in ihren Produktionsverhältnissen. Stets noch sind die Menschen, was sie nach der mar-
xistischen Analyse um die Mitte des Jahrhunderts waren: Anhängsel
an die Maschinerie ... Produziert wird heute wie ehedem um des
Profits willen."[35] In dieser Definition klingt schon an, was später
von Habermas in ganz spezifischer Weise weitergetrieben wird
(weitergetrieben hier auch im Sinne von: weg von Adorno verstanden): ich meine die Annahme, daß der Bestand und die Weiterentwicklung von Gesellschaft heute nicht mehr bruchlos im Marxschen Begriffssystem erklärt werden können.

Im Marxschen Begriffssystem wird Gesellschaft als produzierte,
das heißt durch produktives Handeln erzeugte „Totalität" verstanden. Gesellschaft konstituiert sich also in einem Produktionsprozeß, der bestimmt ist durch die dialektische Beziehung zwischen Produktivkräften und Produktionsverhältnissen, d.h. durch
die dialektische Beziehung zwischen — umgangssprachlich formuliert — dem Gesamt derjenigen vergegenständlichten Techniken,
mit denen der Mensch die Natur im engeren und weiteren Sinne

bearbeitet einerseits und dem Organisationsmodus, in dem er diese
Bewältigung (Luhmann würde von der Reduzierung von Weltkomplexität sprechen) von erster und zweiter Natur andererseits voran-
treibt. Für die Marxsche Gesellschaftsanalyse ist nun die Annahme
konstitutiv, daß die Entwicklung der Produktivkräfte und die der
Produktionsverhältnisse unter kapitalistischen Verwertungsbedin-
gungen nicht kongruent, sondern in sich widerspruchsvoll verläuft — und auch nur verlaufen kann. Denn die Entfaltung der
Produktivkräfte, also die Zunahme an Techniken zur Beherrschung
der Natur steht unter dem Primat privater Ausbeutungsinteressen.
Eine unter kapitalistischen Bedingungen operierende Auseinandersetzung mit der Natur kann u.a. deshalb nur ausbeuterisch verlaufen, weil das am nicht-verallgemeinerbaren Privatinteresse orientierte kapitalistische Unternehmen eben nicht am gemeinsamen
Interesse aller (als Freie und Gleiche in der bürgerlichen Ökonomie
so gern titulierten) ausgerichtet ist, sondern bei Strafe des Untergangs darauf fixiert sein muß, sich der Eigendynamik kapitalistischer
Funktionsbedingungen, nämlich der Kapitalakkumulation zu unterwerfen. Diese aus dem Zwang zur stetigen Kapitalakkumulation
resultierende Eigendynamik führt zu einer Unterwerfung immer
weiterer Lebensbereiche unter die Bedingungen und die Bedürfnisse
der kapitalistischen Produktion. Dazu gehören beispielsweise die Erschließung von nationalen und internationalen Märkten, die Entwicklung von neuen Technologien ebenso wie die daraus abgeleitete
Bewertung von Lebensformen unter Kategorien ökonomischer Effizienz sowie die Schaffung normativer Strukturen, die eben diese
Eigentumsverhältnisse zu sichern und zu stützen zum alleinigen Ziel
haben. Aus dem Widerspruch dessen, daß alle Lebenszusammen-
hänge mehr oder weniger total unter ein Primat subsummiert werden: dem der privatwirtschaftlichen Ausbeutung von Natur und
Mensch und der Tatsache, daß nur einige Wenige Nutznießer dieser
Entwicklung von Gesellschaft sind, glaubte Marx die systemspren-
gende Kraft einer kommenden Revolution ableiten zu können.
Die Annahme einer notwendigerweise kommenden revolutionären
Situation war deshalb realistisch, weil zu Marx'Zeit der Gegensatz
zwischen gesellschaftlicher Ausbeutung auf der einen Seite und privater Aneignung auf der anderen Seite in der Gestalt zweier sozialer

Klassen: der des Proletariats und der der Besitzenden durchaus Realität war.

Die Geschichte nun hat uns erfahren lassen, daß das kapitalistische System in einem ungewöhnlichen und unerwarteten Maße lernfähig war und ist — und das, um keine einseitige Sichtweise aufkommen zu lassen, durchaus auch zum Vorteil der Individuen. Eine Revolution unter den heutigen veränderten Lebensbedingungen der Mehrzahl aller Menschen für möglich zu halten, entbehrt jeder realistischen Begründung; allein schon die Abgrenzung und die Definition von sozialen Klassen bzw. die Beschreibung der Existenz eines Proletariats (das es natürlich noch gibt, nur müßte es eben heute anders, nicht mehr primär ökonomisch definiert werden) bereitet analytische Schwierigkeiten. Ist nun deshalb die Marxsche Gesellschaftsanalyse überholt?

Die Antwort kann — für mich — nur heißen: nein. Allerdings muß die Marxsche Analyse in bezug auf die späte Phase der kapitalistischen Entwicklung in einigen entscheidenen Punkten ergänzt werden.[36] Nach wie vor aber hat das, was Marx als die *Logik* des Entwicklungsmusters jeder kapitalistisch organisierten Gesellschaft analysierte, Gültigkeit: Die nur gemeinsam zu bewältigende und auch nur gemeinsam bewältigte Auseinandersetzung mit der Natur, wenn sie unter Gesichtspunkten *nicht-verallgemeinerter* Bewertungsinteressen und unter dem Primat der Aneignungsimperative Weniger verläuft, ist immanent widerspruchsvoll. Eine gemäß diesen Prinzipien organisierte Gesellschaft ist gleichsam vorprogrammiert auf — wie auch immer zu definierende — Krisen. Es ist also der Begriff der Krise, der für jedes Erklärungsmodell von Gesellschaft, das Marxschen Kategorien folgt, konstitutiv ist.

Halten wir also fest: Eine Theorie, die Gesellschaft als spätkapitalistische versteht, muß an dem Begriff der Krise festhalten, der für Marx der oberste Bezugspunkt sowohl für die Erklärung des Verlaufs der kapitalistischen Entwicklung als auch für deren Abschluß war.[37] Habermas nun hält an dem Begriff der Krise fest; einem Begriff, der, wie wir gesehen haben, der kritischen Theorie abhanden gekommen war. Löst er damit das Dilemma der kritischen Theorie, die keine Handlungsmöglichkeiten der Subjekte mehr aufzuzeigen in der Lage war?

3.1 Was heißt „spätkapitalistisch"?

Wenn wir einmal versuchen, alle klassenkämpferischen und sonstigen Reizassoziationen, die bei dem Begriff „kapitalistisch" so
leicht ins Schwingen kommen, beiseite zu lassen (und wenn man
mir zugesteht, daß diese Frage hier nur sehr verkürzt behandelt
werden kann), dann besagt der Begriff „spätkapitalistisch" in einigen
wesentlichen Punkten folgendes:

a) Wirtschaftliches Wachstum und damit der Reichtum der Gesellschaft sind nach wie vor als das Resultat vorwiegend markt-
   wirtschaftlich-privatkapitalistischer Aktivitäten, die primär am
   Prinzip der Kapitalrentabilität orientiert sind, anzusehen.

b) Im Gegensatz allerdings zum frühen Konkurrenzkapitalismus
   greift heute der Staat global-steuernd in das Marktgeschehen ein.
   Diese Einflußnahme des Staates auf den ökonomischen Prozeß
   ist aber letztlich nach wie vor bestimmt durch privatwirtschaftliche Verwertungsinteressen. Solange die Investitionsfreiheit
   der privaten Unternehmen nicht angetastet werden darf, solange ist eine echte politische Planung und Distribution des gesellschaftlich produzierten Reichtums nicht möglich.

c) Nach wie vor gibt es in unserer Gesellschaft Arme und Reiche,
   auch wenn diese Aufteilung mit dem traditionellen Begriff
   der „Klasse", für den die Existenz eines ökonomischen defi-
   nierbaren Proletariats kennzeichnend war, nicht mehr hinreichend beschrieben werden kann. Die Privilegierung bzw. Unterprivilegierung bestimmter Gruppen folgt heute strukturell anderen Mustern als zu Zeiten von Marx, aber sie besteht nach wie
   vor als ein unsere Gesellschaft strukturierendes Prinzip.[38]

d) Auch im staatlich regulierten Kapitalismus besteht der von
   Marx analysierte Grundwiderspruch jeder kapitalistischen Gesellschaft weiter, denn auch für den Spätkapitalismus gilt die
   These vom: „strukturellen Defizit an bewußter gesellschaftlicher Kontrolle des bloß *faktisch* vergesellschafteten Lebens-
   prozesses".[39] Die Entwicklungslogik des Kapitalismus fordert
   nach wie vor, bei Strafe des Untergangs, die immer größere
   Entfaltung des ökonomischen Potentials in spezifischer Weise
   voranzutreiben, ohne aber daß das System in der Lage wäre,

die Begleiterscheinungen dieses ungezügelten (weil nicht geplanten) Wachstums: Zerstörung des ökologischen Gleichgewichts, Zerstörung des psychischen Gleichgewichts der Individuen (Entfremdungsphänomene) und Gefährdung des internationalen Gleichgewichts wirksam unter Kontrolle halten zu
können.

Zumindest die hier zuletzt aufgezeigten Probleme lassen sich nicht
mehr ausschließlich als systemspezifisch spätkapitalistische Probleme verstehen. Es sind erst einmal Probleme jeder Industriegesellschaft, sei sie kapitalistisch oder nicht-kapitalistisch organisiert.[40]

Was allerdings systemspezifisch zu nennen ist, das sind die Möglichkeiten, die zur Verfügung stehen, diese problematischen Begleiterscheinungen stetigen ökonomischen Wachstums zu bewältigen. Denn eine Gesellschaft, deren Reproduktion und damit
Existenz von einem ökonomischen System abhängt, das im letzten
dem Primat privatwirtschaftlicher Profitorientiertheit folgt, fehlen
jene übergreifenden, nämlich allein am gesamtgesellschaftlichen
Interesse auszurichtenden Steuerungsmechanismen, deren es bedürfte, einen Entwicklungstrend, der mehr und mehr Menschen
fatal erscheint, zu stoppen.

Halten wir hier noch einmal an: Für Adorno war — wie wir gesehen haben — „die gegenwärtige Gesellschaft ... Industriegesellschaft nach dem Stand ihrer Produktiv*kräfte*" und „Kapitalismus in
ihren Produktions*verhältnissen*" (vgl. oben 265). Wir können jetzt
an die vorangegangene Argumentation anschließend präzisierend
sagen: die Probleme unserer gegenwärtigen Gesellschaft sind durchaus zu einem großen Teil (auch) Resultate eines sich eigendynamisch
entwickelnden technologischen Fortschritts, der zu einer Art Bume-
rang für die Menschheit zu werden droht. Daß diese Probleme offenbar nicht zu bewältigen sind, hängt aber konstitutiv mit den Or-
ganisationsprinzipien unserer Gesellschaft zusammen; einer Gesellschaft, die Fortschritt (ursprünglich ökonomisch, mittlerweile auch
technologisch definiert) zu einem Fetisch erhoben hat und in der das
Interesse aller dem Interesse derjenigen Wenigen, die an den Steue-
rungshebeln der ökonomischen und (im letzten von letzteren abge-
leiteten) politischen Macht sitzen, sich zu unterwerfen hat.

Ob überhaupt und wie der Widerspruch zwischen gesellschaftlicher
Problemlage und gesamtgesellschaftlich möglichen bzw. zugelas-
senen Problemlösungsstrategien zur Systemkrise führen kann, wird
sich historisch erweisen müssen. Sicher wäre ein ökonomischer
Zusammenbruch nur ein möglicher Manifestationsfall einer Krise.
Die Antworten, die Habermas auf die von ihm selbst gestellten
Fragen gibt, fallen daher auch eher zögernd aus. Er fragt: „Reichen die Strukturen des Spätkapitalismus aus, um die ökonomischen
Krisen auf Dauer abzufangen ...“; „wenn nein, wohin wird die
ökonomische Krise verschoben“ und schließlich: „behält die ver-
schobene Krise die Form einer Systemkrise oder müssen wir mit
verschiedenen Krisentendenzen rechnen, die zusammenwirken
...“.[41] Während er die Chancen, daß das System die zyklisch auf-
tretenden Wirtschaftskrisen letztlich aufzufangen in der Lage ist,
relativ hoch einschätzt (vgl. a.a.O., S. 128 ff), sieht er die eigentlichen Krisentendenzen im Bereich des Politischen manifest werden.
Politisches Handeln, das mehr und mehr regulierend in den gesamtwirtschaftlichen Kreislauf planend und steuernd eingreifen muß[42],
benötigt ein hohes Maß an Organisationsrationalität und ein hohes
Maß an legitimatorischer Zustimmung seitens der Subjekte. Vor
allem im Bereich der Legitimationsbeschaffung auf Seiten des
Staates und der Legitimationszufuhr seitens der Subjekte, also
der allgemeinen Anerkennung eines bestimmten politischen Handelns als rechtmäßig, glaubt Habermas mögliche Krisentendenzen
spätkapitalistischer Gesellschaften ausmachen zu können.
Halten wir für unseren Argumentationsgang fest: Habermas hält
ein gesellschaftskritisches Handeln der Subjekte in dem Falle für
möglich, in dem die Bemühungen um die Aufrechterhaltung des Systems ein politisches Handeln notwendig machen, das an tiefverwurzelte Selbstverständnisse der Menschen rührt, die jene nicht ohne
weiteres aufzugeben bereit sind. Noch einmal anders ausgedrückt:
Für Habermas wird ein gesellschaftskritisches Handeln der Subjekte
dann wahrscheinlich, wenn die Kluft und die Inkongruenz zwischen
Systemrationalität (und dem dieser Organisationsrationalität folgenden politischen Handeln) und praktischer Vernunft der Menschen zu
groß wird. Denn — im Unterschied zu Luhmann — hält Habermas
daran fest, daß die systemnotwendige Legitimationsbeschaffung

dann zum Problem werden kann, wenn den Menschen nicht mehr überzeugend klargemacht werden kann, daß das, was sie legitimieren sollen, auch rechtfertigungswürdig ist. Er hält also an dem von altersher tradierten Verständnis eines notwendigen Wahrheitsbezuges von Legitimation fest.[43] Normen und Werte werden im letzten und auf Dauer nur dann anerkannt, wenn sie als (praktisch) „wahr" und nicht etwa als nur systemnotwendig erachtet werden.

3.2 Strukturprobleme spätkapitalistischer Industriegesellschaften: Zum Beispiel das Problem der Legitimationsbeschaffung

Auf die Frage, ob und wieweit eine relevante Zahl von Menschen heute daran zweifeln, daß das politische Handeln, das sie aufgerufen sind zu legitimieren, auch legitimations*würdig* ist, soll in diesem Abschnitt noch einmal eingegangen werden. Gefragt werden soll, wie die Menschen mit den vielfältigen und tiefgreifenden Veränderungen unseres modernen Lebens fertig werden. Fügen sie sich in die „bürokratische Gesellschaft des gelenkten Konsums" (Henri Lefébvre), in der die Menschen mehr und mehr bis in die subtilsten Lebensregungen hinein in durch Computer gesteuerten Verwaltungszentren erfaßt werden, bruchlos ein? Greift nicht die moderne Verwaltungstechnik, die längst über den Bereich einer effizienten Bewältigung von Natur hinaus auf eine Beherrschung der Natur des Menschen und seiner zwischenmenschlichen Beziehungen ausgerichtet ist, mittlerweile in solche Bereiche ein, die die Menschen als genuin privat und unantastbar ansehen? Gefragt werden soll also: ob die Subjekte dieses unser gesellschaftliches System motivational noch zu legitimieren bereit sind oder ob Ansätze sichtbar sind, daß diese Gesellschaft auf eine Legitimationskrise zusteuert.[44]

Was heißt Legitimationskrise?

„Legitimität bedeutet" — so Habermas — „die Anerkennungswürdigkeit einer politischen Ordnung".[45] Diese Definition besagt also, daß eine politische Ordnung der Anerkennung, d.h. der Zustimmung und Unterstützung der ihr Unterworfenen bedarf. Der Modus, wie die Legitimität, und d.h. die Rechtmäßigkeit einer spezifischen

Organisation von politischer Macht und gesellschaftlicher Ordnung begründet wird, hängt ab vom jeweiligen kulturellen Entwicklungsstand einer gegebenen Gesellschaft. Für moderne Gesellschaften haben übergreifende, traditionell ethisch begründete, nicht-hinterfragbare Werte und Normen, wie z. B. Gehorsam, Treue etc. nur noch sehr begrenzt praktische Relevanz. Die Welt wird — so würde Luhmann sagen — heute als kontingent, also: als auch anders möglich, erfahren und auch die, eine bestimmte Form von Welt legitimierenden Werte werden als kontingent erlebt. Im Gegensatz zu den vormodernen Gesellschaften erhalten in der Neuzeit „die formalen Bedingungen der Rechtfertigungen selber legitimierende Kraft. Die Prozeduren und Voraussetzungen vernünftiger Einigung werden selber zum Prinzip."[46] Im Grunde finden nämlich nur noch diejenigen Werte Anerkennung, über die Einigung hergestellt werden kann. Werte sind nicht nur diskussionsfähig, sondern auch diskussionsabhängig geworden.[47] Wie immer man die Chancen und ein mögliches Praktischwerden dieser kommunikativen normativen Konsensfindung einschätzen mag,[48] sicher ist, daß sowohl von der Legitimationsgrundlage unserer politischen Ordnung als auch von dem Selbstverständnis des modernen Menschen her es immer schwieriger wird, über die Köpfe der Menschen hinweg Entscheidungen zu treffen, die deren Lebensvollzüge tangieren. Sicher ist aber auch, daß aufgrund des Komplexitätsgrades aller ökonomischen, politischen und gesellschaftlichen Handlungszusammenhänge immer mehr Entscheidungen getroffen werden und getroffen werden müssen, ohne daß auf eine wirkliche Zustimmung seitens der Subjekte rekurriert wird bzw. zurückgegriffen werden kann. Die Zustimmung wird gleichsam global einmal alle vier Jahre am Wahltag im Anschluß an einen zur Werbekampagne mit allen dazugehörigen manipulativen Techniken (a la „wer wäscht weißer") heruntergekommenen Wahlkampf eingeholt. Auf das aber, was dann in den vier folgenden Jahren einer Legislaturperiode passiert, auf die Inhalte beispielsweise dessen, was von einer Partei mit Bildungsreform, Energiepolitik etc. im Wahlkampf umschrieben wird, hat der einzelne letztlich keinen Einfluß. Die Bildungsreform beispielsweise begegnet dem Staatsbürger erst dann wieder, wenn sein Kind die Mengenlehre lernt, auf eine kooperative Schule gehen soll usw., ohne daß die Eltern im eigentlichen Sinne dazu befragt worden wären.[49] Zweierlei ist an dieser Entwicklung problematisch: Zum einen machen die Strukturprobleme technologisch organisierter hochkomplexer Gesellschaften ein staatliches Handeln notwendig, das in immer weitere Bereiche des gesellschaftlichen Lebens eingreift und auch eingreifen muß, um eine auch nur annähernde Integration der unzähligen Systeme und Subsysteme zu erreichen. Zum anderen aber rührt dieses staatliche Handeln in sehr vielen Fällen an tiefverwurzelte Norm- und Wertvorstellungen, die eben jenes politische Handeln tendenziell außer Kraft zu setzen gezwungen ist. Das meint Habermas, wenn er davon spricht, daß spätkapitalistische Gesellschaften von einem Mehr an Legitimationszufuhr abhängig sind, gleichzeitig aber dieses Mehr an Legitimation nur schwer zu erhalten ist.

Ein Mechanismus, der gewählt wurde, um das Dilemma zwischen notwendiger Unterstützung seitens der Subjekte einerseits und den — aufgrund der hohen Organisationskomplexität moderner Gesellschaften — mangelhaften Partizipationsmöglichkeiten andererseits aufzulösen, besteht darin, daß man die Menschen gleichsam global zu befriedigen versucht. Um die Individuen davon zu überzeugen, daß die technologische und bürokratische Entwicklung, die erst einmal ein ganzes Stück weit über ihre Köpfe hinweg und gegen traditionelle Inhalte (z.B. in der Bildungspolitik) durchgesetzt werden muß, eine für sie sinnvolle und positive Entwicklung ist, werden ihnen immer wieder die Vorzüge dieser Form der Organisation weiter gesellschaftlicher Bereiche vorgehalten. Vor allem wird ein Punkt herausgestellt: mit Fug und Recht könne doch gesagt werden, daß es den Menschen heute, ökonomisch gesehen, immer besser und besser gehe. Es wird also darauf gesetzt, daß die Absicherung materiellen Wohlstands als Kompensation für andere, als defizitär erlebte Strukturen der Gesellschaft akzeptiert wird. Damit aber hat sich die politische Exekutive, wenn man so will, unter Erfolgszwang gesetzt. Ein Zwang, der letztlich darin besteht, sich der Loyalität der Mehrheit dadurch zu versichern, daß immer neue materielle Erfolge angeboten werden. Damit einher geht allerdings ein immer größeres Maß an Verwaltetwerden und das heißt bürokratischer Fremdbestimmung des Menschen.

Wir haben es also hier im Grunde mit einem circulus vitiosus zu
tun: um das reibungslose Frunktionieren des staatlichen Appa-
rates zu garantieren (erinnern wir uns an das Zitat von Luhmann:
„Eine intensive engagierende Beteiligung aller zu fordern, hieße
Frustrierung zum Prinzip machen", vgl. oben S. 259, werden den
Menschen für die fehlenden echten Mitbestimmungsmöglichkeiten
materielle Entschädigungen angeboten. Entschädigungen, die gleichsam eine doppelte Funktion haben: einmal sollen die Bürger so mit
den veränderten und zum Teil beunruhigenden Effekten eines
staatlichen Handelns, das auf strukturelle Veränderungen abzielt
versöhnt werden, zum anderen geht es darum, die Erwartungen der
Bürger auf das System*mögliche* begrenzt zu halten. Denn auch
das ist wichtig: Die Erwartungen der Bürger an die Versorgungs-
und Leistungsallmacht des Staates darf nicht in Bereiche wachsen,
für die die Möglichkeiten systemimmanenter Befriedigung nicht
mehr ausreichen.[50] Auf der anderen Seite aber produziert eben
dieses zur Ersatzprogrammatik degenerierte, auf materielle Entschädigung der Individuen abzielende politische Handeln[51] gerade
die Probleme, die die Versöhnungsbereitschaft der Subjekte möglicherweise wieder in Frage stellen. Das heißt also: die eine Pro-
blemlösungsstrategie: mangelhafte Beteiligungschancen der einzelnen durch die Garantierung materiellen Wohlstands zu kompensieren, generiert das neue Problem: diese Absicherung des Wohlstands ist nur dadurch zu sichern, daß die Subjekte mehr und mehr
unter das Verdikt einer bürokratisierten Verwaltung kommen.
Und eben das schafft neue Konflikte.
Diese Problemsituation kann u.a. in zwei Fällen zu einer Krise
führen: denkbar ist einmal, daß die Individuen diesem Staat dann
ihre Zustimmung versagen, wenn dieser — aus was für Gründen
auch immer — nicht mehr in der Lage ist, die zuvor gewährten
Ersatzgratifikationen für politische Loyalität bei nicht-existenter
echter Mitbestimmung zu gewähren. Ein zweiter möglicher Krisen-
fall kann dann eintreten, wenn die angebotenen Entschädigungen
von den Menschen nicht länger als echte Entschädigungen angesehen werden. Offe hat schon 1969 die Frage gestellt „ob nicht die
Überzeugungskraft einer Wohlstandsökonomie jenseits einer bestimmten Sättigungsschwelle versagen könnte ..."[52] In der Tat ist
dies eine Frage, die sich heute im Jahre 1978 nach einem weiteren

rasanten technologischen Entwicklungsschub, nach einer schon ins Gigantische gesteigerten Konsummanie und last not least nach dem Deutlichwerden der Gefahren einer immer weiter fortschreitenden, allein auf materiellen Wohlstand ausgerichteten Volkswirtschaft, stellt.

Die Frage ist: Wollen die Subjekte „die in den systemkonformen Entschädigungen gespiegelte Lebensform angesichts der durch die kapitalistische Entwicklung selbst eröffneten Alternativen"[53] heute überhaupt noch?

Die Frage ist aber auch: Wenn die Menschen „alternative Lebensformen" wollen, welche Möglichkeiten haben sie, solche Alternativen einer Realisation zuführen zu können. Erinnern wir uns auch hier noch einmal an Luhmann, der sagt: „Alles könnte anders sein — und fast nichts kann ich ändern" (vgl. oben S. 253). Ist das „Wollen" der Menschen also utopisch?

3.3 Zum Verhältnis von „Wollen" und „Können" — oder: Zur Lernfähigkeit des Systems

Mir scheint, daß man eines als relativ sicher heute annehmen kann: Es gibt eine wachsende Zahl von Menschen, die eine Art Unbehagen, eine weitreichende Unzufriedenheit empfinden in bezug auf das, was unser modernes Leben heute kennzeichnet: Leistungsdruck, Konsumwettbewerb, Streß, Isolierung, um nur einige Phänomene zu benennen. Und es gibt auch nicht wenige Ansätze des Protestes: Ende der sechziger Jahre war es die Studentenrevolte, heute artikuliert sich das Unbehagen vor allem im Rahmen von Bürgerinitiativen, spontanen Protestdemonstrationen, einer vielleicht aggressiveren Form des Versuchs einer Einflußnahme in denjenigen Institutionen, die partielle Mitbestimmung erlauben (z.B. Elternbeiräte, Betriebsversammlungen etc.) und nicht zuletzt in Form der in diesem Band zur Diskussion stehenden Lebensstilgruppen. Widerlegen diese nun immerhin seit Jahren anhaltenden unterschiedlichen Formen des Protestes diejenigen Theoretiker, die behaupten, daß die moderne technokratische Gesellschaft der politischen Legitimation nicht länger bedürfe, da an die Stelle

einer normativen politischen Willensbildung eine allein nach Sach-
gesetzlichkeiten sich zu orientieren habende Exekutive trete, für
die der technologische und der wissenschaftliche Fortschritt die
alleinige Orientierungs- und Legitimationsgrundlage nur sein
könne?[54]

Ich wage nicht − um es vorweg zu sagen −, auf diese Frage eine
definitive Antwort zu geben. Was macht es so schwierig, eine Antwort zu finden? Ich möchte das an einem Beispiel aus der jüngsten
Vergangenheit bzw. der noch andauernden Gegenwart deutlich
zu machen versuchen: an der Problematik des Baus von Kernkraftwerken.

Zum ersten Mal in der Geschichte der Bundesrepublik hat eine
Bürgerbewegung der Exekutive ihre Grenzen gezeigt. Sie hat in
Whyl und in Brokdorf zahlenmäßig deutlich machen können, daß,
wenn eine relevante Gruppe der Bevölkerung den Maßnahmen der
politischen Exekutive manifest ihre Zustimmung entzieht, „die in
Bonn anfangen zu zittern vor den Bürgern dieses Staates" (Helmut
Wüstenhagen, damaliger Vorsitzender des Bundesverbandes Bürgerinitiativen Umweltschutz). Der „bedeutendste Polizeieinsatz in der
Geschichte der BRD" (FR vom 21.2.77) hat zwar das Gelände des
geplanten Kernkraftwerks in Brokdorf vor einer Besetzung durch
die Bürger schützen können, zugleich aber deutlich gemacht, daß
der Bau von Kernkraftwerken gegen den Widerstand der Bürger
kaum möglich ist. „Oder wäre es vorstellbar" − so Gerhard Zieg-
ler in der FR vom 21.2.77 −, „daß das Energieprogramm über viele Jahre hinweg unter dem Schutz von Tausenden von Polizisten
realisiert werden müßte?" Das ist sicher nicht vorstellbar. Darüber
hinaus deuten erste Urteile deutscher Gerichte darauf hin, daß
der „Atomungehorsam" (Freimut Duve) erste legale Erfolge zeigt.
Über die Rechtsprechung ist es dem Bürger gelungen, die Exekutive,
was den Komplex der Kernenergie anbetrifft, im wesentlichen erst
einmal ein Stück weit lahm zu legen.

Dieses Beispiel macht m.E. deutlich, daß die unser Jahrhundert
beherrschende Gleichung: „wissenschaftlich technologischer Fortschritt = gesellschaftlicher und sozialer Fortschritt" von den Menschen − vielleicht erstmals in relevantem Maße − in Zweifel gezogen wird. Darüber hinaus kamen und kommen mit der Atom-

energie-Diskussion Topoi ins Bewußtsein der Menschen, die die ursprüngliche Frage: „Atomstrom — ja oder nein" zur Frage: „Atomstaat oder Rechtsstaat" (Rudolf Augstein) ausweiten. Denn Atomenergie, „das bedeutet Überprüfung jedes einzelnen, Bewachung jedes einzelnen und wenn man so will, von der atomaren Energie her sogar berechtigte Überwachung, weil diese Energie und diese Kräfte, die es dort gibt, so gefährlich sind, daß tatsächlich alle beschützt und jeder bewacht werden muß".[55]

Die Diskussion um die Atomenergie macht also vielleicht erstmals plastisch deutlich, daß und welch ein Tribut an den wissenschaftlich-technischen Fortschritt auf den verschiedenen Ebenen zu zahlen ist. Wir werden zu entscheiden haben, ob wir diesen Tribut zahlen wollen. Wenn uns dieser Preis zu hoch erscheint, ist ein radikales Umdenken notwendig. Eine Volkswirtschaft, die auf die Kernenergie verzichtet, wird ins Hintertreffen kommen gegenüber den Volkswirtschaften, die diesen Schritt nicht vollziehen.[56] Sie wird, wenn eine energiepolitische Lösung nicht weltweit getroffen wird, im internationalen Konkurrenzkampf kaum noch bestehen können, sie wird also — wenn man so will — aus dem Wettbewerb der Machtblöcke ausscheren müssen. Kann sie sich das leisten, will sie das?

Ob unsere Gesellschaft das will, ist noch nicht ausgemacht. Auf die Frage, ob sie sich das leisten kann, möchte ich versuchen eine (ungeschützte) Antwort zu geben: Sie kann es sich nur leisten um den Preis des Aufgebens von heute noch für unser System konstitutiven Wert- und Zielvorstellungen.

Qualitatives Wachstum statt quantitatives Wachstum ist mit einem Wirtschaftssystem, das nach wie vor auf der Logik der Akkumulation von Kapital beruht, unvereinbar. Anders ausgedrückt: Qualitatives Wachstum und eine Volkswirtschaft, die nach wie vor auf dem Prinzip bzw. dem Widerspruch zwischen „vergesellschafteter Produktion und nicht-vergesellschafteter Aneignung" besteht, sind Widersprüche in sich. So verweisen selbst konservative Theoretiker wie Daniel Bell und Knut Borchardt darauf, daß Wachstumsbegrenzung und Wachstumslenkung eine Organisation von Gesellschaft erfordern, die umfassende Regelungen notwendig macht.[57] Das offen auszusprechen und z. B. die Frage offen zu stellen, ob es nicht sein könnte, ,,daß den Mächtigen an dem Apparat zum Schutz künftiger Energiequellen im Grunde noch mehr liegt als an dem Strom, den diese Anlagen bringen[58], weil dieser Apparat Garant der Erhaltung des heutigen politischen Status quo ist, scheint mir wichtig. Wichtig vor allem auch deshalb, weil damit zugleich nach der Anpassungsfähigkeit des Systems gefragt ist.

Es könnte sich nämlich durchaus erweisen, daß auch Brokdorf und Whyl nur Beispiele dafür sind, wie ein der Tendenz nach durchaus ein ganzes Stück weit systemgefährdender Protest der Bürger von der ungeheuren Lernfähigkeit des Systems gleichsam produktiv verarbeitet wird. Die Lösung wäre dann beispielsweise: nicht 50 Kraftwerke in 10 Jahren zu bauen, sondern verzögert durch die Genehmigungsverfahren eben nur 25 in 15 Jahren.

Was sollte mit diesem sehr vereinfacht dargestellten Beispiel versucht werden aufzuzeigen?

Zum einen zeigen Whyl und Brokdorf, daß der technologische Fortschritt in der Tat an einem Punkt angelangt ist, an dem die Menschen — vielleicht zum ersten Mal in der Geschichte — sich ernsthaft fragen, ob dieser Fortschritt noch ein vernünftiger ist.

Zum anderen aber läßt sich an diesem Beispiel auch zeigen, daß durchaus nicht so ohne weiteres ausmachbar ist, wie dieser sogenannte Fortschritt in seiner Eigendynamik gestoppt werden kann. Anders ausgedrückt: es ist erst einmal nicht ausmachbar, wann und an welchem Punkt die Anpassungs- bzw. Lernfähigkeit des Systems aufhört. Solange das System aber nur lernt und nicht in der Basisstruktur verändert wird, scheint mir eine qualitative Veränderung, eine Umkehr dessen, was bis zum heutigen Tage für unser Leben bestimmend war: Ausbeutung von Natur und Mensch, nicht möglich.

III Neuer Lebensstil — ein erfolgsversprechender Ausweg aus den strukturellen Problemen unserer Gesellschaft?

Vergegenwärtigen wir uns zum Schluß noch einmal den Gang der hier vorgelegten Argumentation: es wurde von der Annahme ausgegangen, daß die im Titel dieser Abhandlung thematisierte Frage nur dann zu beantworten sei, wenn zuvor ein anderes Problem zumindest ansatzweise behandelt werde: die Frage nach den Strukturgesetzen unserer Gesellschaft oder kurz: die Frage, in welch einer Gesellschaft leben wir eigentlich? Eine weitere Annahme war, daß diese Frage nur im Rahmen einer ausgewiesenen Theorie von Gesellschaft beantwortet werden könne. Da es diese Theorie der Gesellschaft (noch) nicht gibt, wurden die m. E. zwei bzw. drei relevantesten alternativen theoretischen Ansätze zur Erklärung von Gesellschaft nacheinander diskutiert. Für die Diskussion jeder dieser Ansätze war die Frage erkenntnisleitend: welche Chancen werden einem gesellschaftskritischen Handeln von Gruppen oder auch Mehrheiten in diesem Theorieansatz zugestanden, wenn dieses Handeln auf strukturelle Veränderungen der Gesellschaft abzielt?

Die Antwort der Systemtheorie Niklas Luhmann ist — wie wir sahen — eindeutig: im letzten gibt es keine Einflußnahme des Menschen mehr. Die moderne Gesellschaft folgt den Steuerungsimperativen von Systemen, für die der Mensch nichts anderes mehr ist als „problematische Umwelt" (vgl. oben S. 261). Einflußnahme ist nicht nur nicht erfolgversprechend, sondern im Grunde gar nicht möglich.

Die Antwort der kritischen Theorie von Adorno fällt strukturell ähnlich aus — nur anders bewertet. Der als „Bann" interpretierte, alles umgreifende ideologische Schleier, der emanzipatorisches Handeln verunmöglicht, müßte „gelöst" werden — nur kann Adorno nicht mehr angeben „wie".

Als dritter Ansatz wurde die Weiterentwicklung der kritischen Theorie durch Jürgen Habermas diskutiert. Nur sehr verkürzt konnte darauf eingegangen werden, was in diesem Theorieansatz mit dem Begriff „Spätkapitalismus" analytisch beschrieben wird. Eine Theorie — so wurde ausgeführt —, die im Marxschen Begriffsrahmen zu argumentieren sich vorbehält, muß an dem Begriff der „Krise" festhalten. Von den mannigfaltigen Krisentendenzen, die unsere spätkapitalistische Gesellschaft latent kennzeichnen, wurde hier nur eine herausgegriffen: diejenige, die Habermas mit dem Begriff „Legitimationskrise" zu erfassen versucht. Eine Krise, die dann entstehen kann, wenn den Menschen die ihnen vom System her zugestandenen Lebens- und Handlungsmöglichkeiten nicht mehr annehmbar bzw. ausreichend erscheinen. Eine solche Krise hat heute durchaus Wahrscheinlichkeitscharakter. Denn es ist unübersehbar, daß das Unbehagen der Menschen an unserem sogenannten modernen Leben wächst. Unübersehbar sind auch die vielfältigen Formen des Protestes. Ein Protest, der sich u.a. gegen ein immer weiterreichendes Verwaltetwerden des Menschen richtet; gegen Reformen, die über die Köpfe der Individuen hinweg durchgesetzt werden (denken wir z.B. an die Gebietsreform), gegen Isolation, entfremdete Arbeitsbedingungen, inhumanen Städtebau etc. Es wurde im Verlauf der Argumentation kein Zweifel daran gelassen, daß der industrielle Fortschritt den Menschen unheimlich geworden ist, daß die dem Tauschprinzip untergeordneten zwischenmenschlichen Beziehungen die Individuen unbefriedigt lassen, und daß die Menschen zu begreifen beginnen, daß qualitative Veränderungen sowohl im individuellen Verhaltensbereich als auch im Bereich der gesamtgesellschaftlich zugelassenen Verhaltensmöglichkeiten notwendig sind, um ein auch nur annähernd befriedigendes Leben führen zu können.

Was allerdings im Verlauf der Argumentation in Zweifel gezogen wurde, war, wieweit eine Umkehr, ein Umdenken in bezug auf die Bewertung eines zum Fetisch erhobenen technologischen und ökonomischen Fortschritts heute noch möglich ist. Und – das soll uns in diesem letzten Kapitel noch beschäftigen, – wie, wenn wir wirklich „Umdenken" wollen, aus dem „Umdenken" ein „Umhandeln" werden kann.

Auf der Folie der in diesem Aufsatz vorgestellten Überlegungen läßt sich das uns hier interessierende Problem kurzgefaßt in einer Frage so beschreiben: Was ist stärker: die der Eigengesetzlichkeit technologischer und kapitalistischer Entwicklungsimperativen folgende Organisationsrationalität der gesellschaftlichen Systeme oder die (von der Organisationsrationalität der Systeme her geurteilt) anarchische Vernunft der Menschen?

Anders ausgedrückt: Wer hat Recht: Luhmann, der von einer prinzipiell unbegrenzten Erweiterung der administrativen Steuerungskapazität einer der Politik gegenüber immer mehr verselbständigt handelnden Verwaltung ausgeht, die vor den Eingriffen von Nicht-

Fachleuten abgeschottet ist und abgeschottet sein muß? Oder hat Habermas Recht, der behauptet, daß auf Dauer keine politische Herrschaft, keine Organisationsform von Gesellschaft gegen den Willen der Bürger — mag diese Herrschaft und Organisation vom System her gesehen noch so (zweck)-„rational" sein — aufrechterhalten werden kann?

Selbstverständlich kann diese Frage hier nicht beantwortet werden. Ich würde auch annehmen, daß darüber im letzten theoretisch keine Entscheidung zu treffen ist, sondern daß es sich dabei um eine Frage handelt, die nur im praktischen Vollzug gesellschaftlichen Handelns entschieden werden kann. Bei allem Festhalten an der „eigensinnigen, d.h. wahrheitsabhängigen Evolution von Deutungssystemen ... , welche die adaptive Kapazität der Gesellschaft systematisch beschränkt, betont nämlich auch Habermas, daß „wir allerdings keine metaphysische Garantie" dafür besitzen, daß die von ihm bezogene Position der „Parteilichkeit für Vernunft" sich gegen die Rationalität des Systems wirklich noch durchzusetzen vermag.[59]

Wenn es sich bei der oben angeführten Frage um eine nur praktisch zu beantwortende Problemstellung handelt, ist dann das Handeln derjenigen, die in diesem Band unter dem Sammelbegriff „Alternativgruppen" vorgestellt wurden, als ein erster Ansatz zu verstehen, durch praktisches Handeln eine Antwort zu finden?

Auch diese Frage ist für mich nicht zu beantworten. Die Gründe meiner diesbezüglichen Unsicherheit und meines prinzipiellen Zweifelns sind vielfältiger Natur. Einmal natürlich kann meine Antwort logisch-immanent nur offenbleibend ausfallen, weil die für mich grundlegende Frage nicht beantwortet ist: wie denn die Eigendynamik einer gemäß technologischer Gesetzmäßigkeiten organisierten und strukturierten kapitalistischen Gesellschaft zu durchbrechen sei.

Unabhängig von den möglichen Antworten auf diese Frage müssen aber an die Initiativen selbst andere (kritische) Fragen gerichtet werden:

1. Die erste Frage, die sich m.E. stellt, ist die nach den tatsächlichen Zielvorstellungen dieser Gruppen. Wollen diese Gruppen überhaupt Strukturveränderungen in unserer Gesellschaft her-

beiführen? Strukturveränderungen, die, wenn man der hier vorgelegten Argumentation zu folgen bereit ist, gegen das kapitalistisch und technologisch bestimmte Organisationsprinzip unserer
Gesellschaft gerichtet sein müßten?

2. Welches Verständnis haben diese Gruppen, die sich als „Lernbewegung" verstehen, von den Lebensbedingungen der Mehrzahl ihrer Gesellschaftsmitglieder. Wer lehrt hier wen, was?
Gruppen, die sich zumindest bis heute vorwiegend aus Angehörigen der Mittelschicht zusammensetzen, können wohl nicht
ernsthaft annehmen, daß ihre schichtenspezifisch nur möglichen
Forderungen nach Verzicht auf materielle Befriedigungsange-
bote zugunsten immaterieller Bedürfnisbefriedigung Menschen
zu vermitteln ist, deren einzige Befriedigungschance materieller
Natur ist. Einen Arbeiter, der acht Stunden am Tag am Fließband steht, der sich zudem die meisten der neuerdings geschmäh-
ten Konsumartikeln nur durch die Ableistung von Überstunden
und die Mitarbeit der Ehefrau als Putzfrau in fremden Haushalten leisten kann, davon zu überzeugen, daß eben jener Weg-
werfkonsum, diese seine spezifische Form der Statusdarstellung
und damit Kompensation von Unterprivilegierung in bezug
auf Selbstbestimmung am Arbeitsplatz in Wirklichkeit mit Lebensqualität − emphatisch verstanden − nichts zu tun hat, wird
sicher schwierig sein. Der Achtstundentag am Fließband macht
eine Beschäftigungsmöglichkeit mit Rilke am Abend strukturell
unmöglich. Wohl aber eine Kompensation der achtstündigen
erlittenen Fremdbestimmtheit und Unfreiheit am Arbeitsplatz
durch eine Fahrt im eigenen Auto, das so zu seinem Stück −
hochproblematischer, aber immerhin − Freiheit wird.
Die Frage läuft also darauf hinaus, ob die Lebensstilgruppen die
soziale Wirklichkeit der Mehrzahl unserer Gesellschaftsmitglieder
richtig einschätzen. Und ob sie von daher ihre Zielvorstellungen
und Wege, auf denen sie ihre Ziele realisieren wollen, zu reflektieren gewillt sind.

3. Das führt zu einer dritten Frage: welches Verständnis haben
diese Gruppen von gesellschaftlichen Macht- und Herrschafts-
konstellationen? Damit ist zugleich die Frage nach ihrer Kon-
fliktbereitschaft angeschnitten. Sind diese Gruppen bereit,

für ihre Forderungen im gegebenen Falle auch kämpferisch einzutreten, wenn es darum geht, und dem Inhalt nach geht es genau darum, gegen die Interessen derjenigen Gruppen in unserer Gesellschaft anzutreten, die die Macht haben? Dann nämlich ist aller Wahrscheinlichkeit nach mit einem Austausch von Argumenten nur ein erster Schritt getan. Whyl, Brokdorf bzw. Itzehoe haben gezeigt, daß „die da oben" nicht mit Argumenten allein, sondern nur mit der Entgegensetzung von realer Macht, der Macht von Mehrheiten, zu „überzeugen" sind.[60]

Diese Mehrheiten zu gewinnen und damit zu einer Mehrheit zu werden, wäre also eine wichtige Aufgabe der Lebensstil-Bewegung. Diese Mehrheiten zu gewinnen, bedeutete aber vor allem, Selbstdarstellungsformen zu finden, die überzeugend auch auf diejenigen wirken, deren Probleme sich qualitativ von den Problemen derjenigen unterscheiden, die heute diese Lebensstilgruppen konstituieren.

Fassen wir zum Schluß zusammen: Die in diesem Band vorgestellten Gruppen verstehen sich als Lernbewegung. Sie wollen erst einmal ein ganzes Stück weit nichts anderes als „Beispiel geben". Bleibt man bei der Beurteilung dieser von ihnen selbst gesetzten symbolischen Aufgabe stehen, kommt ihnen eine durchaus positiv zu nennende gesamtgesellschaftliche Bedeutung zu. Symbole stehen aber immer für etwas, sie haben also eine Stellvertreterfunktion. Der Schritt nun vom *symbolischen Aufzeigen* qualitativ neuer Lebensformen zu einem *Handeln*, das gesellschaftlich relevante Veränderungen zu bewirken vermöchte, ist groß. Dieses Ziel zu verfolgen, setzte die Bereitschaft voraus, sich gegebenenfalls auch auf eine konfliktuöse Auseinandersetzung mit den Machtgruppen in unserer Gesellschaft einzulassen. Denn dieses Ziel zu verfolgen implizierte, auf *strukturelle* Veränderungen unseres Gesellschaftssystems abzielen zu wollen. Was im Klartext heißt: Die Überwindung unserer nach wie vor dem Muster kapitalistischer Verwertungsinteressen folgenden ökonomischen und gesellschaftlichen Organisationsstrukturen.

Symbolische Aktionen können ein erster Schritt sein, auf eine Veränderung von Bewußtseinsstrukturen hinzuwirken. Mehr aber auch nicht. Gesellschaft verändern zu wollen — und dieses Wollen wäre meiner Überzeugung nach unerläßlich, wenn neue Formen des Lebens realisiert werden sollen — bedeutete, zu einem Handeln bereit zu sein, das die Auseinandersetzung auf der Machtebene miteinbezieht. Wie eine solche Auseinandersetzung heute aussehen kann, muß als offene Frage stehenbleiben. Ebenso offen wie die Frage, die uns über alle Abschnitte dieses Aufsatzes hinweg begleitet hat: Hat Niklas Luhmann recht, wenn er, bezogen auf gesellschaftliches Handeln in modernen Industriegesellschaften, die These aufstellt: ,,Alles könnte anders sein — und fast nichts kann ich ändern" (vgl. oben S. 253).

So endet dieser Aufsatz letztlich resignativ. Es ist eine Resignation, die basiert auf und begründet wurde mit theoretischen Ansätzen zur Erkärung der Strukturzusammenhänge moderner (kapitalistischer) Industriegesellschaften. Daß die Theorie durch die Praxis eines emanzipatorischen Handelns von Menschen eines anderen belehrt werden kann, ist damit allerdings nicht ausgeschlossen.

Anmerkungen

1 Korrekter müßte deshalb eigentlich von ,,Neuen Lebensstilen" gesprochen werden. Denn Ziel der Bewegung ist nicht das Erarbeiten einer ganz bestimmten neuen Form von Lebensweise, sondern Ziel ist das Experimentieren mit neuen Formen der Selbstverwirklichung von Menschen. ,,Neuer Lebensstil" kann für die einzelnen Individuen durchaus Unterschiedliches meinen.
2 Vgl. dazu auch die Dokumentation im Anhang.
3 Vgl. dazu Kap. II. meines Beitrags.
4 Hier scheint mir z.B. ein erster Unterschied in der Konzeption der Lebensstilbewegung und der der Bürgerinitiativen festmachbar zu sein: die Bürgerinitiativen haben im Verlauf ihrer Arbeit immer mehr gelernt, ihren moralischen Anspruch zu einem politischen zu machen. Das Defizit der Lebensstilgruppen liegt m.E. demgegenüber (noch) genau darin, daß sie sich dieses ihres immanenten politischen Anspruchs weniger bewußt sind oder sein wollen.
5 Adorno, Th.W., ,,Gesellschaft", in: Evang. Staatslexikon, Stuttgart/Berlin 1975, S. 836.
6 Adorno, Th.W., a.a.O., S. 837.
7 Vgl. dazu: Zum Theorievergleich in der Soziologie, in: Lepsius, M.R. Zwischenbilanz der Soziologie Verhandlungen des 17. Deutschen Soziologentages, Stuttgart 1976, S. 14—82.

8 Ich gehe dabei allerdings von der Voraussetzung aus, daß all diejenigen, die einen alternativen Lebensstil wollen, progagieren und leben, im letzten nicht nur für sich selbst handeln, sondern auf eine Lernbewegung hinsteuern, die auf gesamtgesellschaftliche Veränderungen ausgerichtet ist. In einem anderen Fall wäre die gesamte Fragestellung dieser Abhandlung unsinnig. Vgl. dazu das Vorwort.

9 Luhmann, N., Komplexität und Demokratie, in: ders., Politische Planung, Opladen 1971, S. 44.

10 Luhmann, N., Gesellschaft, in: ders.: Soziologische Aufklärung, Köln/ Opladen 1970, S. 143.

11 Andere soziale Systeme sind beispielsweise das „politische System", das „Wirtschaftssystem", das „kulturelle System" etc.

12 Daß „Welt" im Rahmen der Systemtheorie nicht mehr analytisch erklärt werden kann, was deren Anspruch als universales Erklärungsmodell von Gesellschaft fragwürdig macht, haben vor allem die Kritiker der Systemtheorie hervorgehoben. Auf diese Kontroverse kann hier nicht eingegangen werden. Vgl. dazu vor allem die Kritik von Habermas in dem von ihm gemeinsam mit Niklas Luhmann herausgegebenen Diskussionsband: Theorie der Gesellschaft und Sozialtechnologie, Frankfurt 1971 und die Supplement Bände I–III zu diesem Band, Frankfurt 1975.

13 „Komplexität" definiert Luhmann so: „Als Komplexität soll ... die Gesamtheit der möglichen Ereignisse verstanden werden. ... Der Begriff der Komplexität bezeichnet stets eine Relation zwischen System und Welt, nie einen Seinszustand". Luhmann, N.: Soziologie als Theorie sozialer Systeme, in: ders.: Soziologische Aufklärung, a.a.O., S. 115.

14 „Soziale Systeme sind sinnhaft identifizierte Systeme, Ihre Grenzen sind nicht physischer Natur (...), sondern sind Grenzen dessen, was in Sinnzusammenhängen relevant sein kann." Luhmann, N.: Moderne Systemtheorie als Form gesamtgesellschaftlicher Analyse, in: Habermas, J. und Luhmann, N. Theorie der Gesellschaft oder Sozialtechnologie. a.a.O., S. 11 f.

15 Luhmann, N.: Sinn als Grundbegriff der Soziologie, in: Habermas, J. und Luhmann, N.: a.a.O., S. 34.

16 Luhmann, N.: Gesellschaft a.a.O., S. 144.

17 Luhmann, N.: Gesellschaft a.a.O., S. 148.

18 Luhmann, N.: Gesellschaft, a.a.O., S. 149; von mir gesperrt; vgl. dazu oben S. 252.

19 Luhmann, N.: Komplexität und Demokratie, a.a.O., S. 39.

20 Auf die systemtheoretische Konzeption der Legitimationsbeschaffung kann hier nicht näher eingegangen werden. Vgl. dazu vor allem Luhmann, N.: Legitimation durch Verfahren, Neuwied 1969.

21 Habermas, J. Legitimationsprobleme im Spätkapitalismus, Frankfurt 1973, S. 182.

22 Auf das erkenntnistheoretische Problem: „Wie Weltkomplexität allerdings begriffen werden kann, ohne einen universalen Geist vor allem Geiste postulieren zu müssen ..." verweist Klaus Eder m. E. zu Recht. Das Problem ist, so Eder „wie man Weltkomplexität bestimmen kann, ohne wie sein zu können, wie man Welt vor allem Wissen über sie konstituieren kann". Eder, K.: Komplexität, Evolution und Geschichte, in:

Theorie der Gesellschaft oder Sozialtechnologie, Supplement 1, Frankfurt 1975, S. 25 f.

23 Luhmann, N.: Komplexität und Demokratie, a.a.O., S. 36.

24 Diese Unterscheidung zwischen äußerer und innerer Natur ist — wie wir sehen werden — von Bedeutung für die Beurteilung der qualitativen Unterscheidungsmerkmale zwischen kritischer Theorie einerseits und Systemtheorie andererseits.

25 Habermas, J.: Legitimationsprobleme im Spätkapitalismus, a.a.O., S. 21.

26 Ich werde die Habermassche Argumentation im nächsten Abschnitt weiterverfolgen.

27 Marcuse, Herbert: Der eindimensionale Mensch, Neuwied 1967, S. 29.

28 Vgl. Adorno Th. W.: Negative Dialektik, Frankfurt 1975, ders. und Horkheimer, M. Dialektik der Aufklärung, Frankfurt 1969.

29 Luhmann, N.: Komplexität und Demokratie, a.a.O., S. 44, vgl. oben S. 253.

30 Adorno, Th. W.   Spätkapitalismus oder Industriegesellschaft, in: ders. Soziologische Schriften I, Frankfurt 1972, S. 369.

31 Wellmer beschreibt diesen Zustand sehr plastisch so: „Die kritische Theorie begreift sich als praktisch ohnmächtiger Protest gegen ein apokalytisch sich abdichtendes System der Entfremdung und Verdinglichung und als den Funken, dessen Bewahrung in einer sich verfinsternden Welt die Erinnerung wachhält an das ganz Andere." Wellmer, A.: Empirisch-analytische und kritische Sozialwissenschaft, in: ders.: Kritische Gesellschaftstheorie und Positivismus, Frankfurt 1969, S. 54.

32 „Schein aber ist dies Bewußtsein von der Gesellschaft, weil es zwar der technologischen und organisatorischen Vereinheitlichung Rechnung trägt, davon jedoch absieht, daß diese Vereinheitlichung nicht wahrhaft rational ist, sondern blinder, irrationaler Gesetzmäßigkeit untergeordnet bleibt. Kein gesellschaftliches Gesamtsubjekt existiert. Der Schein wäre auf die Formel zu bringen, daß alles gesellschaftlich Daseiende heute so vollständig in sich vermittelt ist, daß eben das Moment der Vermittlung durch seine Totalität verstellt wird. Kein Standort außerhalb des Getriebes läßt sich mehr beziehen, von dem aus der Spuk mit Namen zu nennen wäre; nur zu seiner eigenen Unstimmigkeit ist der Hebel anzusetzen." Adorno, Th. W.: Spätkapitalismus oder Industriegesellschaft, a.a.O., S. 369.

33 Vgl. dazu: Habermas, J.: Erkenntnis und Interesse, Frankfurt/M., 1968; ders.: Zur Logik der Sozialwissenschaften, Tübingen 1967; ders.: Vorbereitende Bemerkungen zu einer Theorie der kommunikativen Kompetenz, in: ders. und Luhmann, N.: Theorie der Gesellschaft oder Sozialtechnologie, Frankfurt 1971, S. 101; ders. Zur Rekonstruktion des historischen Materialsimus, Frankfurt/M. 1976.

34 Bubner, R.: Was ist kritische Theorie? in: Herneneutik und Ideologiekritik, Frankfurt 1971, S. 181.

35 Das ganze Zitat aus dem Text von Adorno im Zusammenhang lautet: „In Kategorien der kritisch-dialektischen Theorie möchte ich als erste und notwendige abstrakte Antwort vorschlagen, daß die gegenwärtige Gesellschaft durchaus Industriegesellschaft ist nach dem Stand ihrer Produktivkräfte. Industrielle Arbeit ist überall und über alle Grenzen der politischen Systeme hinaus zum Muster der Gesellschaft geworden. Zur Totalität entwickelt sie sich dadurch, daß Verfahrungsweisen, die den

industriellen sich anähnlen, ökonomisch zwangsläufig sich auch auf Bereiche der materiellen Produktion, auf Verwaltung, auf die Distributionssphäre und die, welche sich Kultur nennt, ausdehnen. Demgegenüber ist die Gesellschaft Kapitalismus in ihren Produktions*verhältnissen*. Stets noch sind die Menschen, was sie nach der Marxschen Analyse um die Mitte des 19. Jahrhunderts waren: Anhängsel an die Maschinerie, nicht mehr bloß buchstäblich die Arbeiter, welche nach der Beschaffenheit der Maschine sich einzurichten haben, die sie bedienen, sondern weit darüber hinaus metaphorisch, bis in ihre intimsten Regungen hinein genötigt, dem Gesellschaftsmechanismus als Rollenträger sich einzuordnen und ohne Reservat nach ihm sich zu modeln. Produziert wird heute wie ehedem um des Profits willen". Adorno, Th. W.: Spätkapitalismus oder Industriegesellschaft, in: a.a.O., S. 361.

36 Auf diese Punkte wird im Abschnitt 3.1 zurückzukommen sein.

37 Vgl. Offe, C.: Spätkapitalismus — Versuch einer Begriffsbestimmung, in: ders. Strukturprobleme des kapitalistischen Staates, Frankfurt 1975, S. 15 ff.

38 Wie sehr Mechanismen der Aufrechterhaltung von Privilegien unser Gesellschaftssystem nach wie vor leiten, zeigen u. a. die linearen Gehaltsforderungen der Gewerkschaften, die Angst bestimmter Gruppen, daß ein verändertes Schulsystem unser nach wie vor schichtenspezifisch verteiltes Bildungsniveau aufbrechen könnte usw.

39 Offe, C.: Spätkapitalismus ... a.a.O., S. 16.

40 Wobei natürlich zu fragen wäre, ob es „nicht-kapitalistische" Industriegesellschaften überhaupt gibt (China ist da sicher ein in kein Muster passender Sonderfall); mir scheint, daß die heute etablierten sogenannten sozialistischen Gesellschaften mit dem Begriff „staatskapitalistisch" passender beschrieben sind, als mit dem einer im emphatischen Sinne verstandenen sozialistischen Gesellschaft. Darüber hinaus wäre hier natürlich noch einmal auf den interdependenten Zusammenhang zwischen technologischer Entwicklung und kapitalistischem Gesellschaftssystem einzugehen — eine Argumentation, die ich hier nicht aufnehmen kann.

41 Habermas, J.: Legitimationsprobleme im Spätkapitalismus, a.a.O., S. 59 f.

42 Diese Globalplanung stößt allerdings dort an ihre Grenzen, wo die privatautonome Verfügung über die Produktionsmittel tangiert ist; die Investitionsfreiheit der privaten Unternehmen ist sozusagen die Schallgrenze aller staatlichen Förderungsaktivitäten und begründet damit zugleich deren im letzten anarchiches Moment.

43 Vgl. dazu auch Weber, M.: Die Typen der Herrschaft, in: Wirtschaft und Gesellschaft, Köln 1956, Band I, S. 157 ff.

44 Vgl. dazu Habermas, J.: Legitimationsprobleme im Spätkapitalismus, a.a.O., vor allem S. 41—131; ders.: Legitimationsprobleme im modernen Staat, in: Zur Rekonstruktion des historischen Materialismus, Frankfurt 1976, S. 271—303; ders.: Was heißt heute Krise? ..., in: Zur Rekonstruktion, ..., a.a.O., S. 309—328.

45 Habermas, J.: Legitimationsprobleme im modernen Staat, in: ders.: Zur Rekonstruktion des historischen Materialismus, a.a.O., S. 271.

46 Habermas, J.: a.a.O., S. 77.

47 Vgl. dazu die Arbeiten von Habermas und Apel, in denen es um die Ausbuchstabierung einer „kommunikativen Ethik" geht. Habermas, J.: Wahr-

heitstheorien, in: Fahrenbach, H. (Hg.): Wirklichkeit und Reflexion, Fullingen 1975, Apel, K. O.: Transformation der Philosophie, Frankfurt 1973.

48 Vgl. dazu: Bartelt, M.: Bedingungen des Wandels sozialer Werte, in: Die Mitarbeit, H.1/2, Juni 1976, S. 22 f; Gripp, H.: Zur rationalen Begründbarkeit moralischer Werte, in: Die Mitarbeit, H. 4, Dez. 1976, S. 322 ff. Fach, W.: Diskurs und Herrschaft, in: ZFS, Jg. 1974, S. 221—228; Stallberg, F. W.: Legitimation und Diskurs, in: ZFS, Jg. 1975, S. 96—98.

49 Die vielfältigen Möglichkeiten und Defizite heutiger Partizipationsbestrebungen werden in dem Beitrag von Horst Zilleßen in diesem Band diskutiert. Mir kommt es hier ausschließlich darauf an, den potentiellen Widerspruch zwischen Organisationsrationalität einerseits und Partizipationsmöglichkeiten andererseits hervorzuheben.

50 Vgl. dazu Horst Zilleßen in diesem Band.

51 Habermas, J.: Technik und Wisschenschaft als Ideologie, Frankfurt 1971.

52 Offe, C.: Das politische Dilemma der Technokratie, in: ders.: Strukturprobleme des kapitalistischen Staates, a.a.O., S. 113.

53 Habermas, J.: zur Rekonstruktion des Historischen Materialismus, a.a.O., S. 292.

54 Das politische Spektrum der Technokratiethesen-Vertreter reicht von „konservativ" bis „links". Von Helmut Schelsky (Der Mensch in der technischen Zivilisation) über Niklas Luhmann (Macht) bis zu Herbert Marcuse (der eindimensionale Mensch). Zur Kritik der Technokratiethesen vgl.: Habermas, J.: Hrsg. Antworten auf Herbert Marcuse, Frankfurt 1968, ders.: Technik und Wissenschaft als Ideologie, Frankfurt 1971; Offe, C.: Das politische Dilemma der Technokratie, in: ders.: Strukturprobleme des kapitalistischen Staates, Frankfurt 1975.

55 Robert Jungk auf der Kundgebung in Itzehoe am 19. Februar 1977. Zitiert nach Spiegel, Nr. 10, 28. Februar 1977, S. 29. Diese Beurteilung fand 14 Tage vor dem Bekanntwerden des sogenannten „Lauschangriffs" auf den Atomwissenschaftler Traube statt!

56 An dementsprechenden Warnungen des amtierenden Wirtschaftsministers Friederichs u.a. mangelt es demzufolge nicht.

57 Bell, D.: Die Zukunft der westlichen Welt. Kultur und Technologie im Widerstreit, Frankfurt 1976. Borchardt, K.: Dreht sich die Geschichte um? Ebenhausen 1974.

58 Jungk, R.: Vom 1000-jährigen Atomreich, in: Der Spiegel, Nr. 11, 7. März 1977.

59 Habermas, J.: a.a.O., S. 281.

60 Wie sehr auch hier die Antwort des Systems promt folgte, zeigt der Vorschlag des hessischen Justizministers, ein Verbot jeglicher Schutzvorkehrungen wie Helm, Maske, Regenhaut auf Seiten der Demonstranten zu veranlassen.

Literatur

Adorno, Th. W.: Spätkapitalismus oder Industriegesellschaft, in: *ders.*: Soziologische Schriften I, Frankfurt 1972, S. 354—370.

Ders.: Gesellschaft, in: *ders.*: a.a.O., S. 9—19.

Eder, K.: Komplexität, Evolution und Geschichte, in: Theorie der Gesellschaft oder Sozialtechnologie, Supplement I, Frankfurt 1975.

Habermas, J.: Technik und Wissenschaft als Ideologie, Frankfurt 1971.

Ders.: Legitimationsprobleme im Spätkapitalismus, Frankfurt 1975.

Ders.: Theorie der Gesellschaft oder Sozialtechnologie, in: *ders.* und *Luhmann, N.*: Theorie der Gesellschaft oder Sozialtechnologie, Frankfurt 1975.

Ders.: Zur Rekonstruktion des historischen Materialismus, Frankfurt 1976.

Ders.: (Hrsg.): Antworten auf *Herbert Marcuse*, Frankfurt 1968.

Luhmann, N.: Gesellschaft, in: *ders.*: Soziologische Aufklärung, Köln/Opladen 1970, S. 35—45.

Ders.: Moderne Systemtheorie als Form gesamtgesellschaftlicher Analyse, in: *Habermas, J.* und *Luhmann, N.* (1975), a.a.O., S. 7—24.

Ders.: Sinn als Grundbegriff der Soziologie, in: *Habermas, J.* und *Luhmann, N.*: a.a.O., S. 25—100.

Ders.: Macht, Stuttgart 1975.

Offe, C.: Spätkapitalismus — Versuch einer Begriffsbestimmung, in: *ders.*: Strukturprobleme des kapitalistischen Staates, Frankfurt 1972, S. 7—26.

Ders.: Das politische Dilemma der Technokratie, in: *ders.*: a.a.O., S. 107—122.

Dritter Teil: Dokumentation

A Texte, Erklärungen, Programme und Aktionen

I. Neuer Lebensstil — Qualität des Lebens — Globale Entwicklung

1. Grenzen von Produktion und Konsum *)

Wir stehen „im Bereich der umweltpolitischen Aufgaben erst am Anfang. Umfang und Schwierigkeiten dieser Problematik nehmen ständig zu und werden vielleicht in Zukunft ein Ausmaß erreichen, von dem sich heute die meisten Bürger in unserem Lande überhaupt noch keine Vorstellung machen. Es ist deshalb dringend notwendig, die Öffentlichkeit erneut darauf aufmerksam zu machen.

Dabei geht es um die schlichte Einsicht, daß wir in einer endlichen Welt nicht unbegrenzt Rohstoffe und Energien verbrauchen und die natürlichen Lebensgrundlagen — Atmosphäre, Boden, Gewässer, tierische und pflanzliche Lebensmittel — nicht ständig und unbegrenzt chemischen und physikalischen Einflüssen aussetzen können. Im Hinblick darauf beginnt unsere Produktion an Grenzen zu stoßen, die noch vor wenigen Jahren nahezu unbekannt waren. Wir sind heute technisch und wirtschaftlich in der Lage, Produkte herzustellen, die im Interesse der Gesellschaft nicht mehr wünschenswert sind. Das gilt zunächst erfreulicherweise nur für vergleichsweise harmlose Bereiche; ich erinnere etwa an das bleihaltige Benzin, an die Einwegflasche oder an andere Verpackungsmittel aus Kunststoff. Diese Grenzen können jedoch schon sehr bald auch in anderen, für unsere Volkswirtschaft sehr viel gewichtigeren Produktionssektoren sichtbar werden.

*) Aus: Rede des Ministers für Arbeit, Gesundheit und Soziales des Landes Nordrhein-Westfalen, Prof. Dr. Friedhelm Farthmann, zur Verleihung des Umweltpreises des TÜV Rheinland am 1. 6. 1976

Politisch wird es deshalb immer wichtiger, diese bereits vorhandenen Informationen stärker ins Bewußtsein der Allgemeinheit zu heben. Wenn sich jeder Bürger klarmachen würde, was täglich an Chemikalien und Giften tonnenweise den Rhein hinuntergespült wird, was täglich tonnenweise aus Kaminen und Abgasrohren in die Luft geblasen wird, welche Auswirkungen der Lärm auf den menschlichen Organismus hat, welchen gigantischen Umfang inzwischen die notwendigen Ablagerungsstätten für Abfälle annehmen, welche klimatischen Auswirkungen die verschwenderisch anfallende Abwärme hat und wenn wir uns dann vergegenwärtigen, daß die zur Zeit aufgemachten Umweltbilanzen wesentlich von der erst langsam abklingenden Wirtschaftsflaute profitieren, dann würden Umweltthemen sehr schnell ins Zentrum des öffentlichen Bewußtseins und der öffentlichen Diskussion rücken.

Es ist schon des öfteren hervorgehoben worden, daß wir es beim Umweltschutz — wegen seiner Komplexität und wegen seines Volumens mit einem Ziel zu tun haben, das nur langfristig zu verwirklichen ist, und das unglücklicherweise oft mit unseren kurzfristigen Zielen kollidiert.

Für mich ist klar: die Umweltbelastungen können wir auf Dauer entscheidend nur dann reduzieren, wenn die Energie- und Rohstoffverschwendung im Produktions- und Konsumsektor eingedämmt oder zumindest vor einer weiteren Steigerung bewahrt werden kann. Die Herstellung von mehr langlebigen Gütern anstelle von Wegwerfware kann allerdings Arbeitsplätze — wenigstens in der Übergangsphase — gefährden.

Eine generelle und zukunftsorientierte Lösung des Arbeitsplatzproblems ist deshalb nur möglich bei sorgfältiger Beobachtung und Berücksichtigung der Wirtschafts- und insbesondere der Nachfrageentwicklung. Prof. Gerd Fleischmann hat auf dem schon zitierten Umweltforum gesagt, es nehme die Einsicht zu, ,,daß mehr Bedürfnisbefriedigung vor allem durch kreative Arbeit und nichtmateriellen Konsum zu erzielen ist''. Wenn das stimmt, liegt darin eine ganz große Chance unserer Gesellschaft. In diese Richtung muß deshalb das Innovationspotential unserer Gesellschaft — angeregt durch entsprechende staatliche Forschungspolitik — stärker gelenkt werden.

In den Thesen zur sozialdemokratischen Umweltpolitik heißt es: „Umweltpolitik soll letztlich den Bürgern selbst dienen. Sie wird jedoch fühlbare Auswirkungen auf die Wirtschaftsstruktur und das Leben jedes einzelnen haben, wenn sie ihre Ziele erreichen soll". Die Forderung nach Konsumverzicht und Drosselung bestimmter Produktionen setzt eine Wandlung unseres Wirtschaftssystems voraus, die allerdings äußerst behutsam zu geschehen hat, gleichwohl aber durchaus an den Kern gehen kann. Sie kann nur gelingen, wenn sich unsere Gesellschaft — und parallel dazu mindestens auch die Gesellschaft der übrigen Industrie-Staaten — zu einem Höchstmaß an Solidarität bereitfindet. Hier haben die Regierungen, aber auch die Parteien, Gewerkschaften, Wirtschaftsverbände, Kirchen und die Wissenschaft ein weites Betätigungsfeld. Bei der Lösung dieser Fragen können Interessengegensätze in unserer Gesellschaft aufbrechen, von deren Wucht wir uns bisher noch keine Vorstellungen machen. Diese Interessengegensätze können alte und gewohnte Solidaritäten zerbrechen lassen, sie können etwa mitten durch Arbeitgeber- und Arbeitnehmerinteressen hindurchgehen. Es wird deshalb darauf ankommen, das allgemeine Interesse zu definieren und durchzusetzen, und die verschiedenen Partikularinteressen dem unterzuordnen, auch wenn sie noch so lauthals vorgetragen werden.

Diese Aufgabe wird nur gelingen durch mehr Solidarität in unserer Gesellschaft. Wir müssen uns wieder klarmachen, daß zur Demokratie auch die Solidarität gehört. Demokratie bedeutet nicht, daß jedes Einzelinteresse befriedigt werden könnte. Demokratie bedeutet vielmehr, daß die Mehrheit entscheidet, und daß dann das Interesse der Minderheit in echter Solidarität dem Interesse der Mehrheit zu weichen hat."

2. Neuer Lebensstil? *)

46. Soll eine neue, gerechtere Weltwirtschaftsordnung entstehen, so sind tiefgreifende Entscheidungen im politischen Bereich zu treffen, müssen schwerwiegende strukturelle Änderungen in unserer Wirtschaft und Gesellschaft bewältigt werden. Wenn es das Ziel einer neuen Ordnung ist, allen Menschen einen gerechten Anteil an den lebensnotwendigen Gütern dieser Erde zu ermöglichen − und das hieße zunächst nur Millionen von Menschen zur Befriedigung ihrer elementarsten Bedürfnisse zu verhelfen −, dann muß allerdings darüber hinaus die Frage gestellt werden, ob sich nicht auch das ganz alltägliche Arbeits-, Konsum- und Freizeitverhalten des Einzelnen radikal verändern muß. Aber auch die Situation in den hochindustrialisierten Ländern gibt Anlässe genug, nach einer solchen Neuorientierung zu fragen.

Denn nach mehr als zwei Jahrzehnten einer fast ununterbrochenen wirtschaftlichen Expansion, die nahezu allen Gruppen der Gesellschaft in der Bundesrepublik Deutschland eine ungeahnte − wenngleich teilweise durchaus recht unterschiedliche − Erhöhung ihres Lebensstandards und ihrer sozialen Sicherung ermöglicht hat, werden heute negative Auswirkungen dieser Entwicklung immer deutlicher, wird der durch diese Entwicklung geprägte Lebensstil fragwürdig:

− Die auch von Christen vertretene These „Je reicher wir in den Industrieländern werden, um so größere Hilfen können und werden wir den Entwicklungsländern leisten", ist angesichts wachsender und nicht zu rechtfertigender Ungleichheiten zwischen Reich und Arm zunehmend problematisch geworden.

− Die christliche Forderung, die knappen Güter dieser Erde in Verantwortung gegenüber dem Nächsten zu nutzen, ist nach den − wiewohl umstrittenen − Warnungen vor einer Zerstörung der Lebensgrundlagen durch Umweltschäden und Güterverschwendung noch eindringlicher zu erheben.

*) Aus: Soziale Gerechtigkeit und internationale Wirtschaftsordnung. Memorandum der Gemeinsamen Konferenz der Kirchen für Entwicklungsfragen (GKKE) aus Anlaß der 4. Konferenz der Vereinten Nationen für Handel und Entwicklung (UNCTAD IV) in Nairobi Mai 1976. In: Soziale Gerechtigkeit und internationale Wirtschaftsordnung (Hrsg. Kunst, Hermann und Heinrich Tenhumberg), München, Mainz 1976, S. 3−28; hier: S. 25−28

– Obwohl die westlichen Industriegesellschaften der materiellen Wohlfahrt der Menschen zu Recht einen hohen Rang eingeräumt haben, wird immer deutlicher, daß die menschlichen Bedürfnisse nicht ausschließlich durch den Zuwachs an materiellen Gütern zu befriedigen sind und das deshalb der vorherrschende Lebensstil, an neuen Kriterien der Lebensqualität und des erfüllten Lebens gemessen, in Zweifel zu ziehen ist.

47. Noch sind die notwendigen Konsequenzen aus neuen, häufig stark divergierenden Situationsbewertungen und Zukunftserwartungen nicht ganz klar zu erkennen. Dennoch darf die Frage nach den politisch-moralischen und den physischen Grenzen des traditionellen technisch-wirtschaftlichen Fortschritts nicht länger unterdrückt werden; dessen langfristige Folgen und Nebenwirkungen sind immer weniger überschaubar. Gegenwärtig sind es nicht grundsätzlich physische Faktoren, die das wirtschaftliche Wachstum in den Industrieländern beschränken. Kein aktueller Mangel an Gütern macht die Weltgesellschaft unfähig, allen Menschen ein gesichertes Leben zu ermöglichen. Dennoch kann die Verwirklichung höherer Lebensqualität und größerer sozialer Gerechtigkeit, gleichberechtigten Miteinanderlebens und langfristigen Überlebens nicht länger durch materiellen Fortschritt und durch forciertes quantitatives Wirtschaftswachstum erfolgen, wenn diese vor allem auf der bedenkenlosen Ausbeutung der Güter der Erde beruhen. Wachstum und Fortschritt müssen vernünftig gesteuert und auf verantwortbare Ziele gerichtet werden, so daß lebenssichernde Ressourcen geschont und die tatsächlichen Bedürfnisse der Bevölkerung befriedigt werden. Das gilt insbesondere für jene, die in den Entwicklungsländern nicht einmal ihre elementaren Bedürfnisse stillen können, aber auch für jene, die in den Industrieländern bisher noch benachteiligt sind.

48. Es sind nicht nur Christen und nicht nur ökonomische Laien, die, betroffen von solchen Überlegungen, fragen, wie in Verantwortung vor der heutigen Welt und vor künftigen Generationen die Möglichkeiten des weiteren Wirtschaftswachstums zu beurteilen sind und ob nicht schon heute die reichen Länder ihren Konsum im Interesse weltweiter sozialer Gerechtigkeit reduzieren müßten. Wie aber läßt sich die Absicht, private und öffentliche Konsum-

normen des Überflusses nicht einfach fortzuschreiben, sondern etwa einen weiteren Verbrauchsanstieg zu begrenzen, in die Tat umsetzen? Kann individueller Konsumverzicht ein Ansatz sein? Was soll und kann er bewirken?

Menschen verschiedener Weltanschauungen versuchen seit einiger Zeit, einen „neuen Lebensstil" zu finden und zu verwirklichen. Der Verzicht auf bisher selbstverständliche Gewohnheiten und Steigerungen des Konsums gehört dabei zu den zentralen Vorstellungen. Im Verzicht z. B. auf steigenden Fleischverbrauch oder auf die Benutzung des privaten Kraftwagens – erhoffte Folge: verringerter Getreide- bzw. Erdölverbrauch in Industrieländern – wird eine zugleich symbolische und praktische Einübung in den Verzicht auf „strategische" Produkte für die Welternährung bzw. die Rohstoffversorgung gesehen. Ein einfacherer Lebensstil in den Industrieländern soll dazu beitragen, die aus physischen oder wirtschaftlichen Gründen knappen Güter dieser Welt gerechter zu verteilen. Solchen Aktionen geht es aber über den Verzicht hinaus, um eine weitergehende Umorientierung des Verhaltens, um einen neuen Umgang mit Menschen, Zeit, Geld und Dingen. Neue Formen solidarischen Lebens sollen eingeübt werden, die die Erkenntnis ernstnehmen, daß die Welt eine Einheit ist; die es ermöglichen, universale Gemeinschaft zu leben, und zugleich Formen der Befreiung für die Beteiligten sind.

49. Noch ist die Forderung nach einem neuen Lebensstil weder ethisch noch sachlich hinreichend legitimiert, seine Folgen sind noch nicht genau genug abschätzbar. Zudem wird ein neuer Lebensstil auf lange Zeit hinaus keine spürbaren Auswirkungen auf die globale Ressourcensituation, auf die Waren- und Finanzströme sowie auf die Ernährungs- und Wirtschaftssituation der Entwicklungsländer haben. Können wir aber warten, bis sichere Kriterien vorliegen, die es ermöglichen, die wirtschaftlichen und sozialen Folgen eines veränderten Verhaltens vorauszusagen? Die Bedeutung eines neuen Lebensstils sowohl für die staatliche Entwicklungspolitik wie für die Entwicklungsarbeit der Kirchen liegt zunächst in der Möglichkeit, zu einem wirksamen Inhalt entwicklungspolitischer Bewußtseinsbildung zu werden.

So wird der zunächst symbolische Charakter und die individuelle Ausrichtung des neuen Lebensstils überschritten. Der Einzelne wird angesprochen aber so innerhalb seiner realen Lebenswelt, daß es ihn in seinem alltäglichen Verhalten und zugleich mit anderen betroffen macht; er soll erfahren können, daß einschneidende Veränderungen durchhaltbar sind, daß Verzicht ohne Entsagung möglich ist, daß verbesserte Lebensqualität erreicht werden kann. Solche Erfahrungen wären zu vermitteln, damit das vereinzelt als möglich Erkannte zur allgemeinen Verhaltensmaxime wird. Nur so können die den Einzelnen leitenden Motive und Ziele politisch wirksam werden, können sie Umorientierung, Verzicht und Transfer als selbstverständliche Elemente einer global orientierten, auf internationale Gerechtigkeit und internationalen Frieden gerichteten Gesellschafts- und Wirtschaftspolitik durchsetzen helfen. Es geht um nicht weniger, als Einstellungen und Verhaltensweisen einzuüben, die eines Tages, soll die Menschheit eine Zukunft haben, die herrschenden werden sein müssen.

50. Hier schließt sich der Kreis. Solche veränderten Einstellungen und Verhaltensweisen gewinnen ihre ökonomische Vernunft, indem sie dazu verhelfen, daß statt künstlich gesteigerter Nachfrage nach Überfluß- und Luxusgütern mehr gespartes Geld in Investitionen jener Branchen fließen kann, die entwicklungsfördernd wirken, weil sie eine sachgerechte internationale Arbeitsteilung ermöglichen. Der Staat hat dabei die Aufgabe — statt Erhaltungssubventionen an nach Weltmarktmaßstäben nicht mehr konkurrenzfähige Unternehmen und Branchen in Milliarden-Höhe zu zahlen —, entsprechende Anreize für Investitionen in außenwirtschaftlich orientierten Wachstumssektoren zu geben. Der gezielt geförderten Umschulung und Umorientierung der beschäftigungslosen wie der freiwerdenden inländischen Arbeitskräfte kommt dabei besondere Bedeutung zu.

So verstanden, dienen Entwicklungshilfe, Konsumverzicht und Änderung der Produktionsstruktur dazu, die auf Dauer notwendige Nachfragesteigerung der Dritten Welt vorzufinanzieren — eine Form antizipatorischer internationaler Solidarität, deren Grundzüge uns durch die dynamische Rente und deren Basis, die Solidarität zwischen den Generationen, innerhalb unserer eigenen Gesellschaft durchaus geläufig sind.

3. Eine gerechte, lebensfähige Gesellschaft und die Qualität des Lebens *)

Ethik der gerechten und lebensfähigen Gesellschaft

29. Der Akzent liegt heute auf der lebensfähigen Gesellschaft, in der der einzelne die Gewißheit haben kann, daß die Qualität des Lebens aufrechterhalten oder verbessert wird. Das bedeutet für die Industriestaaten zunächst ständige Konzentration wirtschaftlicher Aktivität auf einheimische Rohstoffbranchen, z. B. in Bodennutzung, Nahrungsmittelversorgung und Energieproduktion, und zwar für einen weitaus längeren Zeitraum, als die gegenwärtigen Tendenzen auf den Rohstoffmärkten annehmen lassen, zu planen. Das bedeutet eine spürbare Neuordnung in der Kontrolle des Welthandels mit den wichtigsten Rohstoffen. Es bedeutet auch verstärkte Beteiligung der Arbeitnehmer an den Entscheidungen in der Industrie.

30. Das bedeutet für die Entwicklungsländer, daß sie ihre Produktion hauptsächlich auf die Befriedigung menschlicher Grundbedürfnisse, einschließlich Nahrungsmitteln und Energie, abstellen müssen und auf die Suche nach Technologien, mit denen sie dieses Ziel erreichen können, gehen. Gleichzeitig müssen sie sich aus einer ständigen Abhängigkeit von den Industriestaaten befreien, deren industrielle Technik mit ihrer sozialen und kulturellen Identität kollidiert.

31. Es muß untersucht werden, wie die nachteiligen Auswirkungen der Stabilisierung von Produktion und Konsum in der industrialisierten Welt auf die weniger industrialisierten Staaten und die Auswirkungen auf den Arbeitsmarkt in den Industriestaaten abgeschwächt werden können. Dazu bedürfte es einer anderen Entwicklungsstrategie für die weniger industrialisierten Länder, einer

*) Aus: Bericht der Sektion VI. Menschliche Entwicklung: Die Zwiespältigkeit von Macht und Technologie und die Qualität des Lebens. In: Bericht aus Nairobi 75. Ergebnisse — Erlebnisse — Ereignisse. Offizieller Bericht der Fünften Vollversammlung des Ökumenischen Rates der Kirchen. 23. Nov. bis 10. Dez. 1975 in Nairobi/Kenia (Hrsg. Krüger, Hanfried und Walter Müller-Römheld), Frankfurt/M. 1976, S. 98—121; hier: S. 106 und S. 120 f.

neuen, optimalen internationalen Arbeitsteilung, der Nutzung
ausländischen Kapitals und Know-hows, der internationalen Kontrolle in Fragen des Umweltschutzes und der rationellen Nutzung
der Rohstoffe. Hauptziel bleibt: Niemand darf seinen Wohlstand
vergrößern, solange nicht alle das Existenzminimum haben. ...

Die Qualität des Lebens

80. Wir weisen die Kirchen auf die wachsenden Bedenken in bezug
auf die Folgen der modernen wirtschaftlich-technologischen Entwicklung hin. Ihre Begleiterscheinung sind Umweltschädigung
sowie verfälschte und verfremdete Formen menschlicher Gemeinschaft. Wir sind erneut aufgerufen, uns mit der Frage nach der
Qualität des Lebens auseinanderzusetzen. Die Betonung liegt dabei
eher auf der Qualität als auf der Quantität materieller Dinge und
auf der Verpflichtung der Reichen, alle auf unserer Erde lebenden
Menschen mit dem Lebensnotwendigen zu versorgen und ihre eigenen Konsumgewohnheiten zu ändern, damit der übermäßige und
moralisch destruktive Abbau regenerierbarer und nicht regenerierbarer Reserven der Erde und der verschwenderische, zu Verunrei-
nigung von Wasser und Luft führende Energieverbrauch gebremst
und Städteballungen sowie Verarmung auf dem Land als Keimzelle
für Hungersnot, Kriminalität und Verzweiflung eingeschränkt
werden.
81. In Solidarität mit allen, die unsere Besorgnis in bezug auf die
Qualität des Lebens teilen, ermutigen wir Kirchen und Christen,
aktiv zu werden, um jene Strukturen und Praktiken zu verändern,
die einer angemessenen Qualität des Lebens im Wege stehen.
82. Wir fordern alle Christen auf; kostspielige und beispielhafte
Schritte zu unternehmen und durch ihr Wort und Werk ihre Verantwortung und ihre Solidarität mit denen unter Beweis zu stellen,
die um eine angemessene Qualität des Lebens gebracht wurden.
83. Wir drängen alle Christen, einzeln und in Gemeinschaft um
Gnade, und Mut zu bitten, damit wir gehorsam zu unserer Aufgabe stehen für die Wiederherstellung der Schöpfung zu arbeiten.
84. Wir erkennen an, daß viele Gruppen heute im Interesse einer

besseren Lebensqualität nach einem neuen Lebensstil suchen, und drängen alle Christen und Kirchen, in wirklich offenen Dialog mit diesen Gruppen einzutreten und sie zu unterstützen. Es ist dabei wichtig, daß wir in der Begegnung mit den Lebensstilen jüngerer Generationen Einfühlungsvermögen beweisen.

85. Einer der Hauptpunkte, der im Internationalen Jahr der Frau aufgegriffen wurde, war der kritische Beitrag der Frauen zum Entwicklungsproblem und der Lebensqualität. Unterernährung, Hunger, Familienplanung usw. konzentrieren sich alle letztlich auf das, was Frauen als Gebärende, Haushälterin, Wirtschafterin, entscheidender Kontrolleur der Nahrungsbedürfnisse ihrer Familien und der Erziehung ihrer Kinder tun. Es ist deshalb die Pflicht der Kirchen, dies festzustellen und darauf zu achten, daß Frauen auf allen Ebenen einbezogen werden, auf denen über diese kritischen und weltweiten Probleme entschieden wird, die Arbeit, Bildung, Rechte und den Beitrag der Frau betreffen.

86. Obwohl die obigen Empfehlungen an die Adresse der Mitgliedskirchen des ÖRK und an diesen selbst gerichtet sind, hoffen wir, daß sich auch einzelne Gruppen und Ortsgemeinden mit diesen Empfehlungen zur Mitwirkung an der Basis durch geeignete Aktionen auseinandersetzen und sie diskutieren werden.

II. Neuer Lebensstil – Christlicher Lebensstil

4. Lebensstil und Protest*)

14. Kein Lebensstil kann christlich genannt werden, der gegenüber dem Leiden anderer Menschen indifferent ist. In den Opfern von Krieg und Ausbeutung (z. B. in Nigeria und Südostasien), in hungrigen Kindern, in Prostituierten, die als Personen anerkannt werden möchten, in dem jungen Mann, der nach Wissen dürstet – in all

*) Aus: Sektion VI. Auf der Suche nach neuen Lebensstilen. In: Bericht aus Uppsala 1968. Offizieller Bericht über die Vierte Vollversammlung des Ökumenischen Rates der Kirchen. Uppsala 4.–20. Juli 1968 (Hrsg. Goodall, Norman), Genf 1968, S. 92–104; hier: S. 97 f.

diesen Menschen begegnet uns Jesus Christus. Wo ein deutlicher Protest gegen das selbstsüchtige Anhäufen von Reichtum aufbricht, wo ein Fremder als Kollege anerkannt und als Nachbar begrüßt wird, wo Menschen für die Rechte von Minderheiten einstehen — dort finden wir in unserer Zeit Botschafter der Versöhnung. Ob wir reich oder arm sind: in der Solidarität mit den Benachteiligten findet unsere Existenz Richtung und Ziel. So entdecken wir die wunderbare Wahrheit der Verheißung, daß derjenige sein Leben finden wird, der es um Christi willen verliert.

15. Dadurch, wie wir unsere Zeit und unser Geld gebrauchen, zeigen wir, welches Interesse wir wirklich an unseren Nächsten haben. Verantwortliche Finanzplanung reicht jedoch nicht aus. Wir sind konfrontiert mit dem kollektiven Bösen. Wenn etwas mit Gewalt erworben wurde, besteht die Neigung, es mit Gewalt zu erhalten. Das gilt von der Vergangenheit, insofern sie zur gegenwärtigen Weltunordnung geführt hat, und für die Zukunft, insofern sie von Revolutionären und Guerillas vorbereitet wird. Revolutionen sind gewöhnlich Reaktionen gegen herrschende Gewalttätigkeit, wo andere Möglichkeiten zur Veränderung versagt werden. Hier steht die Relevanz unseres Glaubens auf dem Spiel. Christlicher Machtgebrauch zielt darauf ab, den Kreis zu sprengen, in dem Gewalt neue Gewalt gebiert. Das gilt von den Mitteln wie von den Zielen. Unser Ziel ist Freiheit für die Menschen zum Zusammenleben in gegenseitiger Achtung. Wer mit sich selbst im Frieden lebt und nicht das Eigene sucht, sondern von einem brennenden Durst nach Gerechtigkeit getrieben wird, kann anderen Frieden bringen. ...

16. Möglichkeiten zum Handeln:

a) Beteiligung an Organisationen, die Kollektivverträge durchsetzen (Gewerkschaften, politische Parteien, internationale Organisationen, Gerichtshöfe);

b) Einfluß auf Machtträger und Benachteiligte, um sie zum Handeln zu bewegen (Briefe an Abgeordnete, Demonstrationen, Streiks, Landarbeiterverbände, Ausbildung und Organisation der Bewohner von Slums, Lehren und Predigen, Protestlieder);

c) Förderung der internationalen Entwicklung und Beteiligung am Staatsaufbau; beispielsweise Vorgehen von einzelnen und Kirchen: Aufgaben einer möglichen Karriere, um den Notleidenden

zu dienen, Weitergabe von Reichtum und Wissen durch eine internationale Entwicklungssteuer, Vermeidung aufwendiger Kirchen-
bauprogramme;

d) fortgesetzer Tadel derjenigen Kirchen, die den Rassismus tole-
rieren, durch die anderen Kirchen mit der Begründung, daß der
Rassismus mit dem christlichen Glauben unvereinbar ist; Einsatz
dafür, daß rassistisch eingestellte Kirchen nicht als wohlangesehene
Glieder der ökumenischen Bewegung betrachtet werden können.
17. Wo andere Mittel versagt haben, haben Menschen zum Protest
gegen die soziale Ungerechtigkeit durch wirtschaftlichen Boykott
oder durch selektive Zerstörung von Gütern gegriffen. In extremen
Situationen haben christliche Gruppen die Gefahr und Schuld des
Blutvergießens auf sich genommen (Beispiele: Der Widerstand gegen
Hitler, die kubanische Revolution gegen das Batista-Regime). Wer
diese verurteilt, sollte das durch solche Regimes hervorgerufene
Blutvergießen und die ständige, unachtsame Vernichtung von Men-
schenleben nicht vergessen, die durch Gegebenheiten der heutigen
Gesellschaft wie etwa Arbeit unter unmenschlichen Bedingungen
verursacht wird.

5. Christlicher Lebensstil und Fortschritt *)

(1) Die erste Auffassung von einer christlichen Lebenshaltung
kann so beschrieben werden: Die Verflechtung des Menschen in
die wirtschaftlichen, technischen und politischen Systeme unserer
Zeit verlangt nach einer sinnvollen Partizipation aller Menschen
auf möglichst breiter Basis. Die Versprechungen der Technik an die
Menschheit können am besten verwirklicht und die Verheißung der
Schöpfung am besten erfüllt werden, wenn Macht verteilt und Ent-
scheidungsfällung demokratisiert wird. Dazu muß der Informationsstand durch technische Mittel verbessert werden. Das bedeutet

*) Aus: The Technological Future of the Industrialized Nations and the
Quality of Life. In: Anticipation, Nr. 15, Dez. 1973, S. 2–18; hier: S.
13–15. Auszugsweise deutsch in: Materialdienst des Sozialwissenschaftlichen Instituts der evangelischen Kirchen in Deutschland: Lebensqualität,
Umwelt und die Zukunft des Menschen, Nr. 1/1974 S. 23–33; hier S.
27–30

breite öffentliche Diskussion über grundlegende Entscheidungen der technologischen Entwicklung. Spezielle Vorkehrungen müssen getroffen werden, um die Armen und die ganze technisch unterentwickelte Welt als freie Teilhaber in diesen Prozeß einzufügen. Dazu müssen alle Bevölkerungsgruppen mit ihren oft gegensätzlichen Interessen zu sinnvoller Verantwortlichkeit erzogen werden; dies ist wichtiger als nach ethischen Prinzipien zu handeln, die nur Experten einleuchten. Diese Verantwortlichkeit könnte z.B. Gebrauch und Verteilung von Kapital für industrielle Entwicklung beeinflussen, oder Herstellung und Gebrauch von chemischen Düngemitteln und Pestiziden oder die Kultivierung der Meeresfischerei.

(2) Eine entgegengesetzte Auffassung von christlichem Lebensstil ruft nach einem wohlüberlegten, symbolischen aber auch strategischen Rückzug aus der komplexen technischen, wirtschaftlichen und politischen Struktur von Macht und Privilegien, die so charakteristisch für viele hochindustrialisierte Länder der Welt ist. Diese moderne Form der Askese intendiert keine Weltverleugnung, sondern bemüht sich darum, den Sinn für Proportionen wiederherzustellen. Eine ähnliche Auffassung findet sich in Martin Luthers Sinn für Prioritäten: Wenn Gott uns liebt, so sind die äußeren Lebensumstände von völlig zweitrangiger Bedeutung. Gibt es nicht Dimensionen menschlichen Lebens sowohl mit Gott als auch unseren Mitmenschen, die durch das übermäßige Wachstum materieller Verfügungsmacht und materiellen Wohlstandes um uns herum ebensoviel geschädigt wie gefördert werden? Vielleicht gibt es keine effektivere Methode, eine Gesellschaft, die sich an endlosem Wachstum des Bruttosozialproduktes orientiert, wieder dahin zu bringen, über menschliche Werte nachzudenken, als sich der Teilnahme an diesem Prozeß zu entziehen. Das könnte ein prophetisches „Nein" zu den falschen Werten unseres Wirtschaftssystems sein. Außerdem wäre es ein Zeichen für die Verantwortung reicher Nationen, wenn sie eine Askese üben würden, die sie den Armen der Welt ähnlich macht, um deren Bedürfnisse zu erkennen. Es könnte Ausdruck der Freiheit sein, für den Mitmenschen zu leben, wie sie uns Christus schenkt.

Dem allen muß natürlich eine Warnung hinzugefügt werden. Askese muß ein freigewähltes Zeugnis sein, sie muß Gerechtigkeit und Liebe bekräftigen und darf nicht dazu mißbraucht werden, erzwungene Armut anderer zu entschuldigen. Askese muß ein Teil des Kampfes der Armen um ihre Befreiung von der materiellen Bedrängnis sein, sie muß ein Teil der Suche nach dem richtigen Verhältnis von materiellen Gütern und menschlichen Werten gemäß Gottes Verheißung sein.

(3) Ein dritter Versuch wagt konkrete, theologisch fundierte Aussagen über Lebensqualität, indem er eine bestimmte Analyse der modernen technologischen Entwicklung aufnimmt. Solche Thesen wollen Richtlinien in der gegenwärtigen Situation sein, ethische Positionen im Dialog mit der technischen Welt über die Frage, was wahrhaft menschliches Leben sei. Sie sind offen für Modifikationen, die im Dialog gefunden werden; doch sie erheben den Anspruch, gläubige Konkretionen von Intention und Handeln Gottes in dieser Welt zu sein. Beispiele solcher Aussagen wären:

(a) Ein grundlegendes Kriterium für den Wert jeglicher Technologie sollte die Frage sein, wie weit sie dazu dient, Gerechtigkeit unter den Menschen zu verwirklichen und zwar im biblischen Sinn des Wortes: den Armen, Benachteiligten und Unterdrückten ein neues und freieres Leben zu ermöglichen. Denn das ist in der Tat Gottes Handeln. Er richtet die Armen auf und segnet sie. Er führt ihre Sache. Er stellt sie in die Gemeinschaft freier und gleicher Personen und ermächtigt sie, an ihr teilzuhaben. Der Dienst an dieser Gerechtigkeit, Freiheit und Ermächtigung wird zum Prüfstein jeglicher Technologie. Wir meinen hier die Armen, die ausländischen Arbeitskräfte, die rassischen und völkischen Minderheiten in unseren verschiedenen industrialisierten Ländern, aber noch mehr die große Majorität von Menschen in anderen Kontinenten, die nicht wie wir an Macht und Wohlstand teilhaben. Eine Technologie, die nur den ohnehin schon Reichen nützt, hat wenig menschlichen Wert.

(b) Ein Prüfstein jeder Technologie ist ihre Fähigkeit, Menschen in eine Beziehung gegenseitiger Verantwortung zu bringen — über alle Grenzen hinweg, seien sie nationaler oder rassischer Art, seien sie durch Klassenunterschiede bestimmt oder einfach durch Distanz. Ist Technologie Diener wahrer menschlicher Gemeinschaft oder ihr Zerstörer?

(c) Ein Prüfstein jeglicher Technologie ist ihre Fähigkeit, die Freiheit des Menschen zu erhöhen, so daß er in der Gemeinschaft mit anderen seine menschlichen Fähigkeiten erkennt und erfüllt. Prüfstein ist, ob sie ihm nicht nur dazu verhilft, sich als Individuum zu entfalten – machtvoll und unbehindert von Störungen.

(d) Der Prüfstein technologischer Entwicklung in unserer Zeit ist ihre Fähigkeit, dem Allgemeinwohl und nicht verschiedenen privaten Interessen zu dienen, zumindest insofern die grundlegenden materiellen Gegebenheiten gemeinsamen Lebens betroffen sind.

(e) Prüfstein einer modernen Technologie ist ihre Fähigkeit, die Schönheit der Natur als Umwelt des menschlichen Zusammenlebens hervorzubringen.

(f) Prüfstein einer modernen Technologie hinsichtlich der Städte ist ihre Fähigkeit, sowohl den entfremdenden Druck zu lindern, der unserer städtischen Architektur heute innewohnt, wie auch alternative Formen des Zusammenlebens zu finden und zu verwirklichen in Städten, die es noch zu bauen gilt.

6. *Christlicher Lebensstil: Gebet und Treue zur Erde, Meditation und politischer Kampf, Transzendenz- und Solidaritätsfrömmigkeit*)*

Wir leben in einer Gesellschaft raschen sozialen, kulturellen und moralischen Wandels. Wir sind mobiler geworden und verändern uns häufig. Darum stehen wir immer wieder vor neuen Problemen, für die es in unseren Traditionen keine gültige Antwort gibt. Wir leben deshalb fragmentarischer und experimenteller als unsere Väter und Mütter. Wir leben gleichsam nicht mehr in Kathedralen, sondern in Zelten. Unsere Lebensgeschichte ist kein langer Roman, sondern eher eine Sammlung von Kurzgeschichten.

In einer solchen Zeit steht auch das christliche Leben in harten Spannungen, die oft zu Disharmonien und Inkonsequenzen im Stil führen. Die lebendige Hoffnung zeigt sich häufiger an den Bruchstellen eines Lebens als an der konsequenten Einheit des

---

*) Aus: Moltmann, Jürgen; Neuer Lebensstil. Schritte zur Gemeinde, München 1977, S. 37–50; hier: Auszüge der S. 38–47

Ganzen. Mir scheint es darum besser zu sein, sich die Spannungs-pole klarzumachen, zwischen denen das Leben gemäß dem Evangelium geführt wird, als nach einem großen, harmonischen Ideal für das Leben Ausschau zu halten. Ich meine damit die Spannungen zwischen Gebet und Treue zur Erde, zwischen Meditation und politischem Kampf, zwischen Transzendenzfrömmigkeit und Solidaritätsfrömmigkeit. Wenn wir diese Spannungen aushalten, dann werden auch die Fragmente unseres Lebens zu leuchten beginnen und werden Zeichen der lebendigen Hoffnung für andere werden.... Die Gemeinschaft mit Christus führt uns immer tiefer ins *Leiden* der Menschheit hinein. Je heftiger einer die Erde liebt, um so stärker empfindet er das Unrecht, das Menschen einander antun, ihre Verlassenheit und ihre Selbstzerstörung. Die Liebe macht einem das Leiden der anderen unerträglich. Man kann sich nicht daran gewöhnen. Man kann es nicht mehr mitansehen. Führt uns die Liebe in das Leiden hinein, so führt sie uns auch in das *Gebet*. Wir klagen dann mit den Leidtragenden und schreien mit den Verwundeten. Was heißt beten anderes, als die Klagen des verlassenen Volkes und den Schrei der Bedrückten und das Verstummen der Verzweifelten zu Gott herauszuschreien! Auf der anderen Seite ist es auch wahr: je spontaner und leidenschaftlicher einer betet, um so tiefer wird er in das Leiden des Volkes hineingezogen und nimmt am Leiden Gottes in der Welt teil. Das Beten im Geist und das Interesse am Leben treiben sich also gegenseitig an und vertiefen sich. Das Gebet kompensiert nicht die enttäuschte Liebe, sondern macht die Liebe bereit, die Schmerzen anzunehmen und noch stärker als zuvor zu lieben. Die Treue zur Erde dispensiert nicht vom Beten, sondern verstärkt nur die Leidenschaft des Geistes. ...

Kontemplation gehört zum Beten, geht aber nicht in ihm auf und ist nicht dasselbe. In der Kontemplation schweigt das Klagen. Das Herz öffnet sich zum Empfangen. Der Mensch wird frei von seinen eigennützigen Wünschen und auch von den Idealen, die er für andere, für seine Kinder oder für die Gesellschaft hat. Er horcht und wartet auf die Stimme Gottes. Beten ohne Hören und Reden mit Gott ohne Warten auf Gott führen nicht weit. Darum ist die Kontemplation wichtig. Sie ist nicht selbst praktisch, sondern ganz und gar

„unpraktisch" aber die Meditation der Passion Christi und die Kontemplation seiner Geistesgegenwart verändern die Praxis viel gründlicher als alle Alternativen, die der Handelnde vor sich sieht. Der Mensch selbst wird ein anderer. Er erfährt die Umkehr seines Lebens und erlebt die Schmerzen und Freuden seiner Wiedergeburt. ... Wenn die christliche Meditation diese Richtung hat, dann gehören die Wendung zu Christus und die Wendung zu den Menschen, für deren Befreiung und Heil er starb, in eine Bewegung zusammen. Wie die Meditation keine Flucht aus der Praxis werden darf, so darf umgekehrt die *Praxis* auch keine Flucht vor der Meditation sein. Wer sich darum in die Praxis stürzt, weil er mit sich selbst nicht fertig wird, der fällt nur anderen zur Last. Praxis und politisches Engagement sind keine Heilmittel gegen Ichschwäche. Nur wer sich gefunden hat, kann sich hingeben. Nur wer den Sinn seines Lebens kennt, kann sinnvoll für andere handeln. Nur wer frei geworden ist, kann andere befreien, ohne sie mit seinen eigenen Idealen wieder zu entmündigen. Christliche Meditation und Kontemplation führen uns dazu, unser eigenes Ich als von Gott angenommenes, befreites und erlöstes Ich in dem großen Zusammenhang seiner Geschichte mit der Welt zu entdecken. Wenn wir die Geschichte Christi meditieren und im Geist unsere eigene Geschichte mit Christus erfahren, dann finden wir nicht nur uns selbst, sondern auch unseren Platz und unsere persönlichen Aufgaben in der Geschichte Gottes mit der Welt.

Meditation und befreiende Liebe auf den verschiedenen Lebensgebieten ergänzen sich gegenseitig und führen uns immer tiefer in die Christusgemeinschaft hinein. Der christliche Lebensstil entsteht im Spannungsfeld zwischen dem Schweigen der Kontemplation und dem Kampf der Liebe um das Leben und die Freiheit der anderen. In diesem Spannungsfeld entstehen Fragmente, Brüche und oft auch Inkonsequenzen, aber sie weisen über sich hinaus. Das neue Leben wird hier selten anders erfahren, denn als „wir haben allenthalben Trübsal, aber wir ängsten uns nicht" (2. Kor. 4,8). Diese beiden Formen der Frömmigkeit (Transzendenzfrömmigkeit und Solidaritätsfrömmigkeit) und des leidenschaftlichen Interesses haben heute viele Gruppen in der Christenheit polarisiert. Gewöhnlich wird der Streit zwischen beiden Gruppen mit der geistlosen Alternative zwischen einer vertikalen Dimension des Glaubens und einer horizontalen Dimension der Liebe ausgefochten.... Die dritte, christliche Dimension — die Hoffnung — ist dabei vergessen oder bewußt ausgeklammert worden. Sie aber ist die Kraft, das Auseinanderfallen von Glaube und Liebe zu verhindern. *Transzendenz* ist nicht mehr die Transzendenz des auferstandenen Christus, der in uns und mit uns lebt, wenn sie nicht zur Solidarität mit denen führt, die zu befreien er kam und für deren Heil er starb. Auf der anderen Seite ist *Solidarität* mit den Armen, Hungrigen, Unterdrückten und Gefangenen nicht mehr die Solidarität des Gekreuzigten, wenn sie nicht zur Transzendenz jener Freiheit führt, in die er auferweckt wurde. Transzendenzfrömmigkeit und Solidaritätsfrömmigkeit sind zwei Seiten des christlichen Lebens, die wir zusammenhalten müssen. Werden sie getrennt, dann wird das neue Leben in der Hoffnung zerstört und hoffnungslos.

III. Was tun? — Stimmen aus der Wissenschaft

7. *Veränderung des verschwenderischen Lebensstils in den reichen Ländern?*)*

In der Literatur über eine neue Weltwirtschaftsordnung wird sehr oft auf die Notwendigkeit hingewiesen, daß die reichen Länder weniger verschwenderische Verbrauchsgewohnheiten zu entwickeln hätten. Ohne solche Veränderungen — so Gunnar Myrdal — ist alles Reden über eine neue Wirtschaftsordnung Unsinn. Wie bereit sind die reichen Länder, ihren verschwenderischen Lebensstil zu verändern? Und wenn sie tatsächlich bereit sind, was können sie realistischerweise tun?

Tinbergen: Ich stimme Gunnar Myrdal zu. Wir alle wissen, daß die Bereitschaft der Menschen in den reichen Ländern, ihre Ver-

*) Aus: Taming the Future. (Ein Interview mit dem Nobelpreisträger für Wirtschaftswissenschaften Jan Tinbergen). In: Development Forum United Nations, Jg.. 4, Nr. 7, Sept.—Okt. 1976, S. 1 f; hier S. 2

brauchsgewohnheiten zu verändern, begrenzt ist. Aber es gibt doch Zeichen und Beispiele für eine solche Bereitschaft. Es gibt Menschen, vor allem diejenigen, die in den Entwicklungsländern leben, die ein einfacheres Leben vorziehen und die mit einem extrem bescheidenen Einkommen zufrieden sind. Gerade jetzt gibt es Anzeichen dafür, daß größere Gruppen in den reichen Ländern bereit sind, ihren Lebensstil zu verändern. Denken sie zum Beispiel an die große Zahl derjenigen, die versuchen, den Verbrauch von Elektrizität dadurch einzuschränken, daß sie ihre Hauswände isolieren. Dies mag durchaus der Anfang eines Neubeginns sein, denn dieses Handeln geht aus von der Einsicht, daß ein verändertes Verhalten auch dem eigenen Nutzen dient. Ein solches Verständnis kann sich auch auf andere Problembereiche ausdehnen — zum Beispiel auf die Frage der Umweltverschmutzung, und es kann zu der Erkenntnis führen, daß es notwendig ist, bestimmte umweltbelastende Tätigkeiten aufzugeben.

Weniger leicht vorstellbar ist eine Verringerung des Fleischkonsums in den reichen Ländern — hilfreich wäre es, wenn das ersparte Getreide denen zukommen würde, die es dringend benötigen. Aber sogar hier gibt es Menschen in Westeuropa und Nordamerika, die ihre Ernährung auf Sojabohnenprodukte umgestellt haben und dies nicht nur wegen der hohen Fleischpreise, sondern aus Gründen einer gesünderen Ernährung. Dies alles sind bescheidene Beispiele, aber nichtsdestoweniger können sie als der Beginn einer Entwicklung angesehen werden, die uns weiterbringen wird.

8. Konsumobergrenzen — fünf politische Vorschläge*)

Höchstgrenzen: die Neufassung einer Idee

Die Skizzierung eines alternativen Entwicklungsmodells kann an Hand einer beschränkten Zahl konkreter politischer Vorschläge

*) Aus: Wieviel genügt? — ein anderes Schweden. In: Neue Entwicklungspolitik: Was tun? Dag Hammarskjöld Bericht 1975, verfaßt aus Anlaß der 7. Sondergeneralversammlung der Vereinten Nationen, Jg. 1, Nr. 2—3/1975, S. 36—49; hier: S. 42—49

Es gibt die „neuen charismatischen Bewegungen", und es gibt die „Christen für den Sozialismus". Doch wird hier etwas auseinandergerissen, was im authentischen christlichen Leben zusammengehalten werden muß: der Glaube und die Liebe. Manche, die beten, nehmen Abstand von der Politik. Sie sind mit Gott und ihrer Seele beschäftigt und protestieren nicht gegen die politischen und sozialen Unterdrückungen in ihrem Land. Sie kommen damit gewissen reaktionären Politikern und selbst Diktatoren besonders nahe. Wer auf der anderen Seite öffentlich gegen den Vietnamkrieg, gegen Rassismus und das Unrecht der Slums protestierte, nahm oft genug Abschied von der traditionellen Frömmigkeit, war mit der Welt beschäftigt und betete nicht mehr. ...

Die Polarisierung zwischen diesen beiden Gruppen von Christen ist leider noch lange nicht überwunden. Die konservativen Kreise in unserer Kirche beklagen immer noch die vermeintliche „Politisierung der Kirche" von links. Sie sehen und anerkennen nicht, daß hier Christen aus ihrem Gewissen heraus politisch handeln müssen und keineswegs die Kirche „politisieren", sondern nur versuchen, die Politik zu „christianisieren". Wenn die konservativen Kreise behaupten, selbst „unpolitisch" zu sein, dann müssen sie daran erinnert werden, daß der mit dem Unrecht zusammenarbeitet, der zu ihm schweigt. Wer in einer Diktatur oder einem rassistischen Staat „unpolitisch" sein will, unterstützt in Wahrheit das öffentliche Unrecht. Zu spät haben manche in diesen Kreisen gemerkt, daß sie zur Zeit des Vietnamkrieges ihrem Volk das politische Zeugnis des Evangeliums schuldig geblieben sind. Wenn auf der anderen Seite die „Christen für den Sozialismus" lediglich für den Sozialismus kämpfen und es nicht als Christen zusammen mit der Verkündigung des Evangeliums tun, sind sie verloren. Sie verlieren dann ihre christliche Identität und haben den Genossen zuletzt nichts anderes zu bieten als menschliche Solidarität ohne eigenen Glauben, ohne Kritik und ohne neue Initiativen. „Christen für den Sozialismus" muß darum auch heißen „Sozialismus für Christus und sein Reich", so daß Christus nicht nur das Kriterium unseres Glaubens, sondern auch unserer politischen Option wird.

erfolgen. Abgesehen davon, daß sie als Grundlage für weitergehende
Diskussionen geeignet sind, sollten diese Vorschläge folgende Eigenschaften aufweisen:

— Sie sollten zumindest ansatzweise zu einer gerechteren weltweiten Verteilung der Ressourcen und des Reichtums sowie
  zu einem besseren Lebensstandard beitragen.

— Sie sollten so durchdacht sein, daß sie den unterschiedlichen
  Lebensstil in der Dritten Welt berücksichtigen.

— Sie sollten die Ungleichheit bei der Verwendung der Ressourcen,
  die heute in der schwedischen Gesellschaft vorherrscht, verringern
  und auf keinen Fall erhöhen.

— Die Wahl der Strategie sollte davon beeinflußt werden, was
  Besucher aus der Dritten Welt als die provokantesten Aspekte
  des Überflusses im schwedischen Leben betrachten würden.
  Im Prinzip muß es möglich sein, sie mit Hilfe politischer Entscheidungen zu verwirklichen, die auf einem offenen, demokratischen Prozeß beruhen. (Abgesehen von dem bloßen Wunsch,
  daß die Menschen ihre Gewohnheiten ändern sollten, oder der
  Annahme, daß eine Weltrevolution stattgefunden hat.)

Bevor wir weitergehen, sollte vielleicht darauf hingewiesen werden,
daß jene Veränderungen, durch welche dieselbe Produktion nur an
eine andere Stelle in der Welt verlegt wird, vom Standpunkt der
Weltressourcen bedeutungslos sind. So gesehen, zählen nur wirkliche Veränderungen der Art, wie Produkte erzeugt, verwendet
und beseitigt werden; deshalb sollten Modelle im Hinblick auf den
Endverbrauch analysiert werden und nicht nur auf Teilgebiete wie
jene, die vorher für die schwedische Industrieproduktion aufgezeigt wurden.

Von vielen Gesichtspunkten aus ist der Gedanke von Höchst- und
Mindesteinkommen sehr ansprechend. Könnten wir nicht als ein
innerhalb von zehn Jahren zu erreichendes Ziel vielleicht ein Pro-
kopf-Einkommen von mindestens 2.000 Dollar und höchstens
10.000 Dollar festsetzen? Leider aber verbirgt diese einfache Formel
beträchtliche Probleme. Einerseits gibt es die bekannte Schwierigkeit, wie man immaterielle Werte mißt. Andererseits ist es eine
Tatsache, daß es der psychologisch schlechteste Ansatz ist, die
Frage des Geldes direkt in den Mittelpunkt zu stellen. Der Gedanke

einer Obergrenze, eines Maximums, kann jedoch als ganz vernünftig akzeptiert werden, wenn er in einen konkreten, lebensnahen Rahmen gestellt wird. Daraus ergeben sich folgende fünf Vorschläge:

Fünf Vorschläge

Es ist an der Zeit, für die künftige Entwicklung der Industriege-sellschaften einen anderen Weg zu finden und einige einigermaßen radikale politische Vorschläge zu formulieren, die in eine neue Richtung weisen.

Der hier in Form von fünf politischen Vorschlägen unterbreitete Alternativentwurf soll nicht als die Lösung betrachtet werden, sondern eher als Ausgangspunkt für eine Diskussion. Er soll allerdings ernsthaft überdacht werden, und seine Autoren sind bereit, ihre Vorschläge ausführlicher als es in diesem Rahmen möglich ist, darzulegen.

Vorschlag 1: Eine Obergrenze für den Fleischverbrauch

Der derzeitige jährliche Pro-Kopf-Verbrauch an Fleisch in Schweden (vorläufige Zahlen für 1974) beträgt 58,4 kg, wovon 30,7 kg auf Schweinefleisch, 16,6 kg auf Rindfleisch, 4,2 kg auf Geflügel, 1,8 kg auf Kalbfleisch und 5,1 kg auf andere Fleischsorten entfallen. Dieser Verbrauch ist selbstverständlich zwischen den einzelnen Einkommensgruppen sehr ungleich verteilt. Die Erzeugung von einem Kilogramm Rindfleisch erfordert durchschnittlich 2,5 kg Futterkorn (und 7,3 kg Heu). Mit anderen Worten verzehrt die Produktion von 100 kg Rindfleisch die gesamte biologische Produktion von 0,3 Hektar Land. Vom Standpunkt eines Nahrungs-mittelbudgets wird dies allgemein als ein äußerst fragwürdiges Verfahren betrachtet. Der maximale Pro-Kopf-Jahresverbrauch an Fleisch könnte wie folgt festgelegt werden: 15 kg Rindfleisch, 22 kg Schweinefleisch sowie die derzeit konsumierte Menge an Kalbfleisch und Geflügel. Der Schweinefleischkonsum wurde stärker herabgesetzt als jener von Rindfleisch; dies scheint auch im Interesse der Volksgesundheit zu liegen. Die fünfte wichtige Fleischsorte — Lamm- und Hammelfleisch — wird heute hauptsächlich auf Böden produziert, die anders nicht besser genutzt werden können, und

könnte, solange die Situation andauert, von den Beschränkungen
ausgenommen werden.

Das Einhalten dieser Obergrenzen durch die Verwendung von
Lebensmittelmarken in Verbindung mit einigen Preiskontrollen
würde eher eine gleichere Verteilung sichern als direkte Eingriffe
in den Markt; in der Praxis könnte das sogar den Fleischkonsum
bestimmter Bevölkerungsgruppen erhöhen.

Vorschlag 2: Eine Obergrenze für den Ölverbrauch

Die Abhängigkeit Schwedens von den Ölimporten stellt ein wichtiges
außenpolitisches Problem dar. Der heimische Verbrauch ist auf
dramatische Weise von praktisch null im Jahr 1945 auf 3,5 Tonnen
pro Kopf und Jahr im Jahr 1970 angestiegen, wovon 1,8 t auf
Beheizung, 0,9 t auf die Industrie und 0,8 t auf den Verkehr entfallen. Ein gleichbleibendes Niveau von etwa 3,5 t pro Kopf und
Jahr sollte das Ziel sein, aber es kann nicht auf einmal erreicht
werden und in der Praxis kann es auch nicht die Menge sein, die
jedes Individuum verbraucht (wie bei Fleisch). Doch eine Kombination von Import- und Marktkontrollen, technischen Einschränkungen und einigen kleineren Opfern, einschließlich der weiter unten
vorgeschlagenen Maßnahmen auf dem Wohnungs- und Verkehrs-
sektor, könnte die Verwirklichung eines solchen Zieles ermöglichen.

(Die Richtlinien für die Energiepolitik, die vor kurzem vom Parla-
ment gebilligt wurden, zielen bereits auf eine Situation ab, in der der
Gesamtenergieverbrauch um 1990 zu wachsen aufhören würde.)
Längerfristig wäre es möglich, die Obergrenze auf drei und sogar
auf 2,5 t zu senken, was allerdings davon abhängt, in welchem
Ausmaß die traditionellen schwedischen ,,Grund‘‘-Industrien — wie
Stahl- und Papiererzeugung und der Bergbau — weniger energie-
intensive Technologien entwickeln können.

Vorschlag 3: Sparsamere Nutzung von Gebäuden

Im Durchschnitt verfügt jeder Schwede über 135 Kubikmeter an
Raum von Gebäuden oder über ca. 40 Quadratmeter an Fläche.
Ungefähr 2/3 davon sind bewohnbar. Die tägliche Erfahrung zeigt,
daß der vorhandene Raum sparsamer genutzt werden könnte, ohne
die gegenwärtige Verwendung merkbar zu stören.

Die größten Familien haben nicht immer die größten Wohnungen und eine gleichmäßige Verteilung des Wohnraumes könnte durch eine Kombination von gesetzlichen Maßnahmen und der Besteuerung erreicht werden. Regierungserlässe können baustoffsparende Verfahren bei Neubauten und bei der Verwendung neuer oder modernisierter Gebäude fördern. Ein System sollte angestrebt werden, das die mangelnde Ausnutzung von Gebäuden und nicht ihre Größe und ihren Marktwert als solchen steuerlich belastet. Bei Gebäuden, die keinem Wohnzweck dienen, könnte ziemlich viel Nutzraum durch ihre ganztägige mannigfaltige Verwendung als Schulen, Gemeinschafts- und Erwachsenenzentren, Theater usw. gewonnen werden. Durch eine bessere Verteilung könnte der durchschnittliche Raum pro Person bei ungefähr 20 % unter dem derzeitigen Niveau stabilisiert werden. Wegen des langsamen Umschlages des Baukapitals würde dies eine Überganspariode von mindestens 10 Jahren mit sich bringen. Das Bauwesen ist ein Schlüsselfaktor der schwedischen Energiepolitik: die Raumheizung verschlingt ungefähr 50 % des gesamten Energieverbrauchs und gut über die Hälfte des importierten Öls. Die hier vorgeschlagenen Veränderungen würden den Ölverbrauch um 0,3 bis 0,4 t pro Kopf senken (Siehe Vorschlag 2). Weitere Einsparungen sind möglich, wenn die Zimmertemperatur gesenkt wird (hauptsächlich durch automatische Steuerung), sobald die Gebäude nicht mehr benützt werden.

Vorschlag 4: Längere Lebensdauer von Konsumgütern

Wenn die meisten Konsumgüter langlebiger wären, als sie es derzeit sind, würde ein Motiv für erhöhtes Wachstum wegfallen. Es gibt einige Hinweise, daß dies mit geringen oder keinen zusätzlichen Kosten durchführbar wäre. Seit z.B. in Schweden die jährliche Überprüfung der Kraftfahrzeuge verpflichtend eingeführt wurde, hat sich die Lebensdauer eines Autos um ungefähr zwei Jahre erhöht.

Eine längere Lebensdauer könnte durch eine Kombination von Maßnahmen erzielt werden:

− gesetzlich festgelegte durchschnittliche Lebensdauer für Schlüsselprodukte;

− Kontrolle und Bewertung zur Gewährleistung, daß die Produkte den Normen entsprechen, soll im wesentlichen dem Hersteller obliegen;

— Verantwortung für alle Produkte (wo immer durchführbar)
während ihrer ganzen Lebensdauer (einschließlich Verschrottung und, wenn möglich, Wiederverwertung) soll beim Hersteller
liegen. Ansonsten soll das Garantiesystem ausgebaut werden;
— öffentliche Verbraucherorganisationen könnten auf „Reparier-
barkeit" und der Möglichkeit einfacher, nicht an Fachleute ge-
bundener Wartung bei möglichst vielen Produkten bestehen;
— bestimmte Grundwaren (z. B. Arbeitskleidung, Schuhe, Fahrräder) von sehr hoher Qualität sollten ohne Profit erzeugt und
verkauft werden. (Die Regierung müßte dabei entweder direkt
auf dem Markt oder durch Qualitäts- und Preiskontrollen intervenieren).

Vorschlag 5: Keine Privatautos
Das Auto ist wohl oder übel ein Symbol des modernen Industrie-
lebens. Es erscheint weder notwendig noch empfehlenswert, sich
dieses flexiblen und technisch ausgereiften Werkzeuges zu ent-
ledigen. In weiten Teilen Schwedens lebt die Bevölkerung noch
sehr verstreut und es erscheint ganz vernünftig, daß das Auto in
allen diesen Gebieten, mit Ausnahme derjenigen mit starker Be-
völkerungsdichte, weiterhin als Hauptverkehrsmittel Verwendung
finden soll. Man sollte es jedoch Kontrollen unterziehen, die verhindern, daß es sich in den Städten und in der Wirtschaft wie ein
Geschwür ausbreitet. (In einer typischen schwedischen Familie
machen die jährlichen Kosten für einen Mittelklassewagen 25 %
der gesamten Privatausgaben aus.) Ein sinnvoller erster Schritt
wäre die Abschaffung des Privatbesitzes von Automobilen. Eine
totale öffentliche Kontrolle sollte folgendermaßen ausgeübt werden:
— in den Stadtzentren sollte kein Individualverkehr gestattet werden; öffentliche Verkehrsmittel (hauptsächlich Autobusse mit
verbesserten Bus-Ruf-Systemen und Taxis) würden sich für
den städtischen Raum recht gut eignen;
— die herkömmlichen Autos sollten den mittellangen Strecken
vorbehalten bleiben; gemeindeeigene Verleihfirmen würden
Mietautos zum Selbstkostenpreis zur Verfügung stellen; Rationierungen können sich zu bestimmten Zeiten je nach Bedarf als notwendig erweisen; die Preisgestaltung könnte in einem
bestimmten Ausmaß sozialen Kriterien unterworfen werden

(z. B. bei Körperbehinderung oder anderen Erschwernissen);
— außerhalb der Städte würde die Geschwindigkeitsgrenze bei
90 km/h liegen und dadurch durchgesetzt werden, daß einfach
keine schnelleren Autos verwendet werden dürfen (ein System,
das derzeit bei leichten Motorrädern angewendet wird);
Auf diese Weise würde sich die Anzahl der Personenkraftwagen
im Vergleich zum heutigen Stand um schätzungsweise 60—70 %
verringern. Die Anzahl der Busse würde steigen und der Bahn-
und Luftverkehr müßte verbessert werden. Dennoch würde der
Benzin- und Ölbedarf um 0,1 bis 0,2 t pro Kopf sinken (siehe
Vorschlag 2). Man würde immer mehr auf kleinere Wagen übergehen: nicht nur wegen der technischen Geschwindigkeitsbeschrän-
kung, sondern auch, weil größere Modelle nur bei Bedarf verwendet
und gemietet werden könnten. Es würde auch ein starkes Absinken
der Verkehrsunfälle verzeichnet werden (gegenwärtig werden in
Schweden alljährlich 1.200 Personen getötet).

Versuch einer Einschätzung

Der Einfluß der oben vorgeschlagenen Maßnahmen auf das allgemeine Rohstoffgleichgewicht der Welt oder die Lebensbedingungen
in der Dritten Welt wäre natürlich sehr gering. Nur wenn sie ähnliche Veränderungen in den größeren Industrieländern zur Folge
hätten und es wirksame Mechanismen für die Übertragung von Ressourcen gäbe, würden ihre Auswirkungen von Gewicht sein. Ihre
globale Bedeutung liegt eher im rein symbolischen Wert, der darin
besteht, daß ein reiches Land seine eigenen Erklärungen ernst nimmt,
wie auch in der Tatsache, daß diese Maßnahmen gewissen Entwicklungsländern zeigen, wie sie den Weg zu einem erträglichen Lebensstil
verkürzen können. Aber der größte Effekt der Verwirklichung dieser
Vorschläge würde wahrscheinlich in ihrem Einfluß auf das politische
Klima in Schweden selbst liegen.
Die praktischen Veränderungen im Alltagsleben wären zwar spürbar, doch würden sie keine dramatischen Ausmaße annehmen.
Nach einigen anfänglichen Unbequemlichkeiten würden nur wenige
Menschen das Familienauto als einen allgegenwärtigen Gegenstand

vermissen. Auch die Eßgewohnheiten würden sich ändern. Eine wesentliche Verminderung des Schweinefleischkonsums würde wahrscheinlich zu einer Verbesserung der Volksgesundheit führen. Die besondere Bedeutung, die man dem Fleisch durch Rationierungsmaßnahmen beimißt, würde wahrscheinlich zu einer genaueren Kenntnis der Bedürfnisse des menschlichen Körpers — z.B. in bezug auf den Protein- und Kalorienbedarf —, also kurz gesagt der Bedeutung einer ausgewogenen Ernährung führen. Allgemeiner ausgedrückt würden die Maßnahmen wahrscheinlich zu einer Veränderung der Einstellung großer Teile der Bevölkerung zur Funktionsweise des internationalen Systems und der verschwenderischen Elemente des modernen Lebens beitragen. Die Erfahrung von fast zwei Jahren Energiedebatte bestätigen diese Vermutungen. Zwei Fragen verdienen allerdings besondere Aufmerksamkeit: werden die Auswirkungen auf die Beschäftigungslage nicht katastrophal sein und erfordern sie nicht eine gigantische Bürokratie?

Was die Beschäftigung anbelangt, so ist es klar, daß die vorgeschlagenen Maßnahmen zu wesentlichen Richtungsänderungen führen werden, auch wenn sie sich auf dasselbe Gebiet beziehen, wie z.B. den Übergang von der Automobilproduktion zum Ausbau eines öffentlichen Verkehrssystem. Es steht fest, daß der Beschäftigungsfaktor ein schwieriges Problem darstellt. Andererseits sollte keine Gesellschaft längerfristig eine unerwünschte Produktion nur deshalb aufrecht erhalten, weil diese Arbeitsplätze schaffen. Der Übergang sollte so behutsam wie nötig, geplant und kontrolliert vor sich gehen.

Daß die vorgeschlagenen Maßnahmen ein erhöhtes Maß an bürokratischer Kontrolle erfordern, stimmt sicherlich zum Teil. Es stimmt jedoch nicht, daß der Eingriff in die bestehenden Wahlmöglichkeiten auch nur irgendwie einer „total geplanten" Wirtschaft, im Gegensatz zur „freien Marktwirtschaft", gleichkäme. Es gäbe keine negativen Auswirkungen auf die demokratische Freiheit. Im Gegenteil, ein offener politischer Prozeß ist die Voraussetzung für den Erfolg der Vorschläge, die alle auf ein besseres Verständnis der Alternativen für individuelle Lebensweisen abzielen.

Das Problem der Bürokratie ist besser zu verstehen, wenn wir erkennen, daß es innerhalb des gesamten Verwaltungskomplexes gewisse Funktionen gibt, die eine gigantische kommerzielle Bürokratie erfordern, wie z.B. die Produktentwicklung, das Marketing und die Werbung, die nun einfach in die öffentliche Verwaltung übergehen würden.

Ebenso muß das soziale Problem der staatlichen „Bürokratie" — die so sehr benötigte Humanisierung der öffentlichen Verwaltung — einer sorgfältigen Prüfung unterzogen werden. Eine politische Reform, die auf tiefgreifenden ideologischen und humanen Motiven aufbaut, kann vielleicht die Öffentlichkeit in Form staubtrockener Rundbriefe irritierter Bürokraten erreichen. Zwei nützliche Richtlinien sind vielleicht die Anstellung von mehr statt weniger Personal dort, wo Menschen wichtig sind („öffentliche Einrichtungen") sowie mehr direkte Kontrolle über solche Verwaltungsapparate durch die Staatsbürger. Es ist auch notwendig, auf einer weiteren Forderung zu bestehen; daß Anstrengungen unternommen werden sollten, die Komplexität und das Wuchern von Gesetzen und Bestimmungen zu verringern. Eine Gesellschaft, in der alles durch komplizierte und detaillierte Regeln bestimmt wird, widerspricht der demokratischen Idee.

Wie wirken nun die Übertragungen von Ressourcen in die Dritte Welt im Lichte solcher Veränderungen? Die Zeit für eine Neueinschätzung der während der letzten Jahrzehnte erfolgten Strategien scheint gekommen. Die wirtschaftliche Bedeutung von Ressourcenübertragungen in viele Länder sollte nicht übersehen werden, aber sie weisen viele Mängel auf, die auch bereits zur Kenntnis genommen wurden.

Eine größere Veränderung im Gebrauch von Ressourcen wird nur in einem internationalen System stattfinden, in dem die Industrieländer eine globale Struktur der Besteuerung akzeptieren, so daß es den Ländern der Dritten Welt möglich sein wird, ihre Zukunft auf der Basis einer regelmäßigen und kontinuierlichen Umverteilung der Ressourcen zu ihren Gunsten zu planen. Die Rolle der Industrieländer gegenüber der Dritten Welt muß auch bis zu einem gewissen Grad in bezug darauf bestimmt werden, inwiefern Länder davon Abstand nehmen, der Entwicklung der Dritten Welt zu schaden statt zu „helfen".

Diese neue Sicht der Weltentwicklung erfordert eine Neuorientierung der Information über die Lebensbedingungen in der Dritten Welt. Bis heute konzentrierte sie sich auf westliche Konzepte des Lebensstandards. Die Mißachtung der kulturellen Unterschiede schadete der Entwicklung der Dritten Welt, nahm aber auch den Industrieländern wichtige Perspektiven für ihre eigene Entwicklung. Um Unterstützung für Ressourcentransfers zu erlangen, wurde es als notwendig erachtet, aufzuzeigen, wie arm diese Länder sind. Die Katastrophen — Überschwemmungen, Kriege und Dürreperioden — der letzten Jahre haben dies nur noch unterstrichen. Wir müssen jetzt mehr über die negativen Auswirkungen unserer eigenen — oft wohlgemeinten — Aktionen auf die Entwicklung in den armen Ländern wissen sowie darüber, wie sie in Zukunft verändert werden müssen. Die Welt als makroökonomisches System und als Bühne des Klassenkampfes schafft die notwendigen Perspektiven für unser eigenes Verstehen.

Die Erfahrungen bei der Übertragung von Ressourcen bilden die Grundlage für ein Konzept der Sicherheitspolitik. Langfristige Sicherheit kann nur durch eine gerechtere Aufteilung der Ressourcen dieser Welt erzielt werden. Unter den gegebenen Umständen kann sich Schweden vielleicht mit einer komplexen Militärtechnologie zusätzliche Sicherheit erkaufen, allerdings nur zu sehr hohen Kosten. Die gesamten Rüstungsausgaben der Industrieländer sind fünfundzwanzigmal höher als der Kapitaltransfer in die Dritte Welt. Die Herausforderung für Schweden besteht darin, neue Wege zu finden, wie es eine Bereitschaft zeigen kann, eine langfristige nationale und internationale Sicherheit durch ein neues (und wahrscheinlich weniger kostspieliges) Engagement anzustreben. Sicherheit ist demzufolge nicht mehr ausschließlich ein Konzept militärischer Beurteilung. Sicherheit umfaßt auch die Sicherung der Umwelt und die Verfügbarkeit über entsprechende Ressourcen. Vor diesem Hintergrund ist es z.B. logisch zu fragen, ob man nicht die gegenwärtige hohe Kapazität der Verteidigungsforschung und -entwicklung zugunsten der Erforschung neuer Wege und Möglichkeiten einer globalen Sicherheitspolitik umverteilen könnte. Der politische Prozeß der Entscheidungsfindung in einem reichen demokratischen Land mit einem „gemischten" Wirtschaftssystem ist nicht leicht zu verstehen. Allzu leicht kann jede Hoffnung auf eine bewußt herbeigeführte Veränderung, die uns nicht durch kurzfristige Erfordernisse auferlegt wird, zynisch und resigniert abgeschrieben werden. Aber geplante Zukunftsentscheidungen sind besser als Krisenmanagement, und die Ereignisse von 1974 und 1975 in der internationalen Szene im allgemeinen und in den Vereinten Nationen im besonderen bilden einen richtigen Rahmen für eine Neueinschätzung. Es ist an der Zeit, von Worten zu Taten zu schreiten.

9. Alternatives Konsumverhalten — soziales Mittelstands- und ökonomisches Randphänomen?*)

Ein „alternativer" oder „neuer Lebensstil" zielt vor allem darauf ab, die gesamtwirtschaftliche Konsumquote und die Konsumstruktur so zu ändern, daß diese mit ökologischen und entwicklungspolitischen Notwendigkeiten in Übereinstimmung gebracht werden. Soll nun diese Initiative mehr sein als der Ausdruck individueller Kulturkritik (wie sie von der sogenannten Subkultur zum Ausdruck gebracht wird), so darf die Aktion nicht auf wenige Idealisten beschränkt bleiben, sondern muß zur gesellschaftlichen Bewegung werden. Ist aber eine solche Ausweitung realistisch, oder ist nicht vielmehr zu erwarten, daß die individuelle Umorientierung auf wenige beschränkt bleiben wird?...

Wer bleibt — aufgrund der Einkommensverteilung — übrig, einen „alternativen Lebensstil" zu pflegen? Am ehesten jene rund 30 % aller Haushalte, die zur einkommensmäßigen Mittelschicht gehören und Nettoeinkommen zwischen DM 2000,- und 4000,- haben. Allerdings weisen Haushalte dieser Einkommensgruppe — wie Politologen zeigen — die größte Systemstabilität auf, da sie am meisten Angst haben müssen, bei Versagen in die Unterschicht absteigen zu müssen. So sind gerade sie oft die Steigbügel-

---

* Aus: Harms, Jens; Nicht individuell, sondern gesellschaftlich organisieren. In: epd-Entwicklungspolitik Nr. 20/76, S. 8—11, hier: Auszüge aus S. 8—10. (Vgl. auch: Harms, Jens: Bourgeois Idealism and Capitalist Production. In: In Search of the New II, CCPD-documents 11, Genf, Aug. 1977).

halter der Oberschicht, welche vom bestehenden System am meisten profitiert. Die Möglichkeit zur Alternative haben so vor allem jene, die eine sichere Stellung im Produktionsprozeß und einen festen Platz in der Einkommenspyramide haben: Bedienstete des Bildungssektors und teilweise der öffentlichen Medien, Pfarrer, mittlere Beamte aus dem Verwaltungs- und Justizbereich und — am Rande der sozialen Ordnung — die Subkultur. Die Möglichkeit zum „alternativen Lebensstil" für sie belegt noch nicht ihr tatsächliches Interesse am sozialen Wandel. Da die Umorientierung im Konsumverhalten von zentraler Bedeutung für die Bewegung „Neuer Lebensstil" ist, muß gefragt werden, inwieweit in diesem Verhalten ein gesellschaftsveränderndes Potential steckt...

Hier ist nicht der Platz, um einen Abriß über die Funktionsbedingungen des kapitalistischen Systems zu geben, aber doch muß ausdrücklich darauf hingewiesen werden, daß eine grundlegende Umorientierung nur über einen Eingriff in die Produktionssphäre herbeizuführen ist. Konservative Kreise haben das längst begriffen, das beweisen ihre heftigen Reaktionen auf die Forderungen nach Investitionslenkung, welche von Vertretern der Arbeiterschaft erhoben wurden. Die Art und Weise, wie die Diskussion darüber geführt wurde, ist ein Lehrstück dafür, wie das bürgerliche System unliebsame Themen abwehrt.

Die Zirkulationskrise, Folge einer Reduktion der Konsumquote und einer geänderten Konsumstruktur, kann — sofern der Staat nicht optimal durch sein Krisenmanagement gegensteuert — zur Unterbeschäftigungskrise führen. Diese Entwicklung wird tatsächlich jene 60 % aller Haushalte am meisten treffen, die mit ihren Einkommen lediglich ihre existentiellen Bedürfnisse befriedigen können und kein „sozial disponsibles" Einkommen haben. Diese Haushalte haben nicht nur unter einer Kürzung ihrer Einkommen am meisten zu leiden, sondern sind auch aufgrund ihrer Bildung und beruflichen Stellung am ehesten von Arbeitslosigkeit — die Folge der Unterkonsumtionskrise — betroffen. Im Zentrum der Kritik der Initiativen „alternativer Lebensstil" steht die Wachstumsorientiertheit der Gesellschaft. Jedoch ist für eine Bremsung dieses Wachstums die am Individuum orientierte Aktion fehl am Platz, denn die Notwendigkeit des Wachstums für dieses System wird mißachtet.

Solange nicht die zentralen Institutionen dieser Gesellschaft — Profitorientierung und Leistungsprinzip — einer grundlegenden Änderung unterzogen werden, gleicht der Kampf gegen Wirtschaftswachstum und für ökologisches Gleichgewicht und Entwicklungsverantwortung dem Versuch, mit Stöcken Panzer an der Weiterfahrt hindern zu wollen. Gerade die wirtschaftspolitische Diskussion des vergangenen Jahres hat gezeigt, daß im Rahmen dieses Systems soziale Probleme, welche — wie die Arbeitslosigkeit — von ihm erzeugt werden, nicht ohne ein wachsendes Sozialprodukt gelöst werden können. Wachstum ist die Voraussetzung für die Sicherung der Unternehmensgewinne. Diese sind notwendig, um Nettoinvestitionen in einem solchen Umfang durchführen zu können, damit die durch Rationalisierungsinvestitionen freigesetzten Arbeitskräfte wieder in den Produktionsprozeß integriert werden können.

IV. Lebensstil-Gruppen — Programme, Forderungen, Selbstverpflichtungen

10. Life Style — einfacher leben, damit alle einfach überleben*)

Wir wollen einfacher leben, damit wir alle einfach überleben. Wir versuchen zu verstehen, daß unsere vermeintlichen Bedürfnisse anderen Menschen ihren notwendigen Bedarf vorenthalten. Wir sind bereit, unseren persönlichen Lebensstil so weit wie möglich zu verändern, bevor wir fordern, daß andere ihren verändern. Wir sind bereit, in Freiheit zu geben, damit wir alle zum Geben freigesetzt werden.

„Lebensstil" bietet:

1. Richtlinien, nicht gesetzliche Forderungen, für alle, die ganz persönlich und freudig für sich die dringende Notwendigkeit

---

*) Programm britischer Life Style Cells.
  Zentralkorrespondent: The Very Reverend Horace Dammers, Dean of Bristol, The Cathedral, Bristol BS1 5TJ
  Kontaktadresse in der BRD: Ökumenische Inititative: Eine Welt, c/o Dr. Fritz H. Keyenburg, Ortlohnstr. 6, 5860 Iserlohn

erkennen, die Vorräte und Energien unserer Erde in der gesamten Menschheitsfamilie gerecht zu teilen; diese Vorräte und Energien für künftige Generationen zu bewahren, und gegen jede Art von „Inflation" anzugehen.

2. Hoffnung und Sinn für Menschen im Alltag, die sich vielleicht ohnmächtig fühlen angesichts der Mächte und Gewalten, die das Überleben der Menschheitsfamilie bedrohen. „Lebensstil" kann und will soziales und politisches Handeln nicht ersetzen, kann aber zu einer Quelle für beides werden.

„Lebensstil" heißt:

1. Klar zu entscheiden, was wir kaufen, wieviel wir ausgeben wollen, auf was wir verzichten können als solche, die allen einen gerechten Anteil gönnen.

   Dies heißt, sich nicht verführen lassen durch die Werbung, das zu kaufen, was wir in Wirklichkeit gar nicht brauchen. Es heißt, überflüssige Verpackung in Frage zu stellen wie auch schlechte Qualitäten und schlechte Verarbeitung. Es heißt vor allem, die Wiederverwendung von Material (recycling) zu fördern.

2. Zu entscheiden, welchen Prozentsatz unseres verfügbaren Einkommens wir für die spenden, die in Not sind, besonders in den Entwicklungsländern und Kontinenten, und den dafür festgesetzten Betrag an die erste Stelle unserer Ausgaben zu setzen. Es heißt, Zeit und Kraft solchen Aktivitäten zu widmen, auch politischen und sozialen Aktionen, die wir für wichtig halten, um Nächstenliebe, Gerechtigkeit und Lebensfreude unter Menschen auszubreiten.

3. Zu entscheiden, ob und wie wir regelmäßig auf eine Mahlzeit verzichten und das so ersparte Geld für die Hungernden geben; hierbei wollen wir großzügig sein, ohne uns zu brüsten, und gastfreundlich ohne Übertreibung; unsere Essens- und Trinkgewohnheiten sollten wir ausrichten an den Nöten der Menschheitsfamilie.

„Lebensstil" wird wirksam:

1. Durch Menschen, die sich schriftlich zur Übernahme dieser Selbstverpflichtungen äußern. Sie bekommen jährlich neue Informationen und sie sollten jeder für sich auch in ihrem eigenen Umkreis für die Übernahme der „Lebensstil-Richtlinien" bei anderen werben.

2. Durch die Gründung von „Lebensstil-Gruppen", die sich regelmäßig zur gegenseitigen Ermutigung und Unterstützung treffen,
die verschiedenen Aspekte einer solchen Veränderung des Lebensstils studieren und aktiv werden. Jede Gruppe sollte ein Mitglied als „Sekretär" benennen, der die Gruppe immer wieder
einlädt und der auch mit dem Zentralkorrespondenten in Verbindung bleibt. Die meisten Gruppen werden innerhalb bestehender Organisationen anfangen.

Lebensstil

Ziel:
Die Erhaltung der elementaren Lebensgrundlagen der Erde und ihre
gerechte Verteilung sind entscheidend für die Zukunft der Menschheit. Das „Lebensstil"-Programm gibt einige Richtlinien an, nach
denen wir „einfacher" leben können, damit andere „einfach"
überleben können. Das „Lebensstil"-Programm will nicht selbst
eine neue Organisation schaffen oder werden, sondern bietet sich
nicht in erster Linie dem einzelnen, eher aber bestehenden Gruppen
und Organisationen an.

Selbstverpflichtung von Gruppen:
Jede Gruppe, ein Verein, eine Gesellschaft, ein Club, eine Kirchen-
gemeinde oder aber eine Gruppe, die sich ad hoc zu diesem Zweck
zusammenfindet, und zwar auf örtlicher oder regionaler Ebene, kann
sich dem „Lebensstil"-Programm anschließen. Der Anschluß wird
vollzogen, indem man die untenstehende Verpflichtung unter-
schreibt und einen Korrespondenten benennt. Dieser Korrespondent
hat drei Aufgaben:

a) Er ermuntert die Mitglieder der Gruppe, die persönliche Verpflichtung zum „Lebensstil"-Programm ernsthaft zu verwirklichen,

b) Er führt eine Liste derer, die sich verpflichtet haben,

c) Er sorgt für den Austausch von Informationen zwischen der
   Gruppe und dem Zentralkorrespondenten (s. u.)

Persönliche Selbstverpflichtung zum „Lebensstil"-Programm:
1. Wir treffen unsere Entscheidungen über Umfang und Art unseres
Verbrauchs an Gütern, Lebensmitteln und Dienstleistungen als verantwortliche Bürger des Planeten Erde.

2. Wir planen unsere zu erwartenden Einnahmen und Ausgaben — für ein Jahr, einen Monat oder eine Woche — im Lichte der vorhergenannten Verpflichtung.

3. Wir *spenden* zugunsten derer, die in Not sind, besonders in den Entwicklungsländern, einen von uns selbst festgesetzten Prozentsatz unseres Einkommens.

4. Bei unseren Einkäufen widerstehen wir dem Unnützen, prüfen die Angebote und kritisieren überflüssige Verpackung.

5. Wir sind großzügig, ohne anzugeben, und gastfreundlich ohne Übertreibung.

6. Wir sind Mitglieder einer Gruppe oder Organisation, der es um die Erhaltung der Lebensgrundlagen der Erde, ihre gerechte Verteilung oder um einen schlichten Lebensstil oder das offene Gespräch über unseren persönlichen Umgang mit dem Geld geht.

7. Wir tauschen uns regelmäßig über unsere Erfahrungen mit dem „Lebensstil"-Programm aus mit einem Freund, den wir speziell dafür zu einem Gespräch bitten.

8. Wir ermuntern andere, sich anzuschließen, und wir übernehmen unseren *Pflichtanteil,* soweit die Weiterentwicklung dieses Programms *Kosten* verursacht.

Anmerkung:

Lebensstil soll kein Ersatz werden für politische oder ökonomische Aktionen, sondern eher eine psychologische bzw. ethische Basis zu solchem Handeln geben.

Eine Selbstverpflichtung zu diesem Lebensstil-Programm bedeutet nicht die kritiklose Bejahung aller acht Verpflichtungspunkte „Was wir hören, können wir vergessen, was wir sehen, können wir behalten, was wir tun, werden wir begreifen". (chinesisches Sprichwort)

11. Nieuwe Levensstijl — Einsichten aus einer holländischen Aktion*)

Am 25. November 1974 beschloß der „Rat der Kirchen" auf der Konferenz von Lunteren die Aktion „Neuer Lebensstil". Im Mittel-

---

**) Aus: Linz, Manfred; Ein neuer Lebensstil. In: Evangelische Kommentare, Jg. 8, Heft 12/1975, S. 744, 749—50; hier: S. 744, 749.
   Kontaktadresse: Werkgroep Nieuwe Levensstijl van de Raad van Kerken in Nederland, Carnegielaan 9, Den Haag*

punkt steht zunächst der Vorschlag eines wöchentlichen Fasten-
tages, an dem die Holländer auf Fleisch und auf ihr Auto verzichten
sollen — beides strategische Produkte für die Welternährung beziehungsweise Rohstoffversorgung. Der Fastentag wird als eine
zugleich symbolische und praktische Einführung in eine umfassende
Änderung der Lebensweise verstanden, wobei sogleich betont
wird, die Kirchen müßten sich für die einsetzen, denen durch einen
solchen Verzicht berufliche Schwierigkeiten entstehen.

Die Aktion möchte dazu beitragen, daß möglichst viele einzelne
sich bewußt auf die tiefgreifenden Veränderungen unseres bisherigen Lebens einstellen und ihr Verhalten ändern. Indem sie
selbst schon jetzt praktizieren, was sie eingesehen haben, und
andere darauf aufmerksam machen, sollen sie ein öffentliches
Klima fördern, in dem Parlament und Regierung die notwendigen,
aber von vielfachen Interessen bestrittenen Maßnahmen treffen
können.

Was den einzelnen angeht, so versteht sich die Aktion als eine
Befreiungsbewegung, in der Menschen sich gegenseitig auf die
größeren Möglichkeiten eines solidarischen Lebens aufmerksam
machen, das nicht mehr vor allem an Konsum, Konkurrenz, Prestige
orientiert ist. Was die Öffentlichkeit angeht, will die Aktion in dem
Maße, in dem sie in der Bevölkerung Rückhalt findet, als Anreger
und Mahner gegenüber Parlament, Regierung und den großen Verbänden auftreten.

Zunächst verbreitete der Fasten-Gedanke, als Konsumverzicht
gedeutet, große Faszination. Ein wöchentlicher Fastentag, an dem
sich Hunderttausende, vielleicht Millionen beteiligten, erschien
als ein deutliches Zeichen. Vor allem, so überlegten die Initiatoren,
würde ein solcher Fastentag jene verändern, die sich ihm anschließen.
Wer einmal in der Woche den Wagen zu Hause läßt und seine Eßgewohnheiten kontrolliert, beginnt ja nachzudenken und wird
dabei viel entdecken, was er bisher nicht gesehen hat.

Freilich hat sich herausgestellt, daß ein Fastentag mißverständlich
wäre. Es meldeten sich zum Beispiel Metzger und Tankstellen-
pächter mit der Frage: Warum gerade Fleisch und Erdöl? Warum
nicht Pelze? Wollt ihr gerade das Autofahren als unsozial hinstellen,
nachdem sich endlich die Arbeiter ein Auto kaufen können? Andere

sagten: Fasten ist eine Negativ-Tugend. In den meisten weckt es die Assoziation eines Verzichtes auf Lust und Lebensfreude. Soll das der neue Lebensstil sein? Dann hat er nichts Verlockendes, und wir werden nicht viele für ihn gewinnen.

Das waren richtige Einwände. Tatsächlich geht es um eine Überprüfung des ganzen Lebens etwa unter den Fragen: Was von dem, was wir haben, brauchen wir wirklich? Was von dem, was wir uns vornehmen, macht uns zufrieden? Sind wir Gefangene unseres Strebens nach Wohlstand geworden? Wie können wir uns daraus befreien? Inzwischen sind das die Leitgedanken geworden. Das wöchentliche Fasten wird weiterhin empfohlen, aber mehr als eine persönliche Übung. Im „neuen Lebensstil" geht es um mehr, um eine neue Orientierung des Lebens. Dem, der sie entdecken will, geben die Initiatoren drei Fragen an die Hand: Wie gehe ich mit meinem Geld um? Wie gehe ich mit meiner Zeit um? Wie gehe ich mit den Menschen um, mit denen ich zusammenlebe?

Einige Sätze dazu aus einem Merkblatt, die zeigen, wie entspannt sich über ernsthafte Fragen sprechen läßt: „Wählen Sie an einem Tag der Woche einen anderen Rhytmus als sonst. Wer zum Beispiel immer auf Trab ist, der müßte sich an einem Tag die Zeit nehmen, einfach einmal bei sich selbst zu verharren. Rationieren Sie sich selbst! Verbrauchen Sie einmal etwas weniger, genießen Sie das bewußter und prüfen Sie dann, ob Sie dabei nicht auch schöne Gefühle haben. Seien Sie mindestens einmal in der Woche offen gegenüber all dem Schönen, das die Natur zu bieten hat. Wieder einmal bewußt spüren, was Wind ist, wie sich der Boden anfühlt, einfach einmal einen einzelnen Baum betrachten..."

12. Welche Schweiz morgen? — ein veränderter Lebensstil in einer veränderten Gesellschaft*)

Dieses Werkstattpapier, ursprünglich von Rudolf Strahm für das ökumenische Forum „Welche Schweiz morgen?" in Magglingen verfasst, kann geschmiedet,

---

*) Strahm, Rudolf H.; Was tun? Ein Werkstattpapier als Diskussions- und Denkanstoß. In: Beilage zum Rundbrief 1976/3.
Kontaktanschrift: Erklärung von Bern, Gartenhofstraße 27, CH-8004 Zürich

verformt, entfaltet werden. Es versucht, eine Gesamtperspektive für einen veränderten Lebensstil in einer veränderten Gesellschaft zu geben. Es erhebt aber nicht Anspruch auf Vollständigkeit, Ausgereiftheit oder abgeschlossene Programmatik. Es könnte als Grundlage für eine Gruppendiskussion oder persönliche Reflektion dienen.

I Persönlicher Lebensstil und Gesellschaft

1. Wir sind bereit,
 unseren Lebensstil zu verändern, zum Beispiel ein bescheideneres Konsumniveau zu akzeptieren, auf ein ständig wachsendes Einkommen zu verzichten und sowohl die Partizipation an gesellschaftlichen Entscheiden als auch das menschliche Zusammenleben zu verbessern.
Weil wir die gegenwärtige Situation in der Welt und in unserem Lebensstil als Resultat einer globalen Fehlentwicklung betrachten.
Deshalb
plädieren wir für strukturelle Änderungen in unserer Gesellschaft, denn unser Lebensstil ist zum größten Teil durch gesellschaftliche Mächte und Einflüsse bedingt und erzwungen. Persönlicher Verzicht und Bekehrung bekehren die falschen Strukturen nicht.
Wir halten es als die fatalste aller Illusionen in Christentum und Gesellschaft, daß individuelle Verhaltensänderung allein schon zur gesellschaftlichen Veränderung führen werde (obschon die individuelle Einsicht und Bereitschaft natürlich Vorbedingungen für solche Änderungen sind.)

II Einkommen und Verbrauch

2. Wir sind bereit,
auf ein Wachstum unseres realen Einkommens und der Produktion zu verzichten.
Weil unsere Erfahrung uns darauf hinweist, daß „mit steigendem Konsum die Lebensqualität der Reichen sinkt" (Charles Birch in Nairobi).

Weil wir einsehen, daß der Ausschöpfung der Ressourcen (Natur, Energie, Umwelt) äußere Grenzen gesetzt sind, und daß die Belastung des Menschen ebenso innere Limiten (Stress, Neurosen) gebietet. (Erklärung von Cocoyoc)

Weil es heute nicht mehr darum geht, ein möglichst hohes Wachstum der Produktion, sondern eine Limitierung in Obergrenzen des Konsums für die Reichen und Untergrenzen für alle Ärmsten in der Welt (z.B. die Befriedigung der existenziellen Grundbedürfnisse) zu erreichen.

Wir fordern

1. Eine Senkung der gesetzlichen Arbeitszeit im Ausmaß der Produktivitätssteigerung, die dazu beitragen würde, die Produktion in der Wirtschaft nicht mehr zu erhöhen, sondern konstant zu halten und dabei (wieder) Vollbeschäftigung zu erzielen.

2. Die Schaffung der Möglichkeit einer Investitionslenkung für die Wirtschaft: Zum Beispiel gesetzgeberische Maßnahmen zur Verhinderung von unerwünschten Produktionsverlagerungen ins Ausland, oder demokratische Einflußnahme auf den Einsatz jener 200 Milliarden Franken, die bis zum Jahr 2000 für die betrieblichen Pensionskassen (2. Säule der Altersvorsorge) in den Händen einiger weniger Versicherungsgesellschaften und Großbanken akkumuliert werden.

3. Wir sind bereit,
durch Steuern und Abgaben an den Staat ein qualitatives Wachstum zu ermöglichen und der Verarmung der öffentlichen Hand entgegenzuwirken.

Weil das Mißverhältnis zwischen privatem Reichtum und öffentlicher Armut zu einem Übergewicht von Investitionen für die materielle Güterproduktion führt. Diese gehen zu Lasten der Investitionen für qualitative Verbesserungen des Lebens (Schulen, Klassenverkleinerungen, Umschulung und Weiterbildung, soziale Infrastruktur).

Wir fordern
ein einheitliches Steuersystem mit einer progressiven Besteuerung der hohen Einkommen und der Kapitalgesellschaften, eine redistributive Erbschaftssteuer und gleichzeitig eine weitere steuerliche Entlastung der unteren Einkommensklassen.

4. Wir sind bereit,
unsere Essgewohnheiten zu vereinfachen und namentlich weniger Fleisch zu konsumieren.
Weil das Essen längst nicht mehr eine Privatsache ist.
Weil zum Beispiel durch unseren Fleischkonsum (in der Schweiz durchschnittlich 80 kg pro Kopf und Jahr) ungeheure Mengen an wertvollem Getreide zur Tierfütterung verschleudert werden, wobei der Kalorienverschleiß bei der Fleischproduktion aus Getreide 7 : 1 beträgt.
Wir fordern gleichzeitig
staatliche Lenkungsmaßnahmen der Fleischproduktion (zum Beispiel durch ein Verbot der Käfighaltung von Tieren in einer Tierschutzgesetzgebung) und der Futtermittelimporte (zum Beispiel durch zusätzliche Zölle für importiertes Futtergetreide, das zur industriellen Fleischproduktion dient).
Gleichzeitig erachten wir die Erhaltung der bäuerlichen Landwirtschaft, die im Falle des Weiterwachsens der industriellen Fleisch- und Eierproduktion in 20 Jahren ruiniert sein wird, als eine sehr wichtige Aufgabe.

5. Wir sind bereit,
Energie zu sparen und darauf zu verzichten, immer mehr energieverbrauchende Apparate und Maschinen anzuschaffen.
Weil nur durch Energiesparen in allen Bereichen ein Verzicht auf immer mehr lebensgefährdende Kernkraftwerke möglich ist.
Wir fordern deshalb
1. Staatliche Mindestvorschriften für die Isolation von Gebäuden und staatliche Verbilligung von Gebäudenachisolierungen.
2. Volksrechte beim Bau von Atomkraftwerken, um die drohende Schaffung von Überkapazitäten bei der Atomstromproduktion zu vermeiden.
3. Eine progressive Besteuerung des Energiekonsums, um Energiesparinvestitionen und die Erschließung alternativer Energiequellen (die letztlich billiger sind als der Atomstrom in Zukunft) schon jetzt rentabel zu machen.

6. Wir sind bereit,
zum Verzicht auf ein Auto.
Weil der Autoverkehr Millionen von Mitbürgern durch Lärm und Abgase das Leben erschwert.
Weil Autoproduktion und -betrieb die größtmögliche Verschleuderung von Ressourcen (Energie, Metalle) verursacht.
Wir fordern
aber, daß der öffentliche Verkehr (Bahnen, Stadtverkehr, Vorortsverkehr) stark gefördert wird und durch staatliche Subventionierung, bei gleichzeitiger Besteuerung des privaten Verkehrs (zum Beispiel durch einen Zuschlag von einem Franken pro Liter Benzin und Dieselöl) wieder konkurrenzfähig gemacht wird.

7. Wir sind bereit,
unsere Konsumgüter länger zu nutzen und sorgfältiger zu handhaben.
Weil durch die wachsende Verschwendung unserer Konsumgesellschaft immer mehr Rohstoffe verschlissen werden.
Wir fordern deshalb
1. Staatliche Vorschriften, welche die Hersteller und Händler von dauerhaften Konsumgütern zur Gewährung eines Garantie- und Reparaturservices anhalten.
2. Daß sich die Hersteller von Konsumgütern auch um die Wiederverwendung (Verschrottung, Rücknahme usw.) kümmern müssen.
3. Eine Beschränkung der Werbung, zum Beispiel durch eine Besteuerung aller Werbeauslagen und ein Verbot der Werbung für schädliche Genussmittel sowie eine klagbare Verpflichtung zu wahrheitsgetreuer und umfassender Angabe von Produktqualitäten.

8. Wir sind bereit,
auf einen Eigentums-Anspruch auf Grundstücke zu verzichten und den Boden als gemeinsames Gut zu betrachten.
Weil der Boden unvermehrbar ist und der natürliche Lebensraum nicht ungestraft übernutzt (überbaut, verbetoniert, verschandelt) werden kann.
Wir treten deshalb dafür ein
daß der Boden gemeinschaftlicher Besitz wird und die Raumplanungsgesetzgebung Gebiete für die verschiedenen Nutzungsarten auscheidet.

III Demokratie und Teilnahme

9. Wir sind bereit,
mehr Verantwortung für die Wirtschaft und die Gesellschaft zu
tragen.
Weil nur eine Gesellschaft, in der alle Menschen an den wesentlichen Entscheiden teilnehmen, die Lebensbedürfnisse der Menschen befriedigen kann.
Weil in unserer heutigen Gesellschaft die wirklichen Entscheide
über die Entwicklungsprioritäten undemokratisch und allein nach
den Kriterien einer profitablen Kapitalverwertung gefällt werden.
Wir fordern deshalb
eine integrale Mitbestimmung in der Wirtschaft, eine paritätische
Partizipation der in jedem Bereich arbeitenden Menschen und
deren gewerkschaftlichen Vertreter und zwar auch auf der Ebene,
auf welcher die Entscheide über die Investitionen gefällt werden.

10. Wir sind bereit,
in unserem Staatswesen stärker mitzuarbeiten und an die Urnen zu
gehen.
Weil viele wichtige Sachprobleme nicht transparent dargestellt
werden, weil grundlegende Konflikte verdeckt werden und weil
die wichtigsten Entscheide hinter verschlossenen Türen fallen:
also weil das öffentliche Leben systematisch entpolitisiert wird, enthalten sich die Hälfe bis zwei Drittel aller Schweizerbürger und
-bürgerinnen permanent der Stimme bei Wahlen und Abstimmungen.
Wir fordern deshalb
1. Staatliche Reformen, die mehr Transparenz der Entscheide
und Vorentscheide ermöglichen.
2. Gesetzliche Riegel gegen die Tendenz der Wirtschaftsverbände,
den Staat und die Gesetzgebung für ihre Partikularinteressen ein-
zuspannen (zum Beispiel durch Verbot der Einsitznahme von Ver-
waltungsräten und Interessenvertretern in Parlamenten und Regierungen).
3. Eine andere Grundlage für die Presse und die Meinungsorgane,
um ihnen die Eigenständigkeit zurückzugeben, die durch die zunehmende Knebelung durch die am Kapital interessierten Verleger

bedroht ist (zum Beispiel durch Ablösung des privaten Kapitals der Verleger durch öffentliches Darlehnskapital).

11. Wir sind bereit,
für ein ehrliches Wirtschaftsgebaren im persönlichen Leben und in der Öffentlichkeit aufzutreten.
Weil die zunehmende Wirtschaftskriminalität und die kommerzielle Spekulation zu einer allgemeinen Verluderung des Rechtsempfindens führt, die eine weit verbreitete Kleinkriminalität und Unehrlichkeit bewirkt.
Wir fordern
ein Umdenken und eine Änderung der Gesetzgebung, daß Wirtschaftsdelikte und Steuerhinterziehung als Verbrechen wie jedes andere behandelt werden, denn solange die großen Wirtschaftsverbrechen legalisiert sind, läßt sich das Kleinverbrechen kaum beseitigen.

IV Zusammenleben

12. Wir sind bereit,
und streben an, gemeinsamer, kooperativer zu leben und unsere Isolation abzubauen.
Weil durch die zunehmende Abkapselung und Isolierung in Kleinfamilien, durch die Anonymität die Reichhaltigkeit des menschlichen Zusammenlebens schwindet.
Weil wir Menschen wegen des Unterlassens, kooperativ leben zu lernen, in unserem Alter zunehmend zu isolierten einsamen Menschen degradiert werden (sowohl durch Selbstisolation als auch durch Isolation der Gesellschaft).
Wir fordern
1. Anstrengungen in der Erziehung zur Solidarität und Konvivialität und ein Akzeptieren neuer Formen des Zusammenlebens wie Wohngemeinschaften, Gruppenwohnungen usw.
2. Staatliche Lenkungsmaßnahmen zum Bau von Gruppenwohnungen und Kollektivwohneinrichtungen.
3. Staatlich garantierte Freiräume bei den Experimenten für neue Formen des schulischen Lernens und Zusammenlebens.

V Strategie

13. Wir sind bereit

den in unseren Möglichkeiten liegenden Beitrag für die Durchsetzung von Veränderungen zu leisten: durch die aktive Mitarbeit in einer Gruppe oder Organisation nach eigener Wahl oder durch regelmäßige finanzielle Beiträge an solche Gruppen und Organisationen.

Weil wir einsehen. daß solche Veränderungen in unserer Gesellschaft nicht von selbst stattfinden, sondern nur durch mutige Persönlichkeiten, aktive Gruppen und finanziellen Rückhalt ermöglicht werden.

13. Ökumenische Initiative: Eine Welt

13.1 — Die Zukunft der Menschheit ist in Gefahr *)

Was wir heute wissen

Die Zukunft der Menschheit ist in Gefahr. Die ungerechte Verteilung der Güter dieser Erde, der Hunger in weiten Gebieten, die Zerstörung der Umwelt, die absehbare Erschöpfung von Rohstoffvorräten lassen die Welt nicht zum Frieden kommen und bedrohen das Überleben der Menschheit.

Die Kluft zwischen armen und reichen Ländern wächst. Die Abhängigkeiten verschärfen sich. Die wirtschaftliche Macht konzentriert sich in immer weniger Händen; die Verteilungskämpfe werden heftiger. Die Privilegien der Reichen werden größer; die Armen werden ärmer. Millionen von Menschen haben schon heute keine Zukunft mehr; sie leben ohne Hoffnung.

Den Bürgern unseres Landes hat der ständig steigende Lebensstandard nicht nur Glück gebracht. Längst nicht alle sind an ihm beteiligt. Konkurrenz und Konsumwünsche haben einen hohen Preis gefordert. Wir leben mehr gegeneinander als miteinander. Die Leistungsgesellschaft schafft Gruppen von Ausgestoßenen, die den Anforderungen nicht mehr gerecht werden können. So nimmt die

*) Aus: Erstes Informationsblatt der Ökumenischen Initiative: Eine Welt, Postfach 1227, 3008 Garbsen 1

aus: Wenke / Zilleßen (Hg.), Neuer Lebensstil — verzichten oder verändern? (westdt. Verlag) Opladen 1978

Zahl der psychisch Kranken, der Süchtigen, der Nichtseßhaften zu.

Die Menschheit nähert sich Grenzen der materiellen Entwicklung. Einschränkungen und Umorientierungen des Wachstums sind unumgänglich. Noch immer gilt jedoch national wie international das Recht des Stärkeren; deshalb werden die notwendigen Einschränkungen in aller Regel den Schwächeren aufgebürdet.

Was wir zu begreifen beginnen

Die Menschheit wird nur dann eine Überlebenschance haben, wenn wir unser Verhältnis zur natürlichen Umwelt und untereinander radikal verändern. Keiner kann sich der Mitverantwortung für eine lebensfähige Weltgesellschaft entziehen. Die Zukunft unserer eigenen Kinder entscheidet sich an der Zukunft aller Menschen. Wenn mehr Menschen ausreichende Lebensbedingungen erhalten sollen, müssen die, denen es gut geht, in Einschränkungen einwilligen. Das bedeutet: In allen Industrienationen, also auch bei uns, haben viele die Obergrenze ihres persönlichen Wohlstands erreicht oder schon überschritten. Sie werden auf eine Steigerung ihres Einkommens verzichten oder sogar Einbußen akzeptieren müssen. Was an Wirtschaftswachstum überhaupt noch möglich ist, muß vor allem denen in unserem Land und in den Ländern Asiens, Afrikas und Lateinamerikas zukommen, die bis jetzt benachteiligt sind.

Der Übergang zu einer neuen Ordnung wird sich nicht mit einem Schritt vollziehen. Politische und wirtschaftliche Strukturen müssen verändert werden. Zugleich ist es notwendig, das persönliche Verhalten neu zu orientieren. Diese Herausforderung reicht an die Wurzeln der moralischen, geistigen und religiösen Kräfte der Menschheit.

Wir beginnen zu begreifen, daß zur Mitverantwortung für die Welt folgendes gehört:

- umweltgerecht leben, damit menschliches Leben innerhalb der Grenzen der Erde fortbestehen kann;
- einfacher leben, damit andere überhaupt leben können;
- solidarisch leben, damit in Zusammenarbeit mit anderen Gerechtigkeit verwirklicht wird;

— gesprächsbereit leben, damit Verständnis wachsen und Wahrheit sich durchsetzen kann.

Wo wir heute stehen

Viele unter uns haben begonnen, diese Verantwortung als einzelne oder in Gruppen wahrzunehmen. Sie haben sich in verschiedener Weise um Veränderungen bemüht. Zum Beispiel unternehmen manche Gruppen Aktionen, um der Zerstörung unserer Umwelt entgegenzutreten; andere versuchen, einen einfacheren Lebensstil zu entwickeln; wieder andere beteiligen sich an entwicklungspolitischen Aktionen, arbeiten als Entwicklungshelfer oder geben Geld für Hilfswerke; an vielen Orten arbeiten Gruppen für die Durchsetzung der Menschenrechte, für Versöhnung und Frieden zwischen den Völkern.

Ihre Erfahrungen sind unverzichtbar. Zu diesen Erfahrungen gehört, daß persönliche Entschlüsse und guter Wille nicht ausreichen. Die Widerstände gegen die notwendigen Veränderungen sind nicht zurückgegangen, sondern haben sich verstärkt. Interessen und tiefsitzende Ängste stellen sich den Versuchen in den Weg, Mitverantwortung für die Zukunft der Welt zu lernen und wahrzunehmen. Durch redliches Bemühen und noch so überzeugende Argumente allein sind die Mächte und Gewalten in unserer Welt nicht zu überwinden. Deshalb haben manche die Geduld zu schrittweiser Veränderung verloren; andere haben jede Hoffnung aufgegeben.

Viele suchen aber weiter nach Ermutigung und nach Zeichen der Hoffnung auf eine menschlichere Welt. Manche tun dies auf der Grundlage eines demokratischen Sozialismus und anderer humanistischer Überzeugungen. Andere gewinnen die Gewißheit der Hoffnung und die Kraft zur Selbstveränderung aus dem christlichen Glauben. Die ökumenische Begegnung zwischen Christen und Kirchen aller Länder hat die christliche Verantwortung weltweit gemacht und vertieft.

Was wir tun wollen

Wir beginnen diese Initiative auf dem Hintergrund solcher Erfahrungen. Für uns umfaßt ökumenisches Leben ebensosehr die Bemühung um Einheit der Christen und Kirchen wie die Mitverantwortung für die von Menschen bewohnte Erde. Dies ist der ursprüngliche Sinn des Wortes Ökumene. Darum müssen wir versuchen, umweltgerecht, einfacher, solidarisch und gesprächsbereit zu leben.

Politische Veränderungen sind in unserem Land nur zu erhoffen, wenn es eine ausreichend große Zahl von Bürgerinnen und Bürgern gibt, die solche Veränderungen wollen oder zumindest zulassen. Gegenwärtig sind Initiativen von Gruppen, die ihren Einsichten selbst folgen und sie ins öffentliche Gespräch bringen, am ehesten geeignet, notwendige Lernprozesse bei einer Mehrheit in Gang zu bringen und die Träger staatlicher und wirtschaftlicher Macht zum Handeln zu veranlassen. Wir wenden uns mit unserer Initiative an alle, die die Situation ähnlich einschätzen und daraus Konsequenzen für ihr Leben und Handeln ziehen wollen, und laden sie zur Mitarbeit ein.

Unser Ziel als Initiativgruppe ist es, Modelle eines ökumenischen Lebens zu erproben und andere dazu anzustiften. Wir wollen die Erfahrungen, die wir dabei machen, untereinander und mit ähnlich gerichteten Gruppen austauschen. Wir wollen Verbindungen herstellen zwischen Gruppen und Einzelnen, die nach Ermutigung, Anregung und Korrektur suchen. Wir werden an der politischen Durchsetzung von Zielen mitarbeiten, die wir als notwendig erkannt haben. Dabei werden wir versuchen, uns mit Andersdenkenden so auseinanderzusetzen, daß unsere und ihre Fähigkeit zu lernen nicht darunter leidet.

Wozu wir uns verpflichten

Wir übernehmen folgende Verpflichtungen und laden andere ein, zusammen mit uns oder in ihrem eigenen Bereich dieselben Verpflichtungen zu übernehmen:

(1) Wir werden Entwicklungen verlangen und unterstützen, durch

die bisher Benachteiligte in ihren Lebenschancen gefördert werden. Wir werden uns um Modelle bemühen, an denen in ökumenischer Gemeinschaft gelernt werden kann, Mitverantwortung im entwicklungspolitischen und umweltpolitischen Bereich wahrzunehmen, (2) Wir werden unseren Konsum überprüfen: Wir werden ihn einschränken und in ein vertretbares Verhältnis zu den begrenzten Vorräten der Erde, dem Bedarf der Benachteiligten und der Umweltzerstörung bringen. Wo immer möglich, werden wir ihn auf Waren umstellen, deren Ertrag die Produzenten in Entwicklungsländern eigenständiger macht.

Ein erstes Beispiel: Kauf von Kaffee und anderen Gütern über die Aktion ,,Dritte Welt Handel", die den Ertrag den Produzenten selbst zukommen läßt. Die Auswahl und Begründung von weiteren Projekten wird eine vordringliche Aufgabe der Initiative sein.

(3) Wir werden einen spürbaren Teil unseres Geldes im Sinne dieser Initiative verwenden, in der Regel wenigsten 3 % des Netto-Einkommens. Persönliche Umstände können eine andere Selbsteinschätzung nach oben oder nach unten notwendig machen. Wir werden das Geld folgenden Zwecken zuführen: entwicklungspolitischen Modellen, durch die die Eigenständigkeit und Handlungsfähigkeit derer gefördert wird, die in Armut und ohne eigene Gestaltungsmöglichkeiten leben müssen; bewußtseinsbildenden und politischen Aktionen in der Bundesrepublik Deutschland.

Beispiele: Unterstützung von Genossenschaften in der Dritten Welt; Unterstützung von Informationsdiensten, die über Entwicklungen in Asien, Afrika und Lateinamerika, den europäischen Einfluß darauf und Möglichkeiten für unser solidarisches Handeln berichten. Auch hierzu wird die Initiative Projekte auswählen und begründen.

Jeder kann sich dieser Initiative anschließen, indem er die drei Verpflichtungen für sich übernimmt und seinen Namen bei der Geschäftsstelle angibt. Die Inititative wird durch freiwillige Beiträge aus dem Kreis der Unterzeichner finanziert. Manche werden in ihrem eigenen Bereich die Gemeinschaft haben, die sie brauchen, um ökumenisches Leben einzuüben. Manche werden erst Kontakte mit anderen Unterzeichnern knüpfen und in Gruppen zusammenfinden. Die Initiativgruppe möchte Kontakte zwischen den Unterzeichnern vermitteln, Erfahrungsberichte von Einzelnen und Gruppen sammeln und weitergeben sowie Hilfsmittel für jene erarbeiten, die fragen: was können wir tun?

13.2 — Initiative — auf einen Blick *)

Wir werden gefragt: was ist das Spezifische der Ökumenischen Initiative?

Darauf antworten wir vorläufig:

- Wir wollen für uns selbst unter den Bedingungen des Alltags anfangen zu leben gemäß dem, was wir als notwendig erkannt haben. Diese umfassende Absicht drückt sich beispielhaft in unseren Selbstverpflichtungen aus.

- Wir wollen uns in Gruppen mit anderen zusammenschließen, die diese Initiative unterstützen, um unsere Erfahrungen auszutauschen, uns gegenseitig zu ermutigen und gemeinsam zu tun, was wir nicht allein tun können. Das betrifft sowohl politische als auch spirituelle Erfahrungen, solche die wir beim eigenen Umlernen wie auch solche, die wir bei der Weitervermittlung an andere machen.

- Wir wollen eine Lernbewegung in Gang bringen. Wir haben das Ziel, daß Mehrheiten in unserem Volk anfangen, umzulernen. Wir wollen eine unüberhörbare Unruhe erzeugen, so daß (über)-lebensnotwendige Fragen nicht länger verdrängt werden.

- Wir wollen freilich niemand aus seinem bestehenden Engagement und bereits eingegangenen Bindungen abziehen. Wir wollen denen, die schon überlastet sind, keine zusätzliche Belastung aufbürden. Aber wir erhoffen Konzentration und Entlastung davon, daß wir Kontakte zwischen Einzelnen und Gruppen herstellen, die mit verschiedenem Hintergrund an unterschiedlichen Schwerpunkten engagiert sind. Wir wollen dazu anregen, die unterschiedlichen Erfahrungen auszutauschen, Aktivitäten zu koordinieren sowie die Schwerpunkte des eigenen Einsatzes unter dem Gesichtspunkt zu überdenken, inwiefern sie eine Bewegung des Lernens erzeugen.

*) Aus: Info 1 der Ökumenischen Initiative

Wir werden gefragt: was wollt ihr als die Initiativgruppe konkret tun?

Darauf antworten wir zunächst:

- Wir werden eine Kette bilden, um andere zur Unterstützung der Initiative anzuregen. Jeder Unterzeichner wird in seinem Kreis Menschen darauf ansprechen oder anschreiben, ob sie sich den Zielen der Initiative anschließen können und die Selbstverpflichtungen übernehmen möchten.

- Wir werden uns darum bemühen, Vorschläge auszuarbeiten, an welchen Stellen wir sinnvoll mit einer Änderung unseres Konsumsverhaltens beginnen.

- Wir werden uns darum bemühen, Vorschläge auszuarbeiten, welche entwicklungspolitischen Modelle wir finanziell unterstützen können, wenn wir Unabhängigkeit fördern und Zeichen für die Bewußtseinsbildung setzen wollen.

- Wir werden miteinander über die positiven Ziele und eine Weise des Lebens nachdenken, die der kritischen Frage „Was lohnt?" standhalten können.

- Wir werden denjenigen, die Kontakte mit anderen suchen, die Adressen der anderen Unterzeichner mitteilen, damit sie miteinander Verbindung aufnehmen können.

- Wir werden diesen Informationsdienst weiterführen, um die jeweiligen Ergebnisse der Arbeitsgruppen mitzuteilen, über den Fortgang der Initiative zu berichten und relevante Erfahrungen weiterzugeben, die wir selbst machen oder die uns berichtet werden.

- Wir werden uns an der Vorbereitung der Arbeitsgruppe 3 des Deutschen Evangelischen Kirchentags 1977 in Berlin beteiligen, die unter dem Thema „Umkehr zur Zukunft" genau die Fragen behandeln soll, um die es bei unserer Initiative geht.

Wir werden gefragt: was sollen wir tun, wenn wir die Selbstverpflichtungen übernehmen?

Darauf antworten wir vorläufig:

- Sie können andere suchen, die bereit sind, sich den Zielen der Initiative anzuschließen und die Selbstverpflichtungen zu übernehmen.

- Sie können Ihre finanziellen und zeitlichen Verpflichtungen anhand des Kriteriums überdenken, ob sie im Sinne dieser Initiative einer Lernbewegung dienen und gegebenenfalls neue Schwerpunkte setzen.
- Sie können sich einer Gruppe, von der Sie wissen, daß sie im Sinne dieser Initiative engagiert ist, anschließen.
- Sie können selbst eine Gruppe bilden, indem Sie sich mit anderen Unterzeichnern aus Ihrer Region zusammenschließen. Die Geschäftsstelle ist mit der Vermittlung von Kontakten gern behilflich.
- Sie können in Ihren Gruppen nachdenken über erste Ansatzpunkte für die Änderung unseres Konsums und über geeignete Entwicklungsprojekte, die Sie im Sinne unserer Selbstverpflichtung am ehesten für unterstützungswürdig halten.
- Sie können sich mit einer der Kontaktstellen in Verbindung setzen, um eigene Ergebnisse mitzuteilen oder Material zur Klärung von Fragen zu erbitten.
- Sie können sich melden, wenn Sie bereit sind, Arbeiten, die in der Geschäftsstelle anfallen, zu übernehmen.
- Sie können sich an den Kosten der Initiative beteiligen durch Überweisungen auf das Sonderkonto Ökumenische Initiative EINE WELT, Nr. 237 337, Volksbank Hannover (BLZ 251 900 01).

Womit wir anfangen wollen

Wer fragt, was er tun kann, um die Ziele unserer Initiative in praktisches Handeln umzusetzen und seine Selbstverpflichtungen einzulösen, wird mit den Antworten, die wir vorläufig geben, nicht zufrieden sein. Das liegt neben anderem daran, daß wir auf viele Fragen selbst (noch) keine Antwort wissen.
Was wir aber wissen:
- Wir können nicht damit warten, etwas zu tun, bis alle Fragen restlos geklärt sind.
- Es kann nicht Sache von wenigen sein, die Fragen von vielen zu bewältigen.

- Die Lösung einiger Probleme ist so schwierig, daß die qualifiziertesten Kräfte bisher erst Erkenntnisse darüber gewonnen haben, was alles nicht sinnvoll ist und nicht geht, aber noch wenig positive Hinweise geben können.

Wir haben daraus die Folgerungen gezogen:

- In Arbeitsgruppen zunächst die folgenden drei Fragenkreise intensiv zu bearbeiten:
  - Veränderungen im Konsumverhalten
  - Entwicklungsprojekte zur Selbständigkeit
  - Was lohnt? – Lebensziele, Lebensstile
- Einzelne und Gruppen zu ermutigen, soweit sie nicht schon an anderen Fragen arbeiten, sich für eines dieser Themen zu entscheiden, sich selbst einzuarbeiten, sich mit den bisherigen Erkenntnissen anderer vertraut zu machen, neue Ansätze zu ersinnen und Versuche zu wagen. Die Geschäftsstelle wird behilflich sein, Interessenten für die einzelnen Fragenkreise in regionalen oder lokalen Arbeitsgruppen zusammenzubringen.
- Zu jedem Fragenkreis eine Kontaktstelle zu bilden. Sie soll das, was Einzelne und Gruppen an Fragen, Informationen, Ergebnisse und Erfahrungen beisteuern sammeln und bündeln, zentrale Fragen weiter verfolgen, Fachleute befragen und zur Mitarbeit einladen. Ihre Arbeitsergebnisse werden über den Informationsdienst an alle weitergegeben.

An diese Kontaktstellen kann man sich wenden,

- um die eigenen Ergebnisse und Erfahrungen zugunsten anderer mitzuteilen,
- um weiteres Material zur Klärung von Sachfragen zu erbitten.

Alle, die auf den genannten Gebieten schon gearbeitet haben und ihre Hilfe anbieten können, sind herzlich gebeten, sich mit der jeweiligen Kontaktstelle in Verbindung zu setzen.

Fragenkreis I:
Veränderungen im Konsumverhalten

Auf drei konkreten Feldern werden wir Vorschläge zu einem veränderten Konsumverhalten erarbeiten. Jeweils müssen weitreichende Implikationen und schwer überschaubare Konsequenzen mitbedacht werden:

a) Energie sparen
b) Das Auto in unserem Leben
c) Kontrollierter Verbrauch von Nahrungsmitteln

Wir wollen uns und anderen klarmachen, daß wir in den Industrieländern unsere Produktionsweisen und unseren Konsum so verändern müssen, daß die Rohstoff- und Energievorräte geschont
und die Güter der Erde zugunsten der Benachteiligten umverteilt
werden. Jedesmal gehören darum persönliche Verzichte, verändertes Verbraucherverhalten und öffentliche Aktionen zusammen.
Sie müssen möglichst deutlich auf die notwendige Neuordnung
unserer Gesellschafts- und Wirtschaftspolitik hinweisen.

Kontaktstelle:
Karl Ernst Wenke, Sanderweg 32, 4630 Bochum 1

Fragenkreis II:
Entwicklungsprojekte zur Selbständigkeit

Wir wollen Projekte aussuchen, die den Sinn unserer finanziellen
Selbstverpflichtung erfüllen und deren Unterstützung wir empfehlen können. Das heißt: die ausgewählten Projekte sollen erkennbar machen, in welcher Richtung die Mechanismen des Welthandels verändert werden müssen, damit die Partner in den Entwicklungsländern selbständiger werden und einen gerechteren Anteil am Ertrag erhalten. Darum ist eine didaktisch wirksame Darstellung und Vermittlung der Projekte besonders wichtig. Zwei
Beispiele, die uns vorläufig am meisten einleuchten, obwohl ihre
positive Wirksamkeit noch keineswegs erwiesen ist, sind die Ökumenische Entwicklungsgenossenschaft und die Aktion-Dritte-Welt-
Handel.

Kontaktstelle:
Harry Neyer, Jungholzweg 28, 5309 Meckenheim

Fragenkreis III:
Was lohnt? — Lebensziele, Lebensstile

Die Ökumenische Initiative EINE WELT will nicht einfach eine
Verzichtbewegung sein, die nur sagt, was alles in Zukunft nicht

mehr geht. Wir wollen vielmehr dazu beitragen, bessere Lebensmöglichkeiten zu finden oder wiederzuentdecken: Wie wir menschlicher arbeiten und unsere Zeit so verwenden, daß wir davon
befriedigt sind; wie wir unser Geld ausgeben und miteinander leben,
so daß wir „ja" dazu sagen können. Dabei ist eine entscheidende
Frage, wie wir uns unter den Bedingungen unseres alltäglichen
Lebens verändern können. Uns beschäftigen also nicht so sehr die
außerordentlichen Lebensformen (Kommunitäten, Orden), sondern
die Möglichkeiten, im bestehenden beruflichen, nachbarlichen
und familiären Zusammenhang solidarischer und glücklicher leben
zu lernen.

Kontaktstelle:
Ursula Merck, Kiesstr. 98. 6100 Darmstadt

13.3 — Das Auto in unserem Leben *)

Der französische Wissenschaftler René Dumont hat den privaten
PKW „die allergrößte Absurdität unserer modernen Welt" genannt.
Verkennt er dabei aber nicht, in welchem großen Maße Mobilität
Lebensentfaltung ermöglicht, Lebensqualität steigert? Durch größere,
selbstbestimmte Beweglichkeit mehr Begegnungs-, Erholungs- und
Erlebnismöglichkeiten! Oder ist es doch so, daß die Nachteile des
sich ungehemmt ausweitenden Individualverkehrs die Vorteile der
eben durch ihn ermöglichten Mobilität schon zu übertreffen beginnen?
Objektiv feststellbar ist offensichtlich, daß es nur wenig effizient
ist, wenn der Betrieb einer Maschine von 1 500 kg bis 2 000 kg
Gewicht mit einem Energieverlust von mehr als 70 % in der Mehrzahl der Fälle nur dazu dient, eine einzige Person im Nahverkehr
von einem Ort zu einem anderen zu befördern.
Aber es besteht nicht nur ein „unvernünftiges" Verhältnis zwischen
diesem Ergebnis und dem Aufwand an Rohstoffen und Energie.
Die Unfallopfer, die Belastung der Umwelt durch Lärm und Schadstoffe, die Zerstörung von Landschaft und städtischen Wohngebieten sind auf der Kostenseite mit zu berücksichtigen. Gleich-

*) Aus: Info 2 der Ökumenischen Initiative

zeitig werden Rohstoffe verschwendet, die als weitgehend unersetzbar gelten müssen. Einerseits sind diese Rohstoffe heute schon
knapp und teuer; andererseits bezahlen wir sie den exportierenden Entwicklungsländern aber noch nicht einmal entsprechend
ihrem „tatsächlichen" Wert, weil durch die derzeitigen internationalen Tauschbeziehungen die Güter der Entwicklungsländer
unzureichend und nicht leistungsgerecht bewertet werden.

Aber sogar die zunächst so fraglos erscheinenden persönlichen
Vorteile einer hohen Mobilität für den einzelnen werden zweifelhaft, wenn deutlich wird, daß selbst im Bereich des Verkehrs, wo
per Einsicht und Überzeugung Sicherheitsstreben, Rücksichtnahme,
Kooperation usw. als Verhaltensmaximen anerkannt sind, tatsächlich Werthaltungen und Verhaltensweisen realisiert werden,
die als Fehlnormen unserer Gesellschaft zu kennzeichnen sind:
überzogene Risikobereitschaft, Durchsetzungswille und Aggres-
sion, Leistungskonkurrenz usw. Und der in der Möglichkeit individueller Mobilität liegende Anreiz zu einer Intensivierung der Erlebnismöglichkeiten durch ein „Immer-mehr", „Immer-weiter",
„Immer-schneller" hat doch auch dazu beigetragen, daß das Leben
hektischer geworden ist, daß die angestrebte größere Kommunikation häufig verfehlt wird und daß die Belastungen durch Streß,
Risiko und Konformitätszwang etwa im Freizeitverhalten größer
geworden sind.

Wir werden zunächst einmal versuchen müssen, uns diese umfangreichen, zusammenhängenden Probleme deutlicher als bisher bewußt zu machen. Nur wenn sich Einsichten und Einstellungen
ändern, werden sich Verhaltensweisen ändern. Nur wenn sich Verhaltensweisen ändern, werden Konsequenzen konkret antizipier-
bar, werden Fragen nach möglichen Alternativen und strukturellen Veränderungen im gesellschaftlich-wirtschaftlichen Bereich in
die öffentliche Diskussion gebracht.

Kleine Schritte der Veränderung könnten einen Lernprozeß in
Gang bringen, der Einsichten, Einstellungen und Verhalten auch
dann schon aneinander annähert, wenn wir unter den gegebenen
Verhältnissen auf die durch den Individualverkehr ermöglichte
Mobilität nicht verzichten können:

1. Fahren Sie weniger!

Prüfen Sie, ob eine Fahrt wirklich erforderlich ist, ob sie nicht aufgeschoben und mit einer anderen oder mit weiteren Fahrten zusammengelegt werden kann.

2. Fahren Sie weniger weit!

Überlegen Sie, ob Sie nicht mit einem näher gelegenen Ziel (Einkaufsstätte, Erholungsgelände) denselben Nutzen erreichen.

3. Fahren Sie weniger schnell!

Fragen Sie sich, was Ihnen ein Zeitgewinn wirklich wert ist. Geben Sie sich eine nach oben begrenzte Richtgeschwindigkeit von 80 bis 120 km/h vor, innerhalb der Sie Ihre Geschwindigkeit je nach Verkehrslage, Straßenzustand usw. wählen. Fahren Sie in Wohngebieten ohne Durchgangsverkehr nicht schneller als 30 km/h.

4. Fahren Sie weniger riskant!

Beachten Sie die Verkehrsregeln und vermeiden Sie waghalsige Manöver. Lassen Sie sich nicht provozieren, sondern geben Sie nach, und erzwingen Sie sich weder Ihren Vorteil noch Ihr Recht.

5. Fahren Sie weniger mit dem eigenen Wagen!

Vergleichen Sie, besonders vor Fahrten über große Entfernungen, die Vor- und Nachteile bei Benutzung eines öffentlichen Verkehrsmittels. Fahren Sie versuchsweise, aber eine gewisse Zeit konsequent, einmal oder zweimal in der Woche mit einem öffentlichen Verkehrsmittel zu Ihrer Arbeitsstätte. Bilden Sie Fahrgemeinschaften mit anderen, die nahezu den gleichen Weg haben wie Sie.

6. Fahren Sie gar nicht!

Lassen Sie den Wagen stehen, wenn es nur ein „Sprung" ist, wenn der Weg gerade die notwendige halbe Stunde Bewegung täglich bringt, konsequent an einem oder zwei Wochenenden im Monat.

7. Fahren Sie Ihren Wagen länger!

Kaufen Sie noch nicht den „Neuen". Gewöhnen Sie sich an den „Prestigeverlust". Auch ein Langzeitauto, das technisch durchaus möglich ist, wird vom Image her bald ein altes Auto. Die tatsächliche durchschnittliche Lebensdauer eines Wagen wird aber nur größer, wenn auch die an dieses Image gebundene Konsummentalität verändert wird.

Mit diesen Selbstbeschränkungen, zu denen sich jeder selbst auch in rigorosen Formen verpflichten kann,

— können wir durch die Befreiung von angeblichen Sachzwängen eine größere Selbstverantwortlichkeit gewinnen;

— können wir uns von dem Druck, etwas tun zu sollen, ohne konkrete Handlungsmöglichkeiten im Alltag vorgegeben zu haben, freimachen;

— können wir uns von Hektik, Streß und Risiko entlasten;

— können wir von Konsumdruck, Imagezwängen und Statusverhalten loskommen;

— können wir neue Handlungsmöglichkeiten von der karitativen Hilfe bis zum persönlichen gesellschaftlichen Engagement erkennen;

— können wir in unserem persönlichen politischen Engagement eine höhere Glaubwürdigkeit gewinnen;

— können wir unsere persönlichen Fähigkeiten zur Darstellung und Analyse eines Problems und zur argumentativen Auseinandersetzung stärken;

— können wir erkennen, daß ein materielles Weniger mit gleichbleibendem oder sogar höherem Gebrauchsnutzen verbunden sein kann;

— können wir erfahren, daß der Vorteil für einen anderen, daß der „gesellschaftliche" Nutzen eines persönlichen „Verzicht" als größer empfunden wird als das resultierende persönliche „Verzichtsleid".

Mit solchen Selbstbeschränkungen von einzelnen und Kleingruppen werden allerdings noch keine nachweisbaren Veränderungen im Verkehrsprozeß, in der Stadt- und Verkehrsplanung und im Bereich der Produktion herbeigeführt. Auch spürbare Umweltentlastungen oder gar bessere Lebensbedingungen in den Entwicklungsländern sind so nicht erreichbar.

Solche Veränderungen des Bewußtseins und des Handelns — im Tun und im Lassen — haben zunächst nur „symbolischen Wert". Sie sollen uns selbst das Problem im Bewußtsein halten, Aufmerksamkeit erregen, zur Nachahmung auffordern, konkrete Handlungsmöglichkeiten aufzeigen und die Bereitschaft und die Fähigkeit zum politischen Engagement i. w. S. wecken und stärken. Erst wenn die Mehrheit der Bevölkerung „spirituell", „ökologisch" und „weltinnenpolitisch" sensibilisiert ist, werden die Auswirkungen Gewicht erhalten und eine gesellschaftspolitische Reaktion erzwingen.

Positiv bedeutet dies, in einem offenen politischen Willensbildungs- und Entscheidungsprozeß konkrete Alternativen, notwendige Ver- und Gebote, Planungs- und Kontrollmöglichkeiten zu suchen und sie zu erproben. Wichtige konkrete Fragen, auf die sich dieses politische Engagement richten muß, sind:

1. Verminderung des Individualverkehrs in den Stadtzentren.

2. Verbesserung des öffentlichen Nahverkehrs, z. B. durch eigene Fahrspuren für Busse, durch neue Beförderungsmittel.

3. Ermöglichung alternativer Verkehrssysteme zum Individualverkehr bei Neuplanungen und Sanierungen, wie Fußgängerwege und -zonen, ein Netz von Radfahrwegen, Bus-Ruf-Systeme und möglichst belastungsfreie Anschlüsse an die Fernstraßen.

4. Schaffung kleinerer regionaler Einheiten und kleinere Siedlungen statt eines weiteren Ausuferns der Großstädte und einer weiteren Zersiedlung der Landschaft, wodurch die Arbeits- und Wohnbereiche immer weiter voneinander getrennt werden.

5. Förderung der Forschung und Entwicklung für ein kleines, sparsames Langzeitauto.

6. Festsetzung von Höchstgeschwindigkeiten (von 100, 80 und 30 km/h) auf Autobahnen, Landstraßen und in Wohnbereichen. Zwischen 1975 und dem Jahr 2000 wird der Verbrauch an Vergaserkraftstoff voraussichtlich um etwa 53 % ansteigen. Die vorgeschlagenen Verhaltensänderungen könnten — würden sie allgemein — den Gesamtverbrauch sicherlich wesentlich senken. Würde durch wirksame gesellschafts- und wirtschaftspolitische Regelungen der Bestand an Automobilen sogar verringert, dann könnte der Pro-Kopf-Verbrauch, trotz verstärkten öffentlichen Verkehrs, wahrscheinlich sogar gesenkt werden.

Allerdings — und spätestens an dieser Stelle ist die Frage zu stellen — welche Auswirkungen auf Produktion und Beschäftigung sind zu erwarten? Die Automobilindustrie ist doch eine Schlüsselindustrie, und wenn sie in Schwierigkeiten geriete, so wären, dies die kritische Warnung, die Folgen gar nicht absehbar.

In der Tat sind die erwarteten Verhaltensänderungen und die erhofften, langfristig politisch durchzusetzenden Strukturveränderungen tendenziell auf beträchtliche Veränderungen in der industriellen Produktion gerichtet; in der Tat stellt die Sicherung der Beschäftigung ein sehr schwieriges Problem dar.

Aber Produktionen, die ökologisch oder entwicklungspolitisch immer bedenklicher werden, sollten doch wohl nicht nur deshalb geschützt werden, weil sie Arbeitsplätze bereitstellen! In dem Maße, in dem in den Industrieländern nur Luxus und Überfluß verringert werden, ist Massenarbeitslosigkeit auch nicht unentrinnbares Schicksal. Ein Strukturwandel in der Automobilindustrie zum Langzeitauto, der Übergang von der PKW-Produktion zum verstärkten Ausbau des öffentlichen Verkehrssystems, zur Produktion von Investitionsgütern für die Erhaltung der Umwelt oder auch zur Produktion von Fabrikationseinrichtungen für Entwicklungsländer wird jedoch nicht nur Arbeitsplätze sichern ,sondern auch neue schaffen. Alle traditionellen Industriezweige werden langfristig solche Umstellungen vornehmen müssen. Dieser Strukturwandel muß vorsichtig und sorgfältig geplant und gefördert werden. Längerfristig wird dabei deutlich werden, welche „Mischung" aus Marktkräften, Unternehmerinitiative und gesellschafts- und wirtschaftspolitischer Steuerung ausreichende Lösungsmöglichkeiten für die Umwelt- und Entwicklungsprobleme in dieser Welt bieten.

Quellen:

Kurzzusammenfassung von Ergebnissen der Studie „Technologien zur Einsparung von Energien" (Bundesministerium für Forschung und Technologie) Stuttgart, Juli 1976.

Randow, Thomas von; Vergeudete Energie. Wissenschaftler geben Sparratschläge. In: Die Zeit, Nr. 36, 27, Aug. 1976.

Hess, Josef; Rein volkswirtschaftlich wäre das Langzeitauto große Verschwendung. Handelsblatt ließ die Auswirkungen auf den Pkw-Absatz durchrechnen. In: Handelsblatt, Nr. 178, 17.9.1975.

Warum wir verpflichtet sind, die Rohstoffe teuer zu bezahlen. In: Verbraucherdienst B, 19.Jg., Juni 1974, Heft 6.

Mehr Sicherheit auf unseren Straßen. Bundesminister für Verkehr. Auswirkungen des Sicherheitsgurtes auf die Folgen der Unfälle im Straßenverkehr. Bundesanstalt für Straßenwesen, Januar 1976.

Straße und Umwelt. Materialien, Überlegungen, Erkenntnisse und Forderungen zum Straßenverkehr insbesondere in Verdichtungsgebieten. Arbeitsgruppe Straßenverkehr des Landesverbandes Bürgerinitiative Umweltschutz NRW e. V. Köln, Appelhofplatz, Haus Forum, Essen, Mai 1975.

Verkehrspolitik. Fakten und Argumente. Bundesminister für Verkehr. Krankheit und Kraftverkehr. Gutachten des Gemeinsamen Beirates für Verkehrsmedizin beim Bundesminister für Verkehr und beim Bundesminister für Jugend, Familie und Gesundheit. Schriftenreihe des Bundesministers für Verkehr, Heft 45, Bonn, Juni 1973.

Mehr Sicherheit auf unseren Straßen. Vorschläge des Deutschen Verkehrssicherheitsrates (DVR) zum Verkehrssicherheitsprogramm der Bundesregierung. Bonn-Bad Godesberg, Mai 1973.

Unfälle in geschlossenen Ortschaften, Problemaufriß für die am stärksten unfallbeteiligten Verkehrsteilnehmergruppen. Bundesanstalt für Straßenwesen, Köln, Januar 1976, Heft 2.

„Eigentlich ist das eine gute Sache, aber ..."
Acht Einwände gegen die Initiative

Am 1. Februar 1977 hatten sich 386 Männer und Frauen der Ökumenischen Initiative EINE WELT angeschlossen. Die Zahl derer, die ernsthaft eine Teilnahme erwägen, ist weit größer. Aber offenbar gibt es für sie wichtige Hindernisse. Einige von diesen Einwänden, die uns im Gespräch immer wieder begegnen, haben wir zusammengestellt. Ihr Grundton ist fast immer: Eigentlich ist das eine gute Sache, aber...

1. ... Aber, was die Initiative will, *ist mir noch zu unbestimmt.* Von einer solchen Initiative erwarte ich konkrete Anweisungen. Sie

muß mich anstoßen und mich in Bewegung setzen und mir möglichst genau sagen, was ich lassen und was ich tun soll. Wenn ich
an „amnesty international" oder an die Gruppen für Frauen-Eman-
zipation denke, dann sagen die ganz klar, was ihre Mitglieder zu
tun haben. Aber was wollt Ihr? Tun nicht viele andere schon, was
Ihr Euch vornehmt? Was ist die Pointe der Initiative?
Zunächst: Unbestimmt erscheint die Initiative von außen. Wer
jedoch die Verpflichtungen übernimmt und sich einer Gruppe an-
schließt (bzw. sich selbst dafür einsetzt, daß eine Gruppe zustande-
kommt), merkt bald, wo und wie die Initiative konkret wird. Und
die nächsten Infos werden schon genauer erklären, was wir uns zunächst für das persönliche Leben vornehmen wollen und wofür wir
politisch eintreten werden. In diesem Info geschieht das am Beispiel
des Autos.
Aber richtig ist, daß die Initiative ihren Teilnehmern nicht so genaue
Anweisungen und Aufträge geben kann wie manche anderen Gruppen. Das hat zwei Gründe. Wir wollen ja gemeinsam lernen, solidarischer zu leben, und zwar unter den Bedingungen des Alltags
und mit dem Ziel, möglichst viele zu den notwendigen Veränderungen zu bewegen. Das persönliche Umdenken und die politische
Arbeit gehören darum untrennbar zusammen. Aber gerade, wenn
wir den Alltag verändern wollen, müssen wir mit uns selbst Erfahrungen sammeln und einen anderen Lebensstil und Umgang
miteinander richtig einüben. Dafür muß genug Zeit sein, dabei
dürfen wir uns weder unterfordern noch überfordern. Auch die
politischen Konsequenzen wollen sorgsam bedacht sein. Die Erfahrung lehrt, daß eine Reform des persönlichen Lebens ohne
politische Aktivität nichts verändert, daß aber ebenso politische
Arbeit stecken bleibt, wenn sie nicht verstärkt wird und glaubwürdig gemacht wird durch das persönliche Verhalten; daß auch
die vielen Aktionen zugunsten Benachteiligter in unserem Land
und in der Dritten Welt zwar einzelnen Menschen oder bestimmten
Gruppen zugute kommen, daß aber ohne Veränderung der politischen und wirtschaftlichen Verhältnisse damit wenig gewonnen
ist. Darum setzt die Initiative auf allen drei Ebenen gleichzeitig
an, bei der persönlichen Lebensführung, bei der politischen Be-
wußtmachung und bei exemplarischen Aktionen. Wir wollen aus-

probieren, wie wir diese drei Ebenen am besten miteinander verbinden. Deshalb hat die Initiative Probiercharakter und wird ihn notwendigerweise auch noch lange behalten. Aber das halten wir nicht für einen Nachteil.

2. ... *Aber solche Basisbewegungen reichen an die wirklich großen Probleme ja doch nicht heran.* Gewiß, die Initiative mag im einzelnen viel Gutes tun, aber in ihrer Reichweite wird sie auf die kleine Schicht von sozial eingestellten Menschen des Mittelstandes beschränkt bleiben. An die Entscheidungsmechanismen in den Regierungen, Parteien und in der Wirtschaft kommt sie doch nicht heran.

Das wird sich zeigen. Vielleicht nimmt unsere Initiative vorweg, was in einiger Zeit viele andere einsehen werden, was aber ausprobiert, ausgesprochen und vorgelebt werden muß, damit es öffentlich wirksam werden kann. Außerdem: Wer den ersten ihm möglichen Schritt unterläßt wegen der Überlegung, „Das alles hat ja doch keinen Zweck", der ist sein eigener Unheilsprophet. Manchmal ist Skepsis auch ein Mittel, um sich mit einer unbequemen Sache nicht ernsthaft auseinandersetzen zu müssen.

Es ist etwas ganz anderes, wenn jemand, der selbst aktiv im Sinne dieser Initiative tätig ist, ihren Nutzen als Basisbewegung bezweifelt. Es gibt Kritiker, die uns sagen: Was ihr wollt und was ich mit Euch will, das kann man auf dem Wege eines so lockeren Zusammenschlusses nicht fördern. Wer politisch etwas erreichen will, muß in den Parteien und in den großen Verbänden tätig werden. Alles andere ist verlorene Zeit. Das ist ein ernsthaftes Argument. Aber wir halten dagegen, daß wir gerade, wenn wir in die Verbände und Parteien hineinwirken wollen, den Rückhalt unserer Initiative brauchen. Im übrigen wollen wir uns mit diesem Einwand in einem der nächsten Infos ausführlich auseinandersetzen.

3. ... *Aber die wirtschaftlichen und politischen Konsequenzen sind nicht überschaubar.*
Wenn wir den Konsum umstellen, weniger Auto fahren, überhaupt Verzichte leisten, so wird das erhebliche Auswirkungen auf die Volkswirtschaft haben. Niemand kann doch zum Beispiel wollen, daß es deswegen mehr Arbeitslose in unserem Land gibt.

Ganz sicher wird eine Änderung des Lebensstils, wenn viele sich dazu entschließen, erhebliche wirtschaftliche Konsequenzen haben. Aber schwere Konsequenzen hat auch das Nicht-Handeln. Wer kann denn verantworten, in der gegenwärtigen Weltsituation so weiter zu wirtschaften wie bisher? Die Zukunft wird in keinem Fall einfach die Fortsetzung der Gegenwart sein. Selbst wirtschaftliches Wachstum wird die Arbeitslosigkeit nicht mehr beseitigen. In jedem Fall ist eine erhebliche Umorientierung unserer Wirtschafts- und Sozialpolitik unerläßlich. Alles, was in unseren Kräften steht, werden wir dazu beitragen. Vor allem werden wir uns dafür einsetzen, daß das Wissen und die Energie der Fachleute sich auf die Zukunftsprobleme einstellen.

Die Fehler, die man durch Unterlassen begeht, werden fast immer als leichter empfunden gegenüber den Fehlern, die durch Handeln entstehen. In unserer Situation jedoch wäre Nicht-Handeln der größere Fehler.

4. ... *Aber die drei Verpflichtungen fordern doch mehr, als ich jetzt schon versprechen kann oder will.*

Manche haben geschrieben: Wenn ich mich der Initiative anschließe, soll das auch gelten. Aber ich weiß noch nicht, ob ich die Vorsätze wirklich fassen will. Traue ich mir nicht mehr zu, als ich schaffen kann?

Die drei Verpflichtungen sind Punkte zur persönlichen Orientierung, keine Gelübde. Mit ihnen sagen wir uns und anderen, daß wir es mit dem Umlernen ernst meinen, aber wir legen sie uns nicht als ein Joch auf. Das Maß der Verpflichtung setzt jeder selbst. Auch die drei Prozent sind ein Richtwert. Wir haben darum eigens hinzugefügt: „Persönliche Umstände können eine andere Selbsteinschätzung nach oben oder nach unten notwendig machen." Das Gleiche gilt für die Konsumgewohnheiten, für die Teilnahme an den Gruppen und für die politische Arbeit. Die Initiative will niemand eine neue Last auflegen, auch keine moralische. Wir wollen vielmehr anfangen, gemäß unseren Einsichten zu leben, und so einen Teil des Drucks los werden, den die Riesenprobleme unserer Zeit auf uns legen. Im übrigen haben viele von uns die Erfahrung gemacht, daß sie erst allmählich merken, was an ihrem Leben sie ändern möchten, weil es ihnen guttäte, und was sie jedenfalls jetzt keineswegs ändern möchten, weil sie noch nicht dazu bereit sind. Manchen haben Gespräche in einer Gruppe geholfen, diesen Unterschied herauszufinden.

13.4 — *Ernährung ist nicht nur Privatsache*)*
I Ernährung — Ökologie — Gesundheit

Wir sind gut gefüttert, aber schlecht ernährt. Unsere Ernährungsweise ist ein beständiger Angriff auf die Substanz unserer Gesundheit. Die meisten Menschen in den Industrieländern ernähren sich falsch und essen zuviel.

Die verfügbaren Daten lassen erkennen, daß nahezu die Hälfte aller Bundesbürger — möglicherweise allerdings mit ausgeprägten regionalen und sozialen Unterschieden — Übergewicht hat.

Normalgewicht in kg = Körpergröße in cm minus 100
Idealgewicht   = Normalgew. minus 10 % (Männer).
                         minus 15 % (Frauen).

Das Idealgewicht, dem die größte Lebenserwartung entspricht, haben nur etwa 10 % der Bevölkerung!
Im Durchschnitt nehmen Frauen täglich 2.600 statt der benötigten 2.200 Kalorien zu sich; Männer 3.100 statt 2.600.

Neben der Überernährung gibt es in unserer Gesellschaft zweifellos auch noch Armut und damit Unterernährung. Vor allem aber leiden nahezu 100 % der Bevölkerung an einer „Wohlstands-Mangelernährung", die mindestens teilweise für typische ernährungsbedingte Zivilisationskrankheiten verantwortlich ist: Gebißverfall, Stoffwechselstörungen, Darmträgheit, Gallen- und Nierensteine, Rheuma und Gicht, Arteriosklerose, Herzkrankheiten und anderes. Man schätzt, daß ernährungsabhängige Erkrankungen jährliche Kosten in Höhe von etwa 2 % des Bruttosozialprodukts verursachen; das ist ein Betrag von 15 bis 20 Milliarden DM.
In den letzten Generationen hat sich ein tiefgreifender Wandel unserer Ernährungsweise vollzogen. Diese Veränderungen erstrecken

*) Aus: Info 3 der Ökumenischen Initiative

sich von dem Anbau und der Produktion der Nahrungsmittel bis zu unseren Eßgewohnheiten. Die Ernährungswissenschaft befindet sich vielfach in wirtschaftlicher Abhängigkeit und ist bestimmt von Marktinteressen. Deshalb werden die Probleme der Wohlstands-Mangelernährung eher verharmlost als schonungslos aufgedeckt. Der Fleischverbrauch ist rapide angestiegen; dagegen ging der relative Verbrauch an vollwertigen Nahrungsmitteln wie biologisch reinem und nicht durch technische Bearbeitung denaturiertem Getreide (Vollkorn), Rohgemüse (Rohkost, Salate) und Produkten aus Rohmilch (nicht homogenisiert, pasteurisiert, uperisiert) zurück. Fleisch liefert zwar hochwertiges Eiweiß, ihm fehlen aber wichtige Vitamine und Minerale, und es produziert in vielen Fällen einen Eiweißüberschuß. Dieser kann vom Körper nicht verarbeitet werden, wodurch schädliche Zerfallprodukte entstehen, insbesondere Harnsäure, die Gicht und Rheuma verursacht. Ganz abgesehen von den negativen Auswirkungen der im Fleisch enthaltenen Stoffwechselprodukte des toten Tieres.

Bei einer Untersuchung des Kalbfleischs auf einem süddeutschen Schlachthof an einem Sonnabend ergab die Rückstandsanalyse, daß 27 % des Fleischs Rückstände an Antibiotika über der Toleranzgrenze enthielten.

Trotzdem gilt der Verbrauch von sogenannten „hochwertigen" Nahrungsmitteln, also insbesondere Fleisch- und Fleischwaren, bislang immer noch als Ausdruck eines steigenden Lebensstandards.

	Jahresverbrauch je Einwohner	
	1960/61	1974/75
Rindfleisch ohne Fett	17,7 kg	21,0 kg
Schweinefleisch ohne Fett	30,2 kg	44,6 kg
Geflügelfleisch	4,4 kg	8,8 kg

Im Zuge der technischen Entwicklung wurden die Lebensmittel während der letzten 100 Jahre auf vielfältige Weise einer industriellen Bearbeitung unterworfen. Die Böden sind durch die modernen Anbau- und Düngungsmethoden zum Teil krank geworden. Deshalb wurden die Pflanzen, die auf ihnen wachsen, Getreide, Kartoffeln, Gemüse, Obst, anfällig gegen Krankheit und Schädlinge. Die Schädlingsbekämpfung bringt Gift in den Kreislauf der Natur. Es ist nachgewiesen im Fleisch, in der Milch, ja sogar in

der menschlichen Muttermilch, deren Gehalt an Pestiziden, Blei
und Cadmium sich auf die Entwicklung der Säuglinge schädigend
auswirkt.

Von 137 Muttermilchproben in Südbayern wiesen 136 höhere DDT-Werte
auf, als sie für Kuhmilch gesetzlich zulässig sind. Sie überschritten die von
der Weltgesundheitsorganisation festgesetzte Tageshöchstdosis für Erwachsene
durchschnittlich um das 4fache, beim höchsten ermittelten Wert um das
16fache.

Außer der Schädlingsbekämpfung gibt es noch andere Quellen für
die Belastung unserer Nahrungsmittel mit Schadstoffen. Ein Beispiel ist eine merklich höhere Bleiverunreinigung durch Abgase
der Kraftfahrzeuge und die bleiverarbeitende Industrie. Erst ab
25 m Entfernung von der Autostraße nimmt die Bleiverunreinigung
deutlich ab; und erst in 100 m Abstand erreicht sie den „Normal-
wert". Im Herstellungsprozeß und während der Lagerung werden
den Lebensmitteln chemische Stoffe absichtlich zugefügt, z.B.
Konservierungsmittel. Oder Schadstoffe treten unbeabsichtigt
in die Lebensmittel über, z.B. Kunststoffe, Schwermetalle etc.
Vor allem aber ist es der hochtechnisierte landwirtschaftliche Produktionsprozeß selbst, der zur Ansammlung von Schadstoffen
in den Nahrungsmitteln führt. Viele Erzeugnisse werden in Intensivkultur und beinahe fabrikmäßig (Massentierhaltung!) hergestellt und dabei sowohl durch Methoden und Mittel der Düngung
als des Pflanzenschutzes, der Fütterung und der tiermedizinischen
Behandlung belastet.

Der Ernährungsbericht der Bundesregierung 1976 kommt zwar zu dem Ergebnis, daß aus den vorliegenden Ermittlungen über das „Vorkommen che-
mischer Stoffe als Rückstände in Lebensmitteln ... keine direkte Gesund-
heitsgefährdung abzuleiten ist". Wir sind aber inzwischen schon zu oft mit
indirekten Schadenswirkungen konfrontiert worden, als daß dieses Ergebnis
beruhigen könnte. Von anderer Seite wird z.B. darauf hingewiesen, daß die
toxikologische Wissenschaft (die sich mit der Wirkung von Giften befaßt)
noch gar keine exakten Aussagen darüber machen kann, welche Zusatzstoffe
zu den Futtermitteln in den menschlichen Körper gelangen und welche Auswirkungen sie haben.

Die wesentlichsten Veränderungen unserer Ernährung vollzogen
sich im Bereich der sogenannten „Veredelung". Dieser Begriff ist
oft genug irreführend. Um die Nahrungsmittel zu konservieren,

werden ihnen in einem technischen Ver- und Bearbeitungsprozeß
einerseits chemische Stoffe zugefügt, dabei andererseits lebenswichtige Elemente wie Mineralstoffe, Vitamine, Enzyme entzogen.

Mehl wird durch die Beseitigung des ölhaltigen Keims nahezu unbegrenzt
haltbar; mit dem Getreidekern werden aber dem Organismus wichtige Wirk-
stoffe vorenthalten. Übrig bleiben, wie beim Zucker „nackte" Kohlehydrate,
für deren Verarbeitung der Körper eben jene vorenthaltenen Wirktstoffe benötigt (z.B. Vitamin B_1). Milch und ihre Produkte werden homogenisiert,
pasteurisiert, uperisiert. Öle und Fette werden durch chemische und physika-
lische Behandlung in ihrer Zusammensetzung verändert. Vor allem gehen dabei die sogenannten „essentiellen Fettsäuren" kaputt, die der Organismus
benötigt, aber selbst nicht aufbauen kann. Obst und Gemüse werden in immer
größerem Umfang in Form von Konserven konsumiert, in denen die wichtigsten Vitalstoffe der Rohkost zerstört sind.

Die Überversorgung mit „nackten" Nährstoffen, die paradoxer-
weise als „hochwertig" definiert werden, die Unterversorgung mit
den wichtigen, jedoch zu den Organismus unnötig belastenden
„Ballaststoffen" erklärten Nahrungsbestandteilen, führt zu einem
Ungleichgewicht der Ernährung. Der Körperhaushalt muß es ausgleichen, und das kostet ihn ständig Kräfte. So ist beispielsweise
unsere durchschnittliche Ernährung in hohem Maße „säureüber-
schüssig": Fleisch, Wurst, Käse, Fisch, Brot aus Auszugsmehl, Teig-
waren, Kuchen, Süßigkeiten, Kaffee bringen mehr Säure in den
Körper, als dieser verkraften kann. Verhältnismäßig wenige Nahrungsmittel sind in einem solchen Maße „basisch", daß sie einen
Ausgleich des Säurehaushalts herstellen könnten. Die Folge sind
„Stoffwechselentgleisungen" mit weitreichenden Folgen.

Eine Reihe von Tierversuchen zeigt bei vergleichbarer Mangelernährung
einschneidende Erbschäden. Größere Anpassungsfähigkeit des Menschen
läßt es als möglich erscheinen, daß bei ihm Erbschäden erst nach mehreren
Generationen zum Vorschein kommen.

Nicht zuletzt sind die Folgen für den Energiehaushalt zu berücksichtigen, wenn in großtechnischen Produktionsprozessen ernäh-
rungsnotwendige Stoffe erst aus Gründen der Konservierung entzogen, später z.T. auf dem Weg der Anreicherung wieder zugesetzt
werden, wobei das Produkt am Ende im gesundheitlichen Wert
weit hinter dem Naturprodukt zurückbleibt bzw. schädlich ist.
Die wenigsten Lebensmittel nehmen wir also noch in ihrer natür-

lichen Harmonie zu uns. Wie die ökologischen Folgen der technischen Entwicklung erst allmählich zu erkennen sind und noch immer verharmlost werden, wird das Ausmaß des grundlegenden Ernährungswandels in den letzten 150 bis 200 Jahren, ganz besonders aber in der letzten Generation, und sein Zusammenhang mit den Zivilisationskrankheiten erst allmählich erkennbar. Was ist zu tun? Es ist wichtig, die eigene Ernährung umzustellen und gleichzeitig für öffentliche Aufklärung und bessere Gesetze und Verordnungen einzutreten. Denn Ernährungsgewohnheiten und Nahrungsmittel, die beträchtliche gesundheitliche Gefahren mit sich bringen, sind gewiß nicht unveränderbar.

Unsere Ernährung sollte auf naturbelassenen Lebensmitteln in ausgewogener Zusammensetzung aufgebaut sein.

Nicht jedes Nahrungsmittel ist ein „Lebens"-mittel

(Werner Kollath)

Durch kritisches Kauf- und Konsumverhalten des einzelnen allein wird diese Veränderung allerdings kaum gelingen; denn die Strukturen der Agrarwirtschaft, ihre Produktionsprozesse und Produktionsziele sind hierbei von wesentlicher Bedeutung.

Die Aufgaben der Agrarwirtschaft werden heute offiziell so formuliert: „Je intensiver die Naturgüter genutzt werden, desto eher kann die Agrarwirtschaft ihrem Auftrag gerecht werden, die Bevölkerung mit qualitativ hochwertigen Nahrungsmitteln in ausreichender Menge und Vielfalt zu angemessenen Preisen zu versorgen. Dieser Zwang zu Rentabilität und hoher Produktivität führt zu einem verstärkten Einsatz von Betriebsmitteln, durch die die Erträge gesichert und gesteigert werden," (Josef Ertl 1976)

Die Frage ist aber doch unabweisbar, ob wirklich die Qualität der Erzeugnisse durch die Massenproduktion erhöht worden ist. Hat sich nicht inzwischen gezeigt, daß gerade die „Intensivkultur" immer weniger Nutzung und immer mehr Ausnutzung, Ausbeutung und Zerstörung der Naturgüter bedeutet? Nicht mehr die Nährstoff-Qualität eines Erzeugnisses, nicht mehr Geschmack, Duft, Aroma einer Frucht, interessieren Erzeuger und Händler, sondern in erster Linie Eigenschaften wie Größe, Festigkeit, Farbschönheit usw., welche die Ernte erleichtern (Mechanisierung) und lange vor der Reife ermöglichen und die Kosten des Verlustes bei Transport und Lagerung verringern helfen. Der Verbraucher, der einem Erzeugnis seine Qualität auch ansehen möchte, wird dabei mit dem Schein „appetitlichen" Aussehens angelockt, aber gerade so getäuscht.

Nicht alles, was schön aussieht, schmeckt auch gut!

Anstelle der industrialisierten Landwirtschaft muß der wirtschaftlich konkurrenzfähige biologische Landbau gefördert werden.

Gesundheit fängt beim Boden an!

Das bedeutet u. a. eine Abkehr von der Tendenz zum hochspezialisierten Großbetrieb zugunsten kleinerer und breiter angelegter Betriebe. Die Politik der Landwirtschaftsexperten der Europäischen Gemeinschaft nach dem sog. Mansholt-Plan, nämlich die „Konzentration" der Betriebe und der Produktion zu fördern, muß revidiert werden. Für die Lebensmittelindustrie und den Vertrieb ergeben sich dabei weitreichende Konsequenzen.

Statt die gegenwärtige Massenproduktion noch beträchtlich auszuweiten (die Ernährungsplaner rechnen für 1985 mit einer um 25 % höheren Nachfrage!) müßte die Wiedergewinnung biologischer Qualität das vordringliche Ziel sein. Wir haben doch schon heute immer größer und teurer werdende Überschüsse. Eine „Stabilisierung des Produktionsvolumens bei mittlerem Ertrag" könnte deshalb z. B. bei Obst und Gemüse ein sinnvoller direkter Weg sein, die Qualität der Nahrungsmittel zu erhöhen. Ökologischer (d. h. umweltgerechter, biologisch gesunder) Landbau erfordert kleinere, weniger spezialisierte Betriebe. Diese können, wie theoretisch und praktisch nachgewiesen ist, durchaus konkurrenzfähig geführt werden. Selbst wer sich als Landwirt auf „nur durchschnittliche" Erträge einstellen müßte, spart dafür alle jene Kosten, die durch die kranken Böden und die Chemikalien zur Düngungs- und Schädlingsbekämpfung verursacht werden.

Die amerikanische Biochemikerin Joan Davis sieht den Zusammenhang in Ernährung und Umwelt so:
„Wenn jeder seiner Gesundheit und seiner Bewegungsfreiheit zuliebe sich besser ernähren würde, wäre ein wichtiger Beitrag zur Verminderung der Umweltverschmutzung geleistet. Dies hauptsächlich deshalb, weil das Kulturland dann nicht so intensiv genutzt würde. Weniger Energie wäre nötig für

Aufbereitung, Transport und Lagerung von Lebensmitteln. Die Sozialkosten für die Spitäler z.B. würden sinken, da jetzt eine beträchtliche Anzahl von Betten von falschernährten Patienten belegt wird.
Ich betone diese Zusammenhänge, weil die meisten Leute dem Irrtum verfallen, sie müßten ein Stück Lebensqualität opfern, um etwas für die Umwelt zu tun. Das Gegenteil trifft zu. "

II Ernährung − Wirtschaft − Solidarität

Überfluß, Überernährung, Wohlstands-Mangelernährung in den Industrieländern und andererseits Hunger, Dauerschäden und Hungertod in den Entwicklungsländern kennzeichnen heute die Welternährungssituation.

Die landwirtschaftliche und die „Veredelungs"-Produktion von heute würde nicht einmal ausreichen, ein oder zwei Milliarden Menschen unserer gegenwärtigen Weltbevölkerung von etwa vier Milliarden zu versorgen, wenn unser Lebensstandard oder der der USA zum Maßstab erhoben würde. Dies ist nicht allein darauf zurückzuführen, daß Menschen in Industrieländern so viel mehr Nahrungsmittel zu sich nehmen als Menschen in Entwicklungsländern. Es sind vor allem unsere „verfeinerten" Eßgewohnheiten. Sie führen z.B. über den steigenden Verbrauch an tierischen Produkten (Fleisch) zu einem immer höheren, indirekten Konsum von Getreide und anderen pflanzlichen Erzeugnissen, die auch direkt als Nahrungsmittel für den Menschen verwendbar wären.

Die landwirtschaftliche Veredelungsproduktion − aus pflanzlichen werden tierische Erzeugnisse − ist, ernährungswirtschaftlich betrachtet, eine große Verschwendungsproduktion; denn bei der Umwandlung, z.B. von Getreide in Fleisch, entstehen erhebliche Verluste: Um 1 kg Schweinefleisch zu erzeugen, werden 10 kg Weizen benötigt!

Darüber hinaus erfordert unsere Nahrungsmittelproduktion für Düngung, Verarbeitung, Transport usw. einen erheblichen Energieaufwand.

Um ein Glas Milch auf den Tisch des Verbrauchers in der Stadt zu bringen, ist ein Energieaufwand nötig, der einem halben Glas Dieselkraftstoff entspricht. Für die Herstellung eines Brotes von 500 g ist die Energiemenge von etwa 1 kg Steinkohle erforderlich, und zur Erzeugung von 500 g Hack-steak benötigt man die Energiemenge von etwa 1,5 kg Steinkohle. Eine Er-nährung, die einen derartigen Energieaufwand erfordert, kann nicht auf die gesamte Weltbevölkerung ausgedehnt werden, denn dann müßte man allein dafür 80 % der gegenwärtig verfügbaren Welt-Energiemenge aufwenden. (Verbraucherdienst 3/1976).

So werden im Durchschnitt schließlich 5–10 Kalorien benötigt, um 1 Kalorie unserer Nahrung zu produzieren. Wenn wir also täglich etwa 3000 Kalorien Nahrungsenergie zu uns nehmen, dann verbrauchen wir damit ca. 15000 bis 30000 Primärkalorien.

Neben Getreide werden in den Industrieländern Sojabohnen, Öl-kuchen aus Kobra, Palmkernen usw. zur Viehfütterung verwendet. Werden diese Produkte aus Entwicklungsländern importiert, um unseren Fleischverbrauch zu befriedigen, dann verringert sich dort das Nahrungsmittelangebot, und die Preise steigen. So formuliert World Development Movement in Großbritannien: One Man's Meat is Another Man's Hunger, d. h. etwa: Fleisch für den einen bedeutet Hunger für den anderen.

Was also nötig wäre, hat kürzlich der Nobelpreisträger für Ökono-mie, Jan Tinbergen, ausgesprochen, nämlich „den Fleischverbrauch in den reichen Ländern zu verringern, was hilfreich wäre, wenn die dann frei werdenden Getreidemengen denen verfügbar gemacht werden könnten, die sie benötigten". Aber das wird nicht leicht sein. Denn: es kann nicht nur darum gehen, ein Kotelett oder einige Scheiben Wurst in der Woche weniger zu essen. Konsum-einschränkungen und -verlagerungen sind zwar notwendige Be-dingungen; sie sind aber nicht hinreichend, die Lebensbedingungen der Hungernden in der Dritten Welt zu verbessern. Kurzfristig entstehende Fleisch- und/oder Getreideüberschüsse könnten zwar zur Nahrungsmittelhilfe verwendet werden. Wahrscheinlich ist aber, daß sie die in den Europäischen Gemeinschaften bereits bestehenden enormen Agrarüberschüsse (Milch, Getreide, Fleisch, Zucker) nur noch weiter erhöhen würden. Für die Lagerung, Beseitigung und Exportsubventionierung dieser Überschüsse mußte der EG-Garantie-fonds im Jahre 1976 18 Milliarden DM aufwenden!

So ergibt sich die paradoxe Situation, daß in dieser Welt immer mehr Nahrungsmittel produziert werden, auch in den Entwicklungsländern selbst, daß diese aber nicht dort verbraucht werden, wo sie am dringensten zur Befriedigung elementarer Grundbedürfnisse benötigt werden, sondern dort, wohin sie die größere Kaufkraft zieht.

Das bedeutet: Die Forderung nach einer Umorientierung der Ernährung in den Industrieländern ist sinnvoll. Zugleich müssen aber die Entwicklungsländer und die Masse der Armen und Ärmsten in diesen Ländern genug Kaufkraft erhalten, um zu kaufen, was sie brauchen. Größere Spendenbeträge, z.B. aus Ersparnissen in den Konsumausgaben, die über Hilfsorganisationen wie „Misereor" und „Brot für die Welt" verteilt werden, können dazu ebenso beitragen wie höhere staatliche Entwicklungshilfen, finanziert z.B. aus einer nationalen oder internationalen „Entwicklungssteuer".

Um kaufkräftiger zu werden, benötigen die Entwicklungsländer aber in erster Linie außenwirtschaftliche Gewinne; diese können sie nur im Rahmen eines neuen Weltwirtschafts- und Handelssystems erzielen, das ihnen höhere und stabilere Preise für ihre Rohstoffe und Industriegüter sichert. Sollen in den Entwicklungsländern auch die Unterprivilegierten von einer solchen Entwicklung begünstigt werden, dann dürfen sie allerdings nicht länger von der Produktion, ihrer Planung und ihrem Vollzug und damit vom Einkommenserwerb ausgeschlossen werden. Landwirtschaftliche Großbetriebe, die auf profitable Exportproduktion orientiert sind, dürfen nicht weiterhin Pächter und Kleinbauern verdrängen, die eine lokale Versorgung sichern können.

Konsumveränderungen in den Industrieländern können dazu beitragen, den Export solcher Güter, die in den Entwicklungsländern selbst dringend zur Befriedigung von Grundbedürfnissen benötigt werden, weniger profitabel zu machen: sie können verhindern, daß weiterhin selbst aus Hungergebieten Agrarexporte in die Industrieländer erfolgen.

III Was wollen wir tun?

Wenn uns Mediziner und Ernährungswissenschaftler, Biologen, Ökologen und entwicklungspolitisch engagierte Wissenschaftler empfehlen, unsere Ernährungs- und Verbrauchergewohnheiten zu ändern, dann stellen sich uns zwei wichtige Fragen, die allerdings keine schnelle und abschließende Antwort finden können.

— Was kann der einzelne überhaupt tun, was soll er tun?
— Welches sind die wirtschaftlichen Konsequenzen veränderter Ernährungsgewohnheiten?

Eine spürbare Umorientierung wird zweifellos wirtschaftliche Konsequenzen mit sich bringen, Verschiebungen im Produktionsbereich, im Handel, Einsparungen im Gesundheitswesen. Vor allem aber hat sie Konsequenzen für die zunächst betroffene Landwirtschaft. Die dabei entstehenden Schwierigkeiten werden mit den Vorteilen wie Kosteneinsparung, verbesserter (Volks-) Gesundheit und Umweltsituation sowie einer günstigeren Entwicklung der Dritten Welt abgewogen werden müssen.

Wer sich überhaupt erst einmal „praktisch" und „theoretisch" den bisher diskutierten Zusammenhängen nähern möchte, kann folgende kleine Schritte versuchen:

1. Sich ernsthafter als bisher mit den Grundlagen unserer Ernährung beschäftigen und neue Ernährungs- und Rezeptvorschläge erproben; denn gesund und gut essen sind keine Widersprüche!

● Gute Rezepte und die wichtigsten ernährungswissenschaftlichen Grunderkenntnisse vermittelt in besonders reizvoller Weise:
Barbara Rütting, Mein Kochbuch, Naturgesunde Köstlichkeiten aus aller Welt, München: Mosaik-Verlag 1976

(DM 26,—)

● Wer sich noch mehr für die Grundlagen interessiert, kann lesen: Eduard A. Brecht, Deine Ernährung ist dein Schicksal, Karlsruhe: Brecht-Verlag 1976

(DM 7,80)

M. O. Bruker, Schicksal aus der Küche, Zivilisationskrankheiten — Ursachen, Verhütung, Heilung, St. Georgen: Schnitzer-Verlag o. J.

(DM 32,50)

● Eine Fülle weiterer Rezepte bietet:
Eduard A. Brecht, Kochbuch für schlemmerhafte Anti-Krankheitskost. Der kompromißlose Weg zur Gesundheit, Karlsruhe: Brecht-Verlag 1976

(DM 29,50)

● Ein Dritte-Welt-Kochbuch ist:
Eileen Candappa/Harry Haas, Herzhafte Mahlzeit. Ein asiatisches Kochbuch für gastfreundliche Menschen. Frankfurt: Beratungsstelle für Gestaltung, Eschersheimer Landstraße 565, 6000 Frankfurt/M. 50, 1. Aufl. 1976

(DM 6,50)

● Anleitung zu gemeinsamen Kochen gibt:
Eileen Candappa/Harry Haas, Gemeinsam Kochen. Ein Werkbuch für Familien und Gruppen. Frankfurt: Beratungsstelle für Gestaltung (Anschrift s. o.), 1976

(DM 6,50)

2. Gesünder essen, also

- vor allem den Gesamt-Fettverbrauch verringern, indem wir weniger fette Fleischwaren (Wurst) und gewisse fettreiche Milchprodukte verzehren;
- unser Eiweiß statt in Form von Fleisch durch Milchprodukte und vollwertige Getreideprodukte (Vollkornbrot, Frischkornspeisen u. ä.) einnehmen;
- isolierte Kohlehydrate (Auszugsmehl, Industriezucker) nach Möglichkeit meiden, insbesondere den explodierten Konsum von Zuckergebäck, Schokolade, Bonbons usw. drastisch einschränken;
- statt dem Körper die sog. ,,Ballaststoffe" zu ersparen und damit zugleich zu entziehen, was sie ihm an Vitalstoffen zuführen, reichlich Rohkost, Obst, Gemüse essen;
- statt säureüberschüssiger Lebensmittel ,,basische" Kost (z. B. Kartoffeln, schonend zubereitetes Gemüse, Rohkost, Quark) bevorzugen;
- weniger auf Kalorien, Eiweiß, Fett und Kohlehydrate achten als auf Vitalstoffe, Mineralien, Vitamine, Enzyme, auf Ausgewogenheit und Harmonie, biologische Reinheit und Frische;
- dem Qualitätsmerkmal der Frische und des Geschmacks Vorrang einräumen gegenüber dem des Aussehens und der Konservierbarkeit.

3. Beim Essen mehr Solidarität üben, also

- stark veränderte Produkte (z.B. TV-Snacks, Kondensmilch, Fertiggerichte usw.) vermeiden, deren hohe Herstellungskosten nicht höheren Ernährungswert, sondern Mangelernährung und gesundheitliche Schäden erzeugen und wirtschaftliche Mittel binden, die anders genutzt werden können;
- bei der Zubereitung des Essens Energie sparen; weniger backen und kochen — Rohkost, selbst zubereitete Müslis etc. wieder entdecken;
- unseren Alkoholkonsum kontrollieren;
- nicht dem Hunger durch Essen *vorbeugen;*
- die Kalorienzufuhr einschränken, wenn Übergewicht vorliegt (was bei Beachtung einer gesunden Kosten nach den obigen Grundsätzen normalerweise nicht entstehen kann;)

- weniger prestige- und modebewußt essen;
- die Mahlzeiten bewußt gestalten, Fest und Alltag deutlich unterscheiden;
- Zubereitung und Essen wieder zu einem Gemeinschaftserlebnis
  machen;

Entwicklungshilfe

*Zu einer Party hatte einer der Gäste einen afrikanischen Studenten
mitgebracht. Der Gastgeber, der aktiv in einer entwicklungspolitischen Gruppe mitarbeitet, bekam ein schlechtes Gewissen und er-
klärte seinem afrikanischen Gast entschuldigend: Sonst geht es bei
uns auch nicht so üppig zu – aber heute ist ja ein Fest. Die Antwort
war unerwartet: Eure Feste stören mich nicht. Sie können sogar
üppiger sein. Zum Feiern gehört Überfluß, auch bei uns zuhause. Was
mich stört, ist euer Alltag. Da verbraucht ihr so viel, daß man den
Unterschied zum Fest kaum spürt.*

*4. Sich mit den Fragen und Problemen alternativer landwirtschaft-
licher Erzeugungsprozesse (biologischer Landbau, Freiland-Tier-
haltung) beschäftigen.*

- Eine Gruppe in Bremen macht Stadtteilarbeit. Sie verbringt
  jeden Monat ein Wochenende in einem landwirtschaftlichen
  Betrieb und arbeitet dort mit. Die Gruppe bildet eine Ver-
  braucher-Erzeuger-Kooperative mit biologisch wirtschaftenden
  Landwirten. Ihr Ziel ist, Erfahrungen zu sammeln und Landwirte
  für die Umstellung auf biologische Produktionsmethoden zu
  gewinnen. Die Mitglieder der Gruppe wollen gemeinsam einen
  Hof betreiben, um dort Gemüse anzubauen. Ihr eigenes Brot
  backen sie schon. Sie haben dabei Spaß und Erfolg, sozialen
  und gesundheitlichen Gewinn.
- Der Nutzgarten muß rehabilitiert werden. Die Mehrarbeit gegenüber dem Ziergarten wird reichlich aufgewogen, wenn man
  daraus ein Stück ,,neuen Lebensstil" macht und die ganze Familie
  sich am biologischen Anbau im Garten beteiligt. 50 Quadratmeter reichen zur Grundversorgung einer vierköpfigen Familie
  (einschließlich Kompostierungsanlage, die den organischen Müll
  verwertet)!

— Der Vertrieb von biologisch erzeugten Produkten darf nicht zum Monopol der Reformhäuser werden. Kleinere Einzelhandelsgeschäfte lassen sich dafür gewinnen, wenn man zugleich konsequent ihren Verkauf fördert. Örtliche Gruppen sind durchaus in der Lage, den Absatz biologischer Produkte zu organisieren.

Zur weiteren Information:

● Andreas-J. Büchting/Arvid Gutschow, Agrecol. Grenzen und Engpässe moderner Agrarverfahren — ökologische Alternativen. Herausgeber: Eden-Stiftung zur Förderung naturaler Lebenshaltung und Gesundheitspflege. 6263 Bad Soden a. Ts. 1976

● Alwin Seifert, Gärtnern, Ackern — ohne Gift, München: Biederstein 1976 (DM 12,80)
Fritz Caspari, Fruchtbarer Garten. Naturgemäße Gartenpraxis, München-Pasing: Wirtschaftverl. M. Klug 1964 (DM 36,—)
(Kurzfassung: Gärtnerjahr u. Ernährungskreislauf, DM 12,—)

● Eine Liste von Läden und Höfen, die qualitativ bessere, biologisch gesunde und die Natur weniger ausbeutende und belastende Produkte anbieten, kann bei der Geschäftsstelle der Initiative angefordert werden.

5. Bevorzugt solche Lebens- und Genußmittel aus der Dritten Welt kaufen, deren Verkaufserlöse zu einem „gerechten" Teil den Erzeugern zugute kommen.

● Eine Liste mit Bezugsquellen (Dritte-Welt-Handel) kann bei der Geschäftsstelle angefordert werden.

6. Verstärkt an Verkaufs- und Aufklärungsaktionen teilnehmen.

— Am Beispiel einzelner Güter aus den Entwicklungsländern (Naturreis, Bananen, Rohrzucker, Tee, Kaffee) lassen sich Probleme der Welternährung, der Lebensmittel-Veredelung und des gegenwärtigen Weltwirtschaftssystem verdeutlichen.

— An landwirtschaftlichen Produkten aus biologischem Anbau kann man die Fehlentwicklung unserer Ernährungsgewohnheiten und der landwirtschaftlichen Entwicklung deutlich machen und Alternativen aufzeigen.

— Große Breitenwirkung hat es, wenn man die regionalen Verbraucher-Zentralen dafür gewinnt, sich nicht an der Fehlleitung unserer Ernährungsgewohnheiten zu beteiligen.

— Über die Elternvertretungen kann man Einfluß nehmen auf das, was den Kindern in Kindergarten und Schule als Zwischenver-

pflegung angeboten wird (Rosinenbrötchen aus Vollkorn statt Zuckergebäck, Milch statt Brause, Nüsse statt Bonbons usw.).
- Großküchen für Werkskantinen, Anstalten, Tagungsstätten sind ein lohnendes und weites Feld für Aufklärungsarbeit!

7. *Als Einzelner und nach Übereinkunft auch als Regionalgruppen für folgende politische Forderungen eintreten:*
- Tierschutzbestimmungen, die Haltungsarten verbieten, welche die Tiere rücksichtslos ausbeuten (Geflügel und Ferkel in Käfigbatterien, Kälber und Schweine auf Spaltenböden, dauernde Dunkelhaltung);
- Staatliche Vorschriften für Höchstbestände in der Tierhaltung;
- Deklarationspflicht für Futtermittel-Zusätze, wirksames Verbot von Antibiotika im Tierfutter;
- Staatliche Förderung von Betrieben mit Tierhaltung und Pflanzenbau in ökologisch ausgewogenem Verhältnis und mit biologischen Anbaumethoden;
- Belastung energieintensiver Produktionsweisen durch progressive Energiesteuer;
- Stärkung industrieunabhängiger ernährungswissenschaftlicher Forschung und Verbraucherberatung.

IV Gesamtwirtschaftliche Auswirkungen

Solche Versuche der eigenen Orientierung und Umorientierung von einzelnen und Gruppen würden allein noch keine großen Veränderungen in Gang setzen. Aber sie sind ein Anfang, dem dann größere Schritte folgen können. Freilich: schon heute ist es notwendig, auch nach möglichen gesamtwirtschaftlichen Auswirkungen zu fragen.
Zum einen geht es vor allem um die Einkommen der Landwirtschaft. Werden die Erträge geringer, dann steigen die Produktionskosten je Stück. Bei veränderten Anbaumethoden können sich darüber hinaus die gesamten Produktionskosten erhöhen. Eine ausgesprochene Intensivkultur ist zweifellos billiger. Zu einem wesentlichen Teil allerdings nur deshalb, weil lediglich die direkt in der landwirtschaftlichen Produktion anfallenden Kosten für auf-

gewendete Arbeit und für den Kapitaleinsatz in die Kostenrechnung des Landwirts eingehen. Die mindere Qualität der Erzeugnisse, Umweltzerstörungen, Gesundheitsschäden und das „Leid der geschundenen Kreatur" (Günter Altner) sind aber ebenfalls „Kosten" dieser Produktion, die nur von anderen als dem Produzenten selbst zu tragen sind, also in dessen Kosten- und Ertragsrechnung, gar nicht berücksichtigt werden.

Auch der Übergang von bestimmten tierischen Erzeugnissen zu mehr pflanzlichen Erzeugnissen hätte merkliche Auswirkungen auf die Einkommenssituation der Landwirte, denn die Landwirtschaft lebt zum überwiegenden Teil von der Veredelungswirtschaft: die tierischen Erzeugnisse machen mehr als 70 % des landwirtschaftlichen Umsatzes aus. Dabei ist die „getreideveredelnde" Nutzviehhaltung von besonderer Bedeutung.

Sollen also die Einkommen der Landwirtschaft nicht sinken, sollen sie der „durchschnittlichen" Einkommensentwicklung in der Gesamtwirtschaft folgen, dann gibt es wohl nur zwei Möglichkeiten: entweder findet die Landwirtschaft Ausgleich für den Produktions- und Umsatzverlust in anderen Bereichen, oder aber es werden bei steigenden Kosten für eine geringere, aber „qualifizierte" Produktion höhere Erzeugerpreise und/oder staatliche Subventionen erforderlich werden. Jedenfalls werden wir die höheren Kosten sicher nicht den Bauern allein aufbürden dürfen, sondern auch die Verbraucher müssen bereit sein, für gesündere und wohlschmeckendere Nahrungsmittel mehr zu zahlen.

Höhere Preise und höhere steuerliche Belastungen sind nun für den Verbraucher zweifellos unerfreuliche Erscheinungen. Sind sie aber Auswirkungen einer wirksamen Politik der Qualitätsförderung, dann entsprechen ihnen auch reale Gegenwerte: eine bessere Qualität der Erzeugnisse, weniger Umweltzerstörungen, geringere gesundheitliche Risiken. Zu einem Teil können höhere Ausgaben durch veringerte Mengen vermieden werden, ohne daß Einschränkungen erforderlich sind, weil z.B. eine kleine Menge schmackhafter, nährstoffreicher und „sauberer" Früchte einer größeren Menge wässriger, fade schmeckender und mit Pestizid- oder Bleirückständen verseuchter Früchte vorzuziehen ist.

Veränderte Ernährungsgewohnheiten und veränderte Produktionsstrukturen der Landwirtschaft werden möglicherweise ein
großes Problem unserer Gesellschaft günstig beeinflussen können:
das der Beschäftigung. Schon seit Jahrzehnten sinkt die Zahl der
Erwerbstätigen in der Landwirtschaft; der Anteil der Industrie und
des Dienstleistungsbereichs an den Erwerbstätigen nimmt immer
weiter zu. Diese Entwicklung wurde in der Zeit des Arbeitskräfte-
mangels durch politische Maßnahmen kräftig unterstützt: nicht die
Lebensfähigkeit kleinerer und mittlerer Betriebe wurde gefördert,
sondern ihre Liquidation.

Eine vorausschauende, zukunftsorientierte Umwelt-, Wirtschafts-
und Ernährungspolitik, welche die Qualität des Wachstums beeinflußt und den ökologisch-technischen Fortschritt fördert, wird Arbeitsplätze sichern und neu schaffen, denn mittelfristig kann wirtschaftliches Wachstum erst durch die ökologische Anpassung der
bisherigen Produktionsindustrie und durch den Aufbau von Umwelt-
sowie Reproduktionsindustrie (Recycling!) fortgesetzt werden.
Eine solche Umstrukturierung wird bei Begrenzung des Energiezuwachses wahrscheinlich zu einem verstärkten Übergang auf arbeits-
intensivere Produktionstechniken führen. Eine ähnliche Modifika-
tion der landwirtschaftlichen Erzeugung, die einen höheren Arbeits-
aufwand erfordert, weil sie eine weitere Industrialisierung und
Chemisierung mit immer höherem Rohstoff- und Energieeinsatz
stoppt und teilweise zurücknimmt, könnte ebenfalls sinnvolle und
interessante neue Arbeitsplätze schaffen.

Welche Entwicklungen möglich sind, welche sich schließlich durchsetzen, wird in starkem Maße auch von Einflüssen abhängen, die die
internationalen Verflechtungen unserer Wirtschaft bedingen. Vor
allem wird es aber auch davon abhängen, ob und in welchem Maße
die Mehrheit der Bevölkerung, die als Produzenten und Konsumenten unmittelbar betroffen ist, an den Diskussionen und Entscheidungen über eine zukunftssichere Umstrukturierung unserer Wirtschaft beteiligt sein wird.

V. Aktionen — Konsumverzicht, Konsumverlagerung

14. *Weniger Fleisch für uns — mehr Getreide für die Dritte Welt*)*

Heute esse ich kein Fleisch
- Was ist los? Sind Sie Vegetarier geworden?
- Nein — ich mache bei einer nonverbalen Aktion gegen den Hunger mit.
- ? ?
- Die Welternährungskonferenz, die kürzlich in Rom stattfand, hat gezeigt, daß wir uns — global gesehen — einer Katastrophe von fürchterlichem Ausmaß nähern. Die Nahrungsmittelreserven der Erde gehen zuende. Zehn Millionen Menschen werden in diesem und den nächsten paar Monaten verhungern, wenn nicht etwas Drastisches geschieht. Und das sind erst die kurzfristigen Folgen.
- Darüber reden hilft aber nichts.
- Eben!
- Und nun wollen Sie damit etwas ändern, daß Sie heute kein Fleisch essen?
- Wir geben uns in den Wohlstandsländern keine Rechenschaft darüber, daß wir durch unseren Fleischkonsum (Schweiz 1959 54 kg Fleisch pro Person und Jahr, 1972 76 kg) ein Vielfaches vom Getreide brauchen — und damit den Hungernden wegessen — das wir bei „Direktkonsum" (ohne Umweg als Futtergetreide über das Schlachtvieh) verzehren würden.
- Warum gerade beim Fleisch anfangen? Sollten wir nicht unsere Verbrauchergewohnheiten ganz allgemein revidieren?
- Sicher — der teilweise Fleischverzicht ist nur ein möglicher „Einstieg" ins Problem. Dieser erste Schritt soll zu weitern Schritten führen. Natürlich müssen wir unsern Verbrauch auch anderweitig einschränken.

Mit dem Verzicht setzen wir ein Zeichen; wir wissen gut genug, daß weniger Fleisch essen keine Probleme löst. Darum verbinden

---

*) Aus: Aktion Konsumverzicht
Kontaktanschrift: Erklärung von Bern, Gartenhofstraße27, CH-8004 Zürich

wir unsern Verzicht mit Forderungen an unsere Politik. Sie betreffen die Landwirtschaft, die Förderung unserer eigenen benachteiligten Regionen, die Entwicklungszusammenarbeit und die Handelspolitik.

Warum diese Aktion?

I. Sie soll bewußt machen
1. daß sich die Ernährungssituation weltweit gesehen verschärft hat.
2. daß unser Konsumverhalten zu dieser Knappheit beiträgt.

II. Sie soll möglichst viele ansprechen und möglichst vielen Möglichkeiten zum Handeln geben.

Die Aufforderung, weniger Fleisch zu essen, provoziert zum Nachdenken. Sie wird Protest und Diskussion auslösen.

Verzicht löst keine Probleme. Darum verbinden wir damit politische Forderungen.

Wir hoffen, daß möglichst viele den Lernschritt vom Mitleid mit den Hungernden und der üblichen Geste des Geldspendens zum bewußten Verzicht und zur Einsicht in wirtschaftliche und politische Zusammenhänge vollziehen.

III. Sie soll beweisen, daß viele Schweizer eine aktive Entwicklungspolitik wollen.

An der Welternährungskonferenz in Rom hat die Schweiz, statt wirksame Beiträge zur Lösung des Hungerproblems zu leisten, ängstlich alle Zusagen vermieden, die uns politisch und finanziell etwas kosten könnten. Und dies aus Furcht vor der „öffentlichen Meinung".

Unsere Aktion soll zeigen, daß viele Schweizer von unserer Regierung auch in schwierigen Zeiten eine aktive Entwicklungspolitik erwarten. Darum brauchen wir möglichst viele Unterschriften. Sie werden dem Bundesrat übergeben. In welcher Art wir das tun wollen, wird sich im Verlauf der Aktion zeigen.

Tips für die Durchführung

Die Aktion ist so geplant, daß sie ohne großen Aufwand durchgeführt werden kann.

Sie wird aber nur dann ein Erfolg, wenn sich möglichst viele daran beteiligen.

Man kann das Flugblatt

— an Freunde weitergeben
— in Kantinen auflegen
— an Dritte-Welt-Veranstaltungen auflegen
— an Suppentagen verteilen
— an Dritte-Welt-Bazaren und Missions-Bazaren an einem besonderen Stand verteilen
— das Brot für Brüder-Komitee bitten, es dem nächsten Versand beizulegen
— als Inserat erscheinen lassen
— an Passanten verteilen
— in die Predigt einbauen
— als Unterlage für einen politischen Gottesdient brauchen
— in der Schule verwenden, z.B. im Geschichts- oder Geografieunterricht
— im Kochunterricht diskutieren und fleischlose Menüs ausprobieren (möglichst schmackhafte, damit die ganze Aktion anmächelig wird) und die Zusammenhänge zwischen unserem Mittagstisch und den leeren Reisschüsseln in der Dritten Welt bewußt machen.

15. Aktion Fleischverzicht — Landwirtschaftspolitik: Arbeitsthemen*)

Es begann im letzten November, als viele unter uns sich über die Haltung der Schweizer Delegation an der Welternährungskonferenz in Rom ärgerten, wo die Schweiz kaum etwas anderes tat, als nationale Interessen zu vertreten. Eine Arbeitsgruppe der Erklärung von Bern beschloß spontan, mit der Frage „Getreide als Viehfutter oder als Nahrung für Menschen?" eine Fleischverzicht-Aktion zu starten. Den *Verzicht* koppelten wir mit Forderungen an die schweizerische Entwicklungs- und Landwirtschaftspolitik. Getreide, das wir sparen, soll nicht nur durch Nahrungsmittelhilfe, sondern vor allem

*) Aus: Rundbrief 2/1975 der Erklärung von Bern

auch durch wirtschaftliche Maßnahmen, welche die Kaufkraft der armen Massen verbessern, für die Hungernden verfügbar werden. Etwa 2 500 Personen setzten ihre Unterschrift unter dieses Flugblatt. Wir haben im Laufe der Aktion viel gelernt. Unsere ursprüngliche Forderung, Fleisch mit Gras und Heu zu produzieren statt mit Futtergetreide, verriet, daß wir wenig von Landwirtschaft verstanden, denn mit Gras und Heu lassen sich Schweine nicht mästen und keine Hühner füttern. Statt einer Kuh hätten wir besser ein Schwein auf unser Flugblatt gesetzt, und unsere Forderung lautet nun verbessert: ,,Fleisch soll auf der eigenen Futterbasis produziert werden". Das bedeutet:

möglichst gute Nutzung der Grasflächen, vor allem in den Voralpen und Berggebieten;

Förderung des eigenen Futtergetreideanbaus;

Unterstützung des neuen Tierschutzgesetzes mit seinen einschränkenden Maßnahmen gegen die Batteriehaltung von Schweinen und Hühnern, weil diese ,,Fabriken" fast ausschließlich mit importiertem Futtergetreide arbeiten und jene Betriebe konkurrenzieren, welche die eigenen Bodenflächen nutzen.

Verteuerung des importierten Futtergetreides mit Rückerstattung der Aufschläge für Betriebe im Berggebiet, um einen Chancenausgleich zu schaffen.

Ein langer Fragenkatalog wurde an einer Tagung im Juni, zu der alle eingeladen wurden, die unser Flugblatt unterzeichnet hatten, mit Fachleuten diskutiert. Nun stehen wir da mit vielen, vielen Vorschlägen. Wir suchen kleine Gruppen, die sich in den kommenden Monaten damit auseinandersetzen möchten.

Wer nicht recht weiß, wie anfangen, kann uns anrufen. Anne-Marie Holenstein steht zur Verfügung für die Vermittlung von Unterlagen und Kontaktadressen. Sie kommt auch gern für ein Kurzreferat mit anschließender Diskussion. Besonders gern zu Mini-Gruppen, die etwas tun wollen. Was äußerst nützlich wäre; wenn eine Gruppe Material zu einem bestimmten Themenkreis zusammenstellen und didaktisch so bearbeiten könnte, daß andere kleine Gruppen etwas damit anfangen können. Wir werden nämlich in diesem Bereich in den nächsten Monaten nicht mit einer pfannenfertigen Großaktion auftreten, sondern erwarten, daß die Arbeit in kleinen Gruppen weitergeht.

Und hier die Liste möglicher *Arbeitsthemen:*

1. Am 9. September ist der Gesetzentwurf zum neuen Tierschutz-
   gesetz in die Vernehmlassung gegangen. Auf harten Widerstand
   wird aus Kreisen der großindustriellen Tierhaltung vor allem
   das geplante Verbot der Batteriehaltung von Schweinen und
   Hühnern stoßen. Man wird an den Egoismus des Konsumenten
   appellieren mit der Drohung, er werde mehr bezahlen müssen
   für Fleisch und Eier.
   Gruppen sollten damit beginnen, Argumente pro und contra
   zu sammeln. (Tierschutz, Ökologie, Energieaufwand, Antibiotika im Tierfutter etc.) Von unserer Aktion her ist das Argument wichtig, daß gerade die Batteriehaltung auf einer Pro-
   duktionsweise beruht, welche die eigene Futterbasis vernachlässigt, auf Futtergetreideimporte angewiesen ist und damit
   die internationalen Märkte belastet.
   Die Zeit der Vernehmlassung für Leserbriefe und eventuell
   für Eingaben an Verbände nutzen, die an der Vernehmlassung
   teilnehmen.

2. Unterstützt die *Konsumenten Arbeitsgruppe* (KAG)
   Die KAG fördert die tierfreundliche, umweltgerechte, bäuer-
   liche Nutztierhaltung zugunsten verantwortungsbewußter Kon-
   sumenten, die es satt haben, sich von Käfigfleisch und Käfig-
   eiern zu ernähren.
   Sie theoretisiert nicht, sondern schafft Alternativen mit der
   Bildung von kleinen Selbstversorgergruppen, die sich direkt
   „ab Hof" mit Eiern und andern Lebensmittel eindecken.
   Machen Sie mit beim Aufbau von Alternativen!
   Wenn Sie sich für Fleisch und Eier aus tier- und umweltfreund-
   lichen Betrieben interessieren, senden Sie Ihre Adresse an das
   Sekretariat:
   Frau Lea Hürlimann, Gutstraße 130, 8055 Zürich
   Übrigens: Die KAG hat viel zur Verbreitung unseres Flugblatts
   „Aktion Fleischverzicht" beigetragen. Wir danken!

3. *Alternativmärkte*
   Da und dort sind Dritte-Welt-Läden im Entstehen. Sie zeigen
   Alternativen zum ausbeuterischen Welthandels-System auf.

Aus den Kreisen der KAG kommt die Idee, sie zu Alternativ-Läden oder Alternativ-Märkten auszubauen, wo auch Alternativen zur industriellen Landwirtschaft aufgezeigt werden. Wer eröffnet einen solchen Stand auf einem Wochenmarkt? Oder den ersten Laden? (Vergl. Bericht Dritte Welt-Läden S. 11)

4. *Konsumenten*

Konsumenten sind wir alle. Und natürlich wollen wir möglichst preisgünstig einkaufen. Aber wir sollten den Konsumentenorganisationen gegenüber, die unsere Interessen vertreten, betonen, daß wir in der Konsumentenpolitik auch Fragen der Ökologie, des Tierschutzes, der Beimischung von chemischen Farbstoffen, Vitaminen, Antibiotika u.ä. zu Futtermitteln sowie der Welternährung berücksichtigt haben möchten.

Zum Stichwort „Welternährung" enthält „Prüf mit" Nr. 5/1975 (Thema Fleisch) auf Seite 3 einen ausgezeichneten Beitrag, Bestellungen an Administration „Prüf mit", Postfach 463, 8026 Zürich.

5. *Ernährung und Energie*

Haben Sie sich schon vergegenwärtigt, wieviel mehr Energie für ein Käfig- oder Hallen-Huhn gegenüber einem Freiland-Huhn aufgewendet werden muß, angefangen bei Dünger und Pestiziden für sein Futter, dessen Transport, Heizung und Lüftung der Halle etc.

Solche Ketten in der industrialisierten Nahrungsmittelproduktion zu analysieren, kann sehr viel zur Bewußtseinsbildung der Konsumenten beitragen und hat vor dem Hintergrund der Atomkraftwerkinitiative große politische Aktualität.

6. *Abfallverwertung*

Wäre es möglich, für Ihr Dorf, Ihre Stadt eine Verwertungsstelle für Küchenabfälle einzurichten, in welcher die Abfälle sterilisiert und zu Schweinefutter verarbeitet werden? Wer arbeitet ein Projekt aus?

7. *Kontakt mit Bauern*

Man spricht viel über die Verschlechterung der Terms of Trade für Rohprodukte aus Entwicklungsländern. Aber auch für unsere Bauern haben sich die Austauschverhältnisse dauernd verschlechtert.

Wie wirkt sich die Konkurrenz der industriellen Tierhaltung auf die Betriebe in den Voralpen- und Bergregionen aus? Wäre die Entrichtung von Flächenbeträgen ein Ausweg?

Solche und andere Probleme sollten Gruppen in ländlichen Gebieten mit Bauern diskutieren. Wir sind sehr dankbar, wenn Ihr uns darüber berichtet.

Viele dieser Themen sind auch für die Schule geeignet. Gibt es Lehrer-Arbeitsgemeinschaften, die darüber Lektionsreihen ausarbeiten können? Wir sind an solchen Projekten brennend interessiert.

Welche Hauswirtschaftslehrerin arbeitet Lektionen zum Thema „Genügend Protein mit wenig Fleisch" aus?

16. Fleischverzicht in Industrieländern — bessere Versorgung der Entwicklungsländer?*)

1. In den vergangenen Jahren wurde von der „Erklärung von Bern", einer Organisation, die „die Information über die Beziehungen der Schweiz zur Dritten Welt mit sozialer und politischer Aktion verbindet" (Selbstdarstellung), unter anderem eine „Aktion Fleischverzicht" propagiert. Wie schon in der „Cocoyoc-Erklärung"[1]) wird die Notwendigkeit eines solchen Konsumverzichts damit begründet, daß in den Industrieländern 70 % des Getreideverbrauchs zur Fleischerzeugung an das Vieh verfüttert werden, wobei 85 % des ursprünglichen Kalorienwertes verlorengehen. Durch Einschränkung des hohen Fleischkonsums könnten diese Getreidemengen zur Be-

---

*) Aus: Gerteis, Winfried; Entwicklungshilfe durch Konsumverzicht? Würde eine Fleischverzichts-Aktion die Weizenversorgung der Entwicklungsländer verbessern? (Entwicklungspolitische Diskussionsbeiträge 10), Adliswil 1977 S. 29—31

---

1 Die Erklärung von Cocoyoc. Expertenkonferenz von UNCTAD-UNEP in Cocoyoc bei Mexiko-City, 8.—12.10.1974: „Der Getreideverbrauch ist in Nordamerika seit 1965 um 160 kg auf heute 855 kg pro Kopf der Bevölkerung gestiegen — hauptsächlich über Fleischprodukte. Und diese zusätzlichen 160 kg sind fast genau die Menge, die ein Inder im ganzen Jahr verbraucht. ... Es bedarf lediglich eines kleinen Verzichts aus dem Überschuß der Reichen um den gesamten asiatischen Fehlbestand zu decken".

kämpfung der Unterernährung in den Entwicklungsländern verwendet werden.

Diese Argumentation setzt jedoch stillschweigend voraus, daß
das Getreide, das in den Industrieländern auf diese Weise eingespart wird, in Zukunft wirklich den Entwicklungsländern zur Verfügung steht. Anders ausgedrückt, man nimmt an, daß der Nachfragerückgang keine Auswirkungen auf das Getreideangebot hat.
Außerdem geht man davon aus, daß zusätzliche Getreideimporte
der Entwicklungsländer zu niedrigeren Preisen ihrer Entwicklung
dienlich sind und das Problem der Unterernährung lösen können
oder wenigstens zur Lösung beitragen.

In dieser Arbeit wird am Beispiel des Weizens vor allem die erste
Annahme geprüft, indem die Auswirkungen eines Konsumverzichts
auf dem Weizenweltmarkt betrachtet werden. Es handelt sich also
nur um eine Partialanalyse des Problems: Fragen, die sich bezüglich der Auswirkungen billiger Weizenimporte auf die lokalen Märkte
der Entwicklungsländer stellen, werden nur am Ende kurz angesprochen und nicht näher untersucht.

2. Die ausreichende Versorgung der Menschen mit Nahrung ist die
Grundlage für die Verwirklichung aller weitergehenden Ziele der
Entwicklungspolitik. Deshalb muß die Befriedigung dieses Grund-
bedürfnisses den ersten Rang bei der Entwicklungshilfe einnehmen.
Dieses Ziel ist heute bei weitem nicht erreicht. Nach einer Schätzung
der FAO von 1970 lebten 462 Mio. Menschen unter einem niedrig
angesetzten Existenzminimum, wobei vor allem Kinder betroffen
sind. In vielen Ländern bleibt das Wachstum der Nahrungsmittelproduktion hinter dem Bevölkerungszuwachs zurück.

3. Die Betrachtung des Weizenweltmarkts zeigt, daß die Stellung
der Anbieter sehr stark, die der Nachfrager dagegen schwach ist.
Die vier größten Anbieterstaaten vereinigen 78 % des Weltmarkt-
angebots an Weizen auf sich. Die Nachfrageseite zerfällt in drei
unterschiedliche Gruppen, die eine Zusammenfassung der Nachfrage
undenkbar machen. Für viele Entwicklungsländer ist der Import
existenznotwendig, während die Importe der Industrieländer, die
als Futtermittel verwendet werden, sehr preiselastisch reagieren.
Ausgehend von einer Weltbank-Schätzung der Nachfragekurve und
von einer kurzfristig im Extremfall völlig unelastischen Angebots-

kurve kommt man zu dem Ergebnis, daß der Nachfragerückgang bei einem Konsumverzicht um 40 Mio. Tonnen zu einer Preissenkung bis zu fast 50 % führen würde. Wie sich jedoch in früheren Jahren gezeigt hat, ist die langfristige Weizenangebotskurve sehr preiselastisch, da die amerikanischen Farmer auf Preisänderungen mit einer Variation der Anbauflächen reagieren. Mit einem Abstand von zwei Jahren würde sich also die Produktion an die neue Nachfragesituation anpassen, mit der Konsequenz, daß sich die alten Preisverhältnisse aufgrund eines Angebotsrückgang wiedereinstellen. Der durch den Konsumverzicht eingesparte Weizen stände also nur kurzfristig zur Bekämpfung von Unterernährung zur Verfügung. Den Rückgang des Angebots könnte man verhindern durch Subventionierung entweder der Weizenanbieter oder der importierenden Entwicklungsländer, was beides auf eine eigentliche Nahrungsmittelhilfe hinausläuft. Es ist jedoch angesichts brachliegender Anbauflächen anzunehmen, daß man dieselbe Hilfe durch zusätzliche Weizenproduktion, also ohne Konsumverzicht leisten könnte, wenn man die Subventionen als Ansporn für Anbauausweitung verwenden würde.

4. Unter dem Aspekt der Auswirkungen auf dem Weltmarkt und der Rückwirkungen auf die Dritte Welt ist also eine Konsumverzichtsaktion nicht zu rechtfertigen. Fraglich ist aber auch, ob die billige Versorung mit Nahrungsmitteln aus dem Ausland mit all ihren Folgen für die lokalen Märkte die Ernährungslage in den Entwicklungsländern verbessern kann. Für die Verbesserung der Ernährung ist eine Produktionserhöhung direkt in den Ländern mit ungedecktem Bedarf unabdingbar. Eine Fleischverzichtsaktion in den reichen Ländern erscheint als direkte entwicklungspolitische Maßnahme ungeeignet, höchstens vermag sie mit ihrer Signalwirkung („Das Vieh der Reichen frist das Brot der Armen") die Ernährungsproblematik bei uns besser zum Bewußtsein zu bringen.

W. G.

17. *Aktion Jute statt Plastik*)*

Entwicklungspolitisch:

Jute statt Plastik heißt Arbeit für Bangladesh

Jute als Einkommensquelle
Jute ist für Bangladesh das lebenswichtige Ausfuhrprodukt: Über 80 Prozent aller Exporterlöse stammen aus Jute und Jutewaren. Diese einseitige Abhängigkeit ist ein Relikt aus der Kolonialzeit.

Jute als Arbeitsbeschaffer
Für Millionen von armen Bengali-Bauern gibt es nur zwei Anbaumöglichkeiten: Jute und Reis. Für nahezu 200.000 landlose Bengali gibt es nur eine Beschäftigungsmöglichkeit: Jute-Verarbeitung. 52 % aller Jute-Exporte Bangladeshs sind Rohjute, die im Ausland weiterverarbeitet wird. Auch dies ist eine Folge der Kolonialzeit und der heute herrschenden internationalen Arbeitsteilung: Die Entwicklungsländer produzieren Rohstoffe, die Industrieländer verarbeiten sie.

Bis 1974 belegte die *EWG* die verarbeiteten Jutegewebe beim Import mit einem Zoll, der 58 % der Verarbeitungskosten entsprach (effektiver Zollschutz), während die Rohjute zollfrei eingeführt wurde.

Bis 1972 betrug der effektive Zollschutz der Schweiz auf Jutesäcken rund 33 % der Verarbeitungskosten, während bei Rohjute stets kein Zoll erhoben wurde.

Diese hohen Zollmauern zwangen Bangladesh und Indien, die Jute roh zu exportieren. Seit 1972 haben die EWG und die Schweiz ihre Zölle teilweise gesenkt.

Jute tödlich konkurrenziert
Jute wurde vor allem für Säcke, Teppichgrundgeflechte, Schnüre und Seile verwendet. Seit einem Jahrzehnt erwächst ihr durch Plastik und Kunstfasern tödliche Konkurrenz. Seit Jahren stagniert der Juteverbrauch und selbst die Preissteigerung von Erdöl und

---

*) Aus: Beilage zum Rundbrief 1976/3 der Erklärung von Bern.
   Kontaktanschrift in der Bundesrepublik: Arbeitsgemeinschaft Dritte Welt-Läden e.V., Heinrichstraße 5, 4690 Herne

Plastik nach der Ölkrise vermochte die Zurückdrängung der Jute nicht aufzuhalten:
Von 1960−75 verzehnfachte sich in der Schweiz der Import von Kunststoffen. In dieser Zeit ging der Verbrauch von Jutewaren um 38 Prozent zurück.

Die ,,intergouvernementale Gruppe für Jute, Kenaf und verwandte Fasern" der FAO folgerte:
,,Wenn nicht in den nächsten Monaten Anstrengungen unternommen werden, wird die Jute große und wichtige Märkte verlieren."

Jute oder Reis?

Auf den bengalischen Farmen konkurrenzieren sich Juteanbau und Reisanbau. Hohe Reispreise drängen den Juteanbau zurück, rentable Jutepreise verträngen den Reisanbau.

Weil Reis das lebensnotwendige Grundnahrungsmittel in Bangladesh darstellt, ist ein Zurückdrängen des Reisanbaus durch erhöhte Juteproduktion nicht erwünscht.

Jutetaschen sollen nicht den Juteanbau auf Kosten der Reisproduktion fördern, sondern dazu führen, daß mehr Rohjute im Land selber verarbeitet wird. Arbeitslose Hände gibt es genug, und die vorhandenen Jutewebereien sind nur zu 80 % ausgelastet, so daß keine neuen Fabriken nötig sind.

Ökologisch:

Jute statt Plastik heißt Schonung von Umwelt und Energie

Plastik als Energieverschwender
Für die Herstellung eines Plastik-Sacks braucht es 4-mal mehr technische, nicht erneuerbare Energie als für einen Jutesack.
Zum Vergleich bedeutet dies, daß die Herstellung eines Plastik-Sacks annähernd soviel Energie braucht, wie ein Mensch in einem Tag zum Leben benötigt. (Mensch: 2,8 kWh/Tag, Plastik-Sack: 2,3 kWh/Tag).

Plastik als Umweltbelaster
Jute ist kompostierbar, verfault, verbrennt. Für Plastik dagegen gibt es noch kaum befriedigende Beseitigungsmethoden. Er läßt

sich nicht durch Verfaulen oder dergleichen in die Natur zurück-weisen. Einzelne Kunststoffe sind bei der Vernichtung äußerst umweltbelastend (beim PVC entsteht Chlorwasserstoffgas, das mit Wasser Salzsäure gibt.) Andere Kunststoffe verbrennen ohne Schadstoffe. Beim Verbrennen von 4 Plastik-Säcken braucht es gleichviel Sauerstoff, wie ein Mensch während eines Tages benötigt.

Konkurrenzsystem als Umweltzerstörer

„Der Grund der zunehmenden Umweltverschmutzung durch neue Produktionstechnologien ist in der konkurrenz-bedingten *Not-wendigkeit*, bei jedem Produktionsgang innerbetriebliche Kosten zu sparen, zu suchen. Das gelingt am besten, wenn kostenverur-sachende Vorgänge wie z. B. das Reinigen von Abgasen und Ab-wässern auf ein Minimum reduziert werden. Die Benutzung der Umwelt galt eben als kostenlos und tauchte somit im wirtschaft-lichen Kalkül nicht auf". (Studiengruppe für Biologie und Um-welt)

Energieverschleiß als Zukunftsproblem

Ein Bewohner der USA verbraucht 75 mal mehr Energie und ein Schweizer 24 mal mehr Energie als ein Bewohner von Bangladesh. Was geschieht, wenn alle Bengali, Inder, Chinesen usw. den gleichen Energieverschwendungsstand erreichen wie wir?

Nach Meadows (Club von Rom) reichen bei weiterem Ansteigen des Energieverbrauchs die Erdölvorräte noch 20 Jahre; wenn die Lager fünfmal größer sind als heute bekannt ist, reichen sie nur noch für 50 Jahre.

Energie-Sparen ist möglich

„Länder mit hohem Energieverbrauch (wie z. B. die Schweiz) könn-ten dieselbe Leistung wie heute erbringen, mit etwa der Hälfte der heutigen Energiemenge, aber dafür mit höherer sozialer Wohlfahrt, mit einer besseren Beschäftigungslage auf viel breiterer Basis, in größerer Vielfalt und weit niedrigeren Kosten."

(Forum Vereinte Nationen, März 1976)

„Realistische Schätzungen für die Schweiz gehen davon aus, daß mindestens ein Drittel des heutigen Energieverbrauchs gespart werden könnte, ohne daß wir auf Komfort und Wohlfahrt ver-zichten müssen".

(Urs P. Gasche)

Lebensqualität:

Jute statt Plastik heißt umschwenken zu einem einfacheren Lebensstil

Jute als Symbol für einfacheren Konsum

„Ein Drittel der heutigen Industrieprodukte ist überflüssig, ein weiteres Drittel untauglich" (Süddeutsche Zeitung).

Diese Behauptung eines Wissenschaftsjournalisten mag überspitzt sein; doch ist heute einer großen Zahl von Menschen bewußt, daß die Konsumwirtschaft die Grenze erreicht hat, bei der mehr Konsumquantität in weniger Lebensqualität umzuschlagen droht. Die Aktion „Jute statt Plastik" kann ein Anlaß zur Standortbestimmung, ein Vehikel zum Umdenken werden, ein Symbol für die Weigerung, unbegrenzt mit der Konsum- und Verschleißwirtschaft weiterzumachen. (Die Thesen des Werkstattpapiers, siehe weiter hinten, können als Diskussionsgrundlage dienen.)

„Schöne neue Welt" für die Zukunft

Die Nahrungsmittelindustrie rechnet damit, daß bis Ende des Jahrhunderts sämtliche konsumierten Nahrungsmittel nochmals einen Produktionsumweg durchlaufen haben werden, das heißt, daß alle Produkte im Durchschnitt ein weiteres Mal verarbeitet werden, und daß bei jedem Verarbeitungsgang ein Mehrfaches an Energie zugeführt wird.

Nestlé zum Beispiel rechnet für die Zukunft mit einem weiteren Anstieg der Nahrungsmittelverarbeitung (siehe „Umschau" Heft 11/1975.) Sie wird vermehrt „maßgeschneiderte" Produkte für die verschiedenen gesellschaftlichen Gruppen wie Kantinen, Alterssiedlungen, Schulen, Spitäler, Berufstätige, Gaststätten etc. bereitstellen.

Gerichte mit schönem Aussehen auf dem Teller (z.B. durch Farbstoffe), einfach und schnell zubereitet, vorverpackte und haltbare Nahrungsmittel sollen propagiert werden. Neue energieintensive technische Methoden wie Gefriertrocknung, Jonen-Austausch, Molekularsieb- und Extraktionstechniken sollen eingeführt werden. Eine besondere „Sorge" bereiten die älteren Menschen über 60 Jahre, die sich nicht mehr völlig an die von der Nahrungsmittelindustrie forcierten Konsumveränderungen anpassen können.

Chemie dominiert unsern Lebensstil
Ähnlich strengt auch die Chemie ein weiteres Wachstum des Kon-
sumumsatzes an. Die *Ciba-Geigy* rechnet mit einer Wachstumsrate
des Welt-Chemie-Verbrauchs von 7—9 % pro Jahr. Dies bedeutet
eine Verdoppelung alle 8—10 Jahre.

Lebensqualität sinkt mit steigendem Konsum
Die Chemie, die Plastik-Industrie und die industrielle Nahrungsmittelverarbeitung werden unser Leben in Zukunft noch viel stärker
beeinflussen und verändern (Charles Levinson). Um den Umsatz
nicht absinken zu lassen, werden ständig neue Produkte angeboten
und propagiert werden, ständig wird ein Wachstum aufgezwungen,
ohne die Lebensqualität noch irgendwie zu verbessern. Im Gegenteil ist anzunehmen, daß „mit steigendem Konsum die Lebensqualität der Reichen sinkt". (Charles Birch an der OeRK-Vollver-
sammlung in Nairobi)

Wachstumspolitisch:.

Jute statt Plastik heißt umdenken zu einem neuen Wachstum

Jute als Denkanstoß
Die Aktion Jute statt Plastik kann ein Diskussionsanstoß werden
zur Frage „Solidarischer Leben" (Jahresthema von Brot für Brüder
und Fastenopfer 1977).
„Welche Wachstumsqualität?" und „Umdenken — Umschwenken". Solche Fragen werden von den verschiedensten Seiten ange-
gangen: von den Ökologen, Entwicklungspolitikern und progressiven Gewerkschaften (wie z.B. Charles Levinson). Was meist fehlt
ist die Gesamtperspektive und die Zusammenschau der verschiedenen Aspekte.

Ansätze einer Gesamtschau
Das Wirtschaftswachstum in den westlichen Industrieländern und
den Entwicklungsländern ist gekennzeichnet durch eine Konzentration in Wachstumszentren.

In den Industrieländern: Kapitalakkumulation in einigen Wachstumszentren, zunehmende Unkontrollierbarkeit und Eigendynamik

des Wachstums. Verdrängung der Kleinbetriebe, der kleinen Infrastruktur, der Randschichten.

In den Entwicklungsländern: Wachstum in den Zentren und zunehmende Integration in die Zentren der Weltwirtschaft; zunehmendes Wachstumsgefälle zwischen Zentren und Peripherien; die Unterschichten werden überhaupt nicht in den Prozeß einbezogen.

Die Wirtschaftrkrise in den *Industrieländern* wird zu überwinden versucht, indem durch staatliche „Einspritzungen" aller Art (Bauinvestitionen, Atomkraftwerke, Rüstung) die alten Wirtschaftskapazitäten weiter ausgelastet und ausgedehnt werden können. Die *Entwicklungsländer* ohne Erdöl haben sich von der Ölkrise viel weniger gut erholt. Innerhalb zwei Jahren sind ihre Zahlungsbilanzdefizite und Auslandschulden schlagartig gewachsen. Ihre Verschuldungsabhängigkeit vom Ausland ist so groß geworden, daß heute kein Experte mehr weiß, wie sich der Schuldenberg von 160 Milliarden Dollar irgendwie abtragen läßt. Daß die Entwicklungsländer mit den meisten ausländischen Privatinvestitionen den größten Verschuldungsanstieg aufweisen, bestätigt obige These des abhängigen Wachstums.

Was ist die Perspektive?
Es gibt keine simplen Eingriffmöglichkeiten. Eingriffe müssen vielfältig, differenziert und angepaßt sein.
Die Devise einer Strategie müßte lauten:
Wie bisherige Fehlentwicklungen blockieren?
Wie bestehenden Wohlstand erhalten?
Wie das zukünftige Wachstum umlenken?
Lebensstil — ein Thema der Reichen?
Bei uns ist die Frage des Lebensstils, des individuellen Verzichts keine Frage der Allgemeinheit. Sie ist eine „Frage der Monatssaläre über 3000 Franken". Die Debatte um den Lebensstil hat den Begriff der Solidarität noch nicht integriert.
Jede Strategie ist nur dann realisierbar, wenn es ihr gelingt, die Vorteile eines neuen Wachstumsmusters für die breiten Schichten zu erreichen und bewußt zu machen.
Daß die beharrenden Kräfte es auch in Zukunft nicht unterlassen werden, die Angst vor Veränderungen — zum Beispiel Angst vor Arbeitslosigkeit — zu mobilisieren, muß von vornherein einkalkuliert werden.

Woher die Taschen kommen

Die bestellten 40'000 Jute-Tragetaschen werden von der Organisation *„The Jute Works"* in Dacca geliefert. „The Jute Works" ist eine Versandgenossenschaft, die von 40 im Land verstreuten Frauen-Kooperativen mit Jute-Handarbeitsprodukten beliefert wird (Makramee-Knüpfwaren, Knüpfteppiche, Taschen, Geflechte etc.) Diese Genossenschaften wurden 1970—73 nach der Flutkatastrophe und dem Unabhängigkeitskrieg von Frauen gegründet, als die Bengali-Männer vor der pakistanischen Repression aufs Land oder nach Indien flüchten mußten, oder im Krieg umkamen. Für viele Frauen bedeutete dies die erste und einzige Möglichkeit der Selbsthilfe.

Bei einigen Produktionsgenossenschaften leisteten kirchliche Organisationen eine Starthilfe durch Ausbildung und Abkaufen der Waren. Die Vertriebsgenossenschaft „The Jute Works" wurde ebenfalls von einer katholischen Hilfsorganisation in Bangladesh gestartet, ist aber heute selbständig.

Die Frauenkooperativen sind sicher keine Zellen der Revolution oder politischen Emanzipation. Sie werden aber schon wegen ihres Selbsthilfe-Charakters von der Lokaloligarchie mit Argwohn betrachtet. Die Kooperativen, welche die Jute-Säcke liefern, haben den Ruf „sauber", das heißt korruptionsfrei, zu sein. Dies ist ungewöhnlich, denn

Bangladesh ist ein Sumpf von Korruption.

Die Korruption ist so allgemein und verbreitet, daß man sie fast nicht mehr merkt. Die hierarchische Gesellschaftsstruktur Bangladeshs hat nicht nur zwei Klassen, sondern ein ganzes System von Klassen und Schichten, die einander nach einer festgefügten Rangordnung ausbeuten. Jeder beutet jeden aus. Einzig in der regierenden Oberschicht, die sich mit indischer und amerikanischer Hilfe im Bürgerkrieg in letzter Minute an die Spitze der spontanen Aufstandsbewegung zu stellen vermochte, besteht eine gewisse Interessensolidarität. Aber auch unter dieser Gruppe gibt es verschiedene Fraktionen, die sich tendenziell mehr der staatskapitalistischen (pro Moskau) oder der privatkapitalistischen (pro USA) Ideologie zuordnen und sich durch Staatsstreiche gegenseitig ablösen. Beiden

Fraktionen ist aber gemein, daß sie den Staat als Mittel für ihre Klasseninteressen ausnützen.

Herstellung und Entlöhnung

Der größte Teil unserer einfachen Jute-Tragetaschen wird von Frauen in Heimarbeit von Hand genäht. Die wenigsten Kooperativen verfügen über Hand- oder Tretmaschinen. Deren Anschaffung wird von „Jute Works" gar nicht gefördert, weil dies wieder eine soziale Diskriminierung bringen würde.

Der Arbeitslohn pro genähte Tasche beträgt rund 1 Taka (= 14 Rappen), bei einem derzeitigen Reispreis von 3 Taka pro Kilo. Eine Frau kann zu Hause bis 20 Säcke pro Tag nähen, wofür sie meist die Angehörigen (manchmal sogar den Mann) einspannt. Solche Löhne sind für unsere Begriffe beschämend tief, gleichzeitig stellen sie aber die obere Grenze eines Einkommens dar, das diese Schichten zur Zeit sinnvoll verwerten können.

VI. Alternative Projekte — neue Gemeinschafts-, neue Produktionsformen

18. *Hausgemeinschaft Laurentiushof — Wohn-, Verdienst- und Gütergemeinschaft*)*

Ein wesentliches Element unseres Zusammenlebens stellt unsere „*Verdienstgemeinschaft*" dar. Was ist darunter zu verstehen? Sämtliche Einkünfte der Mitglieder unserer Hausgemeinschaft werden zusammengetan und davon alle Ausgaben bestritten. Für individuelle Aufwendungen wie Kleidung, Privat- oder Ferienreisen, Kino,

---

*) Boppel, Peter; Gedanken über unseren Umgang mit Einkommen und Besitz. In: Nachrichten aus Wethen, Nr. 3, Okt. 76, S. 7—10.
Kontaktanschrift: Hausgemeinschaft Wethen im Laurentiuskonvent e.V., Laurentiushof, 3549 Wethen

Rauchen, Spielzeug, Privatliteratur, Schallplatten, Essengehen u.ä. gibt es ein monatliches Taschengeld von 200 DM für jeden Erwachsenen, 100 DM für jedes Kind. Unsere vierköpfige Familie hat also im Monat 600 DM für diese Dinge zur freien Verfügung. Alle anderen Ausgaben, auch Fachliteratur, Fortbildungskurse, notwendige Möbel- oder Ausstattungsergänzungen werden aus dem Gemeinschaftsetat bezahlt.

Zur Zeit verdienen von den zehn Erwachsenen vier voll, zwei haben halbe Stellen, zwei studieren mit Studienbeihilfen, einer bezieht Arbeitslosengeld und nur einer hat keinerlei Einkünfte.

Die Regelung hinsichtlich des Erwerbs von Haus und Grundstück in Wethen sieht so aus, daß der Laurentiuskonvent e.V. Eigentümer ist, daß jedoch die Gruppe sich verpflichtet hat die laufenden Kreditkosten usw. durch eine monatliche „Miete" von 3.000 DM aufzubringen. Auf diese Weise beteiligen sich auch die sieben Mitglieder unserer Hausgemeinschaft, die nicht zum Laurentiuskonvent gehören, bereits an der Schaffung von gemeinsamem Eigentum. Hierin kommt ein Vertrauensvorschuß zum Ausdruck. Denn trennt sich jemand von unserem Projekt, so ist der Anteil, den er als Miete eingebracht hat, für ihn verloren. Nur solange er dabei ist, bzw. wenn er in den Konvent eintritt, ist er Nutznießer des so entstehenden Eigentums.

Die aufgezeigten finanziellen Verflechtungen machen deutlich, daß jedem nur noch ein bestimmter eigener Spielraum bleibt, um seine persönlichen materiellen Bedürfnisse zu befriedigen. Und auch eine Besitzmehrung durch Verdienststeigerung entfällt. Für weitergehende Bedürfnisse muß Verständnis und Zustimmung der Gesamtgruppe erwirkt werden. Diese Einkommensnivellierung führt insgesamt zu einer deutlichen Änderung bisheriger Lebensstrukturen. Mit der Verdienstgemeinschaft praktizieren wir für uns, was sonst gesellschaftlich (noch) nicht durchsetzbar, manchen nicht praktikabel und vielen gar nicht erstrebenswert erscheint.

Diese Verdienstgemeinschaft und die sich daraus in Zukunft zwangsläufig entwickelnde Gütergemeinschaft (da ja alle Neuanschaffungen aus der Gemeinschaftskasse bezahlt werden) markiert einen deutlichen Unterschied zu den mehr praktisch-politisch motivierten Wohngemeinschaften. Sie bringt uns in die Nähe klösterlicher

Ordenstraditionen, wobei wir achtgeben wollen, daß wir deren Unart, als Gruppe Reichtümer anzuhäufen, vermeiden.

Warum haben wir diese Struktur gewählt, warum glauben wir, uns so leicht vom Privatbesitz, vom Alleinverfügungsrecht über das selbsterarbeitete Geld trennen zu können? Wie kommt es, daß die von vielen Freunden prophezeiten Kämpfe um die Geldverteilung ausgeblieben sind, obwohl doch die Unterschiede groß sind? (Eine Familie bringt 6.000 DM, eine andere 600 und einer gar nichts in die gemeinsame Kasse ein.)

Bedenkt man, daß manche psychoanalytische Schulen das menschliche Besitzstreben als einen wesentlichen, nicht wegzudenkenden Antrieb verstehen, den Trieben vergleichbar, ist die Bedeutsamkeit dieser Veränderung offensichtlich. Für die Lerntheoretiker ist Besitzenwollen ein sehr frühzeitig von der Umwelt hartnäckig antrainiertes Verhalten, das sich als schwer löschbar erwiesen hat. Daraus wird dann häufig gefolgert, daß der Verzicht auf Besitz-Erleben zu Konflikten führt, die in der einen oder anderen Form belasten oder Zwänge entstehen lassen, die freieres Menschsein gerade nicht fördern sondern verhindern.

Nun, wir glauben, – und die bisherigen Erfahrungen scheinen es zu bestätigen – daß ein Verzicht auf Besitzstreben ohne „Verbiegungen" psychischer Art abgehen kann. Hinzu kommt, daß jene materiellen Dinge, auf die sich landläufig Besitzstreben richtet, im Weltmaßstab gesehen sowieso nur für wenige Menschen erreichbar sind und schon von daher als entbehrlicher – wenn nicht gar schädlicher – „Überfluß" bezeichnet zu werden verdienen. Dennoch erleben wir unseren Schritt zur Verdienst- und Gütergemeinschaft auch als schmerzhaft, – allerdings in sehr unterschiedlichem Maße. Für manche von uns bedeutet es „Askese" für andere keinerlei Einschränkung. Aber die Frage bleibt gestellt, was damit für den Einzelnen wie für das Gruppengeschehen gewonnen ist. Ich glaube hier wird symptomatisch ein Abschnitt sichtbar: In früheren Zeiten zog man aus, um auf einer Reise, in Einsamkeit und Entsagung, zu sich und zur echten Menschlichkeit und Wahrheit zu finden. (In anderen Kulturkreisen ist das noch heute üblich.) Unsere Märchen sind voll von Beispielen dieser Art. Reichtum und Sicherheit werden abgeworfen in einer unbestimmten

Sehnsucht nach Freiheit, was in meinem Sinne hier das Ende des Nur-Funktionierens bedeutet. Dahin kommen wir aber nur dann, wenn wir bereit sind, Erworbenes, Angenehmes, Sicheres wegzutun und uns wieder an den Anfang eines Weges zu stellen, dessen Verlauf und Ende sehr ungewiß erscheinen.

So sehe ich in unserer Abkehr vom persönlichen Besitzstreben, im Zusammenwerfen der Gelder, eines der sichtbarsten Zeichen des sich Aufeinandereinlassens. Hierin läßt jeder den anderen praktisch erleben, was er für ihn einbringt und wieviel er für ihn und unser gemeinsames Vorhaben zu tun bereit ist. Dies macht es vielleicht auch manchen unserer Freunde erklärlich, warum wir bei relativ geringem Bekanntheitsgrad der Gruppenmitglieder untereinander uns so schnell und eindeutig für einander entscheiden konnten: neben der schnell gefaßten Sympathie und vielerlei verbaler Übereinstimmung waren alle bereit, sofort — für manche war das ein ganzes Jahr vor dem tatsächlichen Umzug — einen deutlichen finanziellen Beitrag für das gemeinsame Projekt abzuzweigen. Das war und bleibt ein enormer Sicherheitsfaktor für den Gruppenbestand und der erlebbare Beweis, den anderen wichtig zu sein.

Ein weiterer wichtiger Aspekt der gewählten Struktur, der auch — wenn auch erst in zweiter Linie erwähnt werden muß — ist der auf diese Weise erwirtschaftete „Überschuß". Die beschriebene Reduktion von materiellen Bedürfnissen ermöglicht uns ein Freistellen von Arbeitskräften, die sonst für den Gelderwerb eingesetzt werden müßten. Dadurch, daß einige von uns zu einem Teil von der Berufsarbeit im herkömmlichen Sinn freigestellt werden konnten, hat sich ein Gewinn an Zeit ergeben, der nun in den Aufbau des Gesamtprojekts einfließt. Dadurch konnten Entwicklungen eingeleitet und Arbeitsfelder aufgegriffen werden, über die an anderer Stelle in diesem Rundbrief berichtet wird. Bei solchem „Zugewinn" an Möglichkeiten fällt der Verzicht auf „Erfolge" im traditionellen Bereich von privatem Einkommen und Besitz nicht schwer. Eher taucht ein anderes Problem auf. Der Unterschied in der Lebens- und Arbeitsstruktur wird emotional bedeutsam, und zwar zwischen denen, die noch voll in die Eigengesetzlichkeit einer üblichen Berufstätigkeit eingespannt sind und jene, die schon weitgehend ihr Leben im Rahmen unseres Projektes selbstbestimmen können, was auch für jene zutrifft, für deren Arbeitsverhältnisse wir selbst Anstellungsträger sind. Daraus entsteht für erstere gelegentlich ein Gefühl der Benachteiligung oder auch der Überforderung, da sie neben ihrem Berufsstress noch die Energie aufbringen müssen, an dem Entwicklungsprozeß des Projekts teilzuhaben. Werden solche Problemstellungen nicht angesprochen und aufgearbeitet, kann es vorkommen, daß einzelne in alte Lebensraster zurückfallen und ihren entgangenen finanziellen Möglichkeiten nachtrauern, die sie ohne Einbindung in unsere Verdienstgemeinschaft gehabt hätten und mit deren Hilfe sie dann ein privates Glück hätten anstreben können.

Es gibt unter uns aber auch einige, denen die Veränderungen in unserem finanziellen Lebensstil nicht weit genug gehen. Sie wünschten sich eine radikalere, sichtbarere und fühlbarere Reduzierung unserer materiellen Wünsche. Sie hatten schon vor dem Umzug nach Wethen ein Leben geführt, in dem die Einschränkung der materiellen Bedürfnislage normal und erprobt war. Ihnen fällt es gelegentlich schwer, nachzufühlen, wie groß der Sprung für die anderen ist.

Wichtig für die einen, denen Besitz aufzugeben noch schwer fällt, wie für die anderen, denen es eine Spur zu langsam geht, ist jedoch die emotionale Geborgenheit in der Gruppe. Indem wir Abhängigkeiten, Ängste und Wünsche offen auszusprechen versuchen, sie soweit es möglich ist, beheben, bzw. erfüllen, das Tempo der Entwicklung dem jeweiligen Zustand der einzelnen anpassen und auf jede ideologische Gesetzlichkeit verzichten, erhalten wir dasjenige Äquivalent, das die Schwierigkeiten in der einen oder anderen Richtung bei weitem ausgleicht.

*19. Alternative Ökonomie — Gegenökonomie oder Eigenökono-
mie?*)*

2. Vor 7 Jahren hätte ich zweifelsfrei diesen Materialband als solchen
zur „Gegenökonomie" bezeichnet. Diese damals übliche Sprach-
regelung bezeichnete zwar richtig die Notwendigkeit, auch eine
ökonomische Basis zur Reproduktion nonkonformer Personengruppen zu schaffen, blieb jedoch insofern fehlerhaft, daß sie die
Möglichkeiten ökonomischer Veränderungen unter gegebenen
Bedingungen überschätzte. Diese Illusion ist nicht neu: der Gedanke, mittels eigener Unternehmungen den Privatkapitalismus
niederkonkurrieren zu können, findet sich nicht nur im utopischen
Sozialismus, sondern auch in den Anfängen der praktischen Arbeiterbewegung.[1]

1970—72 hätte es der fragmentierten Gruppennorm der Mehrzahl
deutscher Subkulturen geradezu widersprochen, sich überhaupt
mit diesem Gegenstand zu beschäftigen. Die Kritik alternativer
Ökonomie hätte weder in die Kapital-Schulungen, noch in den
Hauruck-Leninismus der Zirkel gepaßt; auch die Jusos sprachen
davon, den Kapitalismus enteignen, nicht aufkaufen zu wollen.
„Kleinbürgerliche Scheiße", wäre noch die mildeste Reaktion
gewesen.

Das Thema wird heute wieder relevant, und die ungenutzt ver-
strichenen Jahre machen sich bemerkbar. Man ist bescheiden geworden. War die überhöhte Emphase „freier Städte" (dokumen-
tiert etwa bei Hollstein) schon bald Gegenstand der Kritik geworden[2], schlug sie nunmehr in ihr Gegenteil um. Fast schon Erin-
nerungen an Max Stirner weckend, spricht man von *„Eigenökonomie"*[3]

---

*) Aus: Schwendter, R.; Notate zur Kritik der alternativen Ökonomie.
   In: Materialien zur Alternativen Ökonomie I (AG SPAK M 19), Berlin
   1976, S. 161—193; hier: Auszüge aus S. 161—167.
   Kontaktanschrift: AG SPAK, Arbeitsgemeinschaft Sozialpolitischer Arbeitskreise. Publikationen: Friesenstraße 13, 1000 Berlin 61

---

1   siehe auch den Text von Vester
2   siehe die Texte von Schwendter und Krausse
3   siehe den Text der WG-Coop München

3. Es ist traurig, daß das, was die Münchner Verfasser unter „Eigen-ökonomie" verstehen, in den politischen Gruppen der Gegenwart so wenig selbstverständlich geworden ist, daß man einen neuen Begriff dafür braucht. Es ist die gute alte gegenseitige Hilfe, bei Umzügen, bei der Wohnungssuche, durch gemeinsamen Einkauf. Zielte der gegenökonomische Anspruch auf eine Ökonomie der Produktion, entwickelte sich die Realität immer noch auf eine Ökonomie der Zirkulation hin, so gehen die Münchner Ansätze von einer Ökonomie der Konsumption aus. Was man braucht, macht man selber, oder läßt es sich von seinen Freunden machen, soweit es geht: eine kollektive Robinsonade, wenn ökonomisch betrachtet. Es ist wahr: dies ist das derzeit von den Aktiven einer einzelnen Wohngemeinschaftskooperative Machbare. Mit Ökonomie hat es wenig zu tun. Wenn in einem anderen Artikel derselben Nummer der WG-Coop-Zeitung die steuerlichen Schwierigkeiten des Eigenökonomie-Konzepts beklagt werden, entspricht dies einem Mißverständnis. Steuer bezieht sich (als Akt der Umver-teilung von Revenüe) auf ökonomische Handlungen.

4. Der Begriff „*alternative Ökonomie*" soll versuchen, die Emphase der „Gegenökonomie" ebenso zu vermeiden wie die Borniertheit der „Eigenökonomie". Zunächst erscheint „alternative Ökonomie" als Reproduktionsbasis subkultureller Individuen, im günstigeren Falle mit dem Zweck, Gebrauchwerte für subkulturelle (politische, religiöse etc.) Arbeit zur Verfügung zu stellen. ...

6. Auf der logischen Ebene der Ware fällt auf, daß die subkulturelle Ökonomie bis hin zum letzten warentauschenden Hippie durch das Insistieren auf den Gebrauchswert gekennzeichnet wird. So waren schon im 19. Jahrhundert die religiösen amerikanischen Kommunen durch bedeutenden Gebrauchswert ihrer Waren berühmt.[5] Die Ver-bindung mit dem Tauschwert, damit auch der Doppelcharakter der Ware, damit auch der Warenfetisch, wird ihr durch die gesamt-gesellschaftliche Ökonomie jedoch notwendigerweise aufgeherrscht.[6] Der „Whole Earth Katalog" z.B. dient der Präsentation der Er-scheinung des subkulturellen Reichtums als „ungeheuere Waren-

---

5 siehe auch den Text von Ungers
6 siehe z.B. die Preisliste der Geräte der Kommune Ober-Olm

sammlung".[7] Auch 20 Ellen subkulturelle Leinwand = 1 subkultureller Rock; auch 20 Ellen subkulturelle Leinwand ist einen subkulturellen Rock wert.

In der gesamtgesellschaftlichen Ökonomie wird, durch Multinationale Konzerne wesentlich vorangetrieben, der Gebrauchswert mehr
und mehr zur „Gebrauchswerthaut", zum „Gebrauchswertver-
sprechen"[8] Desto mehr erscheint als Reaktion dieses: der Gebrauchswert nicht mehr nur als materielle Grundlage einer „Warenkunde",
sondern als emphatischer Ausgangspunkt subkulturellen Einzel-
kapitals. (In der subkulturellen Ökologie-Diskussion kommt dies
besonders kraß zum Ausdruck)[9]

Doch auch das Produkt des subkulturellen Einzelkapitalisten ist
dem Warencharakter unterworfen, bei Strafe des sonstigen Untergangs seiner Produzenten. Das Schicksal aller Unentgeltlichkeits-
projekte bezeugt dies: sie landeten dann doch im verschleierten
Äquivalententausch oder in der Pleite. Von der Tauschbank Proud-
hons, die bekanntlich die Geldware abschaffen wollte, ohne die
Ware abzuschaffen, bis zu den Digger-Shops und der kalifornischen
Free-City, die daran krankte, daß niemand mehr brachte, als er
mitnahm.

Kein Wunder, daß auch historisch die Neigung mancher Subkulturen zur einfachen Warenproduktion recht groß ist. Der Leder-
gürtelmacher, der Schmuckschmied, der biologisch-dynamische
Landwirt gelten als typische Charaktermasken subkulturellen Ein-
zelkapitals. Wer es allerdings, wie manche ML-Funktionäre, unter-
nimmt, daraus die Grundlagen zu nehmen, die alternative Ökonomie
zu diffamieren, sitzt nur einer anderen Konkretion des Warenfetischs
auf. Er verkennt die Notwendigkeit der eigenen Gebundenheit
an den Produktionszusammenhang subkultureller Ökonomie. ...

Die Senkung der Reproduktionskosten der Ware Arbeitskraft kennzeichnet durchgehend die alternative Ökonomie — vom Kibbutz
bis zur Underground-Zeitung. Wir können also als zweites Moment
festhalten: ein strukturelles Prinzip alternativer Ökonomie ist das

---

7 siehe den Text von Krausse
8 Vgl. Haug Kritik der Warenästhetik
9 siehe den Text von Jungk; vgl. auch Ohsawa: Die fernöstliche Philosophie
  im unklaren Zeitalter

der Selbstausbeutung.[12] Wenn ein kommunistisches Prinzip vor-weggenommen wird, dann dieses, daß „Arbeit zum ersten Lebens-bedürfnis geworden ist". Die Organisation in Wohngemeinschaften tut ein übriges, die Reproduktionskosten zu senken. Demgemäß sind in den vorherrschenden Formen alternativer Ökonomie Tariflohn und Normalarbeitstag unbekannte Größen.[13]

8. Soweit zur verwertungsprozeßlichen Seite, die notwendigerweise der alternativen Ökonomie ihren Stempel aufdrückt. Im Arbeits-prozeß dieser hingegen liegt ihr vorantreibendes Moment. Die Ent-fremdung des Produzenten vom Produkt und Produktion und Mit-produzenten wird so weit minimiert, wie es die Notwendigkeiten des Verwertungsprozesses gestatten (empirisch gibt es hier eine große Bandbreite). Planung und Durchführung, Handarbeit und Kopfarbeit, Leitung und angeleitete Arbeit werden häufig von denselben Personen ausgeübt. Wenn auch objektive Gründe (Ver-wertungsschwierigkeiten der Ware Arbeitskraft), und auch da nur unter bestimmten Bedingungen und deformiert, Reformmodelle des Arbeitsprozesses á la Volvo hervorgetrieben haben, lieferte die alter-native Ökonomie das Modell dazu.

9. Ähnliches gilt für die Frage des Existenzminimums. In der alter-nativen Ökonomie handelt es sich häufig um das absolute, und nicht um das historische Existenzminimum[14].

(In einem CLAP-Projekt wird von einem „Wochenlohn" von 22 DM gesprochen; freie Kost und Logis unterstellt, reicht dies an die Lohn-sätze psychiatrischer Patienten und studentischer Tutoren heran!) Doch auch hier wäre, bevor etwas schematisch von „Verelendung" gesprochen wird, der Begriff des historischen Existenzminimums zu hinterfragen. Letzteres deckt die Reproduktionskosten der Ware Arbeitskraft unter den Bedingungen der je spezifischen Ent-fremdung, die im Arbeitsprozeß hervorgetrieben wird. Wird die Entfremdung minimiert, dann auch das historische Existenzmini-mum (z.B. könnten Individualverkehr, Kosmetik, eine Reihe von Genußmitteln etc. wegfallen). So kann der Student von 600,-- DM

---

12 siehe den Text vom SKK/„Wir packen an"
13 nicht in den etablierteren Formen: Glashütte Süßmuth (siehe Erich Fromm, der moderne Mensch und seine Zukunft)
14 siehe die Texte von CLAP und SSK

leben, derselbe Student als Angestellter vom doppelten nicht. (Auch wächst mit der Häufung von Regelstudienzeiten, Repressionen, Verschulungen die Heftigkeit der Bäfög-Kampagnen). Vorstellbar ist es schon, warum gerade die *erotisch freizügigsten Kommunen*, wie Plön[15] und Mühl-Kommune, gleichzeitig zu den Konsumasketischsten zählen. (Obwohl auch hier die Verschleierung durch Ideologien einkalkuliert werden muß: ist etwa die Makrobiotik deshalb so beliebt, weil sie imstande ist, auf dem Nahrungsmittel- Genußmittel-, und Gesundheitssektor die Reproduktionskosten radikal zu senken?)[16] Denn darin könnte die Dialektik eines rationalen Stoffwechsels des Menschen mit der Natur bestehen: gleichzeitig die Produktivkräfte ohne Raubbau zu entfalten (zuvorderst die Produktivkräfte menschlicher Arbeitskraft), und die Entfremdung dergestalt aufzuheben, daß individuelle Ersatzbefriedigungen vermindert werden können, dadurch eine gemeinsame Planung aller Ressourcen ermöglichend.

---

15 siehe den Artikel in der WG-Coop-Zeitung 2 der Münchner WG-Coop
16 siehe Ohsawa ,,Zen-Makrobiotik'', aber auch schon Hufeland ,,Makrobiotik''

B Literaturhinweise

Vorbemerkung:

Die vorliegende Literatursammlung entstand im Verlaufe der Arbeiten an diesem Buch. Sie beschränkt sich — mit einigen Ausnahmen — auf Beiträge, Berichte, Materialien u. a. aus jüngster Zeit zum Thema Neuer Lebensstil. Es war nicht angestrebt, eine vollständige Sammlung vorzulegen.

Den Hintergrund der Diskussion um einen Neuen Lebensstil bildet die Literatur zum Thema „Lebensqualität", d. h. zu den Problemen der Umweltzerstörung, der Ressourcenerschöpfung, der Wachstumsgrenzen, der Wohlfahrtssteigerung, der Entwicklungsländer usw. Die wesentlichsten wissenschaftlichen Arbeiten zu den qualitativen Aspekten ökonomischer und gesellschaftlicher Entwicklung sind in einer umfangreichen und sorgfältigen Bibliographie erfaßt:

Lebenqualität: Zielgewinnung und Zielbestimmung. (Quality of Life: Methods and Measurement)
Bearbeitet von Heide Simonis und Udo Simonis, Kiel 1976 (Kieler Schrifttumskunden zur Wirtschaft und Gesellschaft, 21)

1. Allgemeine und grundsätzliche Überlegungen zum Neuen Lebensstil

Amery, Carl; Natur als Politik. Die ökologische Chance des Menschen, Hamburg 1976.
Bahr, Hans-Eckehard; Nachbarschaft als Lebensstil — Bedürfnis nach Nachbarschaft. In: Evangelische Kommentare, 11. Jg., Jan. 1978, Nr. 1, S. 21—23.
Benne, Robert; Auf dem Weg zu einem neuen Lebensstil. In: Una Sancta, Heft 3, 1974, S. 253 ff.
Bossel, H. u.a.; Energie richtig genutzt, Karlsruhe 1976.
Erklärung über die Selbstverständlichkeiten von morgen. 7. Evangelischer Akademikertag 1974 Göttingen. In: Die Mitarbeit, 23. Jg., Heft 4, 1974, S. 365 ff.
Bedrohte Existenz — Befreiung zum Leben, Berner Friedenswoche 1977, Basel 1977.
Fromm, Erich; Haben oder Sein. Die seelischen Grundlagen einer neuen Gesellschaft, Stuttgart 1976.
Galtung, Johan; Alternative Life Styles in Rich Countries. In: development dialogue, Nr. 1, 1976, S. 83 ff.
(The Dag Hammarskjöld Foundation, Övre Slottsgatan 2, S—75220 Uppsala).

Gaspar, Diogo de; Some Comments on Changing Life Styles. In: Study Encounter, Vol. XII, No. 3, 1976, S. 11 ff.
(Publication Office WCC, 150 route de Ferney, CH–1211 Genf 20).

Hädecke, Wolfgang; Die Leute von Gomorrha, München 1977.

Harms, Jens; Nicht individuell, sondern gesellschaftlich organisieren. In: Entwicklungspolitik. Informationsdienst der Zentralredaktion des Evangelischen Pressedienstes, Nr. 20, 1976, S. 8 ff.

Heinz Alois; Neue Wohn- und Lebensformen. In: Die neue Ordnung, Jg. 32, Heft 1, Febr. 1978, S. 44–54.

Johnson, Brian; Was ist den „genug"? Was eine „neue internationale Wirtschaftsordnung" für den Alltag bedeutet. In: Forum Vereinte Nationen, Jg. 2, Nr. 8, Nov. 1975, S. 1 ff.

Kähler, Bernd J.P.; Neuer Lebensstil – keine unpolitische Idylle. In: Entwicklungspolitische Korrespondenz, 7. Jg. Nr. 2, 1976, S. 16 ff.
(E. Adam, Postfach 2846, 2000 Hamburg 19).

Kernenergie, Mensch, Umwelt (Hrsg. *Oeser, Kurt* und *Horst Zilleßen*), Köln 1976.

Ein anderer Lebensstil? In: Schritte ins Offene, 6. Jg., Nr. 3, Mai/Juni 1976.
– Aus dem Inhalt:
Hans Ott; Alles überprüfen. Fragen nach einem neuen Lebensstil.
Anne-Marie Holenstein; „Eat like an American" oder Die Plünderung des Planeten.
dies.; Vom Welthunger zum Käfigei.
Administration „Schritte ins Offene", Postfach, CH–8026 Zürich).

Zu neuem Lebensstil befreit? Sonderheft zum Thema der AKS-Kurse 1977. In: Reformatio, 25 Jg., Heft 11/12, Nov/Dez. 1976.
– Aus dem Inhalt:
Helen Stotzer-Kloo; Auf der Suche nach einem neuen Lebensstil.
Volker Weymann; Frei zum Verzichten – im Verzichten frei.
Zu vier Kennzeichen christlicher Freiheit.
Ansätze neuen Lebensstils (Wohngemeinschaft, Kommune, Haus- und Arbeitskreis).
Marga Bübrig; Nairobi und die Frage nach einem neuen Lebensstil..
Beat Kappeler; Krise als Chance?
(Druckerei Benteli AG, CH–3018 Bern).

Lindhom, Stig; „Another Sweden": How the Swedish Press Reacted. In: development dialogue, Nr. 1, 1976, S. 68 ff.
(The Dag Hammarskjöld Foundation, Övre Slottsgatan 2, S–75220 Uppsala).

Linz, Manfred; Ein neuer Lebensstil. Einsichten aus einer holländischen Aktion. In: Evangelische Kommentare, Heft 12, 1975, S. 744 ff.

Linz, Manfred; Was kann der einzelne tun? In: Radius, 20. Jg., Heft 2, 1975, S. 32 ff.

Was der Mensch braucht. (Mit Beiträgen von *Erich Fromm, Robert Jungk, Fritz Riemann, Heinrich Böll, Manes Sperber u.a.*). In Vorbereitung (Kreuz Verlag).

Müller, A.M. Klaus (Hrsg.): Zukunftssperspektiven. Praxisberichte und theoretische Ansätze zu einem integrierten Verständnis der Lebenswelt, Stuttgart 1976.

Radius (Hrsg. Evang. Akademikerschaft in Deutschland), 21. Jg., Heft 3, 1976.
  − Aus dem Inhalt:
      Ivor Browne/Rudolf Affemann; Eine andere Art zu leben?
      Harald Scherf; Produktion und Konsum: Was wir ändern können.
      Johann Christoph Hampe; Unübersehbare Komponente der Gesell-
      schaft: Hollands Kommunen und Basisgruppen.
      Manfred Linz; Ökumenische Initiative: Eine Welt.
Scardigli, Victor; Lebensformen und sozialer Wandel in Westeuropa. In: Euro-
forum, Nr. 4, 25.1.1977.
  (Büro der EG, Zitelmannstraße 22, 5300 Bonn).
Neue Sensibilität. Alternative Lebensmöglichkeiten (Hrsg. *Menne, Ferdinand*),
Neuwied 1974.
Welche Schweiz morgen? Auf dem Weg zu einem neuen Lebensstil. Offener
Brief − an die Kirchen, christlichen Gemeinden, Gemeinschaften und
Gruppen − an alle, die auf der Suche sind nach neuen Formen des Woh-
nens, Lebens und Arbeitens (Hrsg. *André Biéler u.a.*).
  (Bruno Holtz, Postfach 13, CH−1700 Fribourg 2).
In Search of the New. CCPD documents 10, Oct. 1976.
  − Aus dem Inhalt:
      Julio de Santa Ana; In Search of the New.
      G. Adler-Karlsson; New Way of Life in Developed Countries.
      Johan Galtung; Alternative Life Styles in Rich Countries.
      Manfred Linz; What Can the Individual Do?
      Diogo de Gaspar; A Few Comments on the Issue of Changing Life Styles.
In Search of the New II. CCPD documents 11, Aug. 1977.
  − Aus dem Inhalt:
      H.M. de Lange; Notes on the Discussion on New Life Styles.
      Manfred Linz; It Can be Done, If We Make a Beginning.
      Jens Harms; Bourgeois Idealism and Capitalist Production.
      Country reports (Portugal, Großbritannien, Niederlande, Deutschland,
      Schweiz, Nord-Italien, USA, Schweden).
  (Commission on the Churches Participation in Development World Council
  of Churches, 150 route de Ferney, CH−1211 Genf 20).
Vor uns die Sintflut − nach uns die Zukunft. Perspektiven '77. Beilage: Deut-
sches Allgemeines Sonntagsblatt Nr. 19, 8.5.1977.
  − Aus dem Inhalt:
      Robert Jungk; Vor der Wahl zwischen Tyrannei der Technik und Frei-
      heit der Phantasie.
      Jens Fischer; Wie verbesserlich oder unverbesserlich ist der Mensch?
      Jürgen Moltmann; Wie Christen Lebenskünstler werden.
      Wolfgang Teichert; Neu leben lernen − Beispiele des Beginnens.
Wieviel genügt? − ein anderes Schweden. In: ,,Was tun?". Neue Entwicklungs-
politik, Jg. 1, Nr. 2/3, 1975, S. 36 ff.
  (Wiener Institut für Entwicklungsfragen, Kärntner Str. 24, A−1010 Wien).
Taylor, John V.; Enough is Enough, London 1976 (SCM Press Ltd.).
Tetzlaff Rainer; Mehr Handel für wen? Kritische Anmerkungen zur UNCTAD-
Strategie (Abschnitt: Neuer Lebensstil?, S. 6 f.) In: unctadinfo, Nr. 7,
4. Juni 1976, S. 3 ff.
  (Informations- und Aktionskampagne zur 4. Konferenz der Vereinten Natio-
  nen für Handel und Entwicklung, Mai 1976. Redaktion: Rüdiger Stege-
  mann, Kennedyallee 111a, 6000 Frankfurt/M. 70).

(*Tinbergen Jan*) Unser Leben wird sich ändern. Ein Interview mit *Jan Tinber-gen*. In: Forum Vereinte Nationen, Jg. 3, Nr. 7, 1976, S. 1 f.

Tintenfisch 12: Thema Natur. Oder: Warum ein Gespräch über Bäume heute kein Verbrechen mehr ist, Berlin 1977.

Überleben und Ethik. Die Notwendigkeit, bescheiden zu werden (Hrsg. *Gerd-Klaus Kaltenbrunner*), München 1976.
  − Aus dem Inhalt:
    Rudolf Zihlmann; Auf der Suche nach einer kosmosfreundlichen Ethik.
    Roland Müller; Zur Ethik von Gesamtsystemen.
    Franz Furger; Freiwillige Askese als Alternative.
    Rudolf Schottlaender; Ethische Urteilskraft als Überlebensbedingung.

Überlebensfragen. Entscheidungen für das Leben von morgen, Stuttgart 1973.

Überlebensfragen 2. Bausteine für eine mögliche Zukunft, Stuttgart 1974.

Veen, Jan van; Ermutigung zu einem „Neuen Lebensstil". In: Radius, Jg. 20, Nr. 4, 1975, S. 46 ff.

Verzichten − sinnvoller Weg in die Zukunft? − Zum Jahresthema 1976 der Deutschschweizerischen Arbeitsgemeinschaft für kirchliche Schulung. In: Reformatio (Hrsg. Evang.-kirchliche Vereinigung in der Schweiz), 24. Jg., Heft 11/12, Nov/Dez. 1975.
  − Aus dem Inhalt:
    Leben unter Verzicht. Erfahrungen Betroffener.
    Volker Weymann; Verzicht und Selbstverwirklichung − eine Alternative?
    Bruno Gruber; Verzicht? Fragen eines Ökonomen.
    Eduard Wildbolz; Verzichten − eine Maxime christlicher Ethik?
  (Druckerei Benteli AG, CH−3018 Bern).

Walter, Otto F.; Die Verwilderung, Hamburg 1977.

New Way of Life in Developed Countries:
    Adler-Karlsson, G.; Discussion Paper.
    Itty, C. I.; Appraisal.
    Eppler, E.; Chairman's Report.
    In: Symposium on a new international economic order. report. The Hague, the Netherlands, 22−24 may, 1975.
    (Ministry of Foreign Affairs, The Hague, Niederlande).

Ein anderer „Way of Life" − Ist der Fortschritt noch ein Fortschritt? (Proto-koll-Nr. 56. Bergedorfer Gesprächskreis zu Fragen der freien industriellen Gesellschaft), Hamburg 1977.
    (Buchhandlung Werner Nordmann, Alte Holstenstr. 32, 2050 Hamburg 80).

2. Kirchliche Stellungnahmen, theologische und ethische Beiträge

Biéler, André; Der Wahnwitz des Wachstums. Vom Warnruf der Wissenschaft-ler zum Appel der Kirchen, Freiburg/Schweiz 1974.

Birch, Charles; Schöpfung, Technik und Überleben der Menschheit: ... und füllet die Erde. In: Beiheft zur Ökumenischen Rundschau, Nr. 30/1976, S. 95 ff.

Bohren, Rudolf; Fasten und Feiern. Meditation über Kunst und Askese, Neukirchen-Vluyn 1973.

Bubofer, Ines; Leben, Stil, Lebensstil! Kommentar zum Kirchenmemorandum zur UNCTAD IV. In: unctadinfo, Nr. 3, 12. April 1976, S. 7 f.

Dietrich, Gabriele; Menschliche Entwicklung — Die Zwiespältigkeit von Macht und Technologie und die Qualität des Lebens. Sektion VI. In: Ökumenische Rundschau, Sonderheft zur Fünften Vollversammlung des Ökumenischen Rates der Kirchen vom 23. November bis 10. Dezember 1975 in Nairobi, 25. Jg., Heft 2, April 1976, S. 227.

Die Empfehlungen von Nairobi. Hinweise zur Anregung ökumenischer Erkenntnisse und Erfahrungen. (Materialien für den Dienst in der Evangelischen Kirche von Westfalen, Reihe C, Heft 3), Bielefeld 1977. (Landeskirchenamt der Ev. Kirche von Westfalen, Altstädter Kirchplatz 5, 4800 Bielefeld).

Engelhardt, Hans-Dietrich u.a.; Lebensqualität — zur inhaltlichen Bestimmung einer aktuellen politischen Forderung. Ein Beitrag des Sozialwissenschaftlichen Instituts der evangelischen Kirchen in Deutschland, Wuppertal 1973.

Menschliche Entwicklung: Die Zwiespältigkeit von Macht und Technologie und die Qualität des Lebens. Bericht der Sektion VI der V. Vollversammlung des Ökumenischen Rates der Kirchen. In: Bericht aus Nairobi 1975. Ergebnisse, Erlebnisse, Ereignisse. Offizieller Bericht der fünften Vollversammlung des Ökumenischen Rates der Kirchen (Hrsg. *Hanfried Krüger* und *Walter Müller-Römbeld*), Frankfurt/Main 1976.

Heer, Friedrich; Sprititualität und Lebensstil. In: Evangelische Kommentare, 10 Jg. Heft 1, Jan. 1977, S. 43 f.

Hoblfeld, Winfried; Kernfragen. Kirche und Kernenergie, Kirche und Umwelt, Kirche und Entwicklung, Rendsburg 1977.

Jensen, Ole; Unter dem Zwang des Wachstums. Ökologie und Religion, München 1977.

Kirchentag 1977 in Berlin. Arbeitsgruppe 3: Umkehr in die Zukunft. In: epd-Dokumentation „Einer trage des anderen Last", Nr. 32—33/77, 25.7.77, S. 53 ff.

Lindquist, Martti; Economic Growth and the Quality of Life. An Analysis of the Debate within the World Council of Churches 1966—1974, Helsinki 1975.

Wie müßte ein christlicher Lebensstil heute aussehen? Aus: Qualität des Lebens und technischer Fortschritt. Bericht der Nordamerikanisch-Europäischen Regionalkonferenz des ÖRK, Pont-a-Mousson 1973. In: Anticipation, Nr. 15, Dez. 1973, S. 12 ff. Deutsch in: Lebensqualität, Umwelt und die Zukunft des Menschen. Materialdienst des Sozialwissenschaftlichen Instituts der evangelischen Kirchen in Deutschland, Nr. 1/1974, S. 25 ff.

Memorandum der Gemeinsamen Konferenz der Kirchen für Entwicklungsfragen (GKKE) aus Anlaß der 4. Konferenz der Vereinten Nationen für Handel und Entwicklung (UNCTAD IV) in Nairobi Mai 1976. In: Soziale Gerechtigkeit und Internationale Wirtschaftsordnung (Hrsg. *Kunst, Hermann* und *Heinrich Tenbumberg*), München, Mainz 1976, S. 25 ff.

Mildenberger, Michael; Spiritualität als Alternative. In: Information Nr. 68, IV/77. (Evang. Zentralstelle für Weltanschauungsfragen, Hölderlinplatz 2 A, 7000 Stuttgart 1).

Moltmann, Jürgen; Neuer Lebensstil. Schritte zur Gemeinde, München 1977.

Sölle, Dorothee; Die Hinreise. Zur religiösen Erfahrung, Stuttgart 1975.

Auf der Suche nach einer neuen Gesellschaft. Christliche Mitarbeit bei der Schaffung neuer Beziehungen unter den Völkern. Deutsche Sonderausgabe des SODEPAX-Dokumentationsheftes „Church Alert" (No. 8/Mai 1976), Genf, Mai 1976.

Auf der Suche nach neuen Lebensstilen. Bericht der Sektion VI der IV. Vollversammlung des Ökumenischen Rates der Kirchen. In: Bericht aus Uppsala 1968. Offizieller Bericht über die vierte Vollversammlung des Ökumenischen Rates der Kirchen, Uppsala 4.–20. Juli 1968, Genf 1968, S. 92 ff.

Umweltstrategie. Materialien und Analysen zu einer Umweltethik der Industriegesellschaft (Hrsg. *Engelhardt, Hans-Dietrich*), (Veröffentlichung des Sozialwissenschaftlichen Instituts der evangelischen Kirchen in Deutschland, Bd. 4), Gütersloh 1975.

„Kirchliche Verantwortung für das Leben von morgen" (Hrsg. Kirchliches Kuratorium „Probleme der Weltentwicklung"), Hannover 1977.

(Kirchenkreisamt, Gartenstraße 14, 3006 Burgwedel 1).

Weigel, Helmut (Hrsg.); Wie sieht erfülltes Leben aus?, Stuttgart 1976.

Zukunft durch kontrolliertes Wachstum. Naturwissenschaftliche Fakten, Sozialwissenschaftliche Probleme, Theologische Perspektiven. Ein interdisziplinärer Dialog (Hrsg. *Dreier, Wilhelm* und *Reiner Kümmel*), Münster 1977.

3. Berichte und Materialien von Alternativgruppen und über Alternativprojekte

Aktion „Jute statt Plastik" In: Rundbriefbeilage 1976/3 und Aktion „Industrielle Tierhaltung — Beispiele einer Fehlentwicklung" In: Rundbriefbeilage 1977/1.

(Erklärung von Bern, Gartenhofstraße 27, CH–8004 Zürich).

Aktionskatalog des Bundesverbandes Bürgerinitiativen Umweltschutz e.V. Diskussionsgrundlage (Umweltwissenschaftliches Institut des BBU e V), Stuttgart (1977).

(BBU e.V., Schliffkopfweg 31 A, 7500 Karlsruhe 21).

Alternativkatalog 1, Hausbau, Gemeinschaften, Kommunikation, Transport, Recycling, 3. Aufl., Juli 1976 und

Alternativkatalog 2. Landbau, Energie, Körper, Bewußtsein, Gemeinschaften, 1. Aufl., Mai 1976.

(Dezentrale: Marc Klurfeld, BIKU, Postfach 223, CH–3098 Köniz oder: Uwe Zahn, Blabla, 36 rue Pierre Péquignat, CH–2900 Porrentruy).

Blabla — eine Alternativzeitung

(Uwe Zahn, 36, rue de Pierre Péquignat, CH–2900 Porrentruy).

Büchting, A. und A. Gutschow; AGRECOL — Grenzen und Engpässe moderner Agrarverfahren — ökologische Alternativen, Bad Soden 1976. (Hrsg.: Eden-Stiftung zur Förderung naturnaher Lebenshaltung und Gesundheitspflege, Bad Soden/Taunus.)

The Last Whole Earth Catalogue — Access to tools (Whole Earth Truck Store, 558 Santa Cruz, Menio Park, California 94025 USA).

Lebendige Erde (mit Gartenrundbrief). Zweimonatsschrift zur Förderung der Gesundung von Landwirtschaft, Gartenbau und Ernährung auf der Grundlage des Aufbaues einer nachhaltigen Bodenfruchtbarkeit, der Stärkung der Konstitution der Kulturpflanzen und der Sicherung der Nahrungsqualität. (Forschungsring für biologisch-dynamische Wirtschaftsweise, Baumschulenweg 19, 6100 Darmstadt-Land 3).

Erneuerung, Versöhnung — Gemeinsam leben. Eine Ordnung gemeinsamen Lebens für die Mitarbeiter und Freunde der Versöhnungszentren in Europa.
(Evang. Akademie Rheinland-Westfalen, Baarstraße 59—61, 5860 Iserlohn).

Geprägs, Adolf; Wo heute Hoffnung lebt. Marxistische und christliche Randgruppen als Träger neuer Hoffnung. In: Information Nr. 62, XI/75.
(EZ-Evang. Zentralstelle für Weltanschauungsfragen, Hölderlinplatz 2 A, 7000 Stuttgart 1).

Garten organisch. Quartalschrift für naturgemäßes Gärtnern, praktische Ökologie und Erzeuger-Verbraucher-Kommunikation. (G. Siebeneicher, Postfach 3645, 7900 Ulm/Donau).

Meine Gesundheit. Monatsschrift für eine naturgemäße Lebensweise. (E. Franke-Griksch-Verlag, Untere Burghalde 51, 7250 Leonberg).

Gill, David G.; Alternative Lebensformen (6). Der Kibbuz — ein mögliches Modell für humanes Überleben und für Befreiung. In: Frankfurter Hefte, 32 Jg., Heft 5, 1977 S. 44 ff. und Heft 6, 1977, S. 34 ff.

Gizycki, Horst von; Alternative Lebensformen
1) Farmkollektive der deutschstämmigen Hutterer in Süd-Dakota
2) Das Gemeinschaftsexperiment von Twin Oaks in Virginia
3) Die christliche Kommunität der Koinonia-Partner in Georgia
4) Selbsthilfe Kooperativen in nordamerikanischen Großstädten.
In: Frankfurter Hefte, 30 Jg., Heft 10, 1975, S. 45 ff.; Heft 12, 1975, S. 35 ff.; 31. Jg., Heft 3, 1976, S. 35 ff.; Heft 6, 1976, S. 41 ff.

Hoffnung für Übermorgen. Alternatives Leben und Bewußtsein in der religiösen Subkultur. In: Arbeitstexte Nr. 16, III/75.
(EZ-Evang. Zentralstelle für Weltanschauungsfragen, Hölderlinplatz 2 A, 7000 Stuttgart 1).

Injektie — Zeitschrift holländischer Lebensstilgruppen.
(Werkgroep nieuwe levensstijl van de raad van kerken in nederland, Carnegielaan 9, Den Haag, Niederlande).

Ökumenische Initiative: Eine Welt
— Basispapier
— info 1: Initiative — auf einen Blick
— info 2: Das Auto in unserem Leben
— info 3: Ernährung ist nicht nur Privatsache
— Zum Thema Entwicklungspolitik: Was tun wir für die „Entwicklung zur Selbständigkeit"?
— Praktische Tips für einen neuen Lebensstil (zusammengestellt von einer englischen Gruppe, der WINTERBOURNE LIFESTYLE CELL), Hannover, Aug. 1977.
(Ökumenische Initiative: Ein Welt, Postfach 1227, 3008 Garbsen 1).

Die Kette: „Weltweite, offene Zusammenarbeit". Stufe 2: Wer vertritt die Lebensinteressen unserer Kinder, Enkel und aller künftigen Generationen? 1. März 1977.
(Die Kette, Peter Paxmann (Koordination), Grünhofstraße 2, 4300 Essen-Stadtwald).

Lebensschutz-Informationen. Monatsschrift zur Pflege und Erhaltung gesunder Lebensgrundlagen für Landschaft, Pflanze, Tier und Mensch, (Weltbund zum Schutze des Lebens, Bretthorststraße 221, 4973 Vlotho).

Neuer Lebensstil: „Ein dreijähriger Lernprozeß. Aktion Partnerschaft Dritte Welt e.V. Durmersheim" und „Ökumenische Woche in Witzhausen". In: Ökumene am Ort, Nr. 8/9, 1976, S. 12 ff.
(Action 365, Kennedyallee 111 a, 6000 Frankfurt/M.).

Linz, Manfred; Nicht so weiter leben, aber: Was nicht ist, kann ja noch werden. Über die Schwierigkeiten einer Gruppe, eine alternative Lebensweise zu entwickeln. In: Deutsches Allgemeines Sonntagsblatt, Nr. 39, 26. Sept. 1976, S. 10.

Moritz, Walter-Archeion; Utopie vom glücklichen Leben. Landkommunen in Amerika machen hehre Ideale wahr. In: Lutherische Monatshefte, 16. Jg., Nr. 11, Nov. 1977, S. 655 ff.

Nachrichten aus Wethen, Nr. 1 ff (Okt. 1975).
(Laurentiuskonvent e. V. Hausgemeinschaft Laurentiushof, 3549 Diemelstadt-Wethen).

Oekojournal — Oekologie, Alternativen, Bewußtsein (Umwelt-Verlag, CH—9450 Altstätten SG).

Offensive. Junge Stimmen aus Bensheim. Rundbrief der OJC an ihre Freunde.
(Ausführliche Selbstdarstellung bes. in Heft 54, 3/4 1977)
(Offensive, Postfach 83, 614 Bensheim).

Zur Alternativen Ökonomie I, (AG SPAK M 19), Berlin 1976.

Zur Alternativen Ökonomie II, (in Vorbereitung).
(Arbeitsgemeinschaft Sozialpolitischer Arbeitskreis, Friesenstraße 13, 1000 Berlin 61).

Perlmann, Janice E.; Cowboydemokratie. Basisbewegungen in den Vereinigten Staaten. In: Neues Forum (Wien), 23. Jg., Heft 276, 1976, S. 47 ff.

Prokol Gruppe; Der Sanfte Weg, Stuttgart 1976.

Strahm Rudolf H.; Was tun? Ein Werkstattpapier als Diskussions- und Denkanstoß (Persönlicher Lebensstil und Gesellschaft; Einkommen und Verbrauch; Demokratie und Teilnahme; Zusammenleben; Strategie). In Rundbriefbeilage 1976/3.
(Erklärung von Bern, Gartenhofstraße 27, CH—8004 Zürich).

dass. unter dem Titel; Globale Fehlentwicklung. Für einen veränderten Lebensstil in einer veränderten Welt. In: unctadinfo Nr. 8, 16. Juni 1976, S. 22 ff.
(Informations- und Aktionskampagne zur 4. Konferenz der Vereinten Nationen für Handel und Entwicklung, Mai 1976. Redaktion Rüdiger Stegemann, Kennedyallee 111a, 6000 Frankfurt/M. 70).

Schlesier, Karl H.; Alternative Lebensformen (5). Die Ersten und die Letzten: Vom Überleben der nordamerikanischen Indianer. In: Frankfurter Hefte, 31. Jg., Heft 10, 1976, S. 24 ff.

Ungers, Liselotte und *O.M.;* Kommunen in der Neuen Welt 1740—1972, Köln 1972.

Unke. Aktion Alternatives Lebens, Nr. 1, März 1977.
  (Maya-Verlag, Schwalbenschwanzstraße 1, 4600 Dortmund).
Beispiele für regionale oder lokale „Alternativzeitungen":
  Bochumer Volksblatt. Bochumer Initiativen informieren.
  (B. V., An der Landwehr 47, 4630 Bochum)
Essener Zeitschrift für Umweltschutz und Umweltpolitik
  (Postfach 170210, 4300 Essen 17)
LBU-Nachrichten
  (Landesverband Bürgerinitiativen Umweltschutz NRW e. V.; Klaus Renken,
  Weierstraße 12a, 5200 Siegburg).

4. Arbeitsmaterial und Textmappen
  *(Ein großer Teil der unter 3. erfaßten Beiträge ist als Arbeits-
  material konzipiert bzw. verwendbar)*

Zum Beispiel Calcutta. Analysen und Berichte zur Stadtentwicklung und
  Sozialarbeit in der indischen Metropole sowie Anregungen zur Entwick-
  lungsarbeit in Europa (Hrsg. *Donner, Helmut*), Dortmund 1977.
  (Europa Calcutta Consortium, Deutsche Sektion, Jägerstr. 5, 4600 Dort-
  mund 1)
Allaby, Michael und John Seymour (Hrsg.); The Survival Handbook, Lon-
  don 1975.
Boyle, Godfrey und Peter Harper (Hrsg.); Radical Technology (Wildwood
  House Limited, 29 King Street, London WC2E 8JD, England).
Butz, Willi H.; Sie werden aktiv? Wie? Zur Organisation von Bürgerinitiativen.
  In: *Butz, Willi H.* u. a.; bürgerinitiativ, Stuttgart 1974, S. 133 ff.
Chancen des Lebens — Möglichkeiten für Morgen. Textmappe zum Schwer-
  punktseminar 1977.
  (Evang. Bildungszentrum, Herzog-Wilhelm-Str. 24, 8000 München 2).
Collectif; Manuel de la vie pauvre, Paris 1974.
Collectif; Le Catalogue des resources, Paris 1975.
Energie-Alternativen Nr. 1—6 und Informationen zur Kernenergie Nr. K
  1—K 11.
  (Bundesverband Bürgerinitiativen Umweltschutz e. V., BUU — Info-Versand,
  Horstackerstraße 24, 6700 Ludwigshafen)
Entwicklung und Umwelt — zwei Seiten einer Medaille. Eine Materialsamm-
  lung.
  (Diakonisches Werk Schleswig-Holstein, Kanalufer 48, 2370 Rendsburg).
Macht euch die Erde untertan — zum Beispiel Brokdorf. Didaktischer Infor-
  mationsdienst, Sonderheft, Hamburg 1976.
  (Katechetisches Amt, Bebelallee 11, 2000 Hamburg 60 oder Dänische
  Str. 15, 2300 Kiel).
Familien-Gottesdienste. „Ökologische Krise — Auf der Suche nach einem
  neuen Lebensstil", Hannover 1977.
  (Evang. Erwachsenenarbeit, Ubbenstraße 8, 3000 Hannover 1).
Wir üben Freiheit und Gemeinschaft. Anregungen aus Nairobi für die Ge-
  meindepraxis (Hrsg. Ausschuß „Weltmission und Ökumene").
  (Vereinigte Kirchenkreise Dortmund, Jägerstraße 5, 4600 Dortmund 1).

Gronemeyer, Reimer; Leitfaden für Organisation und Aktion von Bürger-initiativen. In: *Fritz Vilmar;* Strategien der Demokratisierung, Bd. II, Darmstadt und Neuwied 1973, S. 274 ff.

Günter, Roland und *Rolf Hasse;* Handbuch für Bürgerinitiativen. Argumente, Berichte, Erfahrungen, Berlin 1976.

A Slim Guide to Economic Life-Style.

— Überlegungen zu einem veränderten Verhalten im Bereich der Wirtschaft (The South London Industrial Mission, 27 Blackfriars Road, London SE 1 8NY).

Gottesdienst-Skizzen zum Thema „Befreit zu neuem Leben(s-Stil), Zürich 1977.

(Deutschschweizerische Arbeitsstelle für Evangelische Erwachsenenbildung, Zeltweg 15, CH—8032 Zürich).

A Handbook on Appropriate Technology (Canadian Hunger Foundation, 75 Sparks St., Ottawa, Ontario, K1P 5A5 Canada).

Hauser, Richard und *Hephzibah;* Die kommende Gesellschaft. Handbuch für soziale Gruppenarbeit und Gemeinwesenarbeit, München, Wuppertal 1971.

Hessel, D. T.; Fibel für soziale Aktion, Gelnhausen 1973.

Halvorson, Loren E.; Peace on Earth Handbook. An Action Guide for People Who want to Do Something About Hunger, War, Poverty and Other Human Problems, Minneapolis (Minnesota/USA) 1976 (Augsburg Publishing House).

Herausforderungen zum Verzichten. Leitfaden zu vier Problembereichen: Welternährung, Verkehr, Energie-Problematik, Wirtschaftliche Situation, (Zürich 1976).

(Deutschschweizerische Arbeitsstelle für Evangelische Erwachsenenbildung, Zeltweg 15, CH—8032 Zürich).

Informationsdienst „Energiefragen/Atommüll"

(Evang. Erwachsenenbildung, Archivstraße 3, 3000 Hannover 1).

Jurgensen, Barbara; How to live better on less. A Guide for waste watchers, Minneapolis 1974.

Knirsch, Hanspeter und *Friedhelm Nickolmann;* Die Chance der Bürger-initiative. Ein Handbuch, Wuppertal 1976.

Laslo, Ervin und Judah Bierman (Hrsg.); Goals in a Global Community: Original Studies of the Goals for Mankind Report to the Club of Rome, Bd. I und II, New York 1977.

Die Predigt über den neuen Lebensstil angesichts der ökologischen Krise. In: „werkstatt predigt". Eine homiletische Korrespondenz, 4. Jg., Nr. 21, Sept. 1976.

(Predigerseminar Imbshausen, 3410 Northeim 16).

Neuer Lebensstil — Schlagwort? Notwendigkeit? Möglichkeit? In: Zum Weitergeben. Arbeitshilfen der Evangelischen Frauenhilfe in Deutschland e.V., Heft 1, 1977.

(Evangelische Frauenhilfe in Deutschland e. V., Bahnhofstraße 24, 4400 Münster).

Materialmappe Aktion e — einfacher leben, einfach überleben, Leben entdecken. (Brot für die Welt, Postfach 476, 7000 Stuttgart 1).

Projekt: „Herausforderung durch die Umweltkrise" − Auf der Suche nach einem neuen Lebensstil und Textbuch zum Projekt, Hannover 1976.
(Evang. Erwachsenenbildung, Archivstraße 4, 3000 Hannover 1 oder Evang. Erwachsenenarbeit, Ubbenstraße 8, 3000 Hannover 1).
Ökumene heute. Arbeitsmaterial für Gespräche in kleinen Gruppen.
(Evang. Missionswerk in Süddeutschland, Vogelsangstr. 62, 7000 Stuttgart 1).
Reckmann, P.; Soziale Aktion. Strategie und Methodik, Gelnhausen 1973.
Auf der Suche nach einem neuen Lebensstil − Entwicklung als internationale soziale Frage, Düsseldorf 1978.
(Arbeitsmappe der Ev. Erwachsenenbildungswerke, Südrhein e. V. und Nordrhein e.V., 6540 Simmern, Auf der Schlicht 41 oder 4000 Düsseldorf, Rochusstraße 44).
Umdenken − Umschwenken. Alternativen, Wegweiser aus den Zwängen der großtechnologischen Zivilisation. Energie und Gesellschaft, Landwirtschaft, Sonnenhäuser, Wohnen, Technik, Recycling, Schule, Kommunen.
(Arbeitsgemeinschaft Umwelt − AGU, Häldeliweg 15, CH−8044 Zürich).

5. *Veränderungen des Konsumverhaltens, Konsumverzicht und Entwicklungshilfe*

Alternate Celebrations Catalogue
− Ideen für ein einfacheres, sinnvolles Schenken und
Callenbach, Ernest; Living poor with style
− Praktische Ideen zur Verwirklichung des einfacheren Konsumniveaus und
99 Ways to a simple lifestyle (Center for Science in the Public Interest).
− Ein Kompendium praktischer Vorschläge zur Konsumeinschränkung (Alternatives'Bookstore, 1924 East Third, Bloomington, IN 47401, USA).
Berger, Peter L.; Welt der Reichen, Welt der Armen. Politische Ethik und sozialer Wandel, München 1974.
Boserup, Mogens; Konsumverzicht bringt keine Lösung. In: Forum Vereinte Nationen, 2. Jg., Nr. 2, 1975, S. 1 f.
(CESI, Nations Unies, Palais des Nations, CH−1211 Genf 10).
Bühler, Karl-Werner; Der Warenhimmel auf Erden. Trivialreligion im Konsum-Zeitalter, Wuppertal 1973.
Bruckmann, Gerhart und *Helmut Swoboda;* Auswege in die Zukunft. Was kommt nach der Konsumgesellschaft, Wien, München, Zürich 1974.
Cramer, Friedrich; Fortschritt durch Verzicht. Ist das biologische Wesen Mensch seiner Zukunft gewachsen?, München 1975.
Erwachsenenbildung Testfall Dritte Welt. Kann Erwachsenenbildung Überlebensprobleme lösen helfen? (Hrsg. *Gronemeyer, M.* und *H.-E. Bahr*), Opladen 1977.
Galtung, Johan; Weniger Nehmen ist mehr Geben. Neue Entwicklungsstrategien (II): Änderungen innerhalb der Zentrum-Länder. In: Orientierung, Katholische Blätter für weltanschauliche Information (Zürich), 40. Jg., Nr. 8, 30.4.1976, S. 91 ff.

Gerteis, Winfried; Entwicklungshilfe durch Konsumverzicht? Würde eine Fleischverzichts-Aktion die Weizenversorgung der Entwicklungsländer verbessern? (Hrsg. *H.-B. Peter*), Adliswil 1977.
(Institut für Sozialethik des SEK, Feldblumenstraße 70, CH—8134 Adliswil).

Gronemeyer, Reimer; Konsumgesellschaft, Texte und Materialien zur Gesellschaftslehre der Sekundarstufen, München, Berlin, Wien 1976.

Holenstein, Anne Marie und *Jonathan Power;* Hunger. Die Welternährung zwischen Hoffnung und Skandal, Frankfurt/M. 1976.

Holenstein, Anne Marie; Zerstörung durch Überfluß. Überentwicklung — Unterentwicklung am Beispiel unserer Ernährung, Basel (1977) (Z-Verlag).

Hunziker, Peter; Erziehung zum Überfluß. Soziologie des Konsums, Stuttgart 1972.

Konsum und Qualität des Lebens (Hrsg. *Biervert, Bernd u.a.*), Opladen 1974.

Laidlaw, Ken; The Party's over. Grain — for the Rich World's Animal or the Poor World's People?
(Third World Publications, 67 College Road, Birmingham B 13 9LR Großbritannien).

Leurdijk, Dick; Eine Welt — Eine Zukunft. Mit den Armen teilen? Opladen 1977.

Menne, Ferdinand W.; Dritte Welt in der Ersten Welt. Bedingungen entwicklungspolitischer Sensibilisierung. In: Aus Politik und Zeitgeschichte. Beilage zur Wochenzeitung „Das Parlament", B 37/76, 11. September 1976, S. 38 ff.

Myrdal, Gunnar; New Economic Order? Humbug! In: Sweden Now, Nr. 4, 1975, S. 24 ff.

(*Parmar, Samuel L.*), Die Armen im Blickpunkt. Ein Interview mit *Samuel, L. Parmar.* In: Ökumenische Rundschau, 26. Jg., Heft 1, 1977, S. 49 ff.

Schmidbauer, Wolfgang; Homo consumens. Der Kult des Überflusses, Stuttgart 1972.

Scitovsky, Tibor; Psychologie des Wohlstands. Die Bedürfnisse des Menschen und der Bedarf des Verbrauchers, Frankfurt/M., New York 1977.

Strahm, Rudolf H.; Überentwicklung — Unterentwicklung. Ein Werkbuch mit Schaubildern und Kommentaren zum Thema „Armut", Stein/Nürnberg 1975.

6. Wirtschaftliche und gesellschaftliche Entwicklung

Bell, Daniel; Die nachindustrielle Gesellschaft, Frankfurt, New York 1975.

Bell, Daniel; Die Zukunft der westlichen Welt. Kultur und Technologie im Widerstreit, Frankfurt 1976.

Berger, P. L. u.a.; Das Unbehagen an der Modernität, Frankfurt, New York 1975.

Boeckler, Richard; Neuer Lebensstil und wirtschaftliche Gerechtigkeit. Einsichten aus der Lebensstil-Diskussion. In: Ökumenische Rundschau, 27. Jg., Heft 1, Jan. 1978, S. 48—58.

Borchardt, Knut; Dreht sich die Geschichte um? Modelle für Wachstumsschranken, Ebenhausen 1974.

Commoner, Barry; Wachstumswahn und Umweltkrise, München 1971.

Eppler, Erhard; Maßstäbe für eine humane Gesellschaft. Lebensstandard oder Lebensqualität, Stuttgart 1974.

Fahlbusch, Wilhelm; Wirtschafts- und sozialpolitische Notwendigkeiten kontra neuen Lebensstil. In: Magok-Materialien zur Arbeit der Gruppe 'Offene Kirche', Heft 1 und 2, 1976.

Etzioni, A.; Die aktive Gesellschaft, Opladen 1975.

Fetscher, Iring; Ökodiktatur oder Alternativ-Zivilisation. Zwei Modelle der postindustriellen Gesellschaft. In: Neue Rundschau, 87. Jg., Heft 4, 1976, S. 527 ff.

Frey, Bruno S.; Umweltökonomie, Göttingen 1972.

Fritsch, Bruno; Wachstumsbegrenzung als Machtinstrument, Stuttgart 1974.

Gabor, Dennis u.a.; Das Ende der Verschwendung. Zur materiellen Lage der Menschheit. Ein Tatsachenbericht an den Club of Rome, Stuttgart 1976.

Goldsmith, Edward u.a.; Planspiel zum Überleben. Ein Aktionsprogramm, Stuttgart 1972.

Gorz, André; Ökologie und Politik. Beiträge zur Wachstumskrise, Reinbek bei Hamburg 1977.

Grenzen des Elends. Das Bariloche-Modell: So kann die Menschheit überleben, Frankfurt/M. 1977.

Gruhl, Herbert; Ein Planet wird geplündert. Die Schreckensbilanz unserer Politik, Frankfurt/M. 1975.

Harich, Wolfgang; Kommunismus ohne Wachstum? Babeuf und der Club of Rome, Reinbek bei Hamburg 1975.

Kahn, Herman; Vor uns die guten Jahre. Ein realistisches Modell unserer Zukunft, Wien, München, Zürich, Innsbruck 1976.

Küng, Emil; Wirtschaft und Gerechtigkeit, Tübingen 1967.

Küng, Emil; Wohlstand und Wohlfahrt, Tübingen 1972.

Kuczynski, Jürgen; Das Gleichgewicht der Null. Zu den Theorien des Null-Wachstums, Frankfurt/M. 1973.

Landwirtschaft in der ökologischen Krise. Agrarpolitische Tagung von 3.–6. Februar 1977. In: Materialdienst Nr. 10/77 der Evang. Akademie Bad Boll (Die Referate dieser Tagung werden veröffentlicht werden in: Magazin Brennpunkte „Landbau heute – Nahrung mit Gift" (S. Fischer Verlag, Frankfurt).

Laszlo, Ervin et al.; Goals for Mankind. A Report to the Club of Rome on the New Horizons of Global Community, New York 1977.

Leuenberger, Theodor und Rudolf Schilling (Hrsg.); Die Ohnmacht des Bürgers. Plädoyer für eine nachmoderne Gesellschaft, Frankfurt 1977.

Magazin Brennpunkte, Bd. 1 ff., Frankfurt/M. 1976 ff.

   1) Krise ist nicht Schicksal

   2) Experimente für die Gesellschaft

   3) Multinationale im Nord-Süd-Konflikt

   4) Kernenergie – offen bilanziert

   5) Kleintechnologie contra Wirtschaft

   6) Die Zukunft der Industrie in Europa

   7) Entwicklungshilfe in der Sackgasse

   8) Sozialwissenschaften – wozu?

Meadows, Dennis u.a.; Grenzen des Wachstums. Bericht des Club of Rome zur Lage der Menschheit, Stuttgart 1972.

Was wird aus dem Menschen? Analysen und Warnungen prominenter Denker (Hrsg. *Schatz, Oskar*), Graz, Wien, Köln 1974.

Mesarović, Mihailo und *Eduard Pestel;* Menschheit am Wendepunkt. 2. Bericht an den Club of Rome zur Weltlage, Stuttgart 1974.

Alternative Möglichkeiten für die Energiepolitik. (Ein Gutachten), Heidelberg 1977.

(Forschungsstätte der Evang. Studiengemeinschaft, Schmeilweg 5, 6900 Heidelberg).

Rio-Bericht an den Club of Rome. „Wir haben nur eine Zukunft". Reform der internationalen Ordnung. Leitung: *Jan Tinbergen*, Opladen 1977.

Rogge, Peter G.; Tendenzwende. Wirtschaft nach Wachstum und Wunder, Stuttgart 1975.

Schehl, Hellmuth; Vor uns die Sintflut? Ökologie, Marxismus und die herrschende Zukunftsgläubigkeit, Berlin 1977.

Schlemmer, Johannes Hrsg.; Neue Ziele für das Wachstum, München 1973.

Schneider OFM, Herbert; Solidarische Gesellschaft als Zukunftsaufgabe. In: Die neue Ordnung, Jg. 32, Heft 1, Febr. 1978, S. 54—62.

Schumacher, E. F.; Es geht auch anders. Jenseits des Wachstums. Technik und Wirtschaft nach Menschenmaß, München 1974.

Schweitzer, Wolfgang; Thesen zum Thema „Weltwirtschaftspolitik und 'Neuer Lebensstil'". In: Ökumenische Rundschau, 27. Jg., Heft 1, Jan. 1978, S. 58—61.

Situationist International; Leaving the 20th Century, London 1974.

Stumpf, Harald; Leben und Überleben. Einführung in die Zivilisationsökologie, Stuttgart 1977.

Taylor, Gordon Rattray; Das Experiment Glück. Entwürfe zu einer Neuordnung der Gesellschaft, Frankfurt/M. 1973.

Technologie und Politik. Aktuell-Magazin, Bd. 1 ff., Reinbek bei Hamburg 1976 ff.

1) Technischer Fortschritt und Entwicklung
2) Sowjetische Wissenschaftler und die Grenzen des Wachstums
3) Welthungerkatastrophe und Agrarpolitik
4) Thema: Rüstungs-Technologie
5) Thema: Kartelle in der Marktwirtschaft
6) Technologiepolitik in Lateinamerika
7) Atomenergie, Brokdorf, Unterelbe
8) Die Zukunft der Arbeit 1

Umweltpolitik in Europa (Hrsg. *Horn, Christopher u.a.*). München, Bern, Wien 1973.

Umweltschutz und Wirtschaftswachstum (Hrsg. *Walterskirchen, Martin P. von*), München, Bern, Wien 1972.

Weigner, Gladys und *Bernhard Moosbrugger;* Erst der Mensch — dann der Profit (Nachwort: *Arthur Rich*), Zürich 1976.

Wirtschaftspolitik in der Umweltkrise. Strategien der Wachstumsbegrenzung und Wachstumsumlenkung (Hrsg. *Wolff, Jörg*), Stuttgart 1974.

Wittmann, Walter; Der unbewältigte Wohlstand. Die Zukunft von Wirtschaft, Staat und Gesellschaft, München 1972.

Die Zukunft des Wachstums. Kritische Antworten zum „Bericht des Club of Rome" (Hrsg. *Nussbaum, Heinrich von*), Düsseldorf 1973.

Die Zukunft aus dem Computer? Eine Antwort auf „Grenzen des Wachstums", Neuwied, Berlin 1973.

C Anschriften

(Vgl. auch Bezugsquellennachweise in B, 1.–6.)

Aktion Alternativ leben, Schwalbenschwanz 1, 4600 Dortmund 30

Aktion Autofreier Sonntag, Lothar Gerhardt, Im Gries 20, 5300 Bonn-Bad Godesberg

Aktion ,bewußt leben – nur Arbeit und Konsum?' (KAB Katholische Arbeitnehmer-Bewegung, 5000 Köln 1)

Aktion Dritte Welt Handel e.V., Fichardstraße 38, 6000 Frankfurt/M.

Christliche Aktion Mensch-Umwelt e.V., Spessartstraße 2, 6368 Bad Vilbel

Ansprechpartner im Rahmen der Kernenergiediskussion. In: Bürgerdialog Kernenergie. Informationsbrief (Hrsg. Bundesminister für Forschung und Technologie), Nr. 3/1977, S. 4 ff.

,,Das alternative Adressbuch" durch
Arbeitsgruppe alternatives Adressbuch (AAA), Darmstädter Landstr. 180, 6000 Frankfurt 70

Arbeitsgruppe ,,Angepaßte Technologien" an der Gesamthochschule Kassel, Postfach, 3500 Kassel

Arbeitskreis für Ernährungsforschung e.V., Zwergweg 19, 7263 Bad Liebenzell-Unterlengenhardt

Arbeitskreis für naturgemäßen Land- und Gartenbau in der Deutschen Volksgesundheitsbewegung e.V., Postfach 1160, 5912 Hilchenbach/Siegerland

Arbeitskreis Naturgemäßer Landbau, Im Pohlschen Bock 9, 3352 Einbeck/Salzderhelden

Der Beauftragte des Rates der EKD für Umweltfragen, Pfarrer Kurt Oeser, Brückenstraße 9, 6082 Mörfelden-Walldorf

Bundesverband Bürgerinitiativen Umweltschutz e.V., BBU-Info-Versand, Horstackerstraße 24, 6700 Ludwigshafen

Bund Natur- und Umweltschutz Baden Württemberg e.V., Geschäftsstelle Kirchstraße 2, 7800 Freiburg

,,Umwelt- und Alternativen-Adressbuch, Region: Aargau, Süddeutschland, Kontaktstellen in Deutschland" durch
Dezentrale – BIKU, Marc Klurfeld, Postfach 223, CH–3090 Köniz/Schweiz oder
Dezentrale – Blabla, Uwe Zahn, 36 Rue Pierre Péquignat, CH–2900 Porrentruy/Schweiz

Fachgruppe Erwachsenenbildung landeskirchlicher Dienste.
Jürgen Uecker, Amt für Sozialethik, HLD, Rochusstraße 44, 4000 Düsseldorf 30

Fördergemeinschaft organisch-biologischer Landbau e.V., Bahnhofstr. 1, 7326 Heiningen

Forschungsring für biologisch-dynamische Wirtschaftsweise e.'V. Baumschulenweg 19, 6100 Darmstadt-Land 3

Gruppe Connexions, 8161 Hundham/Kr. Miesbach

Bezugsquellen für Recycling-Papier

Bezugsquellen für Dritte-Welt-Handel

Bezugsquellen für Produkte aus alternativer Landwirtschaft erhältlich über die Ökumenische Initiative: Eine Welt, Postfach 1227, 3008 Garbsen 1

Deutscher Naturschutzring — Bundesverband für Umweltschutz, Kalkuhl-
straße 24, 5300 Bonn-Oberkassel

ÖKO-Institut, Institut für angewandte Ökologie e.V., Schwaighofstr. 6,
7800 Freiburg i. Br.

Schulungszentrum für organisch-biologischen Gartenbau, Gustav von Heyer,
Biedermannplatz 29, 2000 Hamburg 76

Stiftung Mittlere Technologie und

Stiftung Ökologischer Landbau, Eisenbahnstraße 28—30, 6750 Kaiserslautern

Umweltschutzforum Berlin auf kirchlicher Basis, Diakonisches Werk, Rübe-
landstraße 9, 1000 Berlin 44

Nichtstaatliche Umweltschutz-Organisation und Bürgerinitiativen Umweltschutz in der BRD. Eine Zusammenstellung. In: Materialien 1/75, Berlin
1976

(Umweltbundesamt, Fachgebiet I 1.4, Bismarckplatz 1, 1000 Berlin 33)

Verein für ein erweitertes Heilwesen e.V., J.-Kepler-Straße 58, 7263 Bad Liebenzell-Unterlengenhardt

Frankreich:

Presbytère Protestant, Rue de Lausanne, F—01220 Divonne-Les-Bains

Großbritannien:

The Dean of Britol, Central Correspondent, Life Style, The Cathedral, Bristol
BS1 5TJ

World Development Movement, Life Style Group. Bob Dickson, 15 Kelso
Road, Leeds, LS2 9PR

Italien:

Freunde von Danilo Dolci — Internationale Gruppe, Marco Valeri, Frankfurter Str. 114, 6050 Offenbach/M. und Viale Romagna 59, I—20133
Milano

Niederlande:

Rad van Kerken in Nederland, Werkgroep Nieuwe Levenstijl, Carnegielaan 9,
Den Haag

Österreich:

Selbstbesteuerung, Wilhelm-Greil-Str. 7, A—6020 Innsbruck

Schweden:

Ecumenical Development Week, Svenska Kyrkans Centralad Fak, S—104 32
Stockholm 19

Ekumeniska U-Vecka, Alvsjö Gardsväg 3, S—125 30 Alvsjö

Schweiz:

Dezentrale — BIKU, Marc Klurfeld, Postfach 223, CH—3098 Köniz

Dezentrale — Blabla, Uwe Zahn, 36 Rue Pierre Péquignat, CH—2900 Porrentruy

Erklärung von Bern, Gartenhofstraße 27, CH—8004 Zürich

Welche Schweiz morgen?, Bruno Holtz, Postfach 13, CH—1700 Fribourg 2

Ökumenischer Rat der Kirchen CCPD, 150 Route de Ferney, CH—1211 Genf
20

USA:

American Baptist Churches, Alternative Life Styles Project, Valley Forge,
Pennsylvania, 19481

Simple Living Network, 4719 Cedar Avenue, Philadelphia, PA 19143

PLANUNGSBEGRIFFE

Ein Leitfaden durch das Labyrinth der Planersprache

Herausgegeben vom Institut für Wohnen und Umwelt
3. Auflage, 1978. 504 Seiten. Folieneinband

Dieses Wörterbuch erklärt 335 Fachausdrücke aus den Bereichen
„Planen", „Bauen", „Wohnen", „Stadt" verständlich und übersetzt
sie damit aus dem „Expertenchinesisch" in die deutsche Umgangs-
sprache. Der „Leitfaden durch das Labyrinth der Planersprache"
ist weniger ein Lexikon als ein Handbuch, insbesondere für Bürger,
die mitreden wollen oder die sich zumindest von Experten nichts
vormachen lassen wollen. So gesehen soll es ein Beitrag sein zum
besseren Verständnis und zur besseren Zusammenarbeit zwischen
Planern und „Verplanten".

Peter C. Dienel

DIE PLANUNGSZELLE

Der Bürger plant seine Umwelt
Eine Alternative zur Establishment-Demokratie

1977. 276 Seiten. Folieneinband

Das Konzept der „Planungszelle" entstand Ende der 60er Jahre.
Seit 1971 wurde es in zahlreichen Versuchen mit Erfolg praktisch
erprobt.
Die „Planungszelle" ist ein neues Instrument der Bürgerbeteiligung.
Sie besteht aus einer Gruppe von Bürgern, die nach dem Zufalls-
prinzip ausgewählt und gegen Entschädigung von ihren Arbeits-
verpflichtungen freigestellt werden. Die Gruppe bearbeitet in einer
vorgegebenen Zeit bestimmte Planungsaufgaben von öffentlichem
Interesse mit dem Ziel, bürgernahe Problemlösungen zu finden.
Das Buch beschreibt das Konzept der Planungszelle, die Schritte
seiner Durchführung, die Anwendungsbereiche und die Erfolgs-
chancen.
Robert Jungk nannte die „Planungszellen"-Konzeption eine „international beachtete ‚soziale Erfindung' auf dem Gebiet der demokratischen Mitbestimmung".

Westdeutscher Verlag

Bernd Gugenberger / Udo Kempf (Hrsg.)

BÜRGERINITIATIVEN
UND REPRÄSENTATIVES SYSTEM

1978. ca. 320 Seiten. Folieneinband

Dieser Sammelband, von 19 Sozialwissenschaftlern geschrieben, ist eine systematische Untersuchung des Ortes, der Möglichkeiten und der Reichweite von Bürgerinitiativen unter den Funktionsbedingungen des parlamentarisch-repräsentativen Systems.

In seinem Mittelpunkt steht die Frage: Bedeutet ihr massenhaftes Auftreten eher die Zurückdrängung und teilweise Überwindung der parlamentarischen Willensbildung; oder vielmehr eine systemkonforme Kompensation des repräsentativen Defizits der Parteidemokratie und damit eine Belebung der überkommenen Verfassungsstruktur?

Zusammen mit der Intention, auch das geistespolitische Umfeld, den soziologischen Kontext und die institutionellen und politisch-rechtlichen Rahmenbedingungen miteinzubeziehen, also die Auswirkungen dieser Bewegung auf das gesamte politische System zu untersuchen, stellt die pluralistische Konzeption des Bandes ein breites Diskussionsspektrum dar.

Peter Cornelius Mayer-Tasch

UMWELT IM WANDEL

1978. ca. 144 Seiten. Folieneinband

In dieser Studie des Münchner Rechts- und Politikwissenschaftlers wird der im Zeichen der ökologischen Krise und des wachsenden Drucks der ökologischen Bewegung erfolgende Wandlungsprozeß des Umweltrechts nachgezeichnet. Schwerpunktanalysen gelten der heute im Mittelpunkt der (umwelt-)rechtspolitischen Diskussion stehenden Reform des umweltrechtlichen Genehmigungs- und Anfechtungsverfahrens sowie auch der rechtswissenschaftlichen Durchsetzung des Umweltgrundrechtes auf Leben und körperliche Unversehrtheit. Den Abschluß des Bandes bildet eine Studie zum Thema „Atomenergie, Recht und Justiz" — ein Thema, daß mit seinen weitreichenden umwelt-energie- und wirtschaftspolitischen Konsequenzen von besonderer Aktualität und Bedeutung ist.

Westdeutscher Verlag